Questões Condominiais

• Jurisprudências • Assembleia virtual e mudança de destinação (Novas leis)
• As mudanças na cobrança de taxas condominiais • Edição atualizada

Rodrigo Karpat

Questões Condominiais

Consultas práticas para as dúvidas do dia a dia

2024

Av. Paulista, 901, Edifício CYK, 4º andar
Bela Vista – São Paulo – SP – CEP 01310-100

SAC | sac.sets@saraivaeducacao.com.br

Diretoria executiva	Flávia Alves Bravin
Diretoria editorial	Ana Paula Santos Matos
Gerência de produção e projetos	Fernando Penteado
Gerência de conteúdo e aquisições	Thais Cassoli Reato Cézar
Gerência editorial	Livia Céspedes
Novos projetos	Aline Darcy Flôr de Souza
	Dalila Costa de Oliveira
Edição	Iris Ferrão
Design e produção	Jeferson Costa da Silva (coord.)
	Camilla Felix Cianelli Chaves
	Lais Soriano
	Rosana Peroni Fazolari
	Tiago Dela Rosa
Planejamento e projetos	Cintia Aparecida dos Santos
	Daniela Maria Chaves Carvalho
	Emily Larissa Ferreira da Silva
	Kelli Priscila Pinto
Diagramação	Mônica Landi
Revisão	Rita de Cassia Sorrocha Pereira
Capa	Tiago Dela Rosa
Produção gráfica	Marli Rampim
	Sergio Luiz Pereira Lopes
Impressão e acabamento	Gráfica Paym

DADOS INTERNACIONAIS DE CATALOGAÇÃO NA PUBLICAÇÃO (CIP)
ODILIO HILARIO MOREIRA JUNIOR – CRB-8/9949

K18q   Karpat, Rodrigo
         Questões Condominiais: Consultas práticas para as duvidas do dia a dia / Rodrigo Karpat. – São Paulo : SaraivaJur, 2023.
         368 p.
         Inclui bibliografia.
         ISBN: 978-65-5362-369-9
         1. Direito. 2. Síndico profissional. 3. Portaria e portões. 4. Lei Geral de Proteção de Dados (LGPD). 5. Assembleias. 6. Convenções. 7. Acessibilidade. I. Título.

                                                      CDD 346.81
2023-1845   CDU 347.238.1

Índices para catálogo sistemático:
1. Direito Condominial   346.81
2. Direito Condominial   347.238.1

Data de fechamento da edição: 14-9-2023

Dúvidas? Acesse www.saraivaeducacao.com.br

Nenhuma parte desta publicação poderá ser reproduzida por qualquer meio ou forma sem a prévia autorização da Saraiva Educação. A violação dos direitos autorais é crime estabelecido na Lei n. 9.610/98 e punido pelo art. 184 do Código Penal.

CÓD. OBRA 719161   CL 608787   CAE 840554

Nada no mundo substitui a persistência.
O talento, não. Não há nada mais comum do que homens de talento fracassados.
A genialidade, não. Gênios sem reconhecimento são praticamente um clichê.
A educação, não. O mundo está repleto de diplomados medíocres.
Somente a persistência e a determinação são onipotentes.

Calvin Coolidge (1872-1933)
30º presidente dos Estados Unidos

SUMÁRIO

Prefácio 25
Introdução 27
Convite ao leitor 29

1 ADMINISTRAÇÃO

1.1 Instalações 35
Câmeras externas ao condomínio 35
Câmeras e o uso das filmagens 35
Câmeras em áreas comuns 37
Câmeras e confidencialidade das imagens 39
Câmeras e a produção de provas contra moradores 40
Identificando autor de ato delituoso 40
Cabeamento de internet 41
Medidor individual 42
Antenas 43
Área de café 44

1.2 Síndico 46
Escolhendo um síndico 46
Remuneração do síndico 46
Síndico com outro emprego 47
Mudança de síndico e registro de ata 47
Síndico de condomínio-clube 48
Abordagens vexatórias do síndico 48
Síndico de fato, mas não de direito 49
Salário de síndico condômino 51
Imposto de renda e remuneração 51
Autoatribuição salarial 51

Destituição do síndico e excesso de procurações 52
Destituição de síndico intocável 53
Destituição do síndico por má-gestão 54
Destituição do síndico mediante ação judicial 55
Destituição do síndico por prática de irregularidades 56
Síndico com mandato vencido 57
Síndico simultâneo de condomínios diferentes 57
Contratação de assessoria e consultoria jurídica 57
Transferência de poderes 58
Transferência de cargo por meio de procuração 58
Acesso de ex-síndico proprietário ao condomínio 58

1.3 Síndico profissional 60
Transição entre síndicos 60
RPA e CNPJ 60
Destituição do síndico profissional 61
Prazo de mandato e destituição do síndico 62

1.4 Gestão 63
Periodicidade da gestão do síndico 63
Destituição do conselho fiscal 63
Repasse de pastas financeiras 63
Dedetização e sua periodicidade 65
Ofensas ao síndico 65
Auto de Vistoria do Corpo de Bombeiros (AVCB) 67

1.5 Contas 69
Novatos 69
Aprovação das contas 69
Disponibilização do balancete aos condôminos 70
Economia e saldo de caixa 70
Lei de Incorporações 70
Compra de gás em botijões ou cilindros 71
Investimento em equipamento de segurança 72

Negativação por atraso no pagamento das taxas 73
Indenização na relação entre dano e conduta 73
Taxa de mudança e sua ilegalidade 74
Racionamento interno de água 75
Planilha de gastos anuais 75
Cobrança de despesas de unidades vagas 76

1.6 Portaria e portões 77
Conversas de funcionários na portaria 77
Definição de portaria virtual 78
Quórum para instalação da portaria 24h 79
Vantagens e desvantagens da portaria 24h 80
Alteração do modelo de funcionamento da portaria 80
Fechamento de portaria como medida econômica 80
Posse do controle do portão eletrônico 82
Autorização de entrada na ausência do proprietário 82
Lei Geral de Proteção de Dados (LGPD) 83
Mal funcionamento do portão de garagem 84

1.7 Comunicação interna 86
Melhoria da comunicação interna 86
Livro de ocorrências 86
Canais oficiais de mídia social 86
Placas de aviso 87

1.8 Administradora 89
Registro no Conselho Regional de Administração (CRA) 89
Escolha da administradora 91
Assinatura de cheques 92
Caos no condomínio 93

1.9 Correspondências e encomendas 94
Cartas não entregues 94
Encomendas 94

1.10 Questões trabalhistas 95
   Vínculo empregatício de terceirizados 95
   Terceirização de atividade fim 95
   Vantagens e desvantagens da terceirização 96
   Vínculo empregatício do síndico 96
   Autonomia do síndico 97
   Acúmulo de funções 97
   Função do zelador 98
   Funções extras 98
   Jornada do folguista 98
   Rescisão de contrato de trabalho pelo síndico 99
   Princípio da irredutibilidade de rendimentos 99
   Dispensa de funcionário antigo 100
   Acúmulo de funções x desvio de função 101
   Moradia funcional 103
   Pagamento de acúmulo de função 104

1.11 Prestação de serviços 105
   Contratação de empresa de morador ou conselheiro 105
   Condômino proprietário de empresa fornecedora 105
   Troca de prestador de serviços 105
   Conflito de interesses 106

Dicas 107

2 ANIMAIS DE ESTIMAÇÃO
2.1 Cães 110
   Alimentação de cães de rua em frente ao prédio 110
   Manutenção do pet e acesso à unidade 110
   Em caso de transtornos 111
   Latidos intermitentes 112
   Adoção e direito de propriedade 114
   Animais dóceis em prédios comerciais 114
   Livro de reclamações 115

Obrigatoriedade de circular com pets no colo 115
Adaptação de animais ao condomínio 116
Emissão de barulho alto e medidas 116

2.2 **Gatos** 117
Higiene e limitação do número de pets 117

2.3 **Cobras** 118
Manutenção de cobras na unidade 118

2.4 **Questões gerais** 119
Criação de espaço pet 119
Porte animal 119
Adoção de animal por inquilino 120

Dicas 121

3 ASSEMBLEIAS

3.1 *Assembleia geral* 124
Definições 124
Assembleia virtual 125
Revisão de decisões assembleares 126
Prazo para anulação de uma assembleia 126
Supressão ou manutenção de serviços 127
Presença de não condôminos com procuração 128

3.2 *Assembleia geral de instalação (AGI)* 129
Definição 129
Contratação de síndico profissional na AGI 129

3.3 *Assembleia geral ordinária (AGO)* 130
Definição 130
Prazo para convocar AGE 130
Não convocação de AGO e destituição do síndico 131

Ausência de convocação de condômino 133
Prestação de contas, proposta orçamentária e novo síndico 133
Destituição do síndico por maioria absoluta 133

3.4 Assembleia geral extraordinária (AGE) **135**
Definição 135
Mudanças no orçamento 135

3.5 Ações judiciais **136**
Falsidade ideológica em ata 136
Publicidade de atos processuais 136
Ação de anulação e assembleia 137
Inserções na ata 139

3.6 Reuniões **140**
Eleição do presidente de mesa 140
Medidas contra tumultuadores contumazes 140

3.7 Acessibilidade **143**
Menores em elevadores 143
Preceitos de acessibilidade 144
Adaptações e reformas de edificações 144
Regulamentação e fiscalização em prédios residenciais 145
Vantagens das adaptações e rateio 145

3.8 Auditoria **146**
Forma de realizar 146
Auditoria a pedido do condômino 146
Frequência e abrangência 146
Importância da auditoria 146
Tipos de auditorias 147
Em caso de abandono de cargo 148

3.9 Taxas extras **149**
Má gestão na emissão de cota extra 149
Legitimidade da decisão assemblear 150

Taxas ilegais e arbitrárias 150
Rateio de inadimplência 151
Obrigatoriedade do pagamento 152
Rateio ilegal entre adimplentes 153
Taxa para cobrir despesa extraordinária 154
Cobrança de taxas extras de inadimplente 154
Melhorias na iluminação da rua 155

3.10 Eleição 156
Período de mandato 156
Comissão eleitoral 157
Sucessão 157
Forma de votar 158
Eleição em Assembleia Extraordinária 158
Condições para poder participar e votar 159
Existência de comissão eleitoral 160
Ausência do síndico e situação de dívida 160
Reeleição 161

3.11 Funcionários 163
Condomínio comercial 163
Funções do zelador e do porteiro 163
Melhorias no desempenho dessas funções 164
Definindo a necessidade de porteiro e zelador 164

3.12 Reajustes 165
Déficit orçamentário 165

3.13 Quórum 166
Tipos de quóruns 166
Aprovação de obras 166
Revogação de decisão assemblear 167
Alteração das regras do regimento interno 167

Alteração de fachada do prédio 168
Modernização de elevadores 168
Pintura do prédio e troca de portões 169
Instalação de antena de comunicação para telefonia 169
Ampliação da área da churrasqueira 169
Obras em áreas comuns 170
Benfeitorias 171
Obras pequenas e rateio extra 172
Mudança de destinação do imóvel 173

Dicas 174

4 COBRANÇA

4.1 Rateio 178
Forma de cobrança 178
Cálculo da fração ideal 178
Taxas extras 180
Convenção e critério de rateio 180
Quando a convenção não estabelece critérios de rateio 180
Fração ideal de lojas 181
Concessão de descontos a inadimplentes 182
Cota mensal de apartamento vago 184
Taxa de rateio extra sem AGE 184
Formato do rateio de conta de água 185

4.2 Condomínio irregular 186
Dívida trabalhista e a responsabilidade do síndico 186

4.3 Boletos 187
Prazo para cobrança judicial de cotas vencidas 187
Multa por atraso do pagamento 187
Termo de confissão de dívida 188

4.4	Outras formas de cobrança	189
	Cessão de direitos creditórios	189
	Condomínio como credor de abertura de inventário	192
	Obrigação *propter rem*	192
	Ocupação de unidade com cotas atrasadas	193
	Dicas	194

5 CONVENÇÃO

5.1	Aspectos da convenção	198
	Definição	198
	Como alterar a convenção	199
	Alteração irregular e rerratificação	199
	Validade da convenção sem registro	200
	Alteração do regimento interno	200
5.2	Construtora	202
	O "habite-se" e a entrega das chaves	202
	Entrega diferente do decorado	203
	Efetividade da convenção	204
	Entrega das chaves com proibição de mudança	204
	A escolha do síndico	205
	Propriedade condominial de unidades não comercializadas	205
	Cota condominial de lote com pendências	206
	Cota condominial de unidades não comercializadas	206
	Mudança no projeto e desvio de finalidade	207
	Venda de unidade de construtora inadimplente	208
	Pagamento de despesas condominiais de imóvel na planta	209
	Cuidados no ato da compra do imóvel e da entrega das chaves	210
	Loteamento	210
5.3	Seguro	212
	Tipos de seguros obrigatórios	212
	Cobertura do seguro obrigatório	212

Seguro individual 213
Escolha do melhor custo-benefício 213

5.4 Previsão orçamentária 214
Apresentação do orçamento das despesas 214
Sistemática de aprovação de orçamento 214

5.5 Advertência 215
Cartões de acesso e o direito de ir e vir 215

Dicas 216

6 REGIMENTO INTERNO

6.1 Definição 218
O que é regimento interno 218

6.2 Uso da piscina 219
Procedimento para ingresso e legislação 219
Em caso de infração das regras de uso 220
Churrasqueira na beira da piscina 221
Visitantes esporádicos ou constantes 222
Evitando acidentes (quedas, afogamentos, sucção) ... 222

6.3 Regulamento 224
Acesso à convenção e ao regimento interno 224
Fiscalizando a gestão do regimento 224
Notificando menores de idade 225

6.4 Inadimplência 226
Procedimentos de cobrança 226
Ação de execução de débitos condominiais 226
Inadimplentes e o direito de uso de áreas comuns ... 227
Divulgação da lista de inadimplentes 228
Dano moral por exposição vexatória da lista 228

Penhora de bens para quitação de débitos	229
Processo de cobrança e penhora	229
Limite de tolerância de cotas inadimplidas	230
Corte de itens de sobrevivência (luz, água, gás etc.)	231
Combatendo taxas de inadimplência	231
Cobrança por débito automático	231
Escolha da administradora e escritório de advocacia	232
6.5 Elaboração de regimento interno	**233**
Acesso ao RI em fase de elaboração	233
6.6 Áreas comuns	**234**
Fumo	234
Fumar na garagem. Nova Lei Federal Antifumo	235
Fumar na sacada. Direitos de propriedade e de vizinhança	235
Proibição do uso de produtos fumígeros	237
Acesso do síndico às áreas comuns e privativas	238
Troca de portas, decurso do tempo e ordem de mudança	240
Troca de portas e descaracterização da edificação	240
Uso de plantas na decoração interna dos halls	241
Uso de floreiras sob a janela	241
Instalação de um parquinho sob janela de unidade	241
Discriminação e regulação de uso	242
Utilização de áreas comuns de forma exclusiva	243
Trancamento dos portões de acesso aos blocos	244
Inserção de película na janela de área comum	245
Direito de uso e reserva dos espaços de lazer	245
6.7 Crianças e adolescentes	**247**
Visita de menores e circulação em elevador	247
Criança moradora circulando sozinha no hall	248
Comissão de adolescentes	248

6.8 Acidentes 249
   Verificando a responsabilidade nas normas internas 249
   Fratura por queda e isenção de responsabilidade por força maior .. 249
   Queda de galho e isenção de responsabilidade por força maior 250
   Vento e a isenção de responsabilidade por força maior 251
   Produção de provas de acidentes 252
   Evitando a judicialização dos casos 252
   O condomínio só responde na falta de manutenção 252

6.9 Advertências e multas 254
   Formando o valor para a aplicação da multa 254
   Multas de 5 a 10 vezes o valor da cota condominial 255
   Perseguição pessoal do síndico 256
   Danos por arremesso de objetos pela janela 258
   Furto de visitante praticado por morador 258
   Constantes xingamentos pesados contra crianças 259
   Desrespeito à gestão e à regra de recolhimento do lixo 259
   Aplicação de multas de forma profissional 260

Dicas 261

7 FACHADAS E VARANDAS
7.1 Fachada adequada 264
   Fiscalizando a adequação da fachada 264

7.2 Alteração da fachada 266
   Instalação de grades de segurança na entrada do prédio 266
   Obras na fachada da cobertura 266
   Modelo de fechamento de terraço 268
   Hall social 269
   Instalação de ar-condicionado 269

7.3 Alteração da varanda 271
   Varanda é fachada? 271

Reforma antiga feita na sacada sem autorização 271
Correção de antiga execução irregular de reforma 272

7.4 Situações com fachada e varanda 274
Multa 274
Afixação de propagandas em telas de proteção 274
Jardim vertical 275

Dicas 277

8 HOSPEDAGEM
8.1 Meios de hospedagem 280
Venda pela internet 280
Aplicativos de hospedagem e o regramento do uso do imóvel 281
Aplicativos de hospedagem e os limites da locação 281

Dicas 283

9 INFILTRAÇÕES E VAZAMENTOS
9.1 Infiltrações 286
Infiltração entre residência e loja 286
Origem do problema e responsabilidade pelo conserto 286
Responsabilidade por despesas de manutenção: telhado e terraço ... 288
Determinando a responsabilidade pelo conserto: teto e parede 289

9.2 Vazamentos 290
Norma ABNT 16.280:2014 sobre reformas 290
Determinando a responsabilidade pelo conserto: prumada 290
Determinando a responsabilidade pelo conserto: janelas fechadas... 291
Determinando a responsabilidade pelo conserto: teto e terraço 291
Determinando a responsabilidade por dano em garagem 292
Responsabilidade proporcional por danos materiais: alagamento . 293

Ressarcimento de despesas com obras voluntárias 294
Ressarcimento de despesas de manutenção: coluna de água 295

Dicas 296

10 LOCAÇÃO
10.1 Casa do zelador 298
Quórum para locação 298

10.2 Locador 300
Locação de apartamento na praia por temporada 300
Sublocação de unidade 300
Responsabilidade pelos prejuízos do inquilino inadimplente 301

10.3 Locatário 303
Manutenção do imóvel 303

Dicas 304

11 OBRAS
11.1 Reformas 306
Autorização 306
Requisitos legais em São Paulo 306
Alvará e termos de responsabilidade técnica (ART, RRT) 306
Permissão para quebra de parede 307
Obras em áreas comuns 307
Instalação de espaço para home care 308
Normas para promover um espaço home care 308

11.2 Manutenção 309
Despesas de conservação do telhado da cobertura 309
Despesas de conservação da fachada e varanda 309

Despesa de reparo voluntário urgente 311
Obras ou reparos necessários 311
Fachadas de condomínios de casas 311
Portões de garagem com diferentes volumes de acesso 313

11.3 Embelezamento de parede 314
Licenciamento para colocação de revestimento 314

Dicas 315

12 PERTURBAÇÃO DO SOSSEGO

12.1 Sossego, segurança, saúde e bons costumes 318
Drogas e fumo: uso e descarte 318
Cheiro de maconha não identificado 318
Cheiro e fumaça de maconha identificados: perturbação 319
Uso de salão de festas como área de lazer 319
Atividade comercial irregular e prejuízo com água 320
Uso da academia 321

12.2 Barulhos e conflitos 323
Barulho noturno dentro do condomínio 323
Algazarra noturna na calçada do condomínio 324
Tocar guitarra alto e constantemente 325
Casa de shows e a emissão máxima de ruídos 326
Brigas altas e agressões em família 326
A bomba de pressão e o ingresso na casa de máquinas 327
Arrastar móveis, pisar forte com sapatos, quedas etc. 327
Conflitos em condomínios-clube 329

Dicas 330

13 VAGAS DE GARAGEM

13.1 Natureza jurídica das vagas 334
Definição 334

Vagas demarcadas. Vagas de uso indeterminado e rotativo 334
Cobrança extra de cota condominial e IPTU 335

13.2 Sorteio de vagas 336
Deficientes e pessoas com mobilidade reduzida 336
Participação de inadimplentes 336
Atribuir as piores vagas aos inadimplentes 337
Alteração ou regulação do sorteio na convenção 338
Periodicidade: sorteio novo ou permanente 338

13.3 Uso das vagas 340
Tamanho e porcentagem de distribuição das vagas 340
Disciplinando a distribuição das vagas 341
Limite de veículos por vaga 342
Cobrança de taxa extra para uso de vaga específica 343
O síndico e o abuso da vaga privativa de terceiros 343
Exclusão de vagas de visitantes e regulação do seu tempo de uso .. 344
Uso das vagas de proprietários por hóspedes e visitantes 344
Veículo estranho ao condomínio na vaga de visitante 345
Remoção de veículo abandonado 346
Uso estendido a parentes e familiares 347

13.4 Comercialização de vagas 348
Acomodando o carro nas dimensões da vaga de aluguel ... 348
A construtora e a venda de vagas fora das especificações legais 348
Aluguel de vagas a não moradores 350
Venda de vagas a não moradores 350
Comércio de vagas com fração ideal específica 351

13.5 Destinação das vagas 352
Desvio de finalidade na guarda de carreta 352
Desvio de finalidade na guarda de prancha de surfe 352
Guarda de carretas, reboques e barcos com placas do Detran 353

13.6 Cobertura de garagem **354**
    Lonas ou alvenaria: custos de manutenção e fração ideal 354
    Rateio de obras para cobertura total da garagem 354

13.7 Bicicletário **356**
    Guarda de bicicleta na garagem e no interior da unidade 356
    Porcentagem obrigatória de vagas para bicicletário 356
    Limite de bicicletas por vaga 357

Dicas 358

Bibliografia 361
Agradecimentos 363
Sobre o autor 365

PREFÁCIO

FOI COM SURPRESA E UMA IMENSA SATISFAÇÃO que recebi o convite do amigo e eminente advogado, dr. Rodrigo Karpat, para prefaciar sua obra *Questões Condominiais: consultas práticas para as dúvidas do dia a dia*.

O denso trabalho versa sobre as inúmeras situações que gravitam em torno do cotidiano da vida condominial. O autor tratou do tema de forma didática, numa linguagem simples e objetiva, abordando sobre as principais ocorrências que costumam vir à tona na convivência condominial. São casos muitas vezes levados à barra dos tribunais para serem considerados pela doutrina e, o que é mais relevante ainda, pela jurisprudência dos tribunais.

No momento em que o Brasil atravessa uma fase de significativa evolução social e jurídica, a obra do professor e dr. Rodrigo não poderia ser mais apropriada. Trata-se de uma valiosa colaboração para o estudo e pacificação da vida condominial, para maior ilustração de juristas, especialistas e leigos. Não sem razão, a utilidade e a oportunidade da obra são inquestionáveis. Pode-se afirmar com absoluta certeza que o esforço do autor – um dos mais prestigiados expoentes do direito condominial da atualidade e um dos mais influentes, não só pelas inúmeras atividades desenvolvidas por mais de 10 anos, como também pelo exercício sério e exemplar do seu ofício – não foi em vão.

Uma palavra final ao querido Rodrigo: tenho a certeza do sucesso do presente livro, uma obra que nasce em meio a um momento muito especial da vida de qualquer família: o nascimento de mais um filho.

Dr. Fábio Hanada
Advogado

INTRODUÇÃO

ABRINDO AS PORTAS DO CONDOMÍNIO

AS ESTATÍSTICAS APONTAM QUE, DESDE A DÉCADA passada, o número de empreendimentos residenciais, comerciais ou mistos segue em franca ascensão. Esse fenômeno já é muito notado nas pequenas e médias cidades; portanto, é possível dizer que a tendência nas grandes cidades será termos, em breve, mais prédios do que casas.

O cenário dos condomínios residenciais tende a aglomerar um grande número de pessoas em um espaço menor do que é o habitual, fazendo com que surjam conflitos e questões que precisam ser ajustados, a fim de que as regras sejam cumpridas com o intuito de buscar uma vida harmoniosa. Viver em condomínio é um retrato do que é viver em comunidade e esse retrato se amplifica ao compreendermos que não raro há determinados empreendimentos dentro dos quais a circulação diária de frequentadores atinge a marca de mais de 10 mil pessoas diariamente, entre moradores e prestadores de serviço.

Tanto o síndico e sua gestão como os condôminos, prestadores de serviço e inquilinos precisam estar bem informados, a fim de entenderem a lógica do funcionamento e do regramento do dia a dia de um condomínio. O síndico e a gestão, mais especificamente, precisam desenvolver múltiplas habilidades com o objetivo de desempenharem suas funções da forma mais prática possível, pois condomínios revelam um universo social com características próprias a serem atendidas. Ter um quadro eficiente de funcionários, uma boa administradora de condomínios, um conselho atuante e um departamento jurídico de qualidade são medidas essenciais para uma gestão condominial de sucesso.

O intuito deste trabalho é demonstrar de forma prática e assertiva as questões primordiais que regem o mundo condominial. Tivemos como parâmetro apresentar esse amplo assunto da melhor forma possível, tendo como objetivo atingir esse campo do Direito, mediante uma linguagem que possa ser perfeitamente compreendida não só por quem é dessa área, como principalmente atingir todo aquele que de alguma forma tenha qualquer relação com condomínios, sejam síndicos, administradores, prestadores de serviços, gerentes prediais, zeladores, porteiros, corretores de imóvel etc.

Trata-se de um livro projetado com o propósito de nortear a todos aqueles que direta ou indiretamente fazem parte desse universo. Ao exercer a função de tábua de salvação, o livro oferece ao consulente o embasamento necessário para que tanto as questões macro e mais complexas (como alteração de convenção, acidente no condomínio, condômino antissocial) como as questões de fórum particular e que também geram grandes transtornos (como animais, alteração de fachada, carro riscado etc.) sejam resolvidas.

Nos últimos 10 anos, por intermédio dos nossos canais de atendimento, seja pessoalmente, por via de WhatsApp, *e-mails*, redes sociais e, principalmente, nossa coluna no Síndico Net (Pergunte ao Especialista), recebemos uma enxurrada de questões do cotidiano condominial e, como resultado de um longo e árduo trabalho de edição, separamos as 365 mais relevantes. A partir daí, dividimos as mesmas por tema e fizemos todo um trabalho de revisão técnica, a fim de deixar as respostas atualizadas com a legislação vigente.

São 13 capítulos sobre cada um dos temas mais comuns e recorrentes dentro da vida condominial. Em cada capítulo, de forma rápida e prática, o leitor encontrará a resposta para as questões mais prementes acerca do tema que busca, além de, no final de cada capítulo, termos separado dicas valiosíssimas que vão auxiliar todo aquele que tem na figura do condomínio parte integrante do seu fazer e viver diário.

Boa leitura!

Equipe Rodrigo Karpat

CONVITE AO LEITOR

FAZENDO A DIFERENÇA

É COM GRANDE PRAZER QUE ME DIRIJO A VOCÊ, amigo leitor e consulente. Você é parte desse importante momento da vida de todo profissional, que é o lançamento de um primeiro livro, como um coroamento de todos os esforços.

Em uma época em que se discute sobre o que é um livro em sua forma, desenvolver conteúdos relevantes torna-se um desafio e uma responsabilidade diária, além de uma importante demanda.

Há no mundo autoral uma máxima que diz que um autor jamais finaliza suas obras: ele simplesmente as abandona. O que é uma grande verdade, pois certas obras nunca poderão ficar prontas, por mais que se tente. É o caso de *Questões Condominiais: consultas práticas para as dúvidas do dia a dia*. A temática aqui abordada não tem nem poderia ter a pretensão de ser uma obra definitiva, um divisor de águas.

Este trabalho é mais acertadamente uma paisagem inicial, um retrato que serve de espelho fiel para o atual momento de questionamentos e transformações sociais pelo qual atravessamos.

O mundo condominial é complexo e todo dia surgem elementos novos, novas questões, novas situações. A presente compilação é composta de 365 perguntas e respostas, publicadas na forma de um questionário fácil de consultar. Este guia tem sido a maneira essencial com a qual venho desempenhando parte significativa de uma das minhas atribuições, que é consultoria. O questionamento é um dos pilares básicos da comunicação, por isso faço questão de manter esse formato em todas as minhas plataformas. Perguntar é uma busca incessante – e a prática dos melhores esforços para disponibilizar respostas satisfatórias faz, sim, toda a diferença.

É o que ilustra a seguinte história, que me foi contada por meu pai e que também servirá como legado para meus filhos:

"Havia, certa vez, um menino em uma praia cuja areia estava coberta por inúmeras conchas espalhadas. O menino imaginou que aquelas conchas ficariam mais felizes e em paz se pudessem voltar a conviver com suas semelhantes, nas águas do mar. Por alguns momentos, o menino se questionou a respeito desse problema e logo começou a arremessá-las uma a uma para dentro das águas, com toda a força que lhe era possível. Só que a praia tinha quilômetros... Mas, mesmo assim, ele continuou firme em seu propósito de não deixar as conchas morrerem na areia. Naquele momento, um rapaz, que já havia algum tempo observava a dedicação com que aquele menino fazia seus arremessos, resolveu perguntar: 'Mas para que você está fazendo isso, se você não vai conseguir salvar a vida de todas essas conchas?'. O menino, então, respondeu assim: 'Porque para essas daqui eu vou conseguir fazer a diferença'".

Às vezes, a diferença se faz por meio das coisas mais simples da vida. Veja como a dimensão da atitude simples de um menino, que também é inerente a todos nós, mostra a importância que a dúvida tem, por mais insignificante que pareça ser. Questionar é preciso. Questionar muda tudo, nos desperta e abre caminhos de onde emergem as soluções. Enquanto atendia aos meus consulentes, dando-lhes respostas, percebi que faria uma diferença significativa se publicasse o resultado dessas consultas com o objetivo de alcançar e beneficiar uma parcela ainda maior de pessoas. Porque, afinal, é disso que se trata: de fazer a diferença. E nessa hora, sempre haverá espaço tanto para os leais amigos, que já me acompanham nesses longos anos da minha trajetória profissional, como também para os novos amigos e leitores que ainda vão chegar.

Meu livro é esse espaço de convivência entre nós, para o compartilhamento democrático desses conhecimentos. Espero que esse espaço cumpra o importante papel de transmitir a você algum capital de informação que venha a servir-lhe de facilitador nas suas questões condominiais diárias, na sua busca pela qualidade de vida. No estudo das questões deste livro, você também verá o processo dinâmico e construtivo do novo direito condominial. Espero assim gerar um conteúdo que contribua para despertar-lhe outras percepções.

Isso tudo é para lhe dizer que o que você tem em mãos não é só um livro, mas é também um convite que lhe faço. Não é apenas um projeto, mas um espaço infinito. Ao abrir os próximos capítulos, você também verá portas que se abrem e, dentro dessas portas, eu e você teremos uma conversa franca sobre o atual retrato da vida condominial brasileira.

Estou aqui para lhe dar as boas-vindas e convidá-lo a entrar em um universo no qual cada pergunta que se lê é um exercício de empatia. Façamos a diferença. Aceite meu convite e venha comigo.

Olá! Sou Rodrigo Karpat. Vamos falar sobre Condomínio.

365 QUESTÕES CONDOMINIAIS

Capítulo 1
ADMINISTRAÇÃO

Uma das principais demandas da pós-modernidade é pelo crescente nível de profissionalização do indivíduo. As moradias avançam verticalmente. O síndico precisa ser bem informado e ter múltiplas habilidades para desempenhar suas funções da forma mais prática possível, pois condomínios revelam um universo social com características próprias a serem atendidas. Ter um quadro eficiente de funcionários, uma boa administradora de condomínios, um conselho atuante e um departamento jurídico de qualidade são medidas essenciais para uma gestão condominial de sucesso.

1.1 INSTALAÇÕES

1 As câmeras instaladas externamente nos muros do meu condomínio não estão funcionando. No caso de acontecer alguma coisa com algum morador, o síndico pode ser responsabilizado por isso?

Em função do momento atual de insegurança é aconselhável a manutenção de sistema de monitoramento na área perimétrica do condomínio, para monitorar intrusos que tentem adentrar no condomínio e não para monitorar efetivamente a rua. O síndico não pode ser responsabilizado legalmente por eventos que ocorram externamente ao condomínio, poderia ser responsabilizado por não manter um sistema de segurança efetivo, desde que o assunto das melhorias e implantações tenham sido discutido e aprovado em assembleia, ou se o condomínio já possuir um sistema de segurança e o síndico descontinuou ou não deu importância para o tema e isso trouxe prejuízo para a massa, aí sim ele pode ser responsabilizado.

2 É possível pedir as imagens das câmeras instaladas na garagem do condomínio para descobrir qual morador arranhou meu carro? Quem devo acionar na justiça por dano ao patrimônio: o condomínio ou o morador?

A princípio as imagens se prestam para proteger o patrimônio comum, não para o monitoramento da vida em condomínio. Sendo que o condomínio poderá responder pela divulgação das gravações se, de alguma forma, existir em seu conteúdo qualquer situação vexatória ou constrangedora, ou se a imagem de terceiros for utilizada de forma indevida. Inclusive, o condomínio poderá ser condenado a reparar financeiramente o prejudicado. Exceção para o caso em que a massa condominial resolveu aprovar em assembleia a liberação das imagens para todos e as câmeras são visíveis e têm a identificação de filmagem dos locais. Nesse sentido TJ-RJ – APL: 01067673020188190001[1].

---

[1] APELAÇÃO CÍVEL. DIREITO À IMAGEM, INTIMIDADE E VIDA PRIVADA. AÇÃO DE OBRIGAÇÃO DE NÃO FAZER C/C INDENIZATÓRIA. DANO MORAL. CIRCUITO INTERNO DE CÂMERAS DE SEGURANÇA INSTALADO EM ÁREAS COMUNS DE CONDOMÍNIO EDILÍCIO. IMAGENS DISPONIBILIZADAS A TODOS OS MORADORES EM SEUS APARELHOS CELULARES. SENTENÇA DE IMPROCEDÊNCIA. IRRESIGNAÇÃO. ACESSO DOS MORADORES DO EDIFÍCIO ÀS IMAGENS CAPTA-

Dessa forma, muita cautela deve ser tomada antes da liberação das imagens, conforme verificamos no caso a seguir:

"TURMA RECURSAL RECURSO N. 0021231-11.2010.8.19.0202. RECORRENTE: JADE LOPES DA COSTA. RECORRIDO: CONDOMÍNIO DO EDIFICIO CAMILLA. VOTO: A sentença merece reforma. Trata-se de ação movida pela parte autora em face do condomínio réu sob o argumento de que *após ter amassado uma folha de papel e a jogado no chão do elevador do condomínio teve sua imagem exposta diante de todos os vizinhos através do circuito Interno de TV do prédio e, ainda, teve sua honra maculada por informe do condomínio réu dirigido a todos os condôminos que atribuiu a responsabilidade pelo ato em questão à autora e, ainda, fez considerações inadequadas acerca do comportamento da mesma de forma vexatória.* No caso sob exame se verifica que a autora praticou ato evidentemente reprovável, contudo, as considerações feitas pelo condomínio réu acerca do comportamento da autora dirigidas a todos os condôminos extrapola a órbita do razoável. É de se ressaltar que os administradores do condomínio réu na circular encaminhada a todos os condôminos classificam o comportamento da autora de 'papel ridículo' e, ainda, afirmam que 'educação vem de berço'. As críticas praticadas pelo condomínio em relação à autora extrapolaram o aceitável. Dano moral caracterizado. O dano moral é caracterizado por dor, vexame, sofrimento ou humilhação que foge à normalidade e interfere na esfera psíquica do indivíduo causando-lhe desequilíbrio efetivo em seu bem-estar. Exposição vexatória diante de todos os vizinhos. Lesão a direito da personalidade da parte autora. É de se ressaltar que a exibição de imagens do circuito interno não tem o condão de provocar abalo à esfera moral da autora. Isto posto, conheço do recurso interposto pagar à parte autora a quantia de R$ 1.000,00 (um mil reais), a título de danos morais, com correção monetária desde a publicação da sentença e juros legais desde a citação. Sem ônus sucumbenciais. Rio de Janeiro, 25 de outubro de 2012. SIMONE DE ARAUJO ROLIM, JUÍZA RELATORA" (grifei).

Lembrando que, por princípio, a finalidade das filmagens[2] no prédio é proteger o condomínio, e não produzir provas contra moradores, porém não existe prejuízo

---

DAS NAS ÁREAS COMUNS POR 04 (QUATRO) DAS 16 (DEZESSEIS) CÂMERAS QUE FOI AUTORIZADA PELA MAIORIA DOS CONDÔMINOS EM ASSEMBLEIA. AUSÊNCIA DE COMPROVAÇÃO DA UTILIZAÇÃO DAS IMAGENS DE MANEIRA A ATINGIR A HONRA, A BOA FAMA OU A RESPEITABILIDADE DA AUTORA/APELANTE. INTELIGÊNCIA DO ART. 20 DO CÓDIGO CIVIL. INTIMIDADE E VIDA PRIVADA QUE NÃO FORAM DEVASSADAS. DANO EXTRAPATRIMONIAL NÃO CARACTERIZADO. DESPROVIMENTO DO RECURSO.
(TJ-RJ – APL: 01067673020188190001, Relator: Des(a). FLÁVIA ROMANO DE REZENDE, Data de Julgamento: 9-6-2020, DÉCIMA SÉTIMA CÂMARA CÍVEL, Data de Publicação: 6-10-2020)

2   CONDOMÍNIO – Obrigação de Fazer – Veículo do condômino danificado – Pedido de exibição das imagens das câmeras de segurança – Condomínio notificado dentro do prazo – Cer-

em o condomínio mostrar ao condômino prejudicado quem bateu em seu carro, e se for o caso de fornecimento das imagens, esta deve ser feita mediante termo de responsabilidade (documento).

Sendo o caso da necessidade de fornecimento de imagens para autoridades policiais, ou decorrentes de crimes, estas devem ser fornecidas somente mediante pedido formal, seja através de ofício da autoridade policial ou ordem judicial.

3 Moradores podem instalar câmeras de segurança ocultas nas portas de entrada dos apartamentos, sem comunicarem aos demais, com o objetivo de terem acesso às movimentações no *hall* interno do condomínio?

De forma alguma moradores podem instalar câmeras em áreas comuns[3] (uma vez que são de gestão do condomínio/síndico); tampouco deve o condomínio instalá-las sem a prévia deliberação da assembleia e o cumprimento da legislação.

---

ceamento de defesa afastado – Ausente justificativa para a não apresentação das imagens – Imagens destinadas a proteção da comunidade condominial – Obrigação do condomínio – Sentença mantida. Apelação não provida.
(TJ-SP – AC: 10048992920218260506 SP 1004899-29.2021.8.26.0506, Relator: Sá Moreira de Oliveira, Data de Julgamento: 5-9-2022, 33ª Câmara de Direito Privado, Data de Publicação: 5-9-2022)

[3] APELAÇÕES CÍVEIS. DIREITO CIVIL. CONDOMÍNIO. INSTALAÇÃO DE CÂMERA NO ANDAR DO AUTOR POR OUTRO CONDÔMINO. INVASÃO DE PRIVACIDADE. FALTA DE ASSEMBLEIA PARA PERMITIR O USO DA CÂMERA. DANO MORAL NÃO CONFIGURADO. MANUTENÇÃO DA SENTENÇA. 1. Na r. sentença lançada nos autos, julgou-se procedente em parte o pedido autoral para deferir a tutela antecipada e, ainda, condenar os réus, pessoas físicas, na obrigação de fazer, consistente na retirada da câmera de vigilância da porta de entrada de sua unidade condominial, no prazo de 15 dias, a contar de sua intimação para tanto, devendo absterem-se de nova instalação enquanto não houver aprovação em assembleia condominial e julgou improcedente o pedido de indenização por dano moral. O pedido formulado contra o condomínio para que retirasse a câmera instalada foi julgado improcedente. Apelo das partes, os réus pelo afastamento da obrigação de fazer e o autor pugnando pela condenação dos vizinhos por dano imaterial. 2. Os réus/recorrentes sustentam para tanto, em síntese, que: a colocação da câmera é questão de segurança; nenhum outro vizinho reclamou do dispositivo, instalado não em área comum mas sim no portal da entrada de sua unidade, dentro dos limites de sua propriedade; obteve laudo de profissional de que a câmera está direcionada à entrada do elevador e não à porta da unidade do autor; a instalação da câmera decorreu de um problema de agressão sofrida pela 3ª ré, em virtude de problema anterior decorrente de uma infiltração no apartamento do autor que atingia o imóvel dos réus, não encontrando, as partes, pelo que consta, uma solução amigável para a questão. 3. Compulsando os autos, verifica-se que a solução encontrada pelos réus para o problema em tela, viola o direito de intimidade do autor. Conquanto seja livre o exercício do direito de propriedade, este encontra limites, notadamente nas disposições previstas nos parágrafos do art. 1228 do Código Civil, as atinentes ao direito de vizinhança (art. 277 e seguintes do CC de 2002) e aquelas relativas ao condomínio edilício, no qual os réus estão inseridos (art. 1314 e seguintes do CC de 2002). Assim, "o proprietário tem a faculdade de usar, gozar e dispor da coisa" (CC art. 1.228), mas o condômino tem o dever de "dar às suas partes a mesma destinação que tem a edificação, e não as utilizar de maneira preju-

dicial ao sossego, salubridade e segurança dos possuidores, ou aos bons costumes" (CC art. 1336, IV), de modo que "cada condômino tem o direito de usar e fruir, com exclusividade, de sua unidade autônoma, segundo suas conveniências e interesses, condicionados, umas e outros, às normas de boa vizinhança, e poderá usar as partes e coisas comuns de maneira a não causar dano ou incômodo aos demais condôminos ou moradores, nem obstáculo ou embaraço ao bom uso das mesmas partes por todos" (Lei n. 4.591/64, art. 19). 4. Sabe-se que, em se tratando de Condomínio edilício, deve prevalecer o interesse dos condôminos em detrimento do interesse particular de cada um. Assim, não havendo decisão em Assembleia dispondo sobre a possibilidade de instalação individual de câmeras junto à porta de cada unidade, necessária a realização desta para que todos possam tomar ciência e votar acerca do tema em questão. 5. É irrelevante o local de instalação das câmeras, se o condômino pode obter acesso às imagens geradas a partir da área externa, não socorrendo assim a alegação dos réus apelantes que o dispositivo estaria instalado em área de sua propriedade e não em área comum. O parecer técnico que atestou que aparato não está direcionado para a porta do apartamento do autor mas sim para a entrada do elevador, em nada aproveita aos réus, pois além de não haver autorização do Condomínio para tal, a mudança de direção pode ser promovida a qualquer momento por quem detém o seu controle. A eventual sugestão dada pelo delegado de polícia para que os réus instalassem a câmera em sua unidade por ocasião do registro da ocorrência da mencionada agressão promovida pela esposa do autor, não daria direito à colocação, mormente por ter que se observar as normas do Condomínio a respeito do tema. Se a ré, que informa que possui sequelas de uma poliomielite, entende que pode voltar a ser agredida, daí a colocação da câmera, talvez a solução melhor fosse seria ela colocar um dispositivo apropriado junto às suas vestimentas, para que assim ela pudesse gravar eventual ilícito perpetrado contra sua integridade física em qualquer lugar. De outro modo, pouco importa se os demais condôminos não reclamaram do aparato, visto que, com não há permissão do Condomínio, basta um morador reclamar, para que se tenha como ilícita a sua colocação. 6. Ademais, se o problema é com a segurança interna e com o que acontece no corredor do 8º andar em que está situado os imóveis das partes, os réus informam que "foi realizada assembleia extraordinária no condomínio primeiro réu (em 27-9-2019), na qual restou debatida, deliberada e aprovada, por unanimidade, a urgente instalação de 205 (duzentas e cinco!!) câmeras de segurança full HD nas áreas comuns do referido condomínio, além do sistema de controle de acesso". Portanto, nada impede que se requeira a instalação de câmeras nos andares ou mesmo dentro dos elevadores, dispositivos que devem ser controlados pelo Condomínio. 7. Na presente demanda a câmera colocada pelos réus na porta de entrada de sua unidade, pode causar embaraços e intranquilidade aos demais condôminos e moradores, que não se sintam confortáveis pela filmagem, mormente em relação ao autor devido ao histórico de litígio entre as partes. 8. Configurado o excesso ilícito no exercício do direito, conforme disposto em lei, por se tratar de medida tomada de forma particular, sem a anuência dos demais condôminos, além do que há outros meios menos invasivos que podem ser adotados pelos demandados a fim de registrar eventual agressão, quer dentro ou fora do Condomínio. 9. Pertinente a retirada da câmera localizada na porta de entrada do apartamento dos réus, salientando não existir impedimento para que, por deliberação da assembleia e desde que atenda ao interesse da maioria dos condôminos, como dito, se decida por instalar câmeras de vigilância na área comum do edifício, mas desde que o faça de forma geral e indiscriminada, sujeitando todos os condôminos ao bônus (segurança) e ônus (restrição da privacidade) de forma igual. 10. Inexistente de qualquer violação da personalidade de forma a ensejar indenização por dano moral pleiteado pelo autor/recorrente, tendo em vista que em nenhum momento houve exposição vexatória e efetiva dele ou dos demais moradores de sua unidade. Ao contrário do que alega o demandante, infere-se dos autos que o propósito dos réus não era de "perseguir e vigiar os passos do autor e sua família", haja vista que a intenção era apenas de se precaver e registrar eventual investida promovida contra a ré, agressão inclusive narrada na contestação sequer impugnada especificamente em réplica, razão pela qual não merece reparo a sentença também nesta questão. 11. Sentença mantida. RECURSOS CONHECIDOS E DESPROVIDOS.

Caso o prédio instale câmeras em áreas comuns, deverá, como exemplo em São Paulo seguir a Lei n. 13.541, de 24 de março de 2003, que dispõe sobre as imagens e exige a colocação de placas com os seguintes dizeres:

"O ambiente está sendo filmado. As imagens gravadas são confidenciais e protegidas, nos termos da lei".

Quanto a colocação de câmeras sem autorização e sem comunicação, julgado do TJSP:

"AÇÃO DE INDENIZAÇÃO. ILÍCITO CIVIL. DANOS MORAIS. COLOCAÇÃO DE CÂMERA OCULTA DE VÍDEO EM ELEVADOR. FILMAGEM DIÁRIA CLANDESTINA. DECISÃO PESSOAL DO SÍNDICO SEM CONHECIMENTO PRÉVIO DOS CONDÔMINOS. RECLAMAÇÃO DE INVASÃO DE PRIVACIDADE POR MORADOR. IMPROCEDÊNCIA. RECURSO PROVIDO. (TJ-SP, Relator: Daise Fajardo Nogueira Jacot, Data de Julgamento: 15-10-2008, 7ª Câmara de Direito Privado B.)"

Portanto, deve-se comunicar a situação ao síndico, que deverá advertir ou multar o condômino infrator com base na convenção do condomínio, além de exigir a imediata remoção da câmera. Caso o infrator não retire a câmera, o síndico deverá ingressar em juízo para sua remoção coercitiva através de ordem judicial e não remover com os próprios esforços.

Gravações não autorizadas e sem prévia informação aos que ali transitam violam o direito constitucional de cada qual à intimidade, podendo expor moradores e visitantes a situações constrangedoras, o que poderá ensejar reparação de danos que, inclusive, recairão sobre o condomínio, caso o síndico se omita a tomar as medidas necessárias para corrigir a situação.

O direito à inviolabilidade da imagem está protegido pela Constituição Federal:

"Art. 5º (...)

XXVIII – São assegurados, nos termos da lei:

a) a proteção às participações individuais em obras coletivas e à reprodução da imagem e voz humanas, inclusive nas atividades desportivas;"

4 Moradores têm o direito de acessar as imagens das câmeras internas do condomínio – já que, na condição de pagantes, também são seus coproprietários?

A divulgação de imagens pelo sistema interno de câmeras para todos os moradores não é aconselhável, salvo a imagem da frente do prédio para que os condôminos possam visualizar quem está lá antes de liberarem a entrada.

(TJ-RJ – APL: 01451192320198190001 202000149090, Relator: Des(a). MURILO ANDRÉ KIELING CARDONA PEREIRA, Data de Julgamento: 11-11-2020, VIGÉSIMA TERCEIRA CÂMARA CÍVEL, Data de Publicação: 13-11-2020)

Em São Paulo, a Lei n. 13.541, de 24 de março de 2003, protege as imagens e exige a colocação de placas mencionando que: "O ambiente está sendo filmado. As imagens gravadas são confidenciais e protegidas, nos termos da lei".

Não obstante a Lei não defina quais são os termos da proteção e confidencialidade, parece-me claro que as imagens não devem ser destinadas a que moradores controlem seus funcionários, verifiquem quem está transitando no prédio, nem para que verifiquem os horários que seus cônjuges e filhos saem de casa.

Entendo que as imagens são para uso do condomínio a fim de que possam verificar qualquer sinistralidade, como no caso de um furto, batida de carro, incêndio, casos de polícia, entre outros, e mesmo assim a gravação somente deve ser disponibilizada em último caso ou por ordem judicial, pois existem outras questões envolvidas como, por exemplo, a exposição desautorizada de moradores, o que pode ensejar reparação de danos em face do condomínio[4].

5 **Estão sendo instaladas câmeras pelas áreas comuns do condomínio e na portaria, mas só o síndico e seus conselheiros têm acesso a elas. Na portaria não há monitor. Posso, como condômina, pedir acesso a essas câmeras? Há algo que impeça sua liberação para os demais condôminos?**

O uso de câmeras de monitoramento em condomínios é cada vez mais comum, porém, ainda existem inúmeras dúvidas sobre quando as gravações podem ser acessadas e utilizadas.

Por princípio, a finalidade das filmagens no prédio é garantir a segurança dos moradores e monitoramento das áreas comuns, sendo a liberação irrestrita das imagens aos condôminos não aconselhável. O acesso às câmeras na portaria para que os funcionários visualizem o condomínio é salutar e faz parte dos equipamentos de segurança do condomínio. A não liberação impede o desenvolvimento pleno dos trabalhos da portaria.

6 **Coloquei um adesivo de publicidade política no meu carro, mas alguém de dentro do condomínio, que eu gostaria de saber quem é, retira o adesivo a todo momento. Quero ser reembolsado. O que devo fazer?**

---

[4] INDENIZAÇÃO – Dano moral – Pretensão julgada parcialmente procedente – Divulgação indevida de vídeo produzido a partir de imagens do autor, captadas pelo circuito interno de câmeras de condomínio e exibidas a terceiros pelo subsíndico, sem a devida autorização – Dano moral caracterizado – Indenização fixada em R$ 12.000,00 que não comporta redução – Responsabilidade do condomínio afastada com acerto – Sentença mantida – Apelações não providas. (TJ-SP – AC: 10486231420198260002 SP 1048623-14.2019.8.26.0002, Relator: Sá Duarte, Data de Julgamento: 23-3-2022, 33ª Câmara de Direito Privado, Data de Publicação: 23-3-2022)

O condomínio não tem a responsabilidade de fiscalizar danos ou furtos dentro de unidades, e tampouco reembolsar seu prejuízo[5]. Porém, o condomínio poderá ajudar a encontrar o autor do ato delituoso, caso haja câmeras de segurança que tenham identificado o ocorrido.

Assim, você poderá solicitar as imagens à administração, a fim de identificar o autor do crime de dano (conforme previsto no art. 163 do Código Penal), e sendo possível, poderá comunicar à autoridade policial, bem como buscar a reparação cível do prejuízo.

Lembrando que as imagens são protegidas nos termos da Lei (em São Paulo, Lei Municipal n. 13.541, de 24 de março de 2003), o que garante a confidencialidade da informação, impedindo que sejam divulgadas indiscriminadamente e para uso diverso daquele a que se destinam, que é a segurança da edificação.

7 O síndico não permitiu novo cabeamento de internet no meu prédio. Ele pode fazer isso?

É importante ficar claro que existem, nas edificações, partes que são áreas privativas (de propriedade exclusiva dos condôminos) e partes que são áreas de propriedade comum (art. 1.331 do Código Civil).

As áreas privativas são as unidades autônomas, os depósitos e algumas vagas de garagens. Nelas, o condômino pode usufruir da propriedade, respeitando regras impostas pelo Código Civil, pela convenção condominial e pelas leis aplicáveis.

Nas áreas de propriedade comum, cabe ao síndico diligenciar a conservação e a guarda dessas partes comuns, zelando pelas prestações de serviços que interessem aos possuidores (art. 1.348, V, do Código Civil).

Podemos concluir que também é atribuição dele gerenciar o quadro de telefonia. Se o quadro estiver no limite de recebimento de infraestrutura, o síndico deve analisar a possibilidade de expansão da rede, de acordo com o interesse dos condô-

---

[5] APELAÇÃO. Responsabilidade civil. Furto de veículo no interior de condomínio. Ação de reparação por danos materiais e morais, julgada improcedente. Pretensão ao ressarcimento do valor do veículo, ao fundamento de que o Condomínio dispõe de serviço de vigilância e portaria. Impossibilidade. Regulamento Interno que afasta a responsabilidade do condomínio pelos prejuízos causados aos bens deixados em sua garagem. Regras que se aplicam indistintamente a todos os condôminos, ausente aprovação em assembleia disciplinando o ressarcimento dos danos. Precedentes do C. STJ. Condomínio que não dispõe de controle de entrada e de saída de veículos e de pessoas. Conduta omissiva do réu não comprovada. Improcedência corretamente decretada. Sentença mantida. RECURSO DESPROVIDO, majorada a verba honorária devida pela autora, nos termos do art. 85, § 11, do CPC, observado o disposto no art. 98, § 3º, do mesmo estatuto processual.
(TJ-SP – AC: 10161528720218260320 Limeira, Relator: Sergio Alfieri, Data de Julgamento: 16-6-2023, 27ª Câmara de Direito Privado, Data de Publicação: 16-6-2023)

minos. Em um condomínio com cem unidades, em que cada unidade queira uma empresa diferente de internet, por exemplo, o cabeamento ficaria inviável.

Assim, cabe ao síndico, em atendimento ao interesse coletivo, passando por uma assembleia, aprovar o cabeamento de algumas empresas, a fim de atender ao maior número de interessados. Inclusive, verificando a possibilidade de adesão coletiva.

Seja qual for a solicitação por parte dos condôminos, o síndico precisa responder formalmente e com embasamento; não pode simplesmente negar algo por vontade própria. A sua função é a de zelar pelo todo e trabalhar em prol de sua coletividade.

8 As despesas são divididas entre os 3 condôminos por meio de um medidor de água coletivo. Ocorre que 1 deles sente-se prejudicado e quer instalar 1 medidor individual para sua unidade, mas os outros 2 condôminos são contrários à alteração. O que fazer?

A instalação de um sistema de medição individualizada de água (cujo objetivo é identificar o consumo de água, gás ou energia por unidade) pode ser feito, porém é considerada como obra útil. A situação precisa ser discutida em assembleia e ter a aprovação de quórum para implantar o medidor individual, que é de 50% mais 1 dos condôminos, conforme os artigos do Código Civil:

"Art. 1.341. A realização de obras no condomínio depende:

(...)

II – se úteis, de voto da maioria dos condôminos."

"Art. 96. As benfeitorias podem ser voluptuárias, úteis ou necessárias.

§ 1º São voluptuárias as de mero deleite ou recreio, que não aumentam o uso habitual do bem, ainda que o tornem mais agradável ou sejam de elevado valor.

§ 2º *São úteis as que aumentam ou facilitam o uso do bem.*" (grifei).

§ 3º São necessárias as que têm por fim conservar o bem ou evitar que se deteriore."

Lembrando que o consumo de água da área comum[6] deverá ser rateado aos condôminos com base na fração ideal, já o consumo da unidade, se individualizado,

---

[6] APELAÇÃO CÍVEL. CONDOMÍNIO. RESTITUIÇÃO DE VALORES COBRADOS PELO CONSUMO DE ÁGUA. DOIS HIDRÔMETROS. ÁREAS COMUNS DO PRÉDIO QUE DEMANDAM CONSUMO DE ÁGUA. RATEIO ENTRE OS CONDÔMINOS. AUSÊNCIA DE ABUSIVIDADE. O rateio do consumo de água entre todos os condôminos não se mostra abusivo, nem mesmo ao considerar que a autora possui hidrômetro individualizado, pois a cobrança pela utilização de área comum possui embasamento na Assembleia Geral do condomínio e no art. 1.340 do CC. Outrossim, o autor não comprovou que não utiliza as áreas comuns do imóvel. Sentença mantida. APELO DESPROVIDO. (Apelação Cível N. 70074030933, Décima Sétima Câmara Cível, Tribunal de Justiça do RS, Relator: Gelson Rolim Stocker, Julgado em 29-6-2017).

(TJ-RS – AC: 70074030933 RS, Relator: Gelson Rolim Stocker, Data de Julgamento: 29-6-2017, Décima Sétima Câmara Cível, Data de Publicação: Diário da Justiça do dia 6-7-2017)

será considerado por uso. Sendo que individualização deve passar por critérios e homologações da companhia de fornecimento de água, em São Paulo a Sabesp tem algumas orientações em seu *site*[7]. Lembro ainda que a partir de 2021 existe a obrigatoriedade de imóveis novos adotarem medidores individualizados de água (Lei Federal n. 13.312/2016), sendo vedado o corte de agua em função do inadimplemento da cota condominial[8].

9 A escada de acesso ao telhado encontra-se em uma área cujos moradores e a construtora alegam lhes pertencer. Assim, quando precisamos instalar antenas, ficamos à mercê deles. O que fazer?

A primeira medida a ser tomada é verificar a matrícula de propriedade de cada unidade e também na convenção, se a área é comum ou privativa. De qualquer forma, parece-me, em uma análise preliminar, que a discussão paira em torno de o acesso a uma área comum, telhado, ser particular ou não. Mesmo que se confirme que a área de acesso seja particular, o condômino não poderá impedir o acesso ao telhado, desde que seja a única forma de acessar o local. Salutar que as partes ajustem, na forma de acesso, os horários e condições para que não exista prejuízo a nenhum dos lados[9].

---

[7] "A instalação de hidrômetros individuais propicia a medição individualizada de água em condomínios horizontais e verticais. Dessa forma, cada unidade passa a ter a conta individual da Sabesp, mais a conta da área comum.
As instalações hidráulicas e de medição devem estar no padrão aceito pela Sabesp e, para seguir tais especificações, foi criado o Proacqua – Programa de Qualidade e Produtividade dos Sistemas de Medição Individualizada de Água.
O programa capacita e certifica profissionais para a elaboração de projetos e a homologação de tecnologias, equipamentos e hidrômetros individuais. Tudo isso para garantir a qualidade da água, a regularidade do abastecimento e a confiabilidade da medição do consumo."
Disponível em: https://www.sabesp.com.br/site/interna/Default.aspx?secaoId=39. Acesso em:26-7-2023 às 16:00

[8] APELAÇÃO CÍVEL – AÇÃO DE OBRIGAÇÃO DE FAZER C.C. DANOS MORAIS – Condomínio que efetuou corte no fornecimento de água à unidade da apelante, em razão de taxas condominiais em atraso. Irregularidade. O condomínio dispõe de meios ordinários de cobrança das cotas condominiais atrasadas, podendo aplicar apenas sanções de cunho pecuniário ao condômino inadimplente, nos termos do art. 1.336, § 1º, do Código Civil. Sentença que julga parcialmente procedente a demanda, apenas no tocante à obrigação de fazer – Apelo da autora – Dano moral – Configuração – Dissabor que ultrapassa o mero aborrecimento – Valor de R$ 5.000,00 (cinco mil reais). Apelo provido.
(TJ-SP – AC: 10048347620218260007 SP 1004834-76.2021.8.26.0007, Relator: Almeida Sampaio, Data de Julgamento: 19-5-2022, 25ª Câmara de Direito Privado, Data de Publicação: 23-5-2022)

[9] AGRAVO DE INSTRUMENTO. CONSTITUCIONAL E PROCESSUAL CIVIL. AÇÃO DE CONHECIMENTO. TUTELA DE URGÊNCIA. CONDOMÍNIO. COBERTURA. INGRESSO DE TERCEIROS NO TELHADO. VIOLAÇÃO À PRIVACIDADE E À VIDA PRIVADA. AVISO-PRÉVIO. RECURSO CONHECIDO E PARCIALMENTE PROVIDO.

Seja como for, independentemente do caso, o teto não se presta à colocação de antenas das unidades. Imagine se todos os moradores quiserem inserir uma antena: o local não comportaria. Nessa linha, sugiro que a questão seja tratada em assembleia para definição de regras de acesso ao local, bem como definição do que poderá ser instalado atendendo ao interesse coletivo, nunca utilizando a área comum, telhado para uso particular[10].

10 Queremos instalar um café no condomínio. Podemos aprovar a decisão por maioria simples?

Se a destinação da área não estiver no projeto, o local não pode ser alterado para qualquer outra finalidade que não seja aquela prevista inicialmente, já que poderá acarretar na mudança de destinação da área.

---

[10] 1. O art. 300 do CPC autoriza a concessão de tutela de urgência se presentes os pressupostos que elenca: probabilidade do direito e perigo de dano ou risco ao resultado útil do processo. 2. À luz do art. 5º, X e XI, da Constituição Federal, são invioláveis a intimidade, a vida privada e a casa do indivíduo. 3. Na hipótese, verifica-se dos documentos acostados nos autos de origem, até o presente momento processual, que os autores residem na cobertura do condomínio réu e que prepostos do requerido percorrem o telhado do edifício, local onde possuem fácil acesso à área de lazer do apartamento e ampla visibilidade da residência. 4. Ante os indícios de violação a direitos fundamentais e a presença da probabilidade do direito e do perigo de dano, revela-se imperioso o deferimento da tutela antecipada, a fim de condicionar o ingresso de terceiros no telhado do prédio à prévia notificação dos autores, exceto em casos de emergência. 5. A medida provisória preserva o interesse de ambas as partes, ao resguardar a possibilidade acesso de funcionários no telhado do condomínio, quando necessário, bem como proteger a intimidade dos moradores. 6. Recurso conhecido e parcialmente provido.
(TJ-DF 07122678820238070000 1722004, Relator: SANDRA REVES, Data de Julgamento: 21-6-2023, 2ª Turma Cível, Data de Publicação: 18-7-2023)
APELAÇÃO CÍVEL. DIREITO CIVIL. AÇÃO DE OBRIGAÇÃO DE NÃO FAZER. CONDOMÍNIO. USO DE ÁREA COMUM. INSTALAÇÃO DE EQUIPAMENTO DE AQUECIMENTO SOLAR. UTILIZAÇÃO DO TELHADO EM PROVEITO EXCLUSIVO DE UMA ÚNICA UNIDADE RESIDENCIAL. IMPOSSIBILIDADE. SENTENÇA REFORMADA. RECURSO PROVIDO. 1. Sobre as áreas comuns em edifícios, o art. 1.331, § 2º, do Código Civil, dispõe que o solo, a estrutura do prédio, o telhado, a rede geral de distribuição de água, esgoto, gás e eletricidade, a calefação e refrigeração centrais, e as demais partes comuns, inclusive o acesso ao logradouro público, são utilizados em comum pelos condôminos, não podendo ser alienados separadamente, ou divididos." 2. Com base na norma transcrita, não se mostra possível a individualização ou divisão do telhado de um edifício, em proveito exclusivo de uma única unidade residencial, por se tratar de área de uso comum. 3. Eventual tolerância por parte dos síndicos que antecederam a síndica atual, relativamente à instalação do maquinário no telhado pelos condôminos em desconformidade com a Convenção de Condomínio e Código Civil não resulta na perda da possibilidade jurídica de o Condomínio, a qualquer tempo, atuar visando restabelecer a ordem e a efetividade das disposições condominiais. Precedentes desta Corte. 4. Recurso provido.
(TJ-DF 07063923720198070014 1700822, Relator: GETÚLIO DE MORAES OLIVEIRA, Data de Julgamento: 10-5-2023, 7ª Turma Cível, Data de Publicação: 24-5-2023)

Segundo o art. 1.351 do Código Civil, "Depende da aprovação de 2/3 (dois terços) dos votos dos condôminos a alteração da convenção, bem como a mudança da destinação do edifício ou da unidade imobiliária".

As áreas comuns precisam ser destinadas conforme sua concepção e devem ter a garantia de que esta concepção será mantida ao fim a que se destina, a não ser que haja concordância de 2/3 (dois terços) dos condôminos para que este entendimento seja modificado.

Não se trata apenas de mudança de destinação, mas de interferência nociva ao direito de propriedade. Quem comprou um prédio sem área de café não tem o direito de tê-lo, pois se quisesse ter um espaço para essa finalidade, poderia ter procurado um prédio com essa concepção.

Para alguns, o café pode agregar valor, mas para outros, traz excesso de pessoas no térreo e até mesmo desvaloriza as áreas comuns. Porém, a questão central é que o morador que comprou a unidade com uma concepção não pode ter o seu direito lesado, salvo concordância dos condôminos (com quórum qualificado).

Para que o local funcione de forma regular, precisará do Alvará de Funcionamento da Prefeitura, que exigirá as plantas regularizadas, com a devida área, para esta finalidade – somente dessa forma o estabelecimento poderia ter aprovação para funcionar.

Mesmo com a aprovação dos condôminos, o funcionamento de um estabelecimento comercial depende de licença de funcionamento, o que não poderá ser obtido se o bairro for estritamente residencial.

1.2 SÍNDICO

11 **O que os condôminos devem levar em conta ao escolherem um síndico? Qual o seu perfil?**

O síndico será aquele que conduzirá os trabalhos do condomínio pelo período estipulado na convenção, por até 2 anos.

A escolha do profissional que irá conduzir os trabalhos está diretamente relacionada com a valorização do patrimônio, uma vez que as áreas comuns bem-cuidadas estão diretamente relacionadas com o valor da unidade imobiliária. Prédios sem manutenção, deteriorados, tendem a valer menos que prédios bem-cuidados, independentemente do perfil do empreendimento.

Da mesma forma, o síndico tem influência direta no valor da cota condominial, uma vez que cabe a ele apresentar o orçamento em assembleia. Assim, um bom síndico, além de manter as contas em dia, o condomínio em um valor justo e o patrimônio valorizado, também será responsável pela harmonia no prédio e pela gestão de funcionários, entre outras coisas que influenciam o dia a dia de todos os que habitem aquela coletividade.

É importante avaliar inicialmente se o condomínio precisa de um síndico morador ou de um síndico profissional. O perfil do escolhido precisará estar alinhado com as necessidades e os problemas do prédio. Se o prédio desrespeitar muito à convenção e ao regimento interno, será importante um síndico administrador, legalista, que possa colocar em ordem as coisas. Se o prédio tiver muita manutenção a fazer, importante que se tenha um síndico de campo – por exemplo, um engenheiro.

Lembrando que todos eles precisam saber controlar contas, ter bom relacionamento interpessoal, ter noções de Recursos Humanos (RH) e de Direito, entre outros requisitos – além de terem formação mínima em cursos especializados, como os oferecidos pelo mercado.

O síndico não poderá ter restrições no nome em função de obrigações legais, pois seu nome ficará atrelado à Receita Federal. É de bom tom que tenha experiência anterior e que o prédio faça uma consulta aos outros prédios em que o síndico atuou.

12 **Como deve ser a remuneração de um síndico?**

A remuneração dos síndicos deve seguir os preceitos estabelecidos na convenção (e, na ausência desta, o que for definido em assembleia). Não existe uma tabela ou um valor norteador padrão. Importante destacar que síndicos não são funcionários do prédio.

Se o síndico for profissional, deverá emitir uma nota fiscal dos serviços prestados ou um recibo de autônomo, aplicando-se uma retenção de 20% por parte do contratante a título de INSS, e 11% por parte do síndico, também a título de INSS. Lembrando que o Instituto Nacional de Seguridade Social (INSS) é o órgão do Governo Federal responsável pelo pagamento da aposentadoria e dos demais benefícios dos trabalhadores.

Se o síndico for morador e remunerado, aplica-se um recolhimento de 20% por parte do prédio e 11% por parte do síndico.

E se o síndico for isento, ficará igualmente suscetível ao mesmo recolhimento que lhe seria aplicado caso fosse remunerado, uma vez que a isenção é considerada rendimento pela Receita Federal.

13 É possível o síndico ter um outro emprego e, ainda assim, exercer bem suas funções no condomínio?

No passado, era comum os prédios terem síndicos aposentados ou que não trabalhassem, pois assim teriam tempo para exercerem o cargo. Isso não é mais assim hoje em dia.

O perfil do síndico atual é o de um empresário, advogado, engenheiro, alguém que concilie sua atividade principal com a de síndico do edifício em que mora ou desenvolve a sindicatura profissional.

Quanto à sua remuneração, o síndico morador não poderá contar com o pagamento de suas atividades (embora, na maioria das vezes, o pagamento aconteça). Fato que não ocorre com o síndico profissional, uma vez que sua atividade será sempre remunerada.

Considerado como a grande novidade do mercado, o síndico profissional aumentou com o advento do novo Código Civil de 2002, que passou a prever a possibilidade de contratação de síndicos não proprietários (art. 1.347).

14 Se constar mudança de síndico na ata da assembleia geral, esta terá obrigatoriamente que ser registrada em cartório de títulos e documentos?

O registro da ata no Cartório de Registro de Títulos e Documentos é uma medida saudável, porém, não é obrigatória (salvo se disposta sua obrigatoriedade na convenção de condomínios).

O objetivo do registro da ata em cartório é garantir que o documento possa ser encontrado, mesmo que o livro de atas seja extraviado.

O fato de existir alteração de síndicos não obriga o registro da ata. O que se torna obrigatório, neste caso, é atualizar o Certificado Digital para Pessoa Jurídica (e-CNPJ) do condomínio, a procuração do banco, e alterar o nome do responsável pelo condomínio na Receita Federal e demais obrigações legais.

Porém, por uma questão de procedimento interno os bancos não aceitam atas sem registro no cartório.

15 Quais são as qualificações mínimas para um síndico de condomínio-clube?

Apesar da existência de constantes projetos de lei para a regulamentação da profissão de síndico profissional, ela ainda não foi regulamentada. Por ora, pode ser exercida por qualquer pessoa, profissional ou não – o que pode representar grande perigo, deixando muitos condomínios em risco.

Não obstante a falta de regulamentação, recomenda-se exigir dos síndicos alguns requisitos mínimos para assumirem os condomínios-clube:

1 – Experiência anterior em prédios do mesmo perfil.

2 – O perfil do escolhido precisa estar alinhado com as necessidades e problemas do prédio.

3 – Controlar contas; ter bom relacionamento interpessoal; ter noções de Recursos Humanos (RH) e de Direito, entre outros.

4 – Ter formação mínima em cursos especializados, como os oferecidos pelo mercado.

5 – Ter o nome sem restrições em função das obrigações legais, pois seu nome ficará atrelado à Receita Federal.

16 Tenho sido várias vezes abordado pelo síndico na rua do meu prédio, situações em que me manda parar o carro para cobrar-me pelo pagamento da cota condominial. Fico chateado. Isso é legal?

Além de ilegal, a abordagem pessoal do síndico extrapola o dever inerente à função, podendo denotar ato vexatório[11], passível inclusive de indenização por danos morais.

---

[11] EMENTA: APELAÇÃO CÍVEL E RECURSO ADESIVO – PROCEDIMENTO COMUM – AÇÃO DE INDENIZAÇÃO POR DANOS MORAIS – COBRANÇA VEXATÓRIA EM REDES SOCIAIS – EXCESSO NA FORMA DE PERSECUÇÃO DO CRÉDITO – DANOS MORAIS CARACTERIZADOS – QUANTUM INDENIZATÓRIO. Para a caracterização do dever de indenizar, é imperativa a confluência dos requisitos exigidos à responsabilidade civil, quais sejam: (a) o ato ilícito, (b) a existência do dano, (c) o nexo de causalidade entre a conduta antijurídica e o resultado lesivo (CC, art. 186 c/c 927). O excesso do credor ao promover cobrança vexatória de dívida em ambiente virtual público (rede social), expondo o nome e imagem do devedor, causa dano moral indenizável. O quantum indenizatório deve ser aferido em observância aos princípios da razoabilidade e proporcionalidade, levando-se em conta a extensão do dano, a situação econômica das partes e a repercussão do ato ilícito.

Ao síndico cabe a função de cobrar os devedores, mas de forma alguma deve extrapolar os limites toleráveis e legais. A cobrança deverá ocorrer, de preferência, por meio de empresas especializadas e de escritórios de advocacia, nunca pela abordagem pessoal do síndico – salvo se ele tiver esse tipo de liberdade com o morador. Mesmo assim, deverá referir-se a ele de forma polida, evitando fazê-lo na frente de terceiros.

17 **Acabou o contrato da síndica. Ela continua no cargo, mas não foi feita nova assembleia. Além disso, faz obras sem passar os orçamentos aos condôminos. Como resolver isso?**

O mandato do síndico, conforme descrito no Código Civil, é de até 2 anos.

Código Civil:

"Art. 1.347. A assembleia escolherá um síndico, que poderá não ser condômino, para administrar o condomínio, por prazo não superior a dois anos, o qual poderá renovar-se."

Dentro desse prazo, a convenção de cada condomínio poderá estabelecer o período de exercício que melhor atender às necessidades de seus condôminos (algumas estabelecem mandatos de 1 ano; mas, por via de regra, as convenções determinam o prazo de 2 anos). Assim, o mandato do síndico eleito em assembleia valerá somente pelo prazo estampado no diploma legal.

Antes da finalização do mandato, o síndico deverá imediatamente convocar uma assembleia, nos moldes do artigo:

"Art.1.350. Convocará o síndico, anualmente, reunião da assembleia dos condôminos, na forma prevista na convenção, a fim de aprovar o orçamento das despesas, as contribuições dos condôminos e a prestação de contas, e eventualmente eleger-lhe o substituto e alterar o regimento interno".

E para que as contas sejam aprovadas, o síndico eleito deverá estar com a previsão orçamentária (receitas e despesas) aprovada, para fazer frente ao próximo exercício.

Caso esse síndico não convoque a reunião no prazo legal, os moradores poderão fazê-lo, mediante o quórum de 1/4 dos condôminos. E caso os moradores não o façam, qualquer condômino poderá requerer judicialmente a convocação da assembleia.

Enquanto o mandato estiver vencido, se os demais moradores não se movimentarem, presumir-se-á que o síndico, que continuou gerindo a coisa comum sem oposição dos demais, é o representante comum. Por analogia, aplica-se o artigo do Código Civil:

(TJ-MG – AC: 50018933720218130431, Relator: Des.(a) Marcelo Pereira da Silva, Data de Julgamento: 7-6-2023, 11ª CÂMARA CÍVEL, Data de Publicação: 12-6-2023)

"Art. 1.324. O condômino que administrar sem oposição dos outros se presume representante comum."

Nesse caso, ele seria síndico de fato, mas não de direito – o que não quer dizer que não represente riscos ao condomínio, pois mandatos vencidos podem culminar em revogação da procuração bancária e impedimento de movimentação bancária do condomínio, assim como em revelia nas ações cíveis e trabalhistas, entre outros. Além da possibilidade de sofrer uma ação judicial por parte de qualquer condômino para regularizar a situação[12].

Com ou sem mandato válido, a realização de obras nas áreas comuns deve respeitar ao quórum previsto no artigo do Código Civil:

"Art. 1.341. A realização de obras no condomínio depende:

I – se voluptuárias, de voto de dois terços dos condôminos;

II – se úteis, de voto da maioria dos condôminos."

Assim, se as obras forem:

– Úteis (que são aquelas que aumentam ou facilitam o uso do bem): o quórum necessário será de 50% mais 1 dos condôminos. Ex.: iluminação da quadra esportiva.

– Necessárias (quando têm o fim de conservar o bem ou evitar que se deteriore): o quórum necessário será de maioria simples. Se as obras forem urgentes, podem ser realizadas e depois ratificadas em assembleia. Ex.: reparo do piso quebrado nas áreas sociais.

---

[12] AGRAVO DE INSTRUMENTO. AÇÃO DE OBRIGAÇÃO DE FAZER C/C INDENIZATÓRIA. EXPIRAÇÃO DO PRAZO DO MANDATO DO SÍNDICO. BANCO. BLOQUEIO DE ACESSO À CONTA CORRENTE. EXERCÍCIO REGULAR DO SEU DIREITO. REVOGAÇÃO DA R. DECISÃO. PROVIMENTO DO RECURSO. 1. De início, esclarece-se que não se reconhecerá a perda do objeto deste recurso, porque, apesar de ter sido regularizada a questão atinente à representação do condomínio autor perante a instituição financeira agravante, certo é que permanece a controvérsia relativa à multa cominatória fixada. 2. No caso, entende-se que, ao menos em um juízo de cognição sumária, a instituição financeira agravada agiu no regular exercício do seu direito, ao revogar o acesso do síndico às contas bancárias do condomínio. 3. Uma vez expirado o prazo do mandato do Síndico, não há que se falar em sua automática prorrogação, por absoluta ausência de previsão legal. Art. 1.347 do Código Civil. 4. Caso o Síndico não convoque a Assembleia para eleição do seu substituto, um quarto dos condôminos poderá fazê-lo ou caberá ao Juiz decidir, a pedido de qualquer condômino, nos termos do art. 1.350, §§ 1º e 2º, do Código Civil. 5. Logo, havia à disposição dos condôminos mecanismos adequados para sanar a omissão do Síndico de convocar, no tempo correto, a Assembleia destinada à eleição do novo Síndico. 6. Tem-se, pois, que não foi, em um exame perfunctório da questão, abusiva a conduta do réu em bloquear o acesso à plataforma digital para movimentação da conta corrente do primeiro agravado, até que este apresentasse a nova Ata de Assembleia de eleição do Síndico. 7. Provimento do recurso.
(TJ-RJ – AI: 00110679320198190000, Relator: Des(a). GILBERTO CLÓVIS FARIAS MATOS, Data de Julgamento: 21-5-2019, DÉCIMA QUINTA CÂMARA CÍVEL)

– Voluptuárias (que são aquelas de elevado valor ou então de mero deleite ou recreio, isto é, obras que não aumentam o uso habitual do bem, ainda que o tornem mais agradável): o quórum será de 2/3 dos condôminos. Ex.: ampliação da churrasqueira.

18 **Moro em um condomínio com 3 casas, das quais 2 são do mesmo proprietário, que é o síndico do local. Ele quer instituir um salário para ele mesmo. É possível?**

Essa é uma situação muito complicada, pois, por mais que seja imoral, não é ilegal o síndico condômino (proprietário) autoatribuir salário nesse caso. Por lei, ele está no seu direito.

O complicado é que, enquanto ele for dono da maioria das unidades, suas propostas serão sempre aceitas, e aquelas que forem contra o que ele quer, serão impreterivelmente votos vencidos. Em casos de ilegalidades as questões poderão ser contestadas judicialmente.

19 **Fui eleito ano passado como síndico, por isso tenho isenção da cota condominial. Como funciona essa questão na hora de declarar o imposto de renda?**

No caso da isenção da cota condominial ou remuneração direta, o síndico deverá incluir esse benefício em sua declaração do imposto de renda.

Essa inclusão deve ser feita em "outras receitas"; por ser um valor que se refere a um pagamento relacionado a serviços prestados, deverá ser incluída na Declaração do Imposto de Renda Retido na Fonte (DIRF)[13].

A Receita Federal entende que é uma receita tributável, partindo do entendimento de que seria como se ele estivesse recebendo por seus serviços prestados.

20 **O síndico pode autoatribuir salário por meio de voto em assembleia que não tenha sido constituída de nem 1/10 do total de moradores?**

O síndico não pode atribuir-se salário, nem isenção, e isto deve estar previsto em convenção.

Na ausência de proibição de remuneração e isenção do síndico proprietário (morador) ou na ausência de previsão legal na convenção sobre o tema, a assembleia poderá instituir o valor de remuneração ou isenção do síndico pelo voto de maioria simples dos condôminos presentes.

---

[13] Decreto n. 3.000, de 26 de março de 1999 (RIR/99, arts. 106 a 112); Instrução Normativa RFB n. 1.500, de 29 de outubro de 2014; Perguntas e Respostas da Receita Federal do Brasil – IRPF: n. 176 (referente exercício 2015, Ano-Calendário 2014), Previdência Art. 2º, III, alínea *e*, da Instrução Normativa INSS 84/02)

"DIREITO CIVIL. CONDOMÍNIO EDILÍCIO. REMUNERAÇÃO DO SÍNDICO. PRÓ-LABORE. PRESCRIÇÃO. OBRIGAÇÃO DE PAGAR. AUSÊNCIA DE AUTORIZAÇÃO DA ASSEMBLEIA. 1 – Prescrição. Remuneração do síndico. A remuneração do síndico não se encontra disciplinada em nenhuma das hipóteses de que trata o art. 206 do Código Civil. Aplicável, pois, o prazo de prescrição decenal, na forma do art. 205 do mesmo Código. Preliminar suscitada pelo 1º Vogal que se afasta. 2 – *Remuneração do síndico. Pró-labore. Ainda que haja previsão na Convenção de Condomínio, a remuneração do síndico, a título pró-labore, deve ser objeto de deliberação da Assembleia de Condomínio, conforme disposição convencional.* Sem prova de que tenha havido deliberação, a pretensão ao pagamento não tem fundamento jurídico, mesmo porque a vedação ao trabalho gratuito se restringe ao trabalho assalariado. Sentença que se confirma pelos seus próprios fundamentos. 3 – Recurso conhecido, mas não provido. (TJ-DF – ACJ: 20140110113174, Relator: JOÃO LUIS FISCHER DIAS, Data de Julgamento: 5-5-2015, 2ª Turma Recursal dos Juizados Especiais do Distrito Federal, Data de Publicação: Publicado no *DJe* 27-8-2015. p. 357.)" (grifei).

21 Embora não seja um morador, o síndico é dono de uma garagem privada além de ter inúmeras procurações em seu poder. Ele usa a unidade da vaga para votar, então os moradores não conseguem tirar-lhe a sindicância. O que fazer?

O cargo de síndico é eletivo e se a convenção não limitar o número de procurações, este poderá representar quantas unidades lhe confiarem os poderes.

O primeiro passo é exigir que as procurações façam parte da ata ou do Livro de Atas para que sejam públicas e possam ser conferidas a qualquer tempo.

Com base no Código Civil, e desde que seja a vontade da maioria, a assembleia poderá exigir que as procurações tenham suas firmas reconhecidas em cartório:

"Art. 654. Todas as pessoas capazes são aptas para dar procuração mediante instrumento particular, que valerá desde que tenha a assinatura do outorgante.

§ 1º O instrumento particular deve conter a indicação do lugar onde foi passado, a qualificação do outorgante e do outorgado, a data e o objetivo da outorga com a designação e a extensão dos poderes conferidos.

§ *2º O terceiro com quem o mandatário tratar poderá exigir que a procuração traga a firma reconhecida*" (grifei).

Assim, sugiro que as procurações sejam verificadas, pois o fato de o síndico não morar no prédio e ser dono de uma unidade garagem é irrelevante. O que deve prevalecer é a vontade da maioria em assembleia, mesmo que por meio de procurações e desde que legalmente outorgadas.

A forma de reverter a situação para depois destituir o síndico é conversar com os outorgantes das procurações e pedir que compareçam à assembleia. Ou que os demais condôminos, que não querem a manutenção da situação atual, convençam os outorgantes a que não outorguem mais procurações ao atual síndico. Mas, para tanto, é salutar que existam pessoas dispostas a assumirem o prédio.

22 **O corpo diretivo foi desprovido de poderes pelo Código Civil de 2002 que, além de não contemplar mais as figuras do subsíndico nem do conselho consultivo, ainda tornou facultativa a formação do conselho fiscal. Tornou-se difícil reunir 1/4 dos proprietários a fim de convocar assembleia geral extraordinária para destituir o síndico, que ficou praticamente intocável. Qual a saída para destituir o síndico? Um único condômino pode pedir em juízo essa destituição? E sem conselho fiscal, quem fiscaliza as contas do síndico?**

Realmente, o novo Código Civil faculta a possibilidade da existência do conselho fiscal e não prevê mais a figura do subsíndico.

Quanto ao conselho consultivo, ainda é disciplinado pelo art. 23 da Lei n. 4.591/64:

"Art. 23. Será eleito, na forma prevista na Convenção, um Conselho Consultivo, constituído de três condôminos, com mandatos que não poderão exceder de 2 anos, permitida a reeleição.

Parágrafo único. Funcionará o Conselho como órgão consultivo do síndico, para assessorá-lo na solução dos problemas que digam respeito ao condomínio, podendo a Convenção definir suas atribuições específicas."

Ainda assim, em ambos os casos, sua existência está vinculada à previsão na convenção. Dessa forma, a legislação deu maior autonomia à convenção, que deverá adequar esse instrumento à necessidade do empreendimento. Isso requererá maior atenção do incorporador, que é quem arquiva a primeira minuta da convenção.

Entretanto, por meio do voto de 2/3 dos seus membros, o condomínio poderá, a qualquer tempo, alterar a convenção, incluindo ou excluindo figuras, como subsíndico, conselho consultivo ou conselho fiscal. Via de regra, mesmo não sendo obrigatório, as convenções têm trazido a figura do conselho fiscal, o que tem se provado saudável para os condomínios.

No caso citado em sua pergunta, cuja preocupação é para com o prédio que não prevê a figura do conselho ou do subsíndico, ainda assim entendo que o síndico não é "intocável", uma vez que, por meio de assembleia, os condôminos têm poderes para adequar o que for pertinente em termos de gestão (como, por exemplo, imputar a necessidade de uma auditoria mensal para as contas, eleger comissão fiscalizadora e solicitar o envio do balancete analítico mensal a todos). São situações que regulam a gestão do síndico, mesmo sem a existência de órgãos fiscalizadores eleitos.

Além disso, qualquer condômino poderá, a qualquer momento, requerer as pastas para análise, mesmo sem ter o título de conselheiro. E cabe ao síndico, por força do artigo, prestar contas anualmente ou sempre que solicitado, ou seja, a qualquer momento o síndico deve prestar contas e não somente em assembleias:

Código Civil:
"Art. 1.348. (...)
VIII – prestar contas às assembleias, anualmente e quando exigidas".

23 Por meio de um procedimento irregular, o síndico recusa-se a entregar as pastas de balancetes para que o conselho as examine sem a presença dele. O que o conselho fiscal pode fazer legalmente para que ele as entregue?

Dentre as funções do conselho fiscal está a de examinar a prestação de contas e aconselhar ou não sua aprovação em assembleia. Assim, o síndico que agir desta forma irregular estará dando um "tiro no próprio pé", uma vez que precisará aprovar as suas contas. De qualquer forma, a recusa em entregar as pastas presume a existência de situações que podem ser prejudiciais ao condomínio, por isso é importante o conselho agir com rapidez.

Entendo ainda que tal atitude denota má-gestão, nos termos do art. 1.349 do Código Civil.

"Art. 1.349. A assembleia, especialmente convocada para o fim estabelecido no § 2º do artigo antecedente, poderá, pelo voto da maioria absoluta de seus membros, destituir o síndico que praticar irregularidades, não prestar contas, ou não administrar convenientemente o condomínio."

Dessa forma, ¼ dos condôminos poderá convocar uma assembleia para destituir o síndico por maioria absoluta dos presentes em assembleia.

Se não for caso de destituição, existe a possibilidade de ingresso com ação judicial de obrigação de fazer, para que o síndico seja judicialmente obrigado a apresentar as contas sob a pena de multa diária[14].

---

[14] AGRAVO DE INSTRUMENTO. OBRIGAÇÃO DE FAZER. GRATUIDADE DE JUSTIÇA. ILEGITIMIDADE ATIVA. REJEIÇÃO. LITIGÂNCIA DE MÁ-FÉ. ATO ATENTATÓRIO À JURIDICÃO. INOVAÇÃO RECURSAL. SUPRESSÃO DE INSTÂNCIA. CONDOMÍNIO. ASSEMBLEIA GERAL. PRESTAÇÃO ANUAL DAS CONTAS. DEVER DO ADMINISTRADOR. PRAZO. CONVENÇÃO DE CONDOMÍNIO. ATRASO INJUSTIFICADO. 1. Agravo de instrumento contra decisão que deferiu pedido de tutela antecipada de urgência para determinar ao réu que convoque, no prazo de 48 horas, a contar da intimação, Assembleia Geral, na forma da Convenção de Condomínio, sob pena de multa diária no valor de R$ 1.000,00, até o limite de R$ 50.000,00. Determinou, ainda, que na referida Assembleia Geral o réu deverá

24 O síndico desrespeita o regimento interno e a convenção. Mudou as cores da fachada, do muro e dos portões e levantou um muro fora dos padrões, alegando privacidade. Ele pode convocar assembleia para sanar problemas de seu próprio interesse? E usar a assembleia ordinária, em que se dará a próxima eleição para síndico, para modificar a convenção?

O problema é grave quando um síndico falha no cumprimento de uma das suas principais competências, conforme aduz o artigo do Código Civil:

"Art. 1.348. Compete ao síndico:

(...)

IV – cumprir e fazer cumprir a convenção, o regimento interno e as determinações da assembléia;"

O prédio pode estar correndo outros riscos.

Ademais, é proibido alterar a cor da fachada, muro e portão, o que somente poderia ocorrer mediante a concordância unânime dos condôminos, como segue:

Código Civil:

"Art. 1.336. São deveres do condômino:

(...)

III – não alterar a forma e a cor da fachada, das partes e esquadrias externas;".

Se o síndico não cumpre com suas funções, caberá ao corpo diretivo, ou a qualquer condômino em defesa de seus interesses, notificar o síndico dos seus erros e

---

prestar contas da sua gestão, sob pena de multa de R$ 50.000,00. 2. A gratuidade de justiça pode ser requerida a qualquer tempo e em qualquer grau de jurisdição, inclusive em grau recursal. Todavia, o benefício somente gera efeitos a partir de sua concessão (ex nunc), não alcançando os encargos sucumbenciais da instância de origem. 3. Quanto à preliminar de ilegitimidade passiva, o § 2º do art. 1.350 do Código Civil determina que se a assembleia não for convocada para a devida prestação de contas pelo síndico, o juiz decidirá, a requerimento de qualquer condômino. No caso dos autos, a agravada Tais Drummond Gomes Pequeno é condômina e parte legítima para requerer em Juízo a apresentação das contas. 4. O pedido de condenação da agravada por litigância de má-fé e por ato atentatório à jurisdição, ainda não deduzido no juízo de origem, configura inovação recursal, não podendo o órgão *ad quem* apreciá-lo, sob pena de supressão de instância. 5. A Convenção do Condomínio no qual o agravante é síndico determina em sua cláusula 19ª a convocação de Assembleia Geral na segunda quinzena de março para a devida prestação de contas. O atraso injustificado das contas, por quase um ano, viola a Convenção de Condomínio, bem como o disposto no art. 1.348, VIII, e art. 1.350, ambos do Código Civil, impondo ao magistrado decidir, a requerimento de qualquer condômino, de acordo com a solução apresentada pelo art. 1.350, § 2º. 6. Agravo de instrumento conhecido e desprovido.
(TJ-DF 07282307820198070000 DF 0728230-78.2019.8.07.0000, Relator: CESAR LOYOLA, Data de Julgamento: 22-7-2020, 2ª Turma Cível, Data de Publicação: Publicado no *DJe* 29-7-2020 . p.: Sem Página Cadastrada.)

solicitar a imediata adequação ao regimento interno e à convenção. O conselho consultivo também tem um papel importante a fim de orientar o síndico.

Se nada disso resolver, ¼ dos condôminos poderá convocar uma assembleia, seja para deliberar sobre as alterações, ou até mesmo para propor a destituição do síndico por prática de irregularidades, uma vez que não está cumprindo o regimento interno nem a convenção.

Caso se opte por alterar a convenção, a assembleia precisa ser convocada com esta finalidade e o quórum de 2/3 para alteração precisa ser respeitado, conforme institui o artigo:

Código Civil:

"Art. 1.351. Depende da aprovação de 2/3 (dois terços) dos votos dos condôminos a alteração da convenção, bem como a mudança da destinação do edifício ou da unidade imobiliária. (Redação dada pela Lei n. 14.405/2022.)"

25 O mandato do síndico acabou, mas não foi realizada assembleia para eleição do substituto. Quem responde legalmente pelo condomínio? O síndico com mandato vencido pode pleitear a representação do condomínio para tratar de assuntos como representação perante juízo, movimentação de conta bancária etc.?

Síndicos com mandato vencido não representam legalmente o condomínio. Antes do término do mandato, o síndico deverá imediatamente convocar uma assembleia, nos moldes do artigo:

"Art. 1.350. Convocará o síndico, anualmente, reunião da assembleia dos condôminos, na forma prevista na convenção, a fim de aprovar o orçamento das despesas, as contribuições dos condôminos e a prestação de contas, e eventualmente elegerlhe o substituto e alterar o regimento interno".

Se o síndico não convocou a reunião no prazo legal, os próprios moradores poderão convocar essa assembleia mediante o quórum de 1/4 dos condôminos. Mas, caso os moradores também não o façam, qualquer condômino, mediante ação judicial, poderá requerer a convocação da assembleia.

Agindo assim, os moradores terão elegido o síndico e este será o representante comum no condomínio. É importante notar que a falta de representatividade condominial traz riscos à coletividade, pois não será possível renovar o certificado digital, o que poderá incorrer no não cumprimento de obrigações trabalhistas, tais como liberação de Fundo de Garantia do Tempo de Serviço (FGTS) e o Conectividade Social ICP V2 (CNS ICP V2), entre outros.

Síndicos com mandato vencido podem levar o condomínio a ser declarado revel em audiência trabalhista. O banco poderá bloquear a movimentação do condomínio, caso solicite a atualização da procuração – além das ações em trâmite, que poderão ser paralisadas enquanto perdurar a irregularidade.

26 Possuo dois imóveis, cada qual em uma cidade diferente e de diferentes estados (no caso, Brasília/DF e Caldas Novas/GO). Os dois condomínios concedem remuneração ao síndico. Posso assumir o cargo de síndico simultaneamente em ambos?

Sim, você pode assumir o cargo de síndico simultaneamente em quantos condomínios quiser. Apenas deixe clara a situação nos prédios, bem como suas condições para a gestão.

Normalmente, ter um síndico que cuide de mais de um prédio é sinônimo de soma de experiências, o que é bem-vindo.

27 O síndico pode contratar assessoria e consultoria jurídicas (advocacia de partido) sem a aprovação de uma assembleia regularmente convocada para esse fim?

A contratação de uma assessoria jurídica não difere da contratação de outros prestadores de serviços no condomínio. O que deve imperar é se existe verba disponível para isso.

O ideal é que os contratos passem previamente por aprovação em assembleia e que componham a previsão orçamentária do condomínio. Porém, se a necessidade surgir sem que exista uma verba específica e o síndico optar por contratar a assessoria, ela deverá passar por ratificação em assembleia.

28 Com relação à eliminação da figura do subsíndico, o art. 1.348 do Código Civil trata da transferência a outrem, total ou parcialmente, dos poderes de representação ou das funções administrativas, mediante aprovação em assembleia. O síndico ou as assembleias poderão constituir um procurador para agir a qualquer tempo? Caso a resposta seja sim, como limitar as ações do procurador (já que seria difícil comprovar a ausência ou impedimento do síndico, especialmente em caso de abandono do cargo)?

O art. 1.348 do Código Civil trata das funções do síndico quando aduz que:

"§1º Poderá a assembleia investir outra pessoa, em lugar do síndico, em poderes de representação".

Logo no parágrafo seguinte, o texto completa dizendo que a delegação de poderes pode ser parcial ou total, e que está vinculada à aprovação em assembleia:

"§ 2º O síndico pode transferir a outrem, total ou parcialmente, os poderes de representação ou as funções administrativas, mediante aprovação da assembleia, salvo disposição em contrário da Convenção".

Tal delegação tem sido utilizada para passar poderes de gestão administrativa às administradoras de condomínios que, via de regra, movimentam a conta bancária do prédio. Em função desse artigo, em cada nova eleição de síndico deve-se mencionar a autorização da administradora para movimentação das contas e demais atos pertinentes à gestão do prédio.

Lembrando que a delegação não exime a responsabilidade direta do síndico de fiscalizar seus prepostos nem de responder diretamente por qualquer prejuízo que seja causado por eles ao condomínio.

Assim, conclui-se que as limitações dos poderes atribuídos ao preposto (seja ele administradora ou não) serão norteadas pela própria assembleia, a qual deve aprovar a delegação de tais poderes, conforme estampado no art. 1.348, § 2º, e atender às necessidades do empreendimento.

"§ 2º O síndico pode transferir a outrem, total ou parcialmente, os poderes de representação ou as funções administrativas, mediante aprovação da assembleia, salvo disposição em contrário da convenção".

A assembleia, mesmo sem eleição de conselho, poderá definir os critérios de atuação do síndico.

Caso a assembleia não defina critérios, deixando o síndico intocável, caberá a qualquer condômino, em qualquer tempo, fiscalizar a ação dele.

29 O síndico tem poder para repassar o cargo ao seu cônjuge por meio de procuração? Isso é valido?

A procuração é um instrumento que confere poderes a outrem em seu nome, a fim de que este possa praticar atos ou administrar interesses, uma vez que é uma autorização representativa, uma declaração de vontade do mandante:

Código Civil:

"Art. 653. Opera-se o mandato quando alguém recebe de outrem poderes para, em seu nome, praticar atos ou administrar interesses. A procuração é o instrumento do mandato".

Porém, o exercício de um cargo eletivo é pessoal e intransferível, devendo este ser exercido pessoalmente, e não por meio de procuração.

Assim, a transferência do cargo contraria a vontade da assembleia que elegeu determinada pessoa.

30 O ex-síndico, que também é proprietário, mudou-se e alugou seu apartamento. Embora destituído, vive no condomínio incomodando a síndica e os moradores, além de não participar de reuniões por restrições médicas. Como proceder nesse caso?

O fato de a unidade estar locada faz com que sua posse seja transferida ao inquilino, que passa a ser o possuidor do bem durante a locação.

Por possuidor, entende-se aquele que tem a coisa em seu poder – no caso em questão, o inquilino. Esta circunstância limita o exercício ao direito de propriedade pelo proprietário (pelo menos, ao uso da posse).

Portanto, durante a transferência da posse, o proprietário não pode gozar da unidade e nem das áreas comuns. Porém, poderá comparecer em assembleia, pois nesse caso, o locatário não tem poderes para tanto.

1.3 SÍNDICO PROFISSIONAL

31 No caso de substituição de síndicos proprietários por administradores ou síndicos profissionais, como deverá ser feita a transição? Quais as diferenças e necessidades de adaptação?

A forma de transição não é prescrita em lei; portanto, deve-se ter bom senso.

De qualquer forma, a partir da eleição do novo representante legal, cessam para o ex-síndico as obrigações trabalhistas – tais como o Fundo de Garantia do Tempo de Serviço (FGTS), bem como aquelas que teriam sido suas obrigações futuras.

Tais condições deverão ser formalizadas por meio da renovação da procuração no banco e pela renovação do Certificado Digital para Pessoa Jurídica (e-CNPJ) (dispositivo eletrônico com que o condomínio efetua obrigações legais de retenção de impostos e demais obrigações fiscais) perante a Receita Federal. Documentos físicos pertinentes ao prédio (como contratos, atas e pastas de prestações de contas) devem imediatamente ser transferidos ao novo gestor.

Normalmente, síndicos profissionais costumam ter um perfil parecido, mais padronizado. São formados em Administração, Economia ou Direito e, em sua grande parcela, são ex-gestores moradores (ou administradores) que se propuseram a fazer a gestão de forma profissional, com foco em processos e controles. Quanto à disponibilidade, gestores profissionais frequentam o prédio conforme o que for previamente ajustado; geralmente, compareçam 2 vezes por semana, por períodos de 4 horas.

Já os síndicos moradores administram o prédio conforme suas formações pessoais e disponibilidades, o que pode ou não se encaixar no que pretende a coletividade do empreendimento.

Portanto, em ambos os casos existem prós e contras.

32 Síndicos profissionais são obrigados a terem empresa com CNPJ ou podem receber por meio de RPA?

O síndico profissional passou a ser mais contratado a partir do novo Código Civil. Antes deste, sob a vigência da Lei n. 4.591/64, o síndico deveria ser eleito conforme previsto em convenção, e esta, geralmente, previa a figura do síndico condômino, ou seja, proprietário:

Lei n. 4.591/64:

"Art. 22. Será eleito, na forma prevista pela Convenção, um síndico do condomínio, cujo mandato não poderá exceder de 2 anos, permitida a reeleição."

Porém, a partir da vigência do novo Código Civil, fica expressa no *caput* do artigo a previsão da figura do síndico não condômino:

"Art. 1.347 A assembleia escolherá um síndico, que poderá não ser condômino, para administrar o condomínio, por prazo não superior a dois anos, o qual poderá renovar-se."

De modo que, se considerarmos a teoria do jurista Hans Kelsen, grande pensador do Direito, segundo o qual "tudo o que não está expressamente proibido, está implicitamente permitido", ela nos levará à conclusão de que o artigo supracitado admitirá que o síndico escolhido possa ser tanto pessoa física como pessoa jurídica. Ademais, o art. 22 da Lei n. 4.591/64 traz no inciso § 4º que o síndico poderá ser condômino ou pessoa física ou jurídica estranha ao condomínio, salvo se a Convenção dispuser diferentemente. Aplica-se a Lei n. 4.591/64 de forma complementar no que não contrariar o Código Civil.

Se o síndico for pessoa física, poderá emitir o Recibo de Pagamento a Autônomo (RPA), que é um recibo simples que o autônomo emite pela prestação de serviços. Por meio do RPA, é possível efetuar retenções legais, tais como os 11% referentes ao Instituto Nacional de Seguridade Social (INSS) e o recolhimento dos 20% para o condomínio.

Se o síndico for pessoa jurídica, deverá cadastrar-se no Conselho Nacional da Pessoa Jurídica (CNPJ) para poder emitir nota fiscal e efetuar recolhimentos legais.

33 **A destituição do síndico profissional deve seguir os mesmos critérios da destituição do síndico morador?**

A questão é que o síndico profissional, não obstante seja eleito, é um prestador de serviços. Por isso, é importante que o condomínio estabeleça em contrato o norte das relações entre as partes (isto é, direitos, obrigações e limitações), estabelecendo seus termos e ajustando que, em assembleia, sejam delegados poderes ao conselho para assinar o contrato com o síndico logo após a eleição (art. 1.348, §2º, do Código Civil).

É importante, também, que a minuta do contrato seja pré-aprovada por todos os candidatos a síndico profissional.

Salutar, ainda, estabelecer-se em assembleia que, caso seja necessário destituir o síndico profissional, o conselho terá poderes para convocar uma assembleia (importante realizar a atualização da convenção nesse sentido). Esse procedimento tornará desnecessário o abaixo-assinado de ¼ dos condôminos para isso, pois seria um contrassenso.

Muito embora haja, por força da lei, um contrato entre as partes, o síndico somente poderá ser destituído em assembleia (mas, conforme mencionado acima, ao conselho podem ser delegados os poderes de convocação).

34 O contrato do nosso síndico profissional expirou e não foi renovado formalmente. Sua vigência era de 12 meses e, em caso de rescisão, a parte interessada deveria comunicar com antecedência de 60 dias. A convenção estipula 2 anos de mandato para síndicos, mas há mais de 2 anos que esse contrato de 1 ano expirou. Os atos do síndico profissional são válidos?

A questão é mais complexa do que parece ser.

O cargo de síndico é eletivo e de escolha da assembleia, conforme estabelece o art. 1.347 do novo Código Civil. O mesmo artigo aduz a possibilidade de o síndico não ser condômino, ou seja, ele pode ser um síndico profissional, salvo disposição em contrário na convenção.

Assim, o síndico profissional precisa ser eleito em assembleia, mas não sem antes ter sido pré-selecionado pelo conselho e por uma comissão de condôminos – ou, até mesmo, ter sido apresentado na hora da reunião.

Pelo fato de o síndico profissional ser uma pessoa contratada, é salutar a realização de um contrato entre as partes. Porém, como princípio contratual inerente a todo contrato, ele não poderá contrariar qualquer legislação vigente (princípio da supremacia da ordem pública), seja o Código Civil ou a convenção.

No caso relatado, o Código Civil estabelece os critérios para eleger o síndico e o prazo do seu mandato, bem como sobre sua destituição. Assim, o prazo de vigência do mandato é de até 2 anos, conforme estabelecido no Código Civil e na convenção do condomínio em questão. Desta feita, o contrato não poderia regular prazo inferior, sendo tal cláusula nula de pleno direito por contrariar norma vigente.

Quanto à rescisão, se a assembleia elegeu o síndico pelo prazo de 2 anos, embora exista a previsão de rescisão no contrato (o que entendemos razoável), a medida não encontra guarida no ordenamento jurídico, uma vez que a forma de rescisão de um síndico com mandato vigente é a destituição, conforme estabelece o art. 1.349 do Código Civil:

"Art. 1.349. A assembleia, especialmente convocada para o fim estabelecido no §2º do artigo antecedente, poderá, pelo voto da maioria absoluta de seus membros, destituir o síndico que praticar irregularidades, não prestar contas, ou não administrar convenientemente o condomínio".

1.4 GESTÃO

35 **De quanto em quanto tempo deve-se trocar a gestão de um condomínio?**

Legalmente, o Código Civil estabelece a periodicidade de até 2 anos, conforme art. 1.347, mas não estabelece limites para a reeleição. Aduz apenas que o mandato poderá renovar-se:

"1.347. A assembleia escolherá um síndico, que poderá não ser condômino, para administrar o condomínio, por prazo não superior a dois anos, o qual poderá renovar-se."

Assim, entendemos que isso pode ocorrer quantas vezes for da vontade da massa condominial em assembleia.

36 **Sou síndica e estou tendo problemas com o conselho fiscal, pois alguns dos seus membros erram muito em suas funções, atrapalhando a gestão condominial. É possível destituí-los e eleger novos membros para o conselho?**

Normalmente, a convenção do condomínio dispõe sobre essa questão. Porém, caso a questão específica da destituição do conselho fiscal não esteja disposta em convenção, deve-se considerar o quórum aplicado na eleição desses conselheiros, seguindo, dessa forma, os arts. 1.352 e 1.353 do Código Civil brasileiro, onde a eleição é pela maioria simples.

"Art. 1.352. Salvo quando exigido quórum especial, as deliberações da assembleia serão tomadas, em primeira convocação, por maioria de votos dos condôminos presentes que representem pelo menos metade das frações ideais."

"Art. 1.353. Em segunda convocação, a assembleia poderá deliberar por maioria dos votos dos presentes, salvo quando exigido quórum especial."

Neste caso, por analogia e para ficar claro, a destituição deverá ocorrer por votação, realizada em assembleia extraordinária, por maioria simples.

37 **Temos um contrato de aluguel do espaço para antena de operadora, que é uma renda entrante não declarada à administradora. Esta, por sua vez, não me passou as pastas financeiras anteriores. Sou conselheiro novo e preciso delas para me situar, pois nosso caixa ficou no negativo o ano passado inteiro. O que fazer?**

Primeiramente, é preciso esclarecer que a prestação de contas compete ao síndico (art. 1.348, VIII), o qual poderá delegar a função administrativa à administradora mediante aprovação em assembleia, salvo disposição em contrário da convenção (art. 1.348, § 2º).

"Art. 1.348. Compete ao síndico:

(...)

VIII – prestar contas à assembleia, anualmente e quando exigidas;

(...)

§ 2º O síndico pode transferir a outrem, total ou parcialmente, os poderes de representação ou as funções administrativas, mediante aprovação da assembleia, salvo disposição em contrário da convenção".

Dessa forma, o antigo síndico deve repassar as pastas à nova gestão ou autorizar que a administradora o faça. Caso as contas, que são de propriedade do condomínio, não sejam disponibilizadas, caberá ação de busca e apreensão das pastas no local em que elas se encontrem.

"MEDIDA CAUTELAR DE BUSCA E APREENSÃO. DOCUMENTOS. Decreto de extinção da fase de cumprimento de sentença, limitada às verbas de sucumbência impostas aos corréus, dentre estes, a administradora de imóveis (art. 794, I CPC). Insurgência recursal do condomínio autor voltada ao tema do propalado não cumprimento da obrigação de entrega de pastas, pela corré, particularmente, no que se refere aos períodos de setembro a dezembro de 2008 e janeiro a dezembro de 2009. Corré que, entretanto, demonstra documentalmente ter entregado as pastas reclamadas, seguindo-se questionamento não fundado por parte do condomínio, o qual insiste no dever de exibição/reconstituição de pastas supostamente extraviadas, sugerindo ainda, alternativamente, que seja declarada a atual gestão condominial isenta de responsabilidade pelo aludido extravio. Pleitos, contudo, descabidos, notadamente, diante da não apresentação sequer de indícios de inidoneidade da comprovação documental de entrega das pastas pela requerida. Sentença mantida. Recurso do condomínio autor não provido. (TJ-SP – APL: 00095009220118260006 SP 0009500-92.2011.8.26.0006, Relator: Alexandre Bucci, Data de Julgamento: 25-11-2014, 9ª Câmara de Direito Privado, Data de Publicação: 26-11-2014.)"

De posse das pastas, e caso se verifiquem receitas que não estão lançadas nos balancetes nem estejam na conta corrente do condomínio (o que deve ser comprovado por meio de um auditor), estaremos diante de um crime de apropriação indébita (art. 168 do Código Penal), o qual deverá ser apurado devidamente.

"Art. 168. Apropriar-se de coisa alheia móvel, de que tem a posse ou a detenção:

Pena – reclusão, de um a quatro anos, e multa".

38 **Meu condomínio está com uma infestação de baratas, já reclamei com o síndico, pois há anos que o condomínio não é dedetizado. Como cuidar dessa questão?**

Não há uma lei federal sobre o tema; cada estado ou município pode ter uma regra própria e inseri-la no plano de manutenção do edifício.

No caso de uma infestação, é importante que a empresa responsável pelo serviço avalie a questão com o síndico. De qualquer forma, a gestão (assim como a empresa contratada) deve avaliar a periodicidade com que é necessário repetir o serviço de dedetização no condomínio, a fim de minorar possíveis problemas como esse. Não obstante, o padrão é que isso seja feito com a periodicidade de 2 a 3 vezes por ano[15].

39 **Tenho sido constantemente ofendido, em assembleia e no Facebook do prédio, por uma moradora que alega que "não sou bom síndico, que faço tudo em benefício próprio, que minhas contratações são todas ruins, que contrario a lei e a convenção". Quero processá-la por calúnia e difamação, é pertinente?**

São três os *crimes contra a honra,* previstos pelo Código Penal: calúnia (art. 138); difamação (art. 139); e injúria (art. 140). Em análise aos termos relatados, vejo alguns pontos que, em tese, poderiam caracterizar o crime de difamação por parte da condômina.

Contudo, cumpre advertir-lhe que, mesmo assim, a Justiça ainda poderia entender que situações como essas são meros dissabores inerentes à gestão de um síndico, como nos mostram, na sequência, os tribunais:

"PROCESSUAL CIVIL E CIVIL. AÇÃO DE INDENIZAÇÃO POR DANOS MORAIS. AGRAVO RETIDO NÃO CONHECIDO POR FALTA DE PEDIDO NAS CONTRARRAZÕES DO APELO (CPC, ART. 523, § 1º). APELO DO AUTOR. SUPOSTAS OFENSAS PROFERIDAS EM ASSEMBLEIA CONDOMINIAL. DANO MORAL INEXISTENTE. MERO DISSABOR. DEVER DE INDENIZAR AFASTADO. RECURSO DESPROVIDO. Não se conhece do agravo retido quando a parte não requer sua preliminar apreciação nas razões do recurso ou nas contrarrazões, a teor do disposto § 1º do art. 523 do Código de Processo Civil. Não há dano moral quando a situação narrada não passa de mero incômodo, pois o simples aborrecimento, típico da convivência social, não deve ser compensado pecuniariamente, sob a pena de banalização do instituto. (TJ-SC – AC: 255647

---

[15] *Vide* Norma da Agência Nacional de Vigilância Sanitária (ANVISA) – Resolução – RDC n. 52, de 22 de outubro de 2009.

SC 2011.025564-7, Relator: Luiz Carlos Freyesleben, Data de Julgamento: 16-6-2011, Segunda Câmara de Direito Civil, Data de Publicação: Apelação Cível n., de Balneário Camboriú.)"

"QUEIXA-CRIME. OMISSÕES DO INSTRUMENTO DE MANDATO QUANTO ÀS EXIGÊNCIAS DO ART. 44 DO CPP: MERAS IRREGULARIDADES. POSSIBILIDADE DE ENFRENTAMENTO DO MÉRITO QUANDO A MATÉRIA ESTÁ SUFICIENTEMENTE DESCRITA NOS AUTOS. DIFAMAÇÃO CONTRA PESSOA JURÍDICA (CONDOMÍNIO). QUEIXAS E EXIGÊNCIAS DE MELHORIAS, EXPRESSAS POR MEIO DE CARTAS. INEXISTÊNCIA DE FATO TÍPICO. AUSÊNCIA DE DOLO. ILEGITIMIDADE ATIVA AD CAUSAM DO CONDOMÍNIO. DELIBERAÇÃO UNÂNIME. I O art. 44 do Código de Processo Penal estabelece informações que devem constar da procuração outorgada ao advogado que subscreve queixa-crime. Esta corte tem entendido que basta a menção, ao menos, aos tipos penais imputados e ao nome das partes para a regularidade do mandato, mas se consta dos autos informações suficientes para o enfrentamento da pretensão punitiva, deve o vício ser superado e o mérito, enfrentado. II Não se configura difamação na conduta do condômino que, por meio de cartas, aponta situações concretas que entende deficitárias no condomínio, pede regularização e melhoramentos, além de se declarar preocupada com possíveis irregularidades no trato da verba comum, reclamando meios de aplicação correta da mesma. III Além de se tratar de uma prerrogativa que possui todo proprietário de unidade integrante do condomínio, as cartas não apresentaram linguagem excessiva ou acusações levianas, pelo que não se reconhece dolo de ofender. IV pelo teor das cartas, se fosse reconhecida a existência de crime, o sujeito passivo seria o síndico e não o condomínio; este, aliás, figuraria como vítima de eventuais ações irregulares. Por isso, impende reconhecer, ainda, que a queixa-crime foi aforada por parte ilegítima, sendo esta uma segunda razão para a sua rejeição. V Queixa-crime rejeitada por atipicidade absoluta da conduta e por ilegitimidade ativa ad causam. Decisão unânime. (TJ-PA – CRIMES DE CALÚNIA, INJÚRIA E DIFAMAÇÃO DE COMPETÊNCIA DO JUIZ SINGULAR: 201230161759 PA, Relator: JOAO JOSE DA SILVA MAROJA, Data de Julgamento: 4-9-2013, TRIBUNAL PLENO, Data de Publicação: 11-9-2013.)"

"TJ-RS – Recurso Cível 71003552080 RS (TJ-RS)

Data de publicação: 22-1-2013

Ementa: REPARAÇÃO DE DANOS. DIFAMAÇÃO. CONDOMÍNIO. DANO MORAL NÃO CONFIGURADO. O fato de a requerida reclamar ao síndico e a empresa prestadora de serviços de segurança sobre o trabalho do porteiro autor não caracteriza abalo moral. Da prova documental aos autos acostada, não se verifica a ocorrência de difamação do requerente, mas tão-somente descontentamento da parte ré quanto ao serviço prestado pela empresa, que, a sua vez, figura como contratante do autor. Age em exercício regular de direito a ré, não havendo lesão a direitos da personalidade do autor, tanto mais quando em audiência aduz sequer recordar haver sido eventualmente ofendido pela demandada. Sentença confirmada por seus próprios fundamentos. RECURSO IMPROVIDO. (Recurso Cível N. 71003552080, Primeira Turma Recursal Cível, Turmas Recursais, Relator: Marta Borges Ortiz, Julgado em 18-12-2012.)"

Dessa forma, com base nas palavras proferidas, caso ainda haja de sua parte o entendimento em levar a situação adiante, o caminho seria apresentar à condômina um pedido de explicações, conforme art. 144 do Código Penal, para que ela esclareça o que quis dizer quando proferiu que a gestão do síndico contraria legislação e convenção vigentes, bem como quando afirmou que o síndico age em benefício próprio.

"Art. 144. Se, de referências, alusões ou frases, se infere calúnia, difamação ou injúria, quem se julga ofendido pode pedir explicações em juízo. Aquele que se recusa a dá-las ou, a critério do juiz, não as dá satisfatórias, responde pela ofensa."

40 **Estamos executando projeto de AVCB em nosso prédio, um edifício residencial. Qual é a real necessidade do AVCB, já que grande parte das edificações da cidade não o faz? É verdade que, em caso de incêndio, não há ressarcimento do seguro sem esse documento?**

O Auto de Vistoria do Corpo de Bombeiros (AVCB) é um documento que atesta a segurança da edificação quanto aos riscos de incêndio. É uma obrigação legal e varia de estado para estado.

Em São Paulo, o AVCB é emitido pelo Corpo de Bombeiros da Polícia Militar do Estado de São Paulo (CBPMESP), o qual certifica que, durante a vistoria, a edificação (seja ela comercial ou residencial) ofereceu condições de segurança contra incêndio.

O AVCB é um documento obrigatório em função de diversas leis federais, estaduais e municipais, sendo que, no Estado de São Paulo, o Corpo de Bombeiros tem poderes para realizar vistorias sem prévio aviso (LC n. 1.257/2015).

Estão obrigadas ao AVCB as edificações acima de 750 m² de construção, bem como edificações menores cuja reunião de público esteja acima de 100 pessoas. Mas há casos em que, mesmo abaixo dos 750 m², os prédios também requerem projeto de proteção contra incêndio.

O primeiro passo é contratar uma empresa especializada, para que se busque nos órgãos competentes o projeto aprovado pelo corpo de bombeiros, a planta da edificação etc., a fim de dar início à regularização da edificação.

A falta do AVCB acarretará penalidades, que variam desde notificação, multa e até interdição do local. Sem ele, o síndico será responsabilizado civil e criminalmente em caso de acidentes decorrentes da não observação das questões inerentes à segurança contra incêndio. Se houver algum incêndio, a seguradora poderá não efetuar o ressarcimento em caso de sinistro. E se o prédio for comercial, as empresas ali estabelecidas não conseguirão obter o Alvará de Funcionamento (licença), uma vez que não exista AVCB.

1.5 CONTAS

41 Faço parte do conselho consultivo e, assim como eu, o síndico e a subsíndica são muito jovens e inexperientes na área de gestão condominial. Meu principal receio é em relação à questão das contas. O que podemos fazer?

Primeiramente, é importante que vocês se debrucem sobre o assunto, no sentido de lerem bastante sobre a sindicatura condominial, pois isso os ajudará a entenderem todo esse universo.

Além disso, há uma série de cursos, inclusive *online*, que buscam apresentar e ensinar tudo sobre essa área, em cada um dos seus aspectos mais importantes, como é o caso das contas (orçamento, previsão orçamentária etc.).

É importante, também, que o condomínio contrate uma excelente administradora, assim como uma boa assessoria jurídica. Isso irá auxiliar e muito na gestão do condomínio.

Outra boa solução é buscar uma empresa de auditoria, que irá acompanhar as contas condominiais de forma preventiva, bem como uma empresa de assessoria ao síndico.

42 A pasta de despesas não recebeu a assinatura de um certo conselheiro, que discorda de determinados gastos. O que isso pode acarretar para o síndico?

A função do conselho é dar parecer sobre as contas, conforme art. 1.356 do Código Civil:

"Art. 1.356. Poderá haver no condomínio um conselho fiscal, composto de três membros, eleitos pela assembleia, por prazo não superior a dois anos, ao qual compete dar parecer sobre as contas do síndico".

Se o conselheiro encontrar quaisquer irregularidades, deverá anotar na pasta de prestação de contas e solicitar os devidos esclarecimentos ao síndico – que, por sua vez, deverá prestá-los de imediato (art. 1.348, VIII, do Código Civil):

"Art. 1.348. Compete ao síndico:

(...)

VIII – prestar contas à assembleia, anualmente e quando exigidas;".

Mesmo que o conselho não fique satisfeito com os esclarecimentos e recomende a não aprovação das contas, nada impede que sejam aprovadas em assembleia. Porém, os presentes levarão em consideração os questionamentos feitos pelo conselho e a resposta do síndico.

43 **Moradores podem retirar balancetes na administração e levá-los para serem analisados em casa?**

Balancetes são documentos de suma importância, pois neles estão todas as movimentações financeiras mensais do prédio, inclusive obrigações trabalhistas, previdenciárias, recolhimento de impostos, comprovantes de quitação das cotas condominiais, entre outros.

Os balancetes são a forma de prestação de contas do síndico, a qual deve ocorrer anualmente em assembleia ou sempre que solicitada, conforme o artigo:

"Art. 1.348 Compete ao síndico:

(...)

VIII – prestar contas à assembleia, anualmente e quando exigidas".

Dessa forma, cabe ao síndico permitir a verificação do balancete mensal a qualquer condômino. No entanto, por se tratar de um documento de suma importância, o síndico poderá estabelecer limites para esta verificação.

O mais comum é disponibilizá-lo na administração do condomínio ou na administradora, mediante agendamento prévio. Em alguns casos os balancetes são digitais, e poderão ser disponibilizados mediante fornecimento de senha provisória. Assim, o condômino poderá verificar os documentos, fotografá-los ou solicitar cópias, se julgar necessário.

44 **Houve redução do valor nos pagamentos à Sabesp. Pode-se deduzir esse valor das cotas condominiais do mês seguinte? E quanto a utilizá-lo em obras sem aprovação em assembleia?**

A redução do valor da conta da Companhia de Saneamento Básico do Estado de São Paulo (Sabesp) representará uma economia no pagamento do condomínio naquele mês, mas não quer dizer que no final do exercício anual sobrará dinheiro, pois existem outras despesas que poderão, por exemplo, estar acima do previsto.

Se a economia se repetir por alguns meses e representar um saldo de caixa, o síndico poderá chamar uma assembleia a qualquer tempo e refazer a previsão orçamentária.

45 **Qual é a diferença entre revogação e derrogação de uma lei? Teria a Lei n. 4.591/64 (conhecida como Lei do Condomínio), nos arts. 1º a 27, sido derrogada e substituída completamente pela Lei n. 10.406/2002 (novo Código Civil), nos arts. 1.331 a 1.358?**

A Lei n. 4.591/64 (atualmente conhecida como Lei de Incorporações) não foi revogada pela Lei n. 10.406/2002 (novo Código Civil), pois revogar seria o mesmo que dizer que toda a lei se tornou sem eficácia, nula, o que não ocorre no caso em questão.

O que ocorre é que o novo Código Civil derrogou a Lei n. 4.591/64 (até então conhecida como Lei do Condomínio), pois por derrogação entende-se revogação em parte.

Derrogações podem ser expressas ao final de cada artigo, quando constar no artigo revogado que a nova lei o alterou – o que é facilmente verificável por meio da expressão "revogado pela lei *xxxx*", por exemplo. Porém, existe a derrogação tácita, que não menciona a revogação de forma expressa no artigo, tampouco diz quais artigos a lei tornou ineficazes.

Assim, artigos que contrariarem o novo diploma ficarão sem valor. Por exemplo, o artigo a seguir menciona que a multa pelo atraso no pagamento da cota condominial será de 20%:

Lei n. 4.591/64:

"Art. 12º. (...)

§ 3º O condômino que não pagar a sua contribuição no prazo fixado na Convenção fica sujeito ao juro moratório de 1% ao mês, e multa de até 20% sobre o débito, que será atualizado, se o estipular a Convenção, com a aplicação dos índices de correção monetária levantados pelo Conselho Nacional de Economia (CNE), no caso da mora por período igual ou superior a seis meses."

Como o Código Civil prevê a multa de 2%, o artigo da lei que menciona multa superior perdeu sua eficácia, isto é, ficou derrogado:

"Art. 1.336. São deveres do condômino:

§ 1º O condômino que não pagar a sua contribuição ficará sujeito aos juros moratórios convencionados ou, não sendo previstos, os de um por cento ao mês e multa de até dois por cento sobre o débito."

Dessa forma, fica claro que o art. 12, § 3º, perdeu sua eficácia. Logo, indico por sugestão que sigam a legislação do Código Civil, mas somente de forma complementar à Lei n. 4.591/64.

46 **O síndico e mais um outro morador se mudarão de imediato para os apartamentos recém-entregues. Ele pode pedir contribuições aos demais condôminos do edifício com o objetivo de adquirir botijões de gás?**

Depende da legislação do seu município. Em São Paulo, por exemplo, esse assunto é objeto do Decreto n. 57.776/2017, o qual regulamenta tanto o sistema de fiscalização como as disposições gerais para o uso de gás combustível em edifícios e construções em geral. Assim, procure primeiro se informar em sua região.

Importante ressaltar que botijões de gás só são permitidos no interior das unidades quando não há fornecimento de gás encanado na região.

Uma vez verificada a legislação do seu município e sendo legal a aquisição de botijões, a responsabilidade da compra deverá ser exclusiva do condômino, sem interferências do condomínio.

47 **Quando se tratam de gastos com segurança, o que mudou nos últimos anos em relação à postura de síndicos e administradoras? Qual a importância do investimento em segurança? Quem deve pagar pela instalação de novos equipamentos?**

A postura de síndicos e administradoras mudou muito, principalmente no que se refere ao agravamento do problema da segurança pública que o país enfrenta.

Esse problema refletiu-se também nos condomínios. Foram verificadas quadrilhas especializadas em roubos e furtos dentro de condomínios, o que fez com que os síndicos e gestores investissem mais em equipamentos de segurança, assim como em treinamento e capacitação de pessoal, uma vez que é importante que os funcionários do condomínio saibam, na teoria e na prática, quais as formas e situações em que deverão aplicar as medidas de segurança no prédio.

A aquisição de equipamentos de segurança (tais como sistema de câmeras, circuitos fechados de TV, alarmes, sensores, portarias 24h, monitoramento por drones, biometria etc.) deve ser paga pelo proprietário após aprovação em assembleia.

O inquilino não entra nesse rateio, concorrendo apenas pela manutenção e conservação desses equipamentos, conforme aduz o art. 23, XII, §1º, *d, f*, da Lei do Inquilinato:

LINQ – Lei n. 8.245/91:

"Art. 23. O locatário é obrigado a:

(...)

XII – Pagar as despesas ordinárias de condomínio.

1º Por despesas ordinárias de condomínio se entendem as necessárias à administração respectiva, especialmente:

(...)

d) manutenção e conservação das instalações e equipamentos hidráulicos, elétricos, mecânicos e de segurança, de uso comum;

(...)

f) manutenção e conservação de elevadores, porteiro eletrônico e antenas coletivas;"

Além de evitar qualquer sinistro no edifício, a segurança contribui indiretamente para a valorização do patrimônio, pois cada vez mais as pessoas buscam locais seguros para morarem.

48 **Condôminos podem ir parar no SPC ou Serasa devido ao atraso no pagamento das cotas?**

A negativação no Serviço de Proteção ao Crédito (SPC) é um procedimento legal. E a Centralização de Serviços dos Bancos S/A (Serasa) só tem aceitado inscrições de devedores cujos títulos (boletos) já tenham sido protestados.

Convém verificar em sua região se existe algum acordo firmado entre o sindicato patronal do condomínio e a associação comercial sobre a negociação da dívida.

Em São Paulo, o Sindicato dos Condomínios (Sindicond) é o representante patronal legal dos condomínios de prédios e edifícios comerciais, industriais, residenciais e mistos do estado. E a Associação Comercial de São Paulo (ACSP) é uma referência no estudo de políticas econômicas e empreendedorismo.

49 **Uma pedra foi arremessada pela janela e quebrou o vidro da área de serviço. Quem deve pagar pelo reparo?**

Caso não seja possível identificar a pessoa que arremessou o objeto, o condomínio deve indenizar o proprietário da janela, por força do seguinte artigo do Código Civil:

"Art. 938. Aquele que habitar prédio, ou parte dele, responde pelo dano proveniente das coisas que dele caírem ou forem lançadas em lugar indevido."

No caso em questão, a responsabilidade é objetiva. Isso quer dizer que ela não depende de comprovação do dolo ou culpa do agente causador, bastando apenas que exista uma relação entre dano (sua janela quebrada) e conduta (de quem atirou, mesmo que não se saiba quem foi), cabendo ao prédio o reparo.

Com base no entendimento dos tribunais:

"DIREITO DE VIZINHANÇA EDIFÍCIO CONDOMINIAL – ARREMESSO DE OBJETO RESPONSABILIDADE CIVIL DO CONDOMÍNIO RECONHECIMENTO DANOS MATERIAIS E MORAIS CABIMENTO *QUANTUM* INDENIZATÓRIO REDUÇÃO SENTENÇA PARCIALMENTE REFORMADA. I. Em caso de arremesso de coisa inanimada proveniente de edifício condominial, a responsabilidade do Condomínio é objetiva (art. 938, do Código Civil), bastante a demonstração do fato e do dano, conforme se verificou na hipótese. II. Ocorrendo o ato ilícito capaz de ensejar à vítima perturbação e sofrimento, resta caracterizado o dano moral indenizável. III. Para a fixação da indenização por dano moral levam-se em conta, basicamente, as circunstâncias do caso, a gravidade do dano, a situação do lesante, a condição do lesado, preponderando em nível de orientação central, a ideia de sancionamento. (TJ-SP – APL: 00756672920098260114 SP 0075667-29.2009.8.26.0114, Relator: Mendes Gomes, Data de Julgamento: 23-9-2013, 35ª Câmara de Direito Privado, Data de Publicação: 23-9-2013.)"

50 Acabo de me mudar para um condomínio onde, desde 2005, exige-se o pagamento de uma taxa de mudança. O prédio não conta nem com elevador. Essa cobrança é legal?

Não há previsão em lei sobre taxas de mudanças. O condomínio é um lugar comum para os que ali coabitam e qualquer morador, mediante prévio aviso e obediência ao regimento interno, poderá nele transitar livremente.

Não existe qualquer possibilidade legal[16] de exigirem a cobrança e isso não deve, de fato, ser cobrado. Em se tratando de mudanças, o condomínio pode impor regras quanto ao dia, horário, local de descarga, uso de elevador etc., mas não pode cobrar por algo que nem é um serviço prestado pelo condomínio, já que é o próprio morador ou a empresa contratada por ele que irão fazer essa mudança.

O ato é ilegal e arbitrário. Ademais, a criação de tal taxa traz obstáculos ao exercício do Direito Constitucional de Liberdade de Locomoção, interferindo no gozo ao direito pleno de propriedade, conforme art. 5º, XV, da Constituição Federal de 1988:

Direito de Liberdade de Locomoção:

"Art. 5º Todos são iguais perante a lei, sem distinção de qualquer natureza, garantindo-se aos brasileiros e aos estrangeiros residentes no País a inviolabilidade do direito à vida, à liberdade, à igualdade, à segurança e à propriedade, nos termos seguintes:

(...)

XV – é livre a locomoção no território nacional em tempo de paz, podendo qualquer pessoa, nos termos da lei, nele entrar, permanecer ou dele sair com seus bens;".

---

[16] RECURSO INOMINADO. CONDOMÍNIO RESIDENCIAL. COBRANÇA DE TAXA DE MUDANÇA. IMÓVEL MOBILIADO. AUSÊNCIA DO FATO GERADOR DA COBRANÇA. EXIGÊNCIA INDEVIDA. PERDA DE TEMPO ÚTIL. DANOS MORAIS NÃO DEMONSTRADOS. DEVOLUÇÃO EM DOBRO INDEVIDA. INTERPRETAÇÃO DO REGIMENTO INTERNO. AUSÊNCIA DE PROVA DA MÁ-FÉ. RECURSO PARCIALMENTE PROVIDO. (TJPR – 2ª Turma Recursal – 0012596-77.2019.8.16.0018 – Maringá – Rel.: JUIZ DE DIREITO DA TURMA RECURSAL DOS JUIZADOS ESPECIAIS MARCEL LUIS HOFFMANN – J. 25-5-2021)
(TJ-PR – RI: 00125967720198160018 Maringá 0012596-77.2019.8.16.0018 (Acórdão), Relator: Marcel Luis Hoffmann, Data de Julgamento: 25-5-2021, 2ª Turma Recursal, Data de Publicação: 25-5-2021)

51 O síndico faz racionamento de água no prédio durante 3 horas/dia e atribui sua decisão à crise hídrica na cidade. Ele pode agir assim, por decisão própria e sem a realização de assembleia?

O síndico tem por dever empenhar-se pela conservação das áreas comuns, bem como velar pela prestação de todos os serviços que caracterizarem o interesse geral dos condôminos, conforme dispõe o art. 1.348, V, do Código Civil:

"Art. 1.348. Compete ao síndico:

(...)

V – diligenciar a conservação e a guarda das partes comuns e zelar pela prestação dos serviços que interessem aos possuidores;".

O racionamento interno de água é uma solução que tem sido adotada por vários condomínios a fim de que o abastecimento possa ser garantido por mais tempo.

Porém, como a medida interfere no cotidiano dos moradores e a forma de racionamento pode ser amplamente discutida e implantada de várias formas, entendemos que a medida deve passar por assembleia, para que possa ser debatida e aprovada da forma que melhor convier àquela comunidade, não justificando uma ação unilateral do síndico.

52 Em meu condomínio não há planejamento orçamentário anual detalhado, fazendo-se apenas constar na ata que o orçamento foi aprovado. Ao propor a confecção de planilha detalhada dos gastos anuais, o síndico e a administradora responderam que isso ensejaria aumento da cota condominial, pois alteraria a forma de rateio. Discordo e não entendo. Qual é o procedimento correto?

A legislação menciona que anualmente o síndico deverá aprovar as contas e o orçamento de despesas, conforme o seguinte artigo do Código Civil:

"Art. 1.350. Convocará o síndico, anualmente, reunião da assembleia dos condôminos, na forma prevista na convenção, a fim de aprovar o orçamento das despesas, as contribuições dos condôminos e a prestação de contas, e eventualmente elegerlhe o substituto e alterar o Regimento Interno."

Assim, cabe ao síndico, com o auxílio da administradora, apresentar algo que seja considerado explicativo e no qual se possam basear as cobranças para exercícios futuros, nem que seja de forma mínima.

Lembrando que a assembleia tem poder para exigir algo mais completo do que previsões do tipo "orçamento aprovado", sendo possível solicitar em assembleia que os votos contrários sejam consignados em ata, bem como o orçamento.

Inclusive, caso não exista orçamento (ainda que de forma mínima) e a assembleia não conteste o fato, qualquer condômino em defesa de seus interesses poderá ingressar com medida judicial, visando fazer valer os seus direitos.

53 O condomínio pode cobrar as taxas de água, gás, condomínio etc. das unidades que estão fechadas e sem uso?

A taxa condominial é devida, independentemente de a unidade estar ou não ocupada. O condômino deve contribuir, seguindo a fração ideal estipulada em convenção (salvo se ali estiver disposto o contrário).

Em relação às contas de água e gás, caso essas contas estejam desmembradas entre as unidades, o condômino (junto com a cota condominial) só arcará com aquilo que consumiu. Estando a unidade fechada, o gasto não existirá, excetuando aquele gasto padrão, que existe pelo contrato. A não ser que esses serviços tenham sido cancelados de vez durante o período em que a unidade esteve fechada.

Já no caso de não haver o desmembramento da conta do condomínio e, portanto, estando ela unificada, é legal a cobrança proporcional, mesmo da unidade que estiver fechada.

1.6 PORTARIA E PORTÕES

54 É proibido que funcionários conversem na portaria? A síndica pode gritar com eles, fotografá-los conversando e depois exibir as fotos na assembleia, alegando não querer que conversem lá?

Pelo relato, as fotos expõem de forma vexatória os funcionários nas assembleias sem qualquer necessidade. Situação que certamente trará responsabilidade civil e trabalhista, gerando indenização por danos morais, caso os funcionários ingressem com ação de reparação civil ou na Justiça do Trabalho (TRT-TST).

O caso poderá ser mais grave se, além das fotos, aquele que as apresentar proferir palavras que visem caluniar, difamar ou injuriar os funcionários, incorrendo o autor nos respectivos crimes contra a honra, previstos nos arts. 138 a 140 do Código Penal:

"Art. 138. Caluniar alguém, imputando-lhe falsamente fato definido como crime. Pena – detenção, de seis meses a dois anos, e multa."

"Art. 139. Difamar alguém, imputando-lhe fato ofensivo à sua reputação. Pena – detenção, de três meses a um ano, e multa."

"Art. 140. Injuriar alguém, ofendendo-lhe a dignidade ou o decoro. Pena – detenção, de um a seis meses, ou multa."

Da mesma forma, as palavras intimidativas, constrangedoras, poderão gerar assédio moral, que é a exposição dos trabalhadores a situações humilhantes e constrangedoras de forma repetitiva e prolongada, durante a jornada de trabalho e no exercício de suas funções. O caso também poderá incidir em reparação.

Dessa forma, o funcionário exposto a situações vexatórias ou assédio moral poderá ingressar em juízo com uma ação de responsabilidade civil do empregador (o síndico) por danos morais e assédio moral, mesmo laborando no prédio.

Vejamos o que dizem os Tribunais:

"AGRAVO DE INSTRUMENTO. RECURSO DE REVISTA. DANO MORAL – ASSEDIO MORAL – VALOR DA INDENIZAÇÃO (R$ 10.000,00). Nega-se provimento a agravo de instrumento que visa liberar recurso despido dos pressupostos de cabimento. Agravo desprovido. (TST – AIRR: 384007420105130025 38400-74.2010.5.13.0025, Relator: Renato de Lacerda Paiva. Data de Julgamento: 6-2-2013, 2ª Turma, Data de Publicação: *DEJT* 15-2-2013.)"

"DANO MORAL. SITUAÇÃO VEXATÓRIA. DESNECESSIDADE DA PROVA DA DOR SUBJETIVA. CONFIGURAÇÃO. INDENIZAÇÃO COMPENSATÓRIA DEVIDA. Segundo Yussef Said Cahali, dano moral é 'tudo aquilo que molesta gravemente a alma humana, ferindo-lhe gravemente os valores fundamentais inerentes à sua personalidade ou reconhecidos pela sociedade em que está integrado.' (Dano Moral, 2. ed., Revista dos Tribunais, 1998, p. 20). (TRT-15 – RO: 6611220125150132 SP 043937/2013-PATR, Relator: LORIVAL FERREIRA DOS SANTOS, Data de Publicação: 29-5-2013)"

Se condenado, o condomínio poderá ingressar com ação de regresso diretamente sobre o síndico que extrapolou no exercício de suas funções. Aliás, o condomínio não precisa esperar uma condenação para agir contra o síndico que agir de forma temerária, o que denota má-gestão. Com o quórum de ¼ dos condôminos, torna-se possível chamar uma assembleia com o fim de destituir o síndico:

"Art. 1.355 Assembleias extraordinárias poderão ser convocadas pelo síndico ou por um quarto dos condôminos.".

"Art. 1.349 A assembleia, especialmente convocada para o fim estabelecido no §2º do artigo antecedente, poderá, pelo voto da maioria absoluta de seus membros, destituir o síndico que praticar irregularidades, não prestar contas, ou não administrar convenientemente o condomínio."

55 O que é uma portaria virtual?

A portaria virtual (também conhecida como portaria remota, portaria digital, portaria eletrônica ou, simplesmente, portaria 24h, dentre outros nomes) é um sistema de segurança que opera 24 horas/dia a distância, sem a presença física do porteiro do prédio.

O atendimento ocorre por intermédio de uma empresa de portaria para condomínios e com as mesmas funcionalidades de uma portaria local. Assim, quando um visitante ou morador acessar o interfone na portaria principal ou o interfone entre andares, a ligação será atendida por uma central de monitoramento, que prontamente receberá a ligação a distância, sendo que tal implementação poderá ser realizada mediante decisão em assembleia pelo quórum de maioria simples[17].

---

[17] AÇÃO DECLARATÓRIA DE NULIDADE DE ASSEMBLEIAS GERAIS EXTRAORDINÁRIAS – DEMISSÃO DE PORTEIROS E IMPLANTAÇÃO DE PORTARIA ELETRÔNICA – INDEFERIMENTO DA TUTELA PROVISÓRIA DE URGÊNCIA – Agravante que insiste na interrupção das obras e na manutenção dos porteiros – Probabilidade do direito invocado não comprovada, em cognição sumária dos fatos – Implantação de portaria eletrônica que pode ser considerada como obra útil, nos termos do art. 96, § 2º, do CC – Obras úteis que podem ser aprovadas em segunda convocação, por maioria dos votos dos condôminos presentes – Precedentes – Não demonstrada a apontada irregularidade das deliberações

Deve-se considerar também valores e quórum para obras de implementação desta portaria.

56 É preciso aprovação de todos os condôminos para instalar um equipamento de segurança à noite e dispensar os porteiros do período noturno?

A portaria virtual, ou portaria 24h, tem tomado espaço em função da possibilidade de redução do valor com mão de obra, que é o principal custo dentro do condomínio.

Para que o condomínio conte com um serviço de portaria desse tipo, é fundamental que ele seja aprovado pela coletividade, em uma assembleia convocada para esse fim. Sugiro que a situação seja exaustivamente discutida dentro do condomínio, uma vez que influenciará diretamente a vida cotidiana dos moradores.

Uma vez deliberada a questão, o quórum para a instalação de uma portaria virtual vai depender do que estiver estabelecido na convenção do condomínio. Se previsto na convenção que o prédio conte com portaria presencial 24h, o correto é buscar a aprovação de 2/3 dos condôminos, uma vez que se estará alterando a própria convenção.

"Com efeito, é evidente que o assunto relativo à alteração do sistema da portaria real implica em alteração regimental, já que a convenção do condomínio é expressa, no seu art. 1º, § 2º, no sentido de que 'Integram o condomínio os serviços contínuos de portaria durante 24 horas, prestados mediante porteiro(s) diuturno(s)' (fls. 31/36)"[18].

– Ausência dos requisitos do art. 300 do CPC/15 – Decisão mantida – RECURSO DESPROVIDO.
(TJ-SP – AI: 20035258720228260000 SP 2003525-87.2022.8.26.0000, Relator: Angela Lopes, Data de Julgamento: 19-4-2022, 28ª Câmara de Direito Privado, Data de Publicação: 19-4-2022)

[18] APELAÇÃO – CONDOMÍNIO – ASSEMBLEIA – ANULATÓRIA – INDENIZAÇÃO POR DANOS MATERIAIS E MORAIS – Extinção do processo, sem resolução do mérito – Fundamento na ilegitimidade de parte passiva da pessoa física da síndica – Manutenção – Nulidade do edital de convocação da AGE – Não ocorrência – Ato praticado pela síndica em nome do condomínio – AGE que deliberou com quórum simples de 1/4, sem observância ao quorum especial de 2/3 previsto na Convenção do Condomínio e no Art. 1351 do Código Civil – Determinação de anulação da assembleia geral extraordinária realizada em 2-8-2018, no tocante à alteração do sistema de portaria – Preliminar de nulidade da sentença – Rejeição – Cerceamento de defesa não caracterizado – Obediência da sentença aos requisitos legais – Procedência parcial da ação quanto ao condomínio – Litigação de má-fé da parte ré rejeitada – Majoração da verba honorária recursal de 10% para 15% sobre o valor da causa – Recursos desprovidos.
(TJ-SP – AC: 10952016620188260100 SP 1095201-66.2018.8.26.0100, Relator: Claudio Hamilton, Data de Julgamento: 11-5-2020, 25ª Câmara de Direito Privado, Data de Publicação: 11-5-2020)

Em condomínios onde não exista tal previsão, os síndicos têm aprovado esse assunto com a maioria simples dos votos.

57 Quais são as vantagens e desvantagens de uma portaria 24h?

A portaria 24h é mais do que uma medida de segurança dentro dos prédios: é uma questão cultural. Em países como França ou Estados Unidos, os condomínios de luxo nem sequer têm porteiros. Já no Brasil, a portaria física é comum, sendo inclusive um item que agrega valor ao imóvel. Por outro lado, as desvantagens da portaria física são financeiras, uma vez que o custo de uma portaria 24h pode passar de R$ 15 mil por mês. Nesta hipótese, um condomínio com apenas 15 unidades e com a mesma fração ideal de rateio pagaria R$ 1 mil somente com despesas de pessoal, o que impacta diretamente no valor da unidade, sendo que condomínios caros tendem a demorar mais para serem vendidos.

O funcionamento de uma portaria física no edifício inegavelmente traz vantagens que facilitam a vida dos moradores, quer sejam pelo recebimento de correspondências, entregas e recados, quer sejam pelo tipo de segurança que a figura do porteiro proporciona, uma vez que ele próprio poderá resolver questões diárias, tais como acionar a assistência caso algum morador fique preso no elevador, ligar as luzes ao escurecer, informar ao zelador sobre a presença de suspeitos nas proximidades do edifício, fazer o controle dos que ali ingressam, entre outros. A desvantagem é que se a mão de obra é própria, existe ainda a possibilidade de um passivo trabalhista, que poderá onerar o condomínio e forçar um rateio extra.

58 Condomínios podem alterar seus modelos de funcionamento da portaria, passando de horário comercial para 24h? Quem toma essa decisão e quais os primeiros passos?

O quórum para aprovação desse tipo de alteração vai depender da convenção do empreendimento.

Se constar na convenção que a portaria funcionará 8 horas somente, o ideal é que o quórum para aprovação seja de 2/3 dos condôminos, uma vez que se estará alterando a própria convenção.

Caso não exista previsão na convenção, o síndico deverá levar o assunto à assembleia (pois envolverá custos) e poderá aprovar a modificação de horário por maioria simples.

O ideal é que a alteração ocorra na assembleia ordinária, juntamente com a previsão orçamentária, para que os condôminos visualizem as demais despesas e quanto pagarão de condomínio a partir daquele momento.

59 Para reduzir custos, o síndico desativou 1 das 2 portarias, sobrecarregando a outra. Pode?

Por mais que a medida traga economia, poderá ser contrária aos interesses dos demais, deixando o condomínio inseguro e até mesmo desvalorizando o patrimônio comum. No cumprimento de suas funções, o síndico deve buscar soluções de acordo com o interesse dos demais possuidores, o que é possível por meio da realização de assembleias condominiais.

O síndico é o representante eleito pelos condôminos em assembleia para gerir o condomínio (art. 1.347 do Código Civil) e sua gestão poderá ser de até 2 anos:

"Art. 1.347. A assembleia escolherá um síndico, que poderá não ser condômino, para administrar o condomínio, por prazo não superior a dois anos, o qual poderá renovar-se".

Dentre as funções do síndico, está a de representar o condomínio em juízo ou fora dele, realizando os atos necessários à defesa dos interesses comuns (art. 1348, II), situação que deve ocorrer dentro dos limites da convenção, do regimento interno e das determinações realizadas em assembleia (art. 1348, IV):

"Art. 1.348. Compete ao síndico:

(...)

II – representar, ativa e passivamente, o condomínio, praticando, em juízo ou fora dele, os atos necessários à defesa dos interesses comuns;

(...)

IV – cumprir e fazer cumprir a convenção, o regimento interno e as determinações da assembleia;".

Os limites da gestão e autonomia do síndico são impostos pelo Código Civil, pelo regimento interno, pela convenção e pelas decisões em assembleia. Como um exemplo, podemos citar o art. 1.350, que impõe a necessidade anual de se aprovar o orçamento e de se prestar contas.

Institui o Código Civil:

"Art. 1.350. Convocará o síndico, anualmente, reunião da assembleia dos condôminos, na forma prevista na convenção, a fim de aprovar o orçamento das despesas, as contribuições dos condôminos e a prestação de contas, e eventualmente elegerlhe o substituto e alterar o regimento interno".

Da mesma forma que o síndico está limitado à receita do orçamento aprovado em assembleia, podendo aumentá-la somente mediante a aprovação de outra assembleia, não poderá reduzir despesas em detrimento ao funcionamento do condomínio (como o que ocorre no caso em questão, cujo síndico reduziu uma portaria e sobrecarregou outra).

Para que tal medida pudesse ter sido tomada de forma correta pelo gestor, o síndico deveria ter convocado uma assembleia condominial com a finalidade específica de reduzir alguns postos de trabalho e fechar uma das guaritas de vigilância. Caso contrário, a situação é irregular.

Para que essa condição possa ser regularizada, o síndico deverá imediatamente convocar uma assembleia e submeter o assunto ao plenário, que terá autonomia de decidir por ratificar a decisão tomada de forma arbitrária ou por fazer voltar imediatamente ao funcionamento a guarita desativada.

Lembrando que o síndico responde pessoalmente pelas medidas praticadas de forma ilícita ou em abuso ao direito em sua gestão.

60 Uma ex-moradora, que ainda não assinou a escritura do imóvel, não quis devolver o controle remoto do portão eletrônico, pois em tese ainda é moradora. Os demais moradores votaram por trocar a frequência do portão. Sou subsíndica e receio alguma atitude da parte dela. Ela ainda tem direito de acessar o condomínio?

Inicialmente, a posse do controle é do condômino. E quem são os condôminos? Condôminos são os proprietários ou todos aqueles que, apesar de tecnicamente não serem proprietários, forem titulares do direito de aquisição sobre a propriedade imobiliária.

No caso de locação ou empréstimo da unidade, o controle deverá ser entregue pelo proprietário nas mãos de quem ficará na posse do bem; e o proprietário poderá autorizar expressamente a entrega a outros. E mesmo o proprietário, não poderá utilizar as vagas de garagem durante a locação ou empréstimo, uma vez que transferiu a posse.

Assim, para o condomínio não importa se o morador já passou a escritura. Importa se a unidade passou para a posse do adquirente ou não. Caso o condômino tenha vendido a unidade (mesmo que por contrato de gaveta, pendente de escritura) e transferido sua posse, ele não poderá mais utilizar as dependências do condomínio, inclusive a garagem.

Lembrando que sempre que existir uma transferência de posse, seja na compra, venda ou locação, o condomínio deverá exigir o instrumento que comprove essa transferência antes de permitir o acesso do novo morador ao edifício.

61 Durante minha viagem, o apartamento abaixo do meu apresentou vazamento. Entraram na minha unidade o síndico, o zelador, o pedreiro e o morador de baixo, mesmo após minha funcionária ter-lhes informado que eu não os havia autorizado a entrarem. Na minha ausência, o síndico tem direito de entrar no meu apartamento sem a minha autorização?

Segundo os arts. 1.347 e 1.348, II, IV e V, do Código Civil, é dever do síndico agir como administrador e representante legal do condomínio, visando conservar, guardar e zelar pelas partes que compõem o condomínio, sob a pena de responder por omissão, civil e criminalmente.

"Art. 1.347. A assembleia escolherá um síndico, que poderá não ser condômino, para administrar o condomínio, por prazo não superior a dois anos, o qual poderá renovar-se."

"Art. 1.348. Compete ao síndico:

(...)

II – representar, ativa e passivamente, o condomínio, praticando, em juízo ou fora dele, os atos necessários à defesa dos interesses comuns;

(...)

IV – cumprir e fazer cumprir a convenção, o regimento interno e as determinações da assembleia;

V – diligenciar a conservação e a guarda das partes comuns e zelar pela prestação dos serviços que interessem aos possuidores;"

Por óbvio, o síndico somente poderá ingressar em uma unidade autônoma mediante autorização do condômino, proprietário ou possuidor. O ingresso de pessoas que não estejam munidas da devida autorização de entrada justifica-se, apenas, nos casos de suspeitas de que determinadas situações de risco emergencial (tais como incêndios, rachaduras graves, vazamentos de água, vazamentos de gás, entre outros) ameacem a segurança dos demais moradores, ou mesmo do próprio edifício. E mesmo assim, deve-se ter cautela. A negativa de entrada deve ser respeitada.

Dessa forma, mesmo no caso do vazamento relatado, se houve oposição do morador para o caso, cabe registrar um Boletim de Ocorrência (B.O.) A negativa de ingresso, quando justificado, poderá ensejar em medida judicial para o ingresso forçado, bem como ressarcimento do prejuízo pela não autorização do ingresso.

Obrigatoriedade do ingresso em casos legais, flagrante delito ou desastre, ou para prestar socorro, ou, durante o dia, por determinação judicial, *vide* art. 5º, XI, da Constituição Federal.

62 **No meu prédio, com a desculpa da LGPD, todo visitante está tendo de informar seus dados na entrada. Isso é correto?**

Na verdade, isso não tem a ver com a Lei Geral de Proteção de Dados (LGPD).

A LGPD está voltada à segurança quanto à maneira como as empresas coletam, guardam, usam, disponibilizam e transmitem a terceiros os dados pessoais que identifiquem (ou possibilitem identificar) os usuários, tais como nomes e números de seus documentos, entre outros.

No caso do seu condomínio, o objetivo do procedimento é ter o controle de quem entra e sai do prédio. Sendo por questões de segurança este controle também poderá ocorrer com visitantes.

De qualquer forma, o condomínio não incorre em nenhum erro, no sentido de estar fora das leis, em relação a essa questão.

63

O mal funcionamento dos sensores do portão de garagem danificou meu veículo, pois o portão fechou abruptamente bem no meio do automóvel, enquanto eu entrava. O zelador admite a falha, mas a síndica alega que temos 4 segundos para entrar na garagem. Quem é o responsável pelos estragos, o condomínio ou a empresa de manutenção do portão?

O condomínio somente responderá pelo reparo do carro danificado se houver a comprovação de que o dano causado foi por culpa do condomínio.

O fechamento do portão no carro por si só não é suficiente para responsabilizar o prédio, pois para que o prédio responda será necessário provar que o dano ocorreu por má operação do sistema ou por erro humano.

Por não existir a obrigatoriedade legal de se colocar o sensor no portão, será necessário que aquele que teve o dano prove que existe relação entre o dano e a má utilização do sistema pelo condomínio. Se provada a responsabilidade, seja por alguma ação ou omissão, esse será passível de indenização.

No caso em questão, por mais que não exista lei que obrigue a instalação de sensores antiesmagamento no portão, o fato de o sistema existir e não estar funcionando imputa ao condomínio o dever de indenizar. E o fato de o sistema não estar funcionado imputa responsabilidade objetiva ao prédio, pois este poderia ter evitado a colisão do portão com o veículo.

"DIREITO CIVIL E DIREITO DO CONSUMIDOR. AÇÃO DE INDENIZAÇÃO POR DANOS MATERIAIS E MORAIS. PORTÃO ELETRÔNICO. FECHAMENTO AUTOMÁTICO. FECHAMENTO SOBRE CARRO DE CONDÔMINO. SISTEMAS DE PROTEÇÃO ANTIESMAGAMENTO INEXISTENTE. NÃO OBRIGATORIEDADE. SISTEMA COM FUNCIONAMENTO REGULAR. INEXISTÊNCIA DE DEMONSTRAÇÃO DE QUALQUER FALHA. DEVER DE INDENIZAR NÃO CONFIGURADO. 1. Inexiste na legislação pátria obrigação na utilização de sistemas antiesmagamento em portões eletrônicos, seja residencial ou comercialmente, desta forma a pretensão de ressarcimento de dano fundado na inexistência desses sistemas não merece prosperar. 2. A responsabilidade civil existe quando preenchidos os requisitos da conduta ilícita do acusado, o dano percebido pelo reclamante e o nexo de causalidade. Inexistindo um ou mais desses elementos, não há como se configurar o dever de indenizar. 3. Recurso conhecido e não provido. s de segurança no portão, bem como pela falta de manutenção. (TJPR – 1ª Turma Recursal – 0015034-64.2014.8.16.0014/0 – Londrina – Rel.: Liana de Oliveira Lueders – J. 10.03.2015.) (TJ-PR - RI: 00150 3464201481600140 PR 0015034-64.2014.8.16.0014/0 (Acórdão), Relator: Liana de Oliveira Lueders, Data de Julgamento: 10-3-2015, 1ª Turma Recursal, Data de Publicação: 13-3-2015.)"

"CONDOMÍNIO. AÇÃO DE REPARAÇÃO DE DANOS. RESPONSABILIDADE CIVIL. VEÍCULO DANIFICADO POR PORTÃO ELETRÔNICO DE CONDOMÍNIO RESIDENCIAL. RESPONSABILIDADE SOLIDÁRIA DO CONDOMÍNIO E DA EMPRESA DE PORTARIA CONFIGURADA. 1. Danos suficientemente comprovados, em razão dos documentos juntados aos autos – nota fiscal referente ao conserto do vidro traseiro e lataria do veículo do autor. 2. Provas documental e testemunhal a demonstrar que o porteiro estava passando informações acerca do fato ocorrido na madrugada e sobre o novo controle remoto do portão ao autor, ocasião em que o portão veio abaixo e o sensor do portão não funcionou (para parar a descida). 3. Demonstrado o nexo causal, a responsabilidade é solidária do condomínio e da empresa de portarias, sendo objetiva a responsabilidade, nos termos do art. 938 do CC, aplicável analogicamente (Precedente RI 71002670024). 4. A alegação de que o autor era sabedor do temporizador do portão não elide a responsabilidade das rés. Ausência de comprovação de fato impeditivo do direito do autor, ônus que os réus não se desincumbiram, nos termos do art. 333, II, do CPC. SENTENÇA MANTIDA PELOS PRÓPRIOS FUNDAMENTOS. RECURSO IMPROVIDO. (Recurso Cível n. 71004868568, Segunda Turma Recursal Cível, Turmas Recursais, Relator: Vivian Cristina Angonese Spengler, Julgado em 27-8-2014) (TJ-RS – Recurso Cível: 71004868568 RS, Relator: Vivian Cristina Angonese Spengler, Data de Julgamento: 27-8-2014, Segunda Turma Recursal Cível, Data de Publicação: Diário da Justiça do dia 1º-9-2014.)"

1.7 COMUNICAÇÃO INTERNA

64 Que medidas podemos tomar para a melhoria da comunicação interna?

É importante observar se a comunicação interna está em dia, uma vez que a falta de informações pode comprometer a gestão, levando os condôminos a terem a impressão de que ela é ineficiente.

A manutenção de um portal do condomínio colabora muito na comunicação interna. Esses portais disponibilizam desde *chats* a atas.

Outro meio importante de comunicação é o envio periódico dos comunicados, que oferecem informações sobre procedimentos administrativos do prédio. A circulação de comunicados internos é um recurso altamente recomendável (mesmo não sendo obrigatória). Atualmente existem empresas que fazem a comunicação dentro dos elevadores, por meio de telas.

Afixar comunicados no elevador e enviar a prestação de contas, juntamente com o boleto de condomínio, também são posturas bem-vindas.

O uso dos quadros de avisos para afixar comunicados internos cumpre bem a função de prestar esclarecimentos sobre o andamento das coisas, evitando conflitos desnecessários. Não existe periodicidade legal para a atualização dos quadros de avisos; o ideal é que o fluxo de informações seja levado a público regularmente, conforme a natureza dos assuntos.

65 Como síndico, sou desmoralizado com inverdades e injúrias em grupo de WhatsApp criado por certo morador, empregado da construtora. Ele não tem registro no Creci, mas vende unidades há mais de 2 anos e diz na portaria que os compradores são visitas particulares. Já fiz um Boletim de Ocorrência e representei na delegacia do bairro. O que mais posso fazer?

Grupos de WhatsApp e Facebook são ferramentas que se tornaram essenciais para o nosso dia a dia. Entretanto, muitas vezes têm sido usadas de forma prejudicial à vida do condomínio, estabelecendo canal não oficial e contrariando ou prejudicando a gestão do corpo diretivo.

Dessa forma, a primeira dica é que o condomínio crie rapidamente um canal oficial de comunicação dentro do prédio, seja por meio de *site* próprio, Facebook ou outro tipo de mídia social, pois os canais paralelos tendem a surgir com a ausência de informações oficiais.

Sendo por intermédio do canal oficial ou não, caso sejam proferidas palavras caluniosas, difamatórias ou injuriosas, estas serão consideradas crimes nos termos da lei, cabendo queixa-crime às autoridades policiais.

Além da queixa-crime, que é a medida criminal pertinente, são cabíveis também providências cíveis, como reparação de dano moral (caso exista), exclusão imediata do texto ofensivo e até mesmo proibição do canal, se lesivo.

Quanto ao exercício irregular da profissão de corretor, o Conselho Regional dos Corretores de Imóveis (Creci), por meio de legislação própria, regula o exercício das atividades dos corretores de imóveis em todo o país. Corretagem imobiliária é uma profissão regulamentada e de exercício exclusivo das pessoas devidamente habilitadas, nos termos do Decreto n. 81.871, de 29 de junho de 1978.

Portanto, pseudocorretagem é crime previsto no art. 47 da Lei das Contravenções Penais, como segue:

Decreto-Lei n. 3.688, de 3 de outubro de 1941:

"Art. 47. Exercer profissão ou atividade econômica ou anunciar que a exerce, sem preencher as condições a que por lei está subordinado o seu exercício:

Pena – prisão simples, de quinze dias a três meses, ou multa, de quinhentos mil réis a cinco contos de réis."

Além disso, o condomínio tem o dever de não permitir que pessoas desprovidas de qualificação exerçam suas atividades no interior do condomínio. Sempre que for constatada uma situação irregular, o condomínio deverá comunicar à delegacia do Creci mais próxima.

66 **A limpeza do chão dos halls é feita com cândida. Ao sair do elevador, passei pelo chão molhado para entrar em meu apartamento, cujo piso ficou todo manchado. Não havia nenhuma placa de aviso. O que faço?**

Primeiramente, verifique se a cândida foi de fato o produto causador dos danos em seu piso, bem como se foi utilizada de maneira imprópria.

Quanto à placa de piso molhado, é sim aconselhável que seja utilizada para minimizar o risco de acidente, porém, não existe qualquer obrigatoriedade em âmbito condominial, diferente dos estabelecimentos comerciais ou similares no município de São Paulo[19], situação em que podemos enquadrar os condomínios comerciais ou

---

[19] DECRETO N. 44.531, DE 24 DE MARÇO DE 2004
REGULAMENTA A LEI N. 13.669, DE 24 DE NOVEMBRO DE 2003, QUE DISPÕE SOBRE A COLOCAÇÃO DE PLACAS INDICATIVAS NOS LOCAIS QUE ESPECIFICA.

mistos. Porém, o funcionário que fez a limpeza deveria ter secado o piso. Nesse sentido, estabelece o Código Civil que todo aquele que causar danos a terceiros, seja por omissão voluntária, negligência ou imprudência (arts. 186 e 187), fica obrigado a repará-los (art. 927).

Assim, o correto é, no momento do ocorrido, sempre chamar o zelador, o síndico ou alguma testemunha para comprovar a situação, além de relatar os acontecimentos no livro de ocorrências.

MARTA SUPLICY, Prefeita do Município de São Paulo, no uso das atribuições que lhe são conferidas por lei, DECRETA:
Art. 1º A Lei n. 13.669, de 24 de novembro de 2003, que dispõe sobre a colocação de placas indicativas nos estabelecimentos comerciais ou similares, fica regulamentada de acordo com as disposições deste decreto.
Art. 2º Os estabelecimentos comerciais ou similares, localizados no Município de São Paulo, quando os revestimentos de seus pisos interiores forem escorregadios ou se encontrarem molhados, deverão colocar placas indicativas dessas circunstâncias, visando contribuir para a segurança das pessoas que por eles transitam.
Art. 3º Os avisos indicativos deverão ser grafados em letras pretas sobre fundo amarelo, em placas com dimensões mínimas de 30cm x 30cm (trinta centímetros por trinta centímetros).
Parágrafo Único. As placas deverão ser engastadas em suportes metálicos móveis, apoiados sobre o piso escorregadio ou molhado, a uma altura não inferior a 60cm (sessenta centímetros).
Art. 4º A verificação do atendimento das determinações constantes deste decreto e da Lei n. 13.669, de 2003, caberá ao corpo fiscalizatório das Subprefeituras em suas respectivas áreas de atuação.
Art. 5º O não atendimento às disposições deste decreto acarretará a aplicação da multa fixada no art. 2º da Lei n. 13.669, de 2003.
Art. 6º Este decreto entrará em vigor na data de sua publicação.
PREFEITURA DO MUNICÍPIO DE SÃO PAULO, aos 24 de março de 2004, 451º da fundação de São Paulo.
MARTA SUPLICY, PREFEITA
LUIZ TARCÍSIO TEIXEIRA FERREIRA, Secretário dos Negócios Jurídicos
LUÍS CARLOS FERNANDES AFONSO, Secretário de Finanças e Desenvolvimento Econômico
CARLOS ALBERTO ROLIM ZARATTINI, Secretário Municipal das Subprefeituras
Publicado na Secretaria do Governo Municipal, em 24de março de 2004.
RUI GOETHE DA COSTA FALCÃO, Secretário do Governo Municipal
DATA DE PUBLICAÇÃO: 25-3-2004

1.8 ADMINISTRADORA

67 O Conselho Federal de Administração (CFA) exige que empresas administradoras de condomínios registrem-se no Conselho Regional de Administração (CRA) de seus respectivos estados, mas verifiquei que em Goiânia apenas uma está registrada no CRA/GO. Esse registro é mesmo obrigatório? Que riscos as empresas oferecem aos seus clientes quando administram condomínios sem estarem registradas?

Os conselhos fiscais de profissões regulamentadas são criados por meio de lei federal, em que geralmente se prevê sua autonomia administrativa e financeira. Os conselhos destinam-se a zelar pela fiel observância dos princípios da ética e da disciplina da classe dos que exercem atividades profissionais afeitas a sua existência, no caso do administrador.

As atividades exclusivas do técnico em administração estão definidas no art. 2º da Lei n. 4.769/65, bem como no art. 3º do regulamento aprovado pelo Decreto n. 61.934/67. Neles não vislumbro a regulamentação da profissão de administração de condomínios, mas sim a do administrador em termos gerais. Tanto é fato que a menção de exigência do registro no CRA por administradora de condomínios parte de uma portaria, e não em função de uma lei.

"Visto, relatado e discutido o Parecer Técnico CTE n. 01/2008, de 12-12-2008, da Comissão Especial Técnica de Estudos de Fiscalização, constituída pela Portaria CFA n. 20/2011, de 17-3-2011, alterada pela Portaria CFA n. 77/2011, de 22-8-2011, sobre a obrigatoriedade de registro em CRA das empresas prestadoras de serviços de Administração de Condomínios, ACORDAM os Conselheiros Federais do Conselho Federal de Administração, reunidos na 16ª Sessão Plenária, em 15-9-2011, por unanimidade, ante as razões expostas pelos integrantes da citada Comissão, com fulcro nos arts. 15 da Lei n. 4.769/65 e 1º da Lei n. 6.839/80, em julgar obrigatório o registro nos Conselhos Regionais de Administração, das empresas de Administração de Condomínios, por prestarem serviços de assessoria e consultoria administrativa para terceiros, notadamente, nos campos de Administração Patrimonial e de Materiais, Administração Financeira e Administração e Seleção de Pessoal/Recursos Humanos, privativos do Administrador, de acordo com o previsto no art. 2º da Lei n. 4.769/65. O Parecer Técnico da Comissão Especial Técnica de Estudos de Fiscalização fica fazendo parte integrante do presente acórdão. 5. Data da Reunião Plenária: 15-9-2011". (Fonte: http://www.cfa.org.br/institucional/legislacao/acordaos/2011/AR000111.pdf.)

A portaria é um ato administrativo especial, ou seja:

"Declaração concreta de vontade, de opinião, de juízo, de ciência, de um órgão administrativo do Estado ou de outro sujeito de direito público administrativo no desdobramento da atividade de administração". (Ranelletti, Oreste. Teoria degli atti amministrativi speciali, 7. ed., 1945, p. 3.)

A validade das portarias já foi foco de discussão nas mais altas cortes:

"As circulares, instruções e portarias não se incluem entre as fontes de direito administrativo; falecem-lhes as características de lei, pois apenas se dirigem aos funcionários administrativos, traçando-lhes diretrizes, ministrando-lhes esclarecimentos e orientações." (STF, em RDA, 7, p. 120)

Do mesmo modo, em outras ocasiões o Supremo Tribunal Federal (STF) decidiu que:

– "Entre as fontes do direito administrativo, não se encontram as portarias ministeriais, simples instruções a seus subordinados e incapazes de revogar a lei."

– "As circulares e portarias das autoridades superiores a seus subordinados não obrigam a particulares."

– "As portarias são ordens internas de serviço e prescindem da publicidade dada para as leis e atos de maior hierarquia no direito administrativo." (STF, em RF, v. 107, p. 65; RF, v. 107, p. 277 e RF, v. 112, p. 202-3).

Embora a portaria possa ser interna e externa, ela não se presta a criar e, sim, a interpretar:

"Na órbita interna da própria Administração, dirigindo-se a funcionários menos categorizados, a portaria ou é geral, inclinando-se para uma classe toda do pessoal, ou é especial, reportando-se a um só funcionário. Baixa das autoridades mais graduadas para as mais subalternas da escala administrativa. O inverso não se verifica. É sempre coativa. Na órbita exterior, dirigindo-se ao público, reúne a portaria traços de generalidade e coatividade, mas não de novidade. Portaria não inova, não cria, não extingue direitos, não modifica, por si, qualquer impositivo da ordem jurídica em vigor. Não dispõe *contra legem*, mas atua *secundum legem*. Interpreta o texto legal com fins executivos, desce a minúcias não explicitadas em lei. Pela portaria, por exemplo, disciplina-se o trânsito, indicando as mãos, os estacionamentos, desviando-se os movimentos de pedestres e veículos, em casos de festas, comícios, incêndios. Também pela portaria fixam-se preços a gêneros alimentícios, impõe-se um teto para serviços particulares prestados ao público." (cf. nosso *Tratado de direito administrativo*. 1966. v. 2, p. 137.)

Dessa forma, a obrigatoriedade da inscrição de empresas no CRA pode ser contestada. Ela trata dos "técnicos em administração" e não das administradoras que exercem as mais variadas atividades, desde gestão de pessoal, prestação de contas, orientação jurídica, entre outros; ou seja, atividades de administração de condomínios que podem ser geridas por contadores, advogados e engenheiros, entre outros, conforme se verifica no mercado de forma geral. Na prática, poucas empresas de administração de condomínios têm registro no conselho.

Como não existe uma regulamentação para a administração de condomínios, qualquer profissional poderá administrá-los (diferentemente, por exemplo, da profissão de corretor de imóveis, a qual é exclusiva do corretor de imóveis, conforme definido em lei, e seu exercício por pessoa não habilitada configura crime de exercício ilegal da profissão).

De qualquer forma, o entendimento da obrigatoriedade ou não da inscrição da administradora do condomínio no conselho não atinge o consumidor final, que é o condomínio.

68 Recentemente fui eleita síndica, mas a atual administradora nem sequer me contatou para a transição de informações. Quero organizar uma reunião para elegermos outra administradora. Como proceder?

A escolha da administradora do condomínio é prerrogativa do síndico, uma vez que a função dela é auxiliá-lo nas questões administrativas, mediante aprovação em assembleia, como segue:

"Art. 1.348 do Código Civil:

(...)

§ 2º O síndico pode transferir a outrem, total ou parcialmente, os poderes de representação ou as funções administrativas, mediante aprovação da assembleia, salvo disposição em contrário da Convenção."

O síndico é o representante legal da edificação e a obrigação decorre da lei. Então, é justo que ele escolha a empresa para assessorá-lo da melhor forma, pois se a administradora vier a cometer algum erro, a culpa poderá recair na esfera pessoal do síndico[20]. Ao síndico caberá assumir a responsabilidade em grande parte dos ca-

---

[20] Apelação. Responsabilidade Civil. Condomínio. Ação indenizatória promovida em face de ex-síndico e ex-administrador do condomínio edilício, fundada na alegação de malversação patrimonial. Sentença de parcial procedência da ação que apreciou detalhadamente todo o conjunto probatório dos autos, fazendo análise minuciosa dos fatos e provas apresentadas, fundando-se em perícia judicial conclusiva. Irresignação do Réu que não se sustenta. Culpa "in vigilando" do ex-síndico corretamente reconhecida. Delegação de função administrativa que

sos, pois como ocupa uma posição de garantidor, a sua ação poderia ter evitado o resultado.

Em um primeiro momento, o síndico poderia buscar o ressarcimento do prejuízo por meio de uma ação de regresso; mas, como ele é o representante legal da edificação, quem por via de regra responderá perante a justiça será ele mesmo.

"AÇÃO DE INDENIZAÇÃO. CONDOMÍNIO CONTRA EX-SÍNDICA. RESPONSABILIDADE DESTA POR MULTA E EMBARGO DE OBRA. REFORMA DE CHURRASQUEIRA, SEM CONCESSÃO DE ALVARÁ MUNICIPAL. Ré que responsabiliza a administradora que não a informou acerca da necessidade de alvará para a construção/reforma da churrasqueira. Decisão final cabível ao síndico. Se houve ou não assessoria eficiente, esse fato não descaracteriza o ilícito civil praticado. Administradora mantida em seu cargo pela síndica, considerada aquela como preposta do condomínio. Direito de regresso ressalvado. Não ocorrência de litigância de má fé. Recurso não provido." (TJ-SP – APL: 00182121220138260003 SP 0018212-12.2013.8.26.0003. Relator: Edson Luiz de Queiroz. Data de Julgamento: 17-9-2014, 5ª Câmara de Direito Privado, Data de Publicação: 20-9-2014)

Algumas convenções imputam a responsabilidade da escolha da administradora ao conselho, mas há síndicos que, acertadamente, dividem essa escolha com os conselheiros, agindo independentemente do que aduz a convenção.

E não obstante a legislação imponha que a escolha da administradora deverá ter a aprovação da assembleia, é praxe do mercado (e aceito pelos Tribunais) que a escolha seja feita e ratificada em assembleia com brevidade.

69 O síndico é o único a poder assinar cheques com o objetivo de cobrir despesas condominiais, ou eles também podem ser assinados pelo subsíndico ou membros do conselho consultivo? Qual é o embasamento legal a respeito?

O síndico é o representante legal do prédio e, portanto, pode assinar os cheques do condomínio.

Na prática, o síndico delega essa função administrativa à administradora, conforme preceitua o artigo do Código Civil:

---

não retira do síndico a responsabilidade solidária por atos irregulares do administrador. Síndico que tem o dever de fiscalizar as atividades administrativas e na qualidade de mandatário e representante legal do condomínio, deve responder pelos prejuízos causados pelo administrador a quem delegara funções, sob sua responsabilidade. Inteligência do art. 1.348, VIII e art. 667, ambos do CC e art. 22, § 1º, f e § 2º da Lei n. 4.591/64. Sentença mantida. Honorários majorados. RECURSO DESPROVIDO.
(TJ-SP – AC: 10327750520168260224 SP 1032775-05.2016.8.26.0224, Relator: L. G. Costa Wagner, Data de Julgamento: 31-8-2021, 34ª Câmara de Direito Privado, Data de Publicação: 31-8-2021)

"Art. 1.348.

(...)

§ 2º O síndico pode transferir a outrem, total ou parcialmente, os poderes de representação ou as funções administrativas, mediante aprovação da assembleia, salvo disposição em contrário da convenção.".

De qualquer forma, caso o síndico opte por trabalhar no sistema de autogestão e emitir os cheques do prédio, somente estará obrigado a pedir a assinatura conjunta do subsíndico ou do conselho se assim estiver disposto na convenção do condomínio.

70 Desde que o condomínio foi entregue, só tive problemas. A administradora não faz reparos, o síndico não fica no cargo por mais de 6 meses e a segurança é zero. O condomínio está um caos. A quem devo recorrer?

Em primeiro lugar, você precisa ter em mente que a administradora não é responsável pela realização de reparos. Ela pode até contratar os serviços, mas o andamento do condomínio depende de algumas aprovações (do síndico e de outras pessoas). Portanto, os reparos só poderão ser realizados após o consentimento e aprovação do síndico para as questões do dia a dia, incluindo emergências, e se for caso de rateio extra ou obras complementares da aprovação de uma assembleia.

Se a administradora não estiver funcionando, o síndico tem por dever tomar as medidas necessárias que vão desde o alinhamento, até a rescisão do contrato e substituição da empresa.

1.9 CORRESPONDÊNCIAS[21] E ENCOMENDAS

71 O síndico não entrega minhas correspondências porque não paguei o condomínio, de modo que tenho que ir buscá-las na casa dele. Só as pessoas que estão em dia as recebem normalmente em casa. Ele pode fazer isso?

O síndico está fazendo "justiça com as próprias mãos", o que é vedado pelo art. 345 do Código Penal.

Além disso, comete ato vexatório e constrangimento ilegal, o que poderá, inclusive, levá-lo à condenação por danos morais.

72 Não temos porteiro nem zelador. A síndica tem obrigação de receber as encomendas feitas pelos condôminos?

Essa não é uma atribuição legal do síndico. Não é comum, em condomínios, dar ao síndico a função de receber encomendas. O Código Civil, em seu art. 1.348, define quais seriam as obrigações legais do síndico, e nele não se encontra essa questão.

Entretanto, a convenção e as deliberações de assembleias podem, eventualmente, atribuir funções ao síndico que vão além daquelas já definidas em lei. Nesse sentido, é importante verificar a documentação para saber se cabe à síndica essa função.

---

[21] APELAÇÃO CÍVEL. PROCESSUAL CIVIL. PRIVACIDADE. VIOLAÇÃO DE CORRESPONDÊNCIA. INTERESSE COLETIVO DAS INFORMAÇÕES. IMPOSSIBILIDADE DE INTERCEPTAÇÃO DE NOTIFICAÇÃO. DANO MORAL *IN RE IPSA*. RECURSO CONHECIDO E DESPROVIDO. 1. O art. 5º, XI, da Constituição Federal protegeu o direito ao sigilo de correspondência, segundo o qual qualquer hipótese de ingerência, seja ela pública ou privada, em mensagens ou dados de caráter privado implica em afronta a direito subjetivo, sendo passível de controle judicial. 2. O direito à informação obtida diretamente dos órgãos públicos não se confunde com a possibilidade de interceptar a correspondência nominalmente enviada a terceiros. Caso a deseje receber informações de interesse coletivo o cidadão deve se dirigir aos órgãos competentes para tanto. Cabe à Administração Pública deliberar sobre a publicização da informação. 3. A violação de correspondência caracteriza dano moral *in re ipsa*. 4. Recurso conhecido e desprovido. Sentença mantida.
(TJ-DF 07093527920188070020 DF 0709352-79.2018.8.07.0020, Relator: EUSTÁQUIO DE CASTRO, Data de Julgamento: 10-7-2019, 8ª Turma Cível, Data de Publicação: Publicado no *DJe* 15-7-2019 . p.: Sem Página Cadastrada.)

1.10 QUESTÕES TRABALHISTAS

73 Há vínculo empregatício na contratação de empresas terceirizadas para prestação de serviços condominiais?

Terceirizar é um procedimento muito comum em condomínios, por exemplo, nos setores de vigilância, conservação e portaria. Entretanto, não existe vínculo empregatício entre o condomínio e os funcionários da empresa prestadora de serviços.

Na terceirização, o condomínio contrata uma prestadora de serviços para realizar serviços determinados e específicos. Esta empresa, por sua vez, contratará, remunerará e dirigirá o serviço a ser realizado por seus funcionários.

Ao síndico, caberá ter em mente que é dever do condomínio garantir aos terceirizados as mesmas condições de trabalho oferecidas aos funcionários próprios, como segurança, higiene, capacitação e qualidade de equipamentos, conforme dispõe o art. 5º-A, §§ 3º e 4º, da Lei n. 13.429/2017.

Sendo que o condomínio responderá subsidiariamente[22], ou seja, caso a empresa prestadora de serviços terceirizadas não quite as suas obrigações legais, o condomínio será condenado a arcar. Por isso é importante a fiscalização e verificação de guias de recolhimento de impostos, INSS, e outros.

74 Embora menos seguro, terceirizar o serviço de zeladoria é mais econômico para o condomínio. A legislação trabalhista permite a terceirização dessa função?

Com a Reforma Trabalhista a terceirização da atividade-fim da empresa passou a ser permitida. Leis n. 13.429 (terceirização) e 13.467 (reforma trabalhista) em 2017.

---

[22] RESPONSABILIDADE SUBSIDIÁRIA. TOMADOR DE SERVIÇOS. Não há como afastar a responsabilidade subsidiária do Condomínio, para o período reconhecido. Havendo inadimplemento do empregador, a tomadora de serviços responde de forma subsidiária perante o trabalhador, com fundamento jurídico nos arts. 927 e 186 do Código Civil justamente porque a empresa tomadora de serviços assumiu o risco da contratação e incorreu em culpa in vigilando por não ter zelado pelo cumprimento da legislação trabalhista e culpa in eligendo pela escolha da empresa fornecedora de mão de obra.
(TRT-2 10030138220175020205 SP, Relator: NELSON NAZAR, 3ª Turma – Cadeira 1, Data de Publicação: 11-11-2020)

Caracteriza-se como atividade-fim o objetivo principal da empresa, a sua destinação. Antes, só era permitida a terceirização das funções que não estivessem ligadas ao objetivo principal da empresa (conhecido como atividade-meio), e a jurisprudência baseava-se na Súmula 331 do Tribunal Superior do Trabalho (TST).

Nesse diapasão, temos que a terceirização de serviços de zeladoria e administrativos internos continua sendo permitida aos condomínios em geral, desde que não haja subordinação direta dessas atividades com o síndico, sob a pena de serem reconhecidos os seus vínculos empregatícios.

A Reforma Trabalhista também traz uma segurança jurídica, pois o condomínio fica impedido de demitir o funcionário efetivo e recontratá-lo como terceirizado pelo prazo de 18 meses.

75 Quais são as vantagens e desvantagens da terceirização de serviços em condomínios?

Podemos dizer que a terceirização nos condomínios tem suas vantagens, como a cessão de mão de obra treinada; o fato de a empresa terceirizada ficar responsável pela elaboração de uma escala de trabalho organizada; a possibilidade de reposição imediata do funcionário em caso de falta ou férias, e menos trabalho para o síndico.

Entretanto, a terceirização das atividades também traz desvantagens, como a não existência de subordinação com o síndico; o risco de a terceirizada não pagar as obrigações trabalhistas e a condenação recair sobre o condomínio; e, também, a troca constante de funcionários, que pode afetar a segurança do condomínio.

76 Como funciona o vínculo empregatício entre o síndico e o condomínio?

Essa é uma questão interessante, pois a função de síndico se encontra em uma posição diferente em relação à legislação trabalhista.

O síndico não é um empregado do condomínio. Ele é eleito em assembleia para cumprir uma função, não tendo um vínculo empregatício. E isso vale, inclusive, no caso do síndico profissional, pois o síndico contratado também não tem esse vínculo, sendo apenas um prestador de serviços. Claro, ele terá de arcar com os encargos inerentes àquele serviço, mas não deixará de ser um prestador de serviço, nunca empregado[23].

---

[23] AGRAVO DE INSTRUMENTO EM RECURSO DE REVISTA. SÍNDICO. VÍNCULO EMPREGATÍCIO COM CONDOMÍNIO. REEXAME DO QUADRO FÁTICO-PROBATÓRIO. IMPOSSIBILIDADE. SÚMULA N. 126 DO TST. O Tribunal Regional, com fulcro na prova coligida aos autos, pronunciou-se pela ausência de configuração do vínculo empregatício, diante da inexistência de elementos indispensáveis à caracterização da relação empregatícia, em especial a subordinação jurídica em relação ao reclamado. A Corte Regional também deixou claro que o reclamante era síndico do reclamado e não mero administrador, como quer

Assim, é importante deixar claro que as atribuições do síndico estão dispostas no art. 1.348 do Código Civil, que traz, especificamente, quais são suas funções.

77 **A legislação trabalhista estipula que o síndico deva subordinar-se à assembleia durante sua gestão condominial?**

Apesar de ter suas contas aprovadas ou desaprovadas pela assembleia geral, o síndico não está subordinado a ela quanto às atividades executivas inerentes da função, uma vez que a assembleia geral não possui poderes para determinar de que maneira síndicos administrarão o condomínio. À assembleia caberá deliberar as questões definidas no Código Civil e Convenção, e demais situações de sua responsabilidade.

Diferentemente de um subordinado, o síndico terá em suas mãos todas as atribuições do próprio empregador, sendo que os empregados do condomínio deverão subordinar a ele. Portanto, o síndico terá total autonomia na tomada das suas decisões executivas, tendo poder suficiente, por exemplo, para demitir, contratar e dar ordens aos empregados.

Síndicos não podem ser punidos disciplinarmente na esfera trabalhista nem estão sujeitos ao controle de seus horários de trabalho.

Sua remuneração é fixada por assembleia. Logo, o ganho mensal de um síndico não representará salário para fins de reconhecimento de relação empregatícia.

78 **Como não temos uma empresa para limpar a piscina do condomínio, o faxineiro e o zelador fazem esse trabalho. Isso pode nos trazer problemas trabalhistas por acúmulo de função[24]?**

A legislação trabalhista não diz nada sobre esse assunto especificamente. Porém, é importante que o condomínio coloque esse tipo de questão em contrato para

---

fazer crer o reclamante em suas razões de revista. Para se chegar à conclusão contrária, seria necessário o reexame do conjunto fático-probatório, procedimento que não se compatibiliza com a natureza extraordinária do recurso de revista, conforme os termos da Súmula n. 126 do Tribunal Superior do Trabalho. Agravo de instrumento desprovido.
(TST – AIRR: 857408820045010047, Relator: Roberto Pessoa, Data de Julgamento: 10-3-2010, 2ª Turma, Data de Publicação: 23-4-2010)

[24] ACÚMULO DE FUNÇÃO. SUBSTITUIÇÃO. INEXISTÊNCIA. O acúmulo de funcional somente se caracteriza quando as atividades que o empregado alega exercer constituam, de fato, uma outra função, isto é, um conjunto de atribuições, práticas e poderes que situam o trabalhador em um posicionamento específico na divisão de trabalho da empresa, acarretando, assim, um desequilíbrio no contrato de trabalho. O exercício de função diversa em decorrência de mera substituição para cobrir férias de outros empregados não caracteriza acúmulo de função.
(TRT-3 – ROT: 00110823920175030029 MG 0011082-39.2017.5.03.0029, Relator: Carlos Roberto Barbosa, Data de Julgamento: 26-6-2022, Quinta Turma, Data de Publicação: 28-6-2022.)

evitar problemas futuros (como a exigência de adicional por acúmulo de função, fixado em 20% sobre o salário).

De qualquer forma, é importante atentarem-se para a convenção coletiva de cada município. Por exemplo: na cidade de São Paulo, a convenção fixa algumas funções para o zelador com a ressalva: "salvo disposição em contrário no contrato individual de trabalho".

79 **É uma dificuldade achar o zelador, que sempre está fazendo reparos elétricos e hidráulicos no condomínio e até nas unidades. A função dele é essa mesmo ou o condomínio deveria contratar profissionais para esses trabalhos?**

É parte do trabalho do zelador conhecer as instalações do condomínio, mas ele não se presta a ser um substituto de outro especialista. É muito importante que a gestão condominial contrate uma mão de obra especializada para fazer, de fato, a análise e o reparo dos problemas do condomínio.

Ao zelador compete auxiliar em casos de reparos urgentes, com o intuito de não prejudicar a estrutura do condomínio ou de alguma unidade específica e adjacentes. O zelador não deve fazer serviços dentro das unidades, pois isso foge das suas atribuições.

80 **Durante o horário de almoço do porteiro, autorizo o zelador a ficar na portaria. Isso é acúmulo de função?**

Em teoria, não[25]. Porém, qualquer tipo de função "extra" por parte de algum funcionário pode acarretar problemas.

A fim de que isso não enseje problemas futuros, é importante que esse tipo de coisa esteja disposto em contrato. Dessa forma, o condomínio se protege de possíveis problemas trabalhistas.

81 **Nosso folguista trabalhava em turnos de revezamento. De acordo com a súmula do Tribunal Superior do Trabalho (TST), qual é a jornada de trabalho permitida aos folguistas?**

A jornada é de 6 horas. As 2 horas extras somente serão permitidas se houver acordo sindical que autorize escalas superiores.

---

[25] ACUMULO DE FUNÇÃO. ART. 456, DA CLT. O art. 456 da CLT prevê que, na falta de estipulação em sentido contrário, presume-se que o empregado foi contratado para exercer todas as funções compatíveis com sua condição. Desse modo, o desempenho de atividades diversas à função principal exercida, por si só, não caracteriza o acúmulo de funções.
(TRT-1 – RO: 01009014320205010059 RJ, Relator: ALVARO LUIZ CARVALHO MOREIRA, Data de Julgamento: 22-11-2021, Quarta Turma, Data de Publicação: 1º-12-2021)

"SÚMULA N. 423 – TURNO ININTERRUPTO DE REVEZAMENTO. FIXAÇÃO DE JORNADA DE TRABALHO MEDIANTE NEGOCIAÇÃO COLETIVA. VALIDADE. Estabelecida jornada superior a seis horas e limitada a oito horas por meio de regular negociação coletiva, os empregados submetidos a turnos ininterruptos de revezamento não têm direito ao pagamento da 7ª e 8ª horas como extras."

82 **Sem realizar assembleia, a síndica rescindiu os contratos de trabalho de um zelador com 13 anos de serviços prestados e de um porteiro, com 6 anos de trabalho. O valor a pagar será de aproximadamente R$ 40 mil, dinheiro que o condomínio não tem. A síndica pode ser responsabilizada por pagá-los com recursos próprios, já que em momento algum fomos consultados?**

Entendo que não obstante a gestão do pessoal compete ao síndico, incluindo; desde a orientação do funcionário, treinamento, pagamentos, benefícios e advertências, até sua dispensa, alguns casos devem ser submetidos a assembleia.

Uma vez que, no caso em questão, a demissão depende de rateio, o síndico deverá submeter a decisão ao crivo da assembleia.

83 **Há três funcionários que trabalham em escala de 8h/dia na portaria, sem intervalo para alimentação. Para cortar gastos, penso em reduzir-lhes a jornada de trabalho para 6h/dia e contratar mais um funcionário. Posso reduzir ainda mais a jornada de trabalho e o salário dos três funcionários, de forma que recebam o proporcional às 6h/dia trabalhadas, ou isso iria contra as leis trabalhistas?**

A redução da jornada de trabalho está condicionada à não redução salarial do empregado. Trata-se do princípio da irredutibilidade de rendimentos, conforme art. 468 da Consolidação das Leis do Trabalho (CLT):

"Art. 468. Nos contratos individuais de trabalho só é lícita a alteração das respectivas condições por mútuo consentimento, e ainda assim desde que não resultem, direta ou indiretamente, prejuízos ao empregado, sob a pena de nulidade da cláusula infringente desta garantia.

§ 1º Não se considera alteração unilateral a determinação do empregador para que o respectivo empregado reverta ao cargo efetivo, anteriormente ocupado, deixando o exercício de função de confiança."

O que poderão ser suprimidas são as horas extras[26], mediante indenização. A Súmula 291 do TST estabelece que:

"A supressão total ou parcial, pelo empregador, de serviço suplementar prestado com habitualidade, durante pelo menos 1 (um) ano, assegura ao empregado o direito à indenização correspondente ao valor de 1 (um) mês das horas suprimidas, total ou parcialmente, para cada ano ou fração igual ou superior a seis meses de prestação de serviços acima da jornada normal".

84 Preciso dispensar meu único funcionário, um zelador com 10 anos de serviços. Seu salário é o piso básico da categoria. Como propor a ele um acordo sem desfalcar a receita do condomínio? Ele aceita abrir mão dos 40% da indenização.

Esta é uma situação delicada, uma vez que, se você não o dispensar, poderá criar uma situação insustentável no prédio.

De qualquer forma, tanto o acordo com o funcionário quanto a devolução da multa de 40% são ilegais e podem configurar estelionato, embora sejam medidas corriqueiras nos condomínios.

Diante disso, não posso orientá-lo a praticar atos ilegais. Caso o trabalhador não devolva os 40%, não há como cobrá-lo. E o comprovante do depósito será exigido na homologação pelo sindicato. O ideal é que o funcionário peça demissão.

---

[26] INDENIZAÇÃO PELA SUPRESSÃO DE HORAS EXTRAS – SÚMULA 291 DO C. TST. Restou comprovado que a partir de fevereiro de 2020 a Reclamada deixou de pagar as horas extras. Na defesa a Reclamada informou que passou a compensar as horas extras através do banco de horas implantado com base na norma coletiva. Assim, ao contrário do decidido pela origem, o caso vertente enquadra-se no entendimento da Súmula n. 291 do C. TST, a saber: "HORAS EXTRAS. HABITUALIDADE. SUPRESSÃO. INDENIZAÇÃO. A supressão total ou parcial, pelo empregador, de serviço suplementar prestado com habitualidade, durante pelo menos 1 (um) ano, assegura ao empregado o direito à indenização correspondente ao valor de 1 (um) mês das horas suprimidas, total ou parcialmente, para cada ano ou fração igual ou superior a seis meses de prestação de serviço acima da jornada normal. O cálculo observará a média das horas suplementares nos últimos 12 (doze) meses anteriores à mudança, multiplicada pelo valor da hora extra do dia da supressão." A compensação das horas extras por meio de banco de horas, ainda que implantada com esteio na norma coletiva, não afasta a incidência da referida súmula, pois efetivamente houve significativa perda remuneratória pela Reclamante. Outrossim, a indenização pela supressão das horas extras é devida a partir do ato de supressão das horas extras habitualmente prestadas e deve ser calculada sobre todo o período em que a Reclamante recebeu tais horas extras habituais, sem limitação do prazo quinquenal (exegese da Súmula 291/TST). Dessarte, dou provimento para condenar a Reclamada ao pagamento de indenização decorrente da supressão de horas extras habituais, nos termos do entendimento trazido pela Súmula n. 291 do C. TST.

(TRT-2 10011006920215020029 SP, Relator: IVANI CONTINI BRAMANTE, 4ª Turma – Cadeira 5, Data de Publicação: 6-4-2022)

Há ainda alguns prédios que, também de forma ilegal, demitem o funcionário e não lhe pagam nada, solicitando que o trabalhador ingresse em juízo para que seja feito um acordo parcelado.

A partir da reforma trabalhista de 2017 a possibilidade de acordo passou a estar prevista no art. 484-A[27] da CLT. Trata-se da possibilidade de extinção do contrato de trabalho mediante acordo entre empregado e empregador, sendo devidas metade do aviso-prévio indenizado, metade da indenização sobre a multa rescisória do saldo de fundo de garantia por tempo de serviço, e a integralidade das demais verbas trabalhistas. O empregado poderá movimentar 80% do saldo do FGTS.

85 O zelador do condomínio faz tanto o serviço de zeladoria como o de faxineiro do prédio. Isso faz com que ambos os trabalhos fiquem pelo caminho. Há alguma lei que impeça isso?

Um zelador pode exercer a função de um faxineiro, pois as atividades realizadas por um zelador, quando estiver fazendo faxina, são compatíveis com sua função. Assim sendo, durante o período em que exercer essa função, o zelador deverá receber por acúmulo de funções na monta correspondente a 20%, conforme estipulado em acordo pela convenção coletiva do Sindicato dos Trabalhadores em Edifícios e Condomínios de São Paulo (Sindifícios-SP).

Note que é importante não confundir acúmulo de funções com desvio de função.

O acúmulo de funções ocorre quando as tarefas desenvolvidas pelo trabalhador se relacionam a funções diferentes, ou seja, cada tarefa desempenhada é claramente distinta e elas não têm relações entre si, uma vez que seus conteúdos ocupacionais são diferentes. O acúmulo de funções não possui regulamentação expressa na legislação. Dessa forma, para evitar transtornos futuros, a empresa deverá certificar-se no sindicato da categoria se haverá adicional de salário para o empregado, em virtude desse acúmulo.

Já no desvio de função, o empregado é obrigado a executar atividades que não estão em acordo com aquelas pelas quais foi contratado, exercendo funções de algum outro cargo. Nesse caso, se a remuneração da atividade exercida for maior do que a da atividade para a qual o empregado foi contratado, ele poderá reclamar por uma equiparação salarial, conforme consta em artigo da Consolidação das Leis do Trabalho (CLT):

---

[27] Art. 484-A. O contrato de trabalho poderá ser extinto por acordo entre empregado e empregador, caso em que serão devidas as seguintes verbas trabalhistas: (Incluído pela Lei n. 13.467, de 2017)

I – por metade: (Incluído pela Lei n. 13.467, de 2017)

a) o aviso-prévio, se indenizado; e (Incluído pela Lei n. 13.467, de 2017)

b) a indenização sobre o saldo do Fundo de Garantia do Tempo de Serviço, prevista no § 1º do art. 18 da Lei n. 8.036, de 11 de maio de 1990; (Incluído pela Lei n. 13.467, de 2017)

II – na integralidade, as demais verbas trabalhistas. (Incluído pela Lei n. 13.467, de 2017)

"Art. 461. Sendo idêntica a função, a todo trabalho de igual valor, prestado ao mesmo empregador, no mesmo estabelecimento empresarial, corresponderá igual salário, sem distinção de sexo, etnia nacionalidade ou idade".

Agora, vejamos o que dizem os Tribunais. Aqui, o entendimento é de que não houve acúmulo de funções, e sim o descumprimento do contrato, pois o trabalhador foi contratado para uma determinada função e está desempenhando outra diferente:

"ACÚMULO DE FUNÇÃO. O ordenamento Jurídico pátrio não adota o salário por serviço específico. O parágrafo único art. 456 da Consolidação das Leis do Trabalho determina que, inexistindo cláusula expressa a tal respeito, entende-se que o empregado se obrigou a qualquer serviço compatível com a sua condição pessoal. Assim, não se mostra razoável admitir o acúmulo de função quando dos fatos narrados na inicial verifica-se que o autor trabalhava em outra atividade apenas em alguns períodos do dia em substituição ao empregado exercente da referida função, haja vista tratar-se de mero desvio de função, mas não cumulação. Recurso ao qual se nega provimento. (TRT23. RO – 00738.2007.003.23.00-5. Publicado em: 17-4-2008. 2ª Turma. Relator: DESEMBARGADORA MARIA BERENICE.)"

A próxima jurisprudência, por sua vez, comprova o desvio de função:

"DIFERENÇAS SALARIAIS. DESVIO DE FUNÇÃO. Comprovado o exercício de funções pertinentes a cargo melhor remunerado e diverso daquele no qual formalmente enquadrado, faz jus o trabalhador às diferenças salariais por desvio de função, com fundamento no princípio isonômico, segundo o qual devem ser contraprestadas de forma igualitária os empregados que desempenham funções idênticas, nos termos do art. 460 da CLT. Apelo provido. (TRT 4ª R. RO 00325-2002-561-04-00-1 6ª T. Rel.ª Juíza Beatriz Zoratto Sanvicente, J. 05.11.2003)."

Segue, também, a Convenção Coletiva de Trabalho do Sindifícios-SP/2022:

"ADICIONAL POR ACÚMULO DE CARGO – Desde que devidamente autorizado pelo empregador, o empregado que vier a exercer cumulativa e habitualmente outra(s) função(ões) fará jus ao percentual de adicional correspondente a 20% (vinte por cento) do respectivo salário contratual, no mínimo.

Parágrafo Primeiro – O pagamento do adicional aqui previsto cessará no momento em que o empregado deixar de exercer a função que estiver acumulando.

Parágrafo Segundo – O pagamento do referido adicional poderá ser feito de forma proporcional, levando-se em consideração a quantidade de horas mensais durante as quais o empregado ocupou-se nos acúmulos das outras funções.

Parágrafo Terceiro – Na hipótese de aplicação do parágrafo anterior, fica o empregador obrigado a discriminar, por escrito e com antecedência, os períodos da jornada de trabalho em que o empregado se ocupará da(s) outra(s) função(ões)."

Encontramos, inclusive, alguns julgados que entendem que são funções de zelador os pequenos reparos. Porém, zeladores são caros para acúmulo de funções, já que têm o salário mais alto do condomínio:

"ACÚMULO DE FUNÇÃO – ADICIONAL. Eventual auxílio prestado pelo obreiro no exercício de suas funções se situa no sentido da máxima colaboração que o empregado deve ao empregador. Entende-se que o empregado se obrigou a todo e qualquer serviço compatível com a sua condição pessoal (CLT, art. 456, parágrafo único), especialmente considerando-se que a Reclamada não possui quadro de carreira organizado, e inexiste amparo legal/convencional que garanta ao empregado o plus salarial pelo exercício de dupla função. (TRT-2 – RO: 22119320105020 SP 00022119320105020384 A28, Relator: RICARDO APOSTÓLICO SILVA, Data de Julgamento: 27-8-2013, 6ª Turma, Data de Publicação: 4-9-2013.)"

86 Nosso zelador trabalha há 30 anos no edifício, onde dorme e gera altas despesas com os anuênios que lhe são pagos. Um ex-síndico sugeriu-me cobrar-lhe quantia irrisória, para que os pernoites não se configurem em propriedade. Essa cobrança é legal? Faltam 5 anos para que ele se aposente por tempo de serviço; se for demitido, como devo gerenciar seus pernoites?

O condomínio não é obrigado a ceder moradia funcional aos seus empregados. Porém, se o fizer, deverá ocorrer de forma gratuita e mediante o pagamento do salário habitação, em percentual correspondente a 33% de seu salário nominal, conforme Convenção Coletiva de Trabalho no sindicato regional da categoria – no caso, o Sindicato dos Trabalhadores em Edifícios e Condomínios de São Paulo (Sindifícios-SP).

A moradia no edifício não é essencial ao exercício da profissão de zelador. Dessa forma, se o funcionário morar no local, deverá ser remunerado com base na convenção coletiva da categoria.

Segue o entendimento dos Tribunais:

"EMBARGOS. RECURSO DE REVISTA. HABITAÇÃO. FORNECIMENTO DISPENSÁVEL PARA EXECUÇAO DO TRABALHO. NATUREZA SALARIAL. CARACTERIZAÇÃO – Fixado pelo Regional que a habitação fornecida ao empregado era dispensável para a realização do trabalho, não há como se afastar a natureza salarial da parcela, tampouco, se aplicar o previsto no § 2º, do art. 458 da CLT. Recurso de Embargos não conhecido. (TST, Relator: Carlos Alberto Reis de Paula, Data de Julgamento: 13-8-2007, Subseção I Especializada em Dissídios Individuais.)"

Logo, uma vez que a moradia não é essencial ao exercício da profissão de zelador, há o acréscimo do salário habitação. Retirar essa residência diminuiria o salário do zelador – o que não deve ocorrer, com base no art. 468 da Consolidação das Leis do Trabalho (CLT), que trata do princípio da irredutibilidade de vencimentos, salvo se previsto na convenção coletiva de trabalho.

Assim, a única forma de retomar o local seria por meio da rescisão do contrato de trabalho e do pagamento dos direitos do empregado (respeitando-se o prazo do aviso-prévio, conforme o tempo de serviço do funcionário), medidas estas que servirão também para a desocupação da residência.

87 Uma pessoa pode exercer as funções de zelador e de porteiro ao mesmo tempo?

Em prédios menores, é possível alocar o zelador em um dos turnos mediante o pagamento de acúmulo de função. Porém, nos casos em que os turnos de trabalho de zeladoria e de portaria forem correspondentes a 8 horas/dia cada, o zelador ficaria preso na portaria e não conseguiria ausentar-se dali para cumprir com suas demais funções.

No mais, é possível, sim.

1.11 PRESTAÇÃO DE SERVIÇOS

88 Moradores que prestam serviços ao condomínio podem fazer parte do conselho fiscal?

Sim, o ato é legal – salvo se existir qualquer vedação na convenção; ou se, por decisão assemblear, houver restrição à contratação de empresas de moradores ou conselheiros, não obstante muitos condomínios têm regulado essa prática e entendendo que não é saudável contratar moradores para prestar serviços, pois os moradores passam a ter informações privilegiadas para a contratação e no caso de problemas com a prestação do serviço o desgaste será maior, uma vez que as figuras do contratado e do condômino se confundirão.

Sugiro a implantação de regras de *compliance* no condomínio com a finalidade de condução da gestão com ética, integridade e transparência.

89 É permitido que empresas fornecedoras atendam às demandas do condomínio quando seus proprietários forem os próprios condôminos?

Entendo que se trata mais de postura do condomínio do que de uma questão legal.

De qualquer forma, o que me parece mais razoável, com base nas boas práticas de *compliance*, é fazer essas questões constarem do regimento interno ou terem sua definição em assembleia, no sentido, por exemplo, de que os condôminos: "não devem ser indicados para fornecer no prédio, face o favorecimento/facilitação de informações que possam desequilibrar a concorrência, salvo casos excepcionais e desde que aprovados em assembleia".

Sem previsão legal no regimento interno, ficará a critério do síndico/corpo diretivo (e/ou da deliberação em assembleia) autorizar ou não a concorrência de condôminos.

90 Foram apresentadas melhores propostas de serviços de portaria, com menores preços e mais benefícios, mas o síndico ignorou a desaprovação do conselho e manteve a prestadora de serviços mais cara e problemática. O que fazer?

Preços mais altos não são a única medida para mensurar a qualidade da prestação dos serviços; o que se deve levar em conta é o custo-benefício.

Porém, se a escolha estiver sendo feita em detrimento do prédio ou não estiver atendendo aos interesses da coletividade, esta poderá convocar assembleia para deliberar sobre o tema, propondo inclusive a troca da empresa:

Código Civil:

"Art. 1.355. Assembleias extraordinárias poderão ser convocadas pelo síndico ou por um quarto dos condôminos".

91 Empresas que administram e fiscalizam condomínios também podem ser sócias/proprietárias de empresas que prestam serviços de portaria e de manutenção de condomínios?

Não existe nenhum impedimento legal para isso.

Não obstante, se aquele que tiver de fiscalizar o prestador de serviços de portaria também for sócio da empresa prestadora de serviços de administração do condomínio, poderemos estar diante de um conflito de interesses. Seria uma situação imoral, mas não ilegal.

Importante que o condomínio defina, seja em convenção ou em assembleia, quais os limites para a contratação das empresas, bem como a viabilidade das contratações de mais de uma empresa do mesmo grupo para serviços em que um deverá fiscalizar o outro.

Lembrando que, se o condomínio não a proibir em convenção ou em assembleia, a contratação será legal, dependendo da escolha do síndico/corpo diretivo e, em casos necessários, da escolha da assembleia. O mesmo caso se aplica aos condôminos ou moradores que prestarem serviços para condomínios em que residam ou nos quais sejam proprietários.

O CAPÍTULO EM 11 DICAS

Pense nisso...

1 – É impossível administrar um condomínio sem saber o que temos lá dentro. Por isso, para dimensionar as demandas do dia a dia, um síndico competente deve ter na palma da mão diversos tipos de listas, sempre atualizadas. Crie suas listas, separando-as por nichos de atendimento – como idosos, crianças, animais de estimação, veículos, visitantes e até mesmo bicicletas.

2 – Faça um levantamento da população de *pets* em seu condomínio. É importante que o síndico saiba quantos e quais são esses animais, pois é necessário que estejam em dia com suas obrigações.

3 – Tenha sempre um controle separado por proprietários e locatários, principalmente com o histórico das alterações das unidades. Manter o cadastro das unidades atualizado auxilia na hora da realização da assembleia.

4 – Faça uma listagem dos moradores filtrada por Torre, especialmente com registros fotográficos.

5 – Terceirize serviços. Contratações terceirizadas permitem até 30% de redução nos gastos em diversas áreas, como limpeza, manutenção, segurança predial, jardinagem e dedetização.

6 – Seja seletivo: questões diversas, como idoneidade da empresa, boas referências, além de checagens relacionadas a questões jurídicas e tributárias, são fundamentais para a segurança das contratações.

7 – Atenção com os cadastros. Eles são essenciais para a boa gestão do condomínio; para comprovar o proprietário de uma unidade; para a emissão de boletos; para a reserva de espaços ou para viabilizar um canal de comunicação com a administração.

8 – Atualize o cadastro com a administração do seu condomínio, também. Cadastre o morador responsável pela unidade, bem como demais moradores, prestadores de serviços, veículos e contatos de emergência.

9 – Cuidado: a titularidade de uma propriedade somente poderá ser alterada no sistema mediante apresentação da matrícula, da escritura e do compromisso de compra e venda (ou documento equivalente). Essa é a segurança do condomínio.

10 – Cadastre empresas e profissionais autônomos. Uma lista atualizada dos terceirizados, com os serviços que executam e seus contatos, deve sempre estar presente na portaria e na zeladoria para que, em uma emergência, seja possível acioná-los rapidamente.

11 – Os contratos também devem ser cadastrados. Contratos firmados podem periodicamente ser revistos para alterar cláusulas ou verificar se elas estão sendo cumpridas. Questões inerentes à gestão de tributos previstos em contratos precisam ser verificadas, sob a pena de que os gestores estejam gerando um passivo para o condomínio.

Capítulo 2
ANIMAIS DE ESTIMAÇÃO

O Brasil tem mais de 132 milhões de *pets*, algo em torno de 50 milhões de cães, 30 milhões de gatos e outros tantos milhões de répteis e animais domesticáveis. Estamos entre os 5 maiores países no *ranking* mundial dos animais de estimação. Eles são parte da família brasileira e embora ninguém possa proibi-los de habitar os condomínios, isso nem sempre agradará aos vizinhos. Principalmente se o regulamento interno do condomínio possuir restrições aos *pets* e eles causarem perturbação ao sossego, à saúde e à segurança dos demais moradores.

2.1 CÃES

92 Tenho alimentado cães de rua[28] em frente ao meu prédio, mas o síndico manda que o zelador retire os potes de água e ração da calçada. Ele pode me proibir de alimentar animais em espaço público?

Apesar de pessoalmente ser simpático à prática de alimentar os cães de rua, a frente do condomínio pode não ser o melhor lugar para isso. Portanto, você deve encontrar algum local nas proximidades para alimentá-los, de forma que não interfira na rotina do prédio.

O zelador pode interferir na frente do prédio, sim. Inclusive, a manutenção do passeio é de responsabilidade do condomínio, por força da Lei Federal n. 10.257/2001 (Estatuto da Cidade), as especificidades do passeio são definidas, via de regra, pelas leis municipais, estando ligada ao Plano Diretor (Código de Obras e Código de Posturas), bem como às normas de uso e ocupação do solo da cidade.

93 Por recomendações veterinárias, meu cãozinho cardíaco não pode ficar sozinho por muito tempo. Nosso prestador de serviços vem buscá-lo diariamente, munido de autorização por escrito (norma do síndico) para subir e deixar o cãozinho no apartamento em nossa ausência. No entanto, o síndico quer desautorizá-lo. Se faxineiras, empregadas e babás

---

[28] RECURSO INOMINADO. AÇÃO DE OBRIGAÇAO DE FAZER C/C DANOS MORAIS. CONDOMÍNIO. DIREITO DE VIZINHANÇA. EXISTENCIA DE ANIMAIS COMUNITÁRIOS NO LOCAL. SITUAÇÃO QUE SE PERPETUOU AO LONGO DOS ANOS. CASO QUE ESTÁ EM ACOMPANHAMENTO PELO ORGAO MUNICIPAL DE PROTEÇÃO AOS ANIMAIS. SOLUÇÃO E CONTRAPEDIDO QUE EXTRAPOLA OS LIMITES DO FEITO E DEVE SER BUSCADA JUNTO AOS ÓRGÃOS PÚBLICOS DE PROTEÇÃO AOS ANIMAIS, ALÉM DO BOM SENSO ENTRE OS CONDÔMINOS. PROIBIÇAO DE ALIMENTAR OS ANIMAIS QUE CONFIGURA MAUS TRATOS. CONTRAPEDIDO EXTINTO. DESCONSTITUIÇÃO DA MULTA APLICADA PELO CONDOMÍNIO AO AUTOR. AUSENCIA DE NOTIFICAÇÃO PRÉVIA. REGIMENTO INTERNO QUE DEVE SER CUMPRIDO, MAS SEM ARBITRARIEDADE. OFENSAS RECÍPROCAS. EXCESSO DE AMBAS AS PARTES. DANOS MORAIS NÃO CONFIGURADOS. SENTENÇA REFORMADA EM PARTE. RECURSO PARCIALMENTE PROVIDO.
(TJ-RS – Recurso Cível: 71006697338 RS, Relator: Glaucia Dipp Dreher, Data de Julgamento: 5-5-2017, Quarta Turma Recursal Cível, Data de Publicação: 12-5-2017)

podem subir, então por que meu prestador de serviços é o único a ser discriminado?

Tanto a manutenção de animais de estimação no interior de unidades como o direito de usar e dispor de sua unidade da forma que melhor lhe convier, são considerados usos regulares de um direito – o direito de propriedade. Dessa forma, o síndico não pode oferecer quaisquer impedimentos para a manutenção do seu animal, desde que a manutenção não perturbe o sossego, saúde e salubridade dos que ali coabitam.

Da mesma forma, o síndico não pode impedi-lo de dispor de sua unidade, desde que não prejudique aos demais, conforme previsto no Código Civil:

"Art. 1.335. São direitos do condômino:

I – usar, fruir e livremente dispor das suas unidades."

O abuso ao exercício de qualquer um desses direitos é considerado crime e o seu exercício poderá ser assegurado judicialmente, por meio de ação cível.

94 O conjunto não tem normas sobre cães, mas os animais do vizinho incomodam. O que fazer?

Vale observar que a condução ou manutenção desses animais não pode causar perturbação ao sossego ou trazer danos aos demais associados. Ao estudar o regulamento do loteamento residencial em questão, destaco que não há restrições ao número de cães permitidos. Porém, o regulamento prevê que os cães sejam conduzidos por guias e que suas fezes sejam recolhidas. O regimento interno prevê multa para quem não cumprir as determinações.

Dessa forma, o caso não se refere à falta de previsão regimental, mas sim à falta de aplicação de sanções e procedimentos para evitar tais transtornos. Assim, o associado deve formalizar um relato sobre os acontecimentos e transtornos ao corpo diretivo da associação e à administração, que deverão notificar os proprietários de cães para que sigam o regimento. E caso esses moradores não cumpram as determinações, deverão ser multados, conforme o regimental. Se a administração ou o corpo diretivo não cumprirem o regimento, o assunto deve ser levado à assembleia para que se cobre uma solução.

O presidente da associação em um loteamento é equiparado ao síndico e tem dever legal de cumprir o estatuto (convenção) e o regimento interno, por analogia aplica-se o art.1348 do Código Civil. E os associados podem ser equiparados aos condôminos, que têm o dever de "dar às suas partes a mesma destinação que tem a edificação e não as utilizar de maneira prejudicial ao sossego, salubridade e segurança dos possuidores, ou aos bons costumes.", por analogia segundo o art.1336, IV, do Código Civil.

Caso a associação não tome providências, qualquer associado que se sentir lesado poderá recorrer à justiça.

95 Moro numa casa com quintal em condomínio. Tenho dois cachorros que eventualmente latem quando alguém toca a campainha, quando chego em casa ou quando minha filha brinca com eles – porém, dormem a noite inteira. O vizinho de trás reclama. Isso é motivo para advertência ou multa? A lei do silêncio se aplica? Durante o dia, é obrigatório aos cachorros nunca latirem?

Ter animais dentro de uma unidade é um direito garantido por lei (art.1.228 do Código Civil e art. 5º, XXII, da Constituição Federal). Assim, a manutenção desses animais na sua unidade residencial é exercício regular de um direito, o de propriedade[29].

O que deve ser considerado para o impedimento deste exercício é o abuso de direito. Ou seja, conforme art. 1.336, IV, do Código Civil, se o exercício do direito de propriedade interfere ao sossego, salubridade e segurança dos possuidores e aos bons costumes, aí sim pode ocorrer o impedimento da manutenção de animais ou a aplicação de medidas de sanção, como a aplicação de multas disciplinares, mas nunca pelo fato de serem animais.

O limite ao exercício do direito de propriedade é o respeito ao direito alheio e ao direito de vizinhança. Assim, a manutenção do animal no condomínio só pode ser questionada quando existir "perigo à saúde, segurança, ou perturbação ao sossego"[30] dos demais residentes do condomínio.

---

[29] RECURSO ESPECIAL. CONDOMÍNIO. ANIMAIS. CONVENÇÃO. REGIMENTO INTERNO. PROIBIÇÃO. FLEXIBILIZAÇÃO. POSSIBILIDADE. 1. Recurso especial interposto contra acórdão publicado na vigência do Código de Processo Civil de 2015 (Enunciados Administrativos ns. 2 e 3/STJ). 2. Cinge-se a controvérsia a definir se a convenção condominial pode impedir a criação de animais de qualquer espécie em unidades autônomas do condomínio. 3. Se a convenção não regular a matéria, o condômino pode criar animais em sua unidade autônoma, desde que não viole os deveres previstos nos arts. 1.336, IV, do CC/2002 e 19 da Lei n. 4.591/64. 4. Se a convenção veda apenas a permanência de animais causadores de incômodos aos demais moradores, a norma condominial não apresenta, de plano, nenhuma ilegalidade. 5. Se a convenção proíbe a criação e a guarda de animais de quaisquer espécies, a restrição pode se revelar desarrazoada, haja vista determinados animais não apresentarem risco à incolumidade e à tranquilidade dos demais moradores e dos frequentadores ocasionais do condomínio. 6. Na hipótese, a restrição imposta ao condômino não se mostra legítima, visto que condomínio não demonstrou nenhum fato concreto apto a comprovar que o animal (gato) provoque prejuízos à segurança, à higiene, à saúde e ao sossego dos demais moradores. 7. Recurso especial provido.
(STJ – REsp: 1783076 DF 2018/0229935-9, Relator: Ministro RICARDO VILLAS BÔAS CUEVA, Data de Julgamento: 14-5-2019, T3 – 3ª Turma, Data de Publicação: *REPDJe* 19-8-2019 *DJe* 24-5-2019)

[30] AGRAVO DE INSTRUMENTO. CONDOMÍNIO RESIDENCIAL. ANIMAL DOMÉSTICO. CONVENÇÃO. PROIBIÇÃO. PECULIARIDADES DO CASO CONCRETO. PERMANÊNCIA DO ANIMAL. I – A retirada de animal doméstico de unidade autônoma do condomínio exige a prova do incômodo ou ameaça à segurança e higiene dos demais condô-

É dever do condômino, conforme preceitua o art.1.336, IV, do Código Civil, não utilizar a propriedade de maneira "prejudicial ao sossego, salubridade e segurança dos possuidores, ou aos bons costumes".

Um cão pequeno que fique latindo de forma intermitente poderá perturbar o sossego dos vizinhos; uma única pessoa em uma residência que escute TV em alto volume também poderá trazer transtornos.

Nesses casos, as limitações são legítimas e passíveis de advertência ou multa e, em situações extremas, o Judiciário tem entendido como pertinente a limitação do uso da propriedade.

No caso relatado, parece razoável um cão latir ao brincar em um jardim, ainda mais quando se trata de um condomínio de casas, que tem como característica a manutenção de animais em residências; mas, se esses latidos forem intermitentes, independentemente da hora do dia, poderão perturbar os vizinhos.

De qualquer forma, a aplicação das multas precisa estar embasada, sendo necessário conceder sempre o direito de resposta ao condômino supostamente infrator e, quando justificável ou previsto em convenção, ser levado à assembleia para ratificação.

Em São Paulo, o Programa de Silêncio Urbano (PSIU)[31] foi criado pela Prefeitura para combater a poluição sonora na cidade e não se aplica aos condomínios. De acordo com a lei, o PSIU está autorizado a fiscalizar apenas locais confinados, como bares, restaurantes, casas de *show*, salões de festas, templos religiosos, indústrias e até mesmo obras. Porém, ela não permite que festas em casas, apartamentos e condomínios, por exemplo, sejam vistoriadas.

Os condomínios podem, em regulamentos próprios como convenção e regimento interno, tratar do tema. No entanto, esses não podem contrariar a legislação, seja federal, estadual ou municipal. Se destoarem das normas legais, esses instrumentos serão considerados nulos e não obrigarão os condôminos ao seu cumprimento.

---

minos, de modo a se determinar a prevalência ou não da convenção no caso concreto. Assim, a solução da questão reclama ampla dilação probatória, incompatível com a via estreita do agravo de instrumento. Ademais, há risco de irreversibilidade da medida consistente na retirada do animal, pois o proprietário poderia ter que se desfazer dele de modo irreversível, comprometendo o resultado útil do processo em caso de procedência do pedido. II – Negou-se provimento ao recurso.
(TJ-DF 07047390820208070000 DF 0704739-08.2020.8.07.0000, Relator: JOSÉ DIVINO, Data de Julgamento: 17-6-2020, 6ª Turma Cível, Data de Publicação: Publicado no DJe 3-7-2020 . p.: Sem Página Cadastrada.)

[31] Disponível em: https://www.capital.sp.gov.br/cidadao/rua-e-bairro/legislacao/lei-do-psiu. Acesso em: 29-7-2023 às 11:56

96 Quando adotei um animal, o síndico disse que isso era proibido pela convenção e que eu poderia ser multado. Há alguma coisa que eu possa fazer para continuar com o meu cachorro?

Nesses casos, a cláusula da convenção é nula por infringir o direito de propriedade[32]. É facultado ao proprietário de uma unidade usar, gozar e dispor da propriedade (art. 1.228 do Código Civil), limitando-se ao uso normal da propriedade e respeitando o direito de vizinhança – ou seja, desde que não prejudique a segurança, sossego e a saúde dos que ali coabitam (art. 1.277 do Código Civil). Respeitando esses pontos, o proprietário poderá criar o animal na sua unidade.

97 Aluguei uma sala em prédio comercial, onde estou há uma semana. Levo minha cachorra de médio porte todos os dias comigo, uso sempre a coleira e subo pelo elevador de serviço. Ela não late e dorme o dia todo. O síndico mandou recado, dizendo que não são permitidos animais de estimação. Por lei, ele pode restringir a entrada dela, uma vez que a cachorra não incomoda ninguém?

Embora seja uma tendência cada vez mais comum (há empresas que adotam mascotes em ambientes de trabalho), essa questão ainda é bastante controversa.

Por via de regra, a presença de animais de estimação foge da finalidade dos prédios comerciais, podendo causar transtornos aos demais condôminos – seja por caminharem pelo piso do escritório, seja por descerem em elevadores lotados no horário de pico.

---

[32] APELAÇÃO CÍVEL. AÇÃO DE OBRIGAÇÃO DE NÃO FAZER. CONDOMÍNIO EDILÍCIO. CONVENÇÃO E REGIMENTO INTERNO. PROIBIÇÃO EXPRESSA. ANIMAL DE QUALQUER ESPÉCIE. CRIAÇÃO OU PERMANÊNCIA NAS UNIDADES HABITACIONAIS. DIREITO DE PROPRIEDADE. VIOLAÇÃO. FLEXIBILIZAÇÃO DA RIGIDEZ DAS REGRAS CONDOMINIAIS. POSSIBILIDADE. RECURSO PROVIDO PARCIALMENTE. SEM REDIMENSIONAMENTO DOS ENCARGOS DA SUCUMBÊNCIA. HONORÁRIOS ADVOCATÍCIOS. NÃO MAJORAÇÃO. 1. O art. 1.333 do Código Civil instituiu a convenção do condomínio edilício como normativo regente das relações jurídicas entre os condôminos, a qual obriga todos os titulares de direitos sobre as unidades imobiliárias. 2. A jurisprudência admite que regra prevista na convenção de condomínio e no regimento interno sejam flexibilizadas, quando proíbem expressamente a permanência ou a criação de animal de estimação de qualquer espécie nas unidades habitacionais. Esse entendimento tem por escopo resguardar o direito de propriedade dos condôminos. 3. Esse permissivo jurisprudencial é condicionado à comprovação de que a permanência do animal no edifício não implique risco à saúde ou perturbação da tranquilidade e do sossego dos demais condôminos. 4. Recurso de apelação conhecido e parcialmente provido.
(TJ-DF 07100837420198070009 DF 0710083-74.2019.8.07.0009, Relator: FABRÍCIO FONTOURA BEZERRA, Data de Julgamento: 26-5-2021, 5ª Turma Cível, Data de Publicação: Publicado no DJe 15-6-2021 . p.: Sem Página Cadastrada.)

Dessa forma, entendo que quem deve regular essa relação é o condomínio.

98 **Como síndicos ou administradores devem proceder quanto às reclamações de condôminos sobre os latidos do cachorro do vizinho?**

Síndicos ou administradores devem manter um livro de reclamações na portaria e, quando da existência de reclamação, verificar sempre que possível a perturbação à coletividade.

Lembrando que problemas isolados entre unidades não devem ter a interferência do síndico de forma direta, uma vez que cabe ao síndico a gestão do bem comum. O que não impede que o síndico faça campanha para que o barulho seja minimizado ou mande correspondência ao condômino que esteja perturbando a paz da unidade perturbada.

Além disso, se o problema do barulho tomar proporções coletivas, ou seja, começar a atrapalhar diversas unidades, será dever do síndico tomar as providências cabíveis, sempre com base na legislação e na convenção do condomínio e, quando necessário, com o respaldo e aprovação de uma assembleia.

99 **O síndico do meu condomínio determinou que os animais só poderão circular pelo prédio no colo dos donos. Tenho um cachorro de grande porte e não consigo carregá-lo para fora do condomínio para passear. Essa determinação está certa?**

Obrigar um morador que possua um animal de estimação a circular com ele exclusivamente no colo[33] é abuso do exercício da função de síndico – função esta a ele delegada pelos demais condôminos, com o fim de cumprir e fazer cumprir as determinações constantes da assembleia, do regimento interno e da convenção.

Ademais, tal ato denota constrangimento ilegal, previsto no art.146 do Código Penal, com punição de 3 meses a 1 ano de detenção, ou multa.

---

[33] Apelação – ação de obrigação de não fazer – SENTENÇA DE PROCEDÊNCIA – AUTORES QUE PLEITEIAM O DIREITO DE CONDUZIREM SEUS ANIMAIS DE ESTIMAÇÃO NO SOLO, E NÃO NO COLO, COMO EXIGE O REGIMENTO INTERNO – CÃES QUE CONTAM COM 25 KG CADA UM – NORMA QUE SE MOSTRA DESARRAZOADA PORQUANTO NÃO DEMONSTRADO QUE OS ANIMAIS OFERECEM RISCO À SEGURANÇA DOS DEMAIS CONDÔMINOS OU MESMO À HIGIENE E SALUBRIDADE DO EDIFÍCIO – MEDIDA QUE SE RESUME SOMENTE AO TRÂNSITO DE ENTRADA E SAÍDA DOS ANIMAIS DO CONDOMÍNIO – CABÍVEL A MAJORAÇÃO DA VERBA HONORÁRIA EM GRAU RECURSAL A TEOR DO ART. 85, § 11 DO CPC – SENTENÇA MANTIDA – RECURSO DESPROVIDO
(TJ-SP - AC: 10133256420208260506 SP 1013325-64.2020.8.26.0506, Relator: Cesar Luiz de Almeida, Data de Julgamento: 11-1-2021, 28ª Câmara de Direito Privado, Data de Publicação: 11-1-2021)

100 **O que o dono de um cão que late muito à noite pode fazer para evitar atrapalhar os vizinhos?**

É importante que o espaço para o animal seja compatível com o tamanho do apartamento e que sejam respeitadas as características de cada animal.

Por exemplo, há animais que não se adaptam sozinhos; então, para que não atrapalhem os vizinhos, podem ser deixados em creches de animais durante o dia ou na casa de algum parente. Outros precisam passear constantemente para que gastem energia. Existem profissionais voltados à educação e adaptação de animais dentro de unidades.

101 **O que acontece se o barulho do meu cão for realmente muito alto após as 22h? O proprietário paga multa? O cão fica proibido de residir no condomínio?**

Caso o cão perturbe com barulho alto, o proprietário será notificado, momento em que deve buscar uma solução, pois o próximo passo poderá ser a multa com base na convenção do condomínio. Ademais, não obstante as proibições constantes do regimento interno e convenção de cada prédio, qualquer interferência prejudicial à saúde e ao sossego dos moradores poderá ser considerada abuso, mesmo que antes das 22h (art. 1.336, IV).

A legislação prevê a emissão de, no máximo, 55 decibéis durante o dia e 50 durante a noite, para áreas externas. E para ambientes internos, 45 decibéis durante o dia e 40 durante a noite.

Em casos extremos, a justiça tem determinado o afastamento do animal do condomínio.

CAPÍTULO 2 **ANIMAIS DE ESTIMAÇÃO** | 117

2.2 GATOS

102 O número excessivo de gatos de um condômino provoca mau cheiro e incomoda os moradores. Nossa convenção nada rege a respeito. É possível acionar a zoonose/saúde pública e limitar o número de *pets* numa unidade? Há legislação específica para o caso?

O condomínio não pode proibir os moradores de terem animais de estimação, independentemente de porte e quantidade. É um direito constitucional, mesmo se a convenção proibir. O que não se pode ter são animais que ameacem o sossego, a segurança ou a saúde dos demais condôminos (art. 1.336 do Código Civil).

O limite ao exercício do direito de propriedade é o respeito ao direito alheio e ao direito de vizinhança. Ou seja, a manutenção do animal no condomínio só pode ser questionada quando oferecer perigo à saúde e à segurança, ou perturbação ao sossego dos demais residentes. Conforme estabelece o art.1.336 do Código Civil, são deveres do condômino: "dar às suas partes a mesma destinação que tem a edificação, e não as utilizar de maneira prejudicial ao sossego, salubridade e segurança dos possuidores, ou aos bons costumes".

Assim, no caso relatado existe a proibição legal da manutenção dos animais em condições prejudiciais à saúde dos que lá coabitam. Dessa forma, o condomínio deve advertir o morador, aplicar-lhe multa e, caso não resolva, poderá ingressar com ação judicial para que os animais sejam removidos ou para que sejam mantidos em condições de higiene aceitáveis[34].

---

[34] AGRAVO DE INSTRUMENTO. DIREITO DE VIZINHANÇA E DE PROPRIEDADE. ANIMAIS EM CONDOMÍNIO. FELINOS. LIMITAÇÃO. POSSIBILIDADE. CONVENÇÃO DE CONDOMÍNIO. LEIS ESTADUAIS N. 4.785/2008, 4.808/2006 E 6.464/2013. PONDERAÇÃO DE INTERESSES. RAZOABILIDADE. PRESENÇA DOS REQUISITOS NECESSÁRIOS À CONCESSÃO DA TUTELA ANTECIPADA. EXCESSO DE ANIMAIS QUE CIRCULAM NA ÁREA COMUM E QUE PREJUDICAM O SOSSEGO, A SAÚDE E SEGURANÇA DOS CONDÔMINOS. RECURSO PARCIALMENTE PROVIDO. 1. Recurso manejado por Condomínio em face de condômina com a finalidade de compelir a moradora a limitar o número de gatos que mantém em seu apartamento. 2. Nos termos da orientação jurisprudencial do Superior Tribunal de Justiça, deve prevalecer o ajustado entre os condôminos na convenção do condomínio acerca da criação de animal em unidade condominial, desde que não comprometam a higiene e a tranquilidade do condomínio. 3. Convenção do condomínio que prevê vedação expressa acerca da posse e manutenção no edifício de ani-

2.3 COBRAS

103 O condomínio pode me proibir de criar uma cobra[35] dentro da minha unidade?

O condomínio não pode proibir o morador de criar quaisquer animais, desde que estes sejam legais, registrados no Ibama e não apresentem riscos à saúde, sossego e segurança dos demais condôminos (art. 1.336 do Código Civil).

Caso o animal fuja da unidade e pare na casa do morador de baixo, o dono será multado. E caso o proprietário não assegure os cuidados necessários para a manutenção do animal, poderá ser obrigado a removê-lo da unidade.

---

mais domésticos, com ressalva àqueles que possuam autorização. 4. As Leis estaduais n. 4.785/2008, 4.808/2006 e 6.464/2013 garantem a habitação de animais domésticos nas unidades residenciais e apartamentos de condomínios desde que observadas condições adequadas de bem-estar, saúde, higiene, garantindo-lhes comodidade, proteção e alojamento com dimensões apropriadas ao seu porte e número. 5. Restou evidenciado que o número de felinos mantido pela condômina extrapola o limite do tolerável, devendo a possuidora se subordinar as relações de vizinhança de tal modo que não possa exercer seu direito em prejuízo à segurança, ao sossego e à saúde dos que habitam o prédio. 6. Presença dos requisitos autorizadores da tutela antecipada. 7. Recurso parcialmente provido, nos termos do art. 557, § 1º-A, do CPC.
(TJ-RJ – AI: 00623145520158190000 RIO DE JANEIRO CAPITAL 30 VARA CIVEL, Relator: ELTON MARTINEZ CARVALHO LEME, Data de Julgamento: 22-2-2016, DÉCIMA SÉTIMA CÂMARA CÍVEL, Data de Publicação: 25-2-2016)

[35] AGRAVO DE INSTRUMENTO – AÇÃO ORDINÁRIA – ANTECIPAÇÃO DE TUTELA – CRIAÇÃO DE UMA COBRA JIBÓIA EM CONDOMÍNIO FECHADO – DIREITO DE VIZINHANÇA – verossimilhança – ANIMAL SILVESTRE – *PERICULUM IN MORA INVERSO* – AUSÊNCIA DE PROVA ACERCA DA MANIFESTAÇÃO DA MAIORIA DOS CONDÔMINOS – MANUTENÇÃO DA DECISÃO. – Recurso conhecido e improvido. Unanimidade.
(TJ-SE – AI: 2005204445 SE, Relator: DES. MANUEL PASCOAL NABUCO D`AVILA, Data de Julgamento: 25-10-2005, 1ª CÂMARA CÍVEL)

2.4 QUESTÕES GERAIS

104 Gostaríamos de criar um espaço no condomínio destinado aos animais de estimação. Como proceder?

A aprovação para criar um espaço cuja destinação específica seja aos *pets* dependerá do quórum de 2/3 dos condôminos, uma vez que na convenção tal espaço teria outra destinação.

Caso já exista um jardim que possa acomodar o espaço *pet* (de forma a cercar o local sem prejudicar as unidades que estejam exatamente embaixo da janela dos moradores), a situação não seria de alteração de destinação e, sim, de permissão para que o espaço seja utilizado por *pets*.

A aprovação poderá ocorrer por maioria simples da assembleia, de preferência alterando-se o regimento interno, salvo se exigido quórum maior.

105 Há alguma restrição quanto ao porte dos animais em condomínios?

Não cabe ao condomínio determinar o porte[36] do seu animal; porém, precisa ser compatível com o local. O que se deve considerar, conforme destacado anterior-

---

[36] RECURSO INOMINADO. AÇÃO ANULATÓRIA DE MULTA CONDOMINIAL C/C ILEGALIDADE DE DISPOSIÇÃO CONVENCIONAL C/C INDENIZAÇÃO POR DANOS MORAIS. PROIBIÇÃO DE ANIMAIS DE GRANDE PORTE NO CONDOMÍNIO. CIRCULAÇÃO DE ANIMAIS NAS ÁREAS COMUNS CONDICIONADA AO TRANSPORTE NO COLO. SENTENÇA DE PARCIAL PROCEDÊNCIA. IRRESIGNAÇÃO DA PARTE RÉ. TESE DE LEGALIDADE DA VEDAÇÃO PREVISTA NA CONVENÇÃO DO CONDOMÍNIO E CONSEQUENTE LEGALIDADE DA APLICAÇÃO DAS MULTAS, UMA VEZ QUE BASEADAS EM NORMA VÁLIDA E VIGENTE. INSUBSISTÊNCIA. AFRONTA AO DIREITO DE PROPRIEDADE. PROIBIÇÃO GENÉRICA DESARRAZOADA. PRECEDENTES. "[.] 5. SE A CONVENÇÃO PROÍBE A CRIAÇÃO E A GUARDA DE ANIMAIS DE QUAISQUER ESPÉCIES, A RESTRIÇÃO PODE SE REVELAR DESARRAZOADA, HAJA VISTA DETERMINADOS ANIMAIS NÃO APRESENTAREM RISCO À INCOLUMIDADE E À TRANQUILIDADE DOS DEMAIS MORADORES E DOS FREQUENTADORES OCASIONAIS DO CONDOMÍNIO." (RESP 1783076/DF, REL. MINISTRO RICARDO VILLAS BÔAS CUEVA, 3ª TURMA, JULGADO EM 14-5-2019, *DJE* 24-5-2019). AUSÊNCIA DE RISCOS À SAÚDE, HIGIENE E SEGURANÇA DE OUTROS CONDÔMINOS. ILEGALIDADE DA NORMA CONDOMINIAL. CONSEQUENTE ILEGALIDADE DAS MULTAS APLICADAS. DEVER DE RESTITUIÇÃO.

mente, é se esse animal causa perturbação ao sossego, saúde ou à segurança dos que ali coabitam.

Um animal de pequeno porte que trouxer mau cheiro, a ponto de incomodar aos demais moradores, perturbará o sossego, assim como um pequeno *poodle* que latir de forma intermitente. Por outro lado, um labrador ou um *pit bull* poderão ser considerados bem-vindos, se respeitarem as normas e não trouxerem transtornos aos demais.

106 **Sou inquilina de uma unidade e decidi adotar um animal, mas o locador me proibiu. Na convenção não há nada que proíba animais. Ele pode fazer isso?**

Infelizmente, sim. O condomínio não pode impedir que alguém tenha um animal, dentro das condições previstas em convenção. Porém, ocorre de a locação não ser uma relação direta com o condomínio e, sim, uma relação entre inquilino e proprietário. Este, por sua vez, não está obrigado a alugar sua unidade. Assim, o proprietário poderá optar por locar para um pretendente em detrimento de outro, desde que não seja por motivo de discriminação.

SENTENÇA CONFIRMADA. RECURSO CONHECIDO E IMPROVIDO.
(TJ-SC – RECURSO CÍVEL: 03056169220188240005 Tribunal de Justiça de Santa Catarina 0305616-92.2018.8.24.0005, Relator: Marco Aurelio Ghisi Machado, Data de Julgamento: 8-2-2022, Gab 01 – 2ª Turma Recursal – Florianópolis (Capital))

O CAPÍTULO EM 14 DICAS

Pense nisso...

Para o Direito brasileiro, a manutenção de um animal é o exercício regular do direito de propriedade. Embora animais domésticos façam parte da família brasileira, o Código Civil considera que o animal é um bem móvel semovente, ou seja, um bem dotado de locomoção própria. Portanto, o condomínio não pode proibir que moradores tenham seus animaizinhos de estimação morando no prédio. É importante que o condomínio regule essas relações, por meio de uma convenção ou de algum regramento específico, com o objetivo de garantir o trânsito dos animais. O ato de circularem de forma mínima da porta da residência à rua e vice-versa é uma obrigação legal.

Normas aceitáveis

1 – Exigir que os animais transitem pelo elevador de serviço.
2 – Proibir que os animais circulem pelas áreas comuns.
3 – Exigir que o morador aguarde um elevador vazio, caso esteja com o animal.
4 – Exigir a carteira de vacinação para comprovar que o animal goza de boa saúde.
5 – A obrigatoriedade do uso de guia e coleira no animal.
6 – Exigir focinheira para as raças previstas em lei.
7 – Prever ou cercar uma área *pet* de convivência dentro do condomínio, mediante convenção ou regramento específico.

Normas inaceitáveis

8 – Permitir que os donos deixem seus animais bravios perturbarem a segurança condominial, oferecendo riscos à integridade física de seus moradores.
9 – Proibir animais pelo tamanho.
10 – Fazer-lhes distinção conforme a raça.
11 – Exigir que circulem somente no colo do morador.
12 – Permitir aos animais circularem livremente em áreas comuns.
13 – Deixar que os animais façam suas necessidades em áreas comuns.
14 – Restringir de forma indiscriminada o número de animais na unidade.

Capítulo 3
ASSEMBLEIAS

As questões da vida condominial são decididas em assembleias para que todos tenham voz e direito ao voto. Elas dividem-se em assembleia geral ordinária (AGO), assembleia geral extraordinária (AGE) e assembleia geral de instalação (AGI). A convocação de uma assembleia deve seguir o procedimento previsto na convenção de cada condomínio. Antes de irem a uma assembleia, um síndico e seus conselheiros já devem ter em mente o que desejam, quais pautas querem ver aprovadas e quais objetivos querem alcançar. As decisões nela tomadas tornam-se obrigatórias a todos, inclusive aos ausentes, desde que preenchidos os requisitos legais.

3.1 ASSEMBLEIA GERAL

107 Qual é a definição de assembleia geral?

A assembleia geral é uma forma de decidir questões que circundam a vida condominial. Sua forma é similar à democracia direta, utilizada por Atenas na Grécia Antiga, perante as "ágoras" (consideradas um símbolo da democracia ateniense, na qual todos os cidadãos tinham igual voz e direito a voto).

Há dois tipos de assembleias gerais: a assembleia geral ordinária (AGO) e a assembleia geral extraordinária (AGE).

As decisões tomadas em assembleias tornam-se obrigatórias a todos no condomínio, inclusive aos ausentes, desde que preenchidos os requisitos legais, sob a pena de nulidade. Dentre os requisitos legais, estão convocar a todos os condôminos (art. 1.354 do Código Civil), deliberar o que estiver na ordem dia e respeitar os quóruns, entre outros.

Quem convoca a assembleia é o síndico (art. 1.348, I, do Código Civil). A convocação de uma assembleia deve seguir o procedimento previsto na convenção do respectivo condomínio, o qual poderá exigir carta registrada ou simples e prazo mínimo convocatório. O não cumprimento poderá ensejar na anulação das decisões tomadas. A administradora poderá proceder com as funções administrativas (art.1.348, § 2º), e formular o edital, com base no determinado pelo síndico.

A convocação, neste caso, seria:

"Por determinação do Síndico ficam V.Sas. convidados a participar da Assembleia que será realizada neste condomínio..." ou "Na qualidade de administradores, em atendimento a solicitação do síndico, vimos pela presente convocá-los..."

Algumas decisões deverão ser tomadas por quóruns qualificados e as demais por maioria simples (art. 1.353 do Código Civil). Os quóruns especiais estão definidos no Código Civil e na convenção do condomínio.

As assembleias ocorrem em duas chamadas. Na primeira, para a instalação da assembleia, deve-se seguir o quórum determinado no art. 1.352 do Código Civil (50% mais 1 do todo). E com o intervalo usual de 30 minutos ou de 1 hora, conforme convenção, a sessão poderá ser instalada com qualquer número de presentes (art. 1.353 do Código Civil).

108 É possível realizar assembleias virtuais para reuniões condominiais? Como funciona a questão do voto eletrônico?

A Lei n. 14.309/2022 permite reuniões e votações de condomínios nesse formato, desde que isso não seja proibido pela convenção do prédio.

Durante a pandemia da covid-19, a proibição de reuniões presenciais levou os condomínios a adotarem o formato das assembleias virtuais – formato este apoiado pela Lei n. 14.010/2020, cuja vigência era até outubro de 2020. Entretanto, o fim dos problemas na saúde pública não aconteceu e os condomínios continuaram realizando suas assembleias virtuais, mesmo tendo vencido o prazo de vigência da lei. Assim, uma prática que ocorreu primeiramente em resposta às restrições da pandemia da covid-19 acabou se mantendo, pois a aderência dos condôminos a esse novo formato foi muito bem-sucedida, fazendo com que as assembleias registrassem maior participação, uma vez que o condômino pode participar mais facilmente de onde quer que esteja.

Isso fez com que um PL da senadora Soraya Thronicke sobre o tema fosse aprovado. O presidente da República sancionou a Lei n. 14.309, de 8 de março de 2022 (que altera a Lei n. 10.406/2002 – Código Civil – e a Lei n. 13.019/2014), permitindo assim a realização de reuniões e deliberações virtuais pelas organizações da sociedade civil, assim como pelos condomínios edilícios, e para possibilitar a sessão permanente das assembleias condominiais.

Portanto, as assembleias virtuais passam agora a ser algo definitivo, facilitando o trabalho da gestão condominial por conta da sua legitimidade e amparo em lei. Ao condomínio fica a escolha do sistema que será utilizado na assembleia. O importante é a gestão buscar empresas e sistemas idôneos. Para isso, é salutar pesquisar no mercado e buscar referências.

Outra questão que a lei traz, e que busca ajudar na formação de quórum na hora de decidir algumas questões nas assembleias, é a possibilidade de colocar a assembleia em sessão permanente. Nesse caso, é importante atentar-se ao fato de que, se a deliberação exigir quórum especial previsto em lei ou em convenção e esse não for atingido, a assembleia poderá, desde que por decisão da maioria dos presentes, autorizar o presidente para que este converta a reunião em sessão permanente. Além disso, a assembleia deve ser prorrogada quantas vezes forem necessárias, desde que seja concluída no prazo total de 90 dias, contados da data de sua abertura inicial.

A entrada em vigor de leis como essa busca atender a uma demanda que já vinha sendo debatida há anos no mercado. Nesse período, foi possível perceber como a tecnologia se transformou em um forte aliado da gestão condominial. Ações como essa procuram auxiliar a democracia condominial, que é o principal objetivo da vida em condomínio.

109 **Assuntos já votados em assembleia podem voltar à pauta pela parte que ficou insatisfeita com os resultados de outra assembleia?**

Os assuntos definidos em assembleia, desde que respeitados os quóruns legais, têm valor e podem ser colocados em prática a partir da sua aprovação, mas isso não impede que uma nova assembleia seja convocada para rever uma decisão tomada pela assembleia anterior.

As assembleias são soberanas dentro dos limites da lei. Assim, se não contrariarem a legislação e seguirem o trâmite legal do condomínio – que vai desde a convocação de todos, inclusão do item no edital e aprovação do item com o quórum exigido –, as decisões podem ser revistas.

O objetivo da assembleia é atender à massa condominial e se essa quiser rever a sua decisão, não existe prejuízo. Porém, muitas vezes essas situações esbarram no próprio síndico, pois poderá alegar que a situação já foi decidida anteriormente e não irá submeter o caso a nova assembleia. Nesse caso, o condomínio terá a opção de juntar 1/4 dos condôminos e convocar assembleia, com o fim de rever a decisão em questão.

"A Assembleia Geral é o órgão deliberativo dos condôminos e pode ser Ordinária ou Extraordinária. Suas deliberações têm força obrigatória para os condôminos, até sua anulação judicial ou por deliberação tomada em outra Assembleia". (Caio Mario da Silva Pereira, *Condomínio e Incorporações*, Forense, 12. ed., em fls. 148.)

110 **Qual é o prazo para cancelamento de uma assembleia?**

Com base no Código Civil, o prazo para a anulação de assembleia de condomínio é de 2 (dois) anos a partir do dia da realização da assembleia, conforme o artigo que aborda o capítulo sobre a invalidade no negócio jurídico:

"Art. 179. Quando a lei dispuser que determinado ato é anulável, sem estabelecer prazo para pleitear-se a anulação, será este de dois anos, a contar da data da conclusão do ato."

Segue o entendimento dos Tribunais, no mesmo sentido:

"CIVIL E PROCESSO CIVIL. AÇÃO DE ANULAÇÃO. ASSEMBLEIA. CONDOMÍNIO. PRAZO DECADENCIAL. DOIS ANOS. PRAZO GERAL. SENTENÇA MANTIDA. 1. O Código Civil estabelece cláusula geral de decadência para as ações anulatórias sem prazo. 2. O prazo para o exercício da pretensão anulatória referente à assembleia condominial é de dois anos, a contar da data de realização do ato. 3. Apelação conhecida e desprovida. (TJ-DF – APC: 20140810020855 DF 0002032-94.2014.8.07.0008, Relator: HECTOR VALVERDE SANTANNA, Data de Julgamento: 17-12-2014, 6ª Turma Cível, Data de Publicação: Publicado no DJe 27-1-2015. p. 530.)"

"DECISÃO: ACORDAM os integrantes da 8ª Câmara Civil, do egrégio Tribunal de Justiça do Estado do Paraná, sob a Presidência do Desembargador FAGUNDES CUNHA – Relator, Desembargador NÓBREGA ROLANSKI e Desembargadora LILIAN ROMERO – Vogais, por unanimidade de Votos, em CONHECER o recurso de

TRIBUNAL DE JUSTIÇA DO ESTADO DO PARANÁ 8ª Câmara Cível J. S. FAGUNDES CUNHA. EMENTA: J .S .FAGUNDES CUNHA Estado do Paraná APELAÇÃO CIVIL N. 1.217.229-1 Origem: 12ª VARA CIVIL DO FORO CENTRAL DA COMARCA DA REGIÃO METROPOLITANA DE CURITIBA Apelante: RICARDO DEBONI Apelado: EDIFÍCIO MARQUÊS DE VALENÇA Relator: DES. FAGUNDES CUNHAAPELAÇÃO CIVIL CONDOMÍNIO. PRETENSÃO ANULATÓRIA DO ART. 7º, 'O' DA CONVENÇÃO CONDO-MINIAL E DA DECISÃO ASSEMBLEAR DO DIA 09-10-2008, QUE ESTIPULARAM O RATEIO DAS TAXAS CONDOMINIAIS PELA PROPORCIONALIDADE DAS FRAÇÕES IDEAIS. IMPOSSIBILIDADE. INOBSERVÂNCIA DO ART. 1.351 DO CC PARA ANULAÇÃO DA NORMA DISPOSTA NA CONVENÇÃO. INCIDÊNCIA DO ART. 267, IV, DO CPC. DECADÊNCIA DO DIREITO PARA ANULAÇÃO DA ASSEMBLEIA CONDOMINIAL. INCIDÊNCIA DA REGRA GERAL DO ART. 179 DO CC. DECISÃO ULTRA PETITA. INOCORRÊNCIA. SENTENÇA CONFIRMADA, EMBORA COM OUTROS FUNDAMENTOS.APELAÇÃO CIVIL CONHECIDA E, NO MÉRITO, NÃO PROVIDA. (TJPR – 8ª C. Cível – AC – 1217229-1 – Foro Central da Comarca da Região Metropolitana de Curitiba – Rel.: José Sebastião Fagundes Cunha – Unânime – J. 4-9-2014.) (TJ-PR – APL: 12172291 PR 1217229-1 (Acórdão), Relator: José Sebastião Fagundes Cunha, Data de Julgamento: 4-9-2014, 8ª Câmara Cível, Data de Publicação: *DJ* 1.444 30-10-2014.)"

Porém, se for caso de anulação de assembleia, o ideal é que não se espere tanto tempo. Ainda mais, se não se tratar de erro formal (como nos casos de convocação irregular e aprovação com quórum irregular), mas de caso de falsificação ou omissão voluntária, que é crime de falsidade ideológica, conforme previsto no Código Penal.

"Art. 299. Omitir, em documento público ou particular, declaração que dele devia constar, ou nele inserir ou fazer inserir declaração falsa ou diversa da que devia ser escrita, com o fim de prejudicar direito, criar obrigação ou alterar a verdade sobre fato juridicamente relevante:

Pena: reclusão, de um a cinco anos, e multa, se o documento é público, e reclusão de um a três anos, e multa, se o documento é particular."

111 Após assumir seu mandato, o síndico retirou um posto de vigilância 24h da área verde, considerada de alto risco. O formato da segurança foi anteriormente aprovado em assembleia geral. Essas mudanças não teriam que ser decididas em assembleia?

Cabe ao síndico gerir o condomínio, conforme dispõem a convenção e o regimento interno (art. 1.348, IV, do Código Civil). Já o inciso seguinte (V) traz a obrigação do síndico em zelar pela prestação de serviços que interessem aos possuidores. Dessa forma, para que o síndico saiba quais serviços interessam aos condôminos e possa gerir o condomínio de forma regular, é salutar a consulta à assembleia geral de condôminos antes de suprimir qualquer serviço.

"Art. 1.348. Compete ao síndico:
(...)
IV – Cumprir e fazer cumprir a convenção, o Regimento Interno e as determinações da assembleia;
V – Diligenciar a conservação e a guarda das partes comuns e zelar pela prestação dos serviços que interessem aos possuidores."

Cabe ao síndico, ainda, cumprir as determinações em assembleia (art. 22, § 1º, e, da Lei n. 4.591/64).

"Art. 22. (...)
§ 1º Compete ao síndico:
(...)
e) cumprir e fazer cumprir a Convenção e o Regimento Interno, bem como executar e fazer executar as deliberações da assembleia."

Assim, é imprescindível que, para suprimir um posto de vigilância, se faz necessário que o assunto seja levado ao debate de uma assembleia, a qual deverá, conforme interesse dos condôminos presentes, determinar a supressão ou a manutenção do serviço em questão.

112 Sou subsíndico de um condomínio onde mais de 65% das unidades são alugadas e seus condôminos muito raramente participam das assembleias, preferindo dar suas procurações a terceiros. As assembleias feitas com a presença de grande número de não condôminos são válidas?

Não há nenhum impedimento legal em relação a procurações. O condômino, dentro do seu direito de propriedade, tem o direito de entregar a outrem uma procuração, a fim de que este o represente nas assembleias. O importante é, antes do início da assembleia, a mesa ficar atenta em relação a duas questões: verificar o reconhecimento de firma das procurações se obrigatório, bem como a conferência e constatação das suas validades e requisitos formais (art. 654, § 1º, do Código Civil).

Nesse sentido, é importante saber que o art. 654, § 2º, do Código Civil, estipula que o reconhecimento de firma para as procurações só será obrigatório caso assim determinar a convenção do condomínio ou assembleia condominial[37]; do contrário, está liberado. A presidência da mesa é quem terá a função de conferir e validar essas procurações.

---

[37] CONDOMÍNIO. Ação de exibição de documentos. Réu que colaciona aos autos procurações apresentadas em assembleias com firmas reconhecidas. Sentença de procedência. Desnecessário o reconhecimento de firma para que sejam válidas as procurações utilizadas em condomínio, exceto, se o terceiro com quem o mandatário tratar assim o exigir (art. 654, § 2º do CCB/2002). RECURSO PROVIDO para julgar improcedente a ação.
(TJ-SP – APL: 10147884320158260562 SP 1014788-43.2015.8.26.0562, Relator: Maria de Lourdes Lopez Gil, Data de Julgamento: 22-6-2017, 32ª Câmara de Direito Privado, Data de Publicação: 23-6-2017.

3.2 ASSEMBLEIA GERAL DE INSTALAÇÃO (AGI)

113 O que é assembleia geral de instalação?

É a assembleia que constitui o condomínio. Embora não exista previsão legal, a primeira assembleia do condomínio é comumente chamada de AGI.

Sua pauta é a eleição dos primeiros representantes legais (síndico, subsíndico, conselho), a apresentação da administradora do condomínio e a previsão orçamentária para o exercício que se inicia.

Essa assembleia assemelha-se à assembleia geral ordinária (AGO); porém, não existe prestação de contas, uma vez que o condomínio está se iniciando naquele ato. É somente após esse momento que a cota condominial poderá ser cobrada.

114 Quando a contratação do síndico profissional ocorrer em assembleia geral de instalação, quem deverá assinar o contrato de prestação de serviços dele (seja em um condomínio antigo, já instalado, ou em vias de se instalar)?

A legislação não traz a sistemática específica quanto à contratação do síndico profissional, deixando algumas brechas que poderão ser resolvidas somente mediante interpretação.

No caso em questão, entendo que a própria assembleia, seja em prédio novo ou antigo, tem poderes necessários para escolha e contratação, bem como para delegar que o conselho assine o contrato e formalize o ato da contratação, previamente aprovado em assembleia.

3.3 ASSEMBLEIA GERAL ORDINÁRIA (AGO)

115 O que é assembleia geral ordinária?

A AGO é uma assembleia que acontece obrigatoriamente uma vez por ano e cujo objetivo é o de prestar contas do ano anterior, realizar a previsão de despesas para o próximo exercício e, de forma intercalada (ano sim, ano não), eleger os representantes legais (síndico, conselho consultivo e subsíndico) do condomínio, conforme previsto no art.1.350 do Código Civil.

O síndico convoca a assembleia. Na falta de convocação da AGO anual, um quarto dos condôminos poderá fazê-lo (art. 1.350, § 1º). Em caso de falta de realização da AGO, o juiz decidirá a requerimento de qualquer condômino (art. 1.350, § 2º).

116 Realizei assembleia ordinária, conforme previsto na convenção do condomínio. Na segunda e última convocação, não obtive quórum mínimo para dar prosseguimento, pois do total de 129 condôminos compareceram apenas dois. Redigi a ata e relatei o fato. Devo convocar assembleia extraordinária? E qual seria o prazo para fazer isso, depois de realizada a assembleia ordinária?

As deliberações em assembleia poderão ocorrer em segunda chamada com qualquer número de presentes (art. 1.353 do Código Civil), assim os dois presentes em assembleia, mesmo que seja em um universo de 129, tornam válida a assembleia e as deliberações obrigarão aos ausentes e dissidentes.

Porém, sendo o caso de deliberações que exigem quórum qualificado, muitos condomínios utilizam-se do artifício de deixar a assembleia em aberto (ou em sessão permanente) até que se dê a obtenção de quórum. Esse procedimento passou a ser regulamentado pela Lei n. 14.309, de 8 de março de 2022.

Porém é preciso seguir algumas regras como se atentar que se a deliberação exigir quórum especial previsto em lei ou em convenção e esse não for atingido, a assembleia poderá, desde que por decisão da maioria dos presentes, autorizar o presidente para que este converta a reunião em sessão permanente.

Além disso, a assembleia deve ser prorrogada quantas vezes forem necessárias, desde que seja concluída no prazo total de 90 (noventa) dias, contado da data de sua abertura inicial.

Lembrando que a sessão permanente é menos indicada para assuntos polêmicos ou do dia a dia, como a aprovação de contas ou mesmo a votação para síndicos. Esse tipo de artifício cabe mais para assuntos pacificados no condomínio, que precisem apenas de um apoio assemblear.

117 **Até a presente data, a assembleia geral ordinária anual dos exercícios referentes aos três últimos anos ainda não aconteceu – nem a prestação de contas, conforme previsto em lei. Os condôminos fizeram vários pedidos protocolados, sem respostas. Podemos pedir a destituição da síndica e dos subsíndicos em assembleia convocada por apenas 1/4 dos condôminos?**

A realização de assembleia geral ordinária é obrigação do síndico (art. 1.350 do Código Civil) e não a fazer dá a ¼ dos condôminos o direito de convocarem uma assembleia (art. 1.350, § 1º), o que normalmente ocorre por meio de abaixo-assinado. O abaixo-assinado deverá ser protocolado na administradora ou na gestão interna do empreendimento, para que se processe a convocação de todos os condôminos, nos moldes estabelecidos na convenção.

Caso não se atinja o quórum de ¼ dos condôminos, qualquer condômino poderá requerer judicialmente a convocação da assembleia (art. 1.350, § 2º, do Código Civil).

Lembrando que a falta de realização de prestação e contas está dentre os motivos que poderá culminar na destituição do síndico (art. 1.349 do CC).

"DORIO PEREIRA ajuizou ação de prestação de contas contra ALINE BASTOS FIDALGO E OUTROS. Diz que, na qualidade de condômino, pode exigir dos réus (síndica, subsíndica e conselheiros fiscais), a prestação de contas referente ao período em que administraram o condomínio. Houve contestação (fls. 118/129 e 187/194). A sentença extinguiu o processo, sem resolução de mérito, por ilegitimidade ativa (fls. 256/259). O autor opôs embargos de declaração com o seguinte fundamento: 'na parte dispositiva da sentença, houve uma frase que se iniciou pela letra P seguida de reticências (.), tornando o julgado obscuro por evidente falta de complementação" (fl. 277). Os declaratórios foram rejeitados e o embargante condenado por litigância de má-fé ao pagamento de multa de 1% e verba indenizatória de 10% sobre o valor da causa. Segundo o magistrado, 'causam perplexidade os embargos de declaração de fls. 277, porquanto o P constante de fls. 259 significa 'Publique-se', o que se aprende desde os bancos escolares. Os embargos de declaração de fls. 277 são meramente procrastinatórios. E a litigância de má-fé, como já dito, é evidente' (fls. 286/287). Apela o autor insurgindo-se contra a condenação por litigância de má-fé.

Assevera que o art. 1.350, § 2º, do Código Civil lhe confere legitimidade para pleitear a prestação de contas do síndico (fls. 290/295). Contrarrazões em prestígio do julgado (fls. 307/311). É o relatório. Não há dúvidas de que os embargos declaratórios opostos eram manifestamente infundados e despidos da boa-fé que deve orientar as partes na condução do processo (arts. 14, II e 17, VI, do CPC). Considero, assim, evidenciada a litigância de má-fé. Mantenho, desse modo, a condenação imposta. No tocante à legitimidade ativa, dispõe o art. 1.348, VIII, do Código Civil que o síndico deve prestar contas à assembleia. Daí porque, em regra, o condômino não teria legitimidade para exigir a prestação de contas. Entretanto, no caso dos autos, a síndica (primeira ré) confessou não ter prestado contas referentes ao mandato 2011/2012, uma vez que a assembleia convocada para tal fim não foi concluída (fls. 36 e 188). *É incontroverso, portanto, que não houve prestação de contas. Nesse caso, sobressai a legitimidade subsidiária do condômino, nos termos do art. 1.350, § 2º, do Código Civil, de postular judicialmente a apresentação do balanço: 'Art. 1.350. Convocará o síndico, anualmente, reunião da assembleia dos condôminos, na forma prevista na convenção, a fim de aprovar o orçamento das despesas, as contribuições dos condôminos e a prestação de contas, e eventualmente eleger-lhe o substituto e alterar o regimento interno. § 1º Se o síndico não convocar a assembleia, um quarto dos condôminos poderá fazê-lo. § 2º Se a assembleia não se reunir, o juiz decidirá, a requerimento de qualquer condômino. Ao comentar o referido dispositivo legal, Luiz Edson Fachin explica que: '(.) não se fazendo possível a convocação da reunião, as deliberações assembleares serão substituídas por decisão judicial: qualquer condômino, caso frustrada a possibilidade de convocação da assembleia, poderá deduzir em juízo para que se decida acerca dos temas que deveriam ser deliberados em assembleia, mormente a aprovação ou não da prestação de contas e do orçamento para o exercício seguinte'.* No mesmo sentido o art. 27 da Lei n. 4.591/64, segundo o qual, 'se a assembleia não se reunir para exercer qualquer dos poderes que lhe competem, 15 dias após o pedido de convocação, o Juiz decidirá a respeito, mediante requerimento dos interessados'. Quanto aos demais réus, subsíndico e conselheiros fiscais, nem o Código Civil nem a Convenção do Condomínio lhes estendem a obrigação de prestar contas. *Ante o exposto, dou parcial provimento ao recurso, monocraticamente, com aplicação do art. 557, § 1º-A, do CPC, para julgar procedente o pedido em relação à primeira ré, ALINE BASTOS FIDALGO, que deverá prestar as contas, em forma mercantil, referente ao mandato de 2011-2012, no prazo de 48 (quarenta e oito) horas, sob a pena de não lhe ser lícito impugnar as que o autor apresentar.* Em relação aos demais réus, julgo improcedente o pedido e condeno o autor ao pagamento das custas e honorários advocatícios, que fixo em R$ 1.000,00, observada a gratuidade de justiça. Mantida a condenação por litigância de má-fé. (TJ-RJ – APL: 00581643020128190002 RJ 0058164-30.2012.8.19.0002, Relator: DES. AGOSTINHO TEIXEIRA DE ALMEIDA FILHO, Data de Julgamento: 27-2-2014, DÉCIMA TERCEIRA CÂMARA CIVEL, Data de Publicação: 7-3-2014 00:00)" (grifei).

118 Houve uma assembleia no condomínio para a qual eu e alguns outros condôminos não recebemos a convocação. O que podemos fazer? Essa assembleia é válida?

Segundo o art. 1.354 do Código Civil, é obrigatório que todos os condôminos sejam convocados[38] para participarem da assembleia, na forma e no prazo estipulados pela convenção do condomínio. Caso isso não ocorra, a assembleia é considerada nula e qualquer condômino, em defesa de seus interesses, poderá ingressar em juízo e requerer o cancelamento da assembleia.

119 Em assembleia ordinária, serão efetuadas a prestação de contas e a eleição do novo síndico. Na ocasião, o atual síndico terá obrigação de apresentar uma proposta orçamentária para o próximo exercício? O síndico eleito será obrigado a cumpri-la fielmente?

Anualmente, o síndico deverá aprovar o orçamento de despesas, conforme previsto no art. 1.350 do Código Civil. A previsão orçamentária deve ser apresentada em assembleia e submetida à aprovação dos presentes e, posteriormente, fazer parte da ata, para que os presentes possam verificar o que ficou aprovado.

Lembrando que a qualquer momento o síndico eleito poderá chamar uma assembleia para readequar o orçamento, se necessário, o que também deverá ser submetido e aprovado pela maioria dos presentes.

120 Efetuamos assembleia com o apoio de ¼ dos condôminos. O edital previa a destituição do síndico, mas não o fizemos porque a assembleia na qual ele havia sido eleito foi anulada e não tínhamos os votos nem a presença da maioria absoluta do condomínio (conforme pede o Código Civil). Assim, de acordo com o edital, elegemos uma comissão, mas o ex-síndico não aceita a decisão da assembleia. Como fica a situação?

Inicialmente, esclareço que embora o Código Civil fale em maioria absoluta, o que é entendido como *50% mais 1 de todos os condôminos*, na sequência do artigo há

---

[38] APELAÇÃO – AÇÃO ANULATÓRIA DE ASSEMBLEIA CONDOMINIAL – AUSÊNCIA DE CONVOCAÇÃO DO CONDÔMINO – ART. 1.354 CC – O art. 1.354. A assembleia não poderá deliberar se todos os condôminos não forem convocados para a reunião- ainda, o art. 22 da Convenção do Condomínio determina que a convocação para assembleia deverá preceder de cinco dias, pelo menos, da data da sua designação; – Carta de convocação foi postada ao autor no dia 12 de janeiro, para assembleia que aconteceria dia 16 de janeiro – recebida em 17 de janeiro, isto é, convocação foi ineficaz; – o Condomínio réu não fez prova da convocação de TODOS os condôminos, como previsto legalmente. RECURSO PROVIDO
(TJ-SP 10349155920178260100 SP 1034915-59.2017.8.26.0100, Relator: Maria Lúcia Pizzotti, Data de Julgamento: 25-4-2018, 30ª Câmara de Direito Privado, Data de Publicação: 26-4-2018)

menção de que a maioria absoluta é dos membros em assembleia. Assim, trata-se de maioria absoluta[39] dos presentes em assembleia, ou seja, *50% mais 1 dos do votos dos presentes em assembleia*, conforme sedimentado pela jurisprudência:

"O art. 1.349 do Código Civil dispõe sobre maioria absoluta da assembleia, razão pela qual não se pode entender que se trate da maioria dos condôminos." (21ª VARA CIVEL DO FORO CENTRAL DA COMARCA DA CAPITAL Autos n. 09-165546-6, São Paulo, 25 de agosto de 2009. Alessandra Laskowski, Juíza de Direito.)

Caso o síndico tenha sido destituído legalmente, não poderá se manter no cargo – situação que não depende da aceitação do ex-síndico para que o condomínio possa seguir seu rumo. Assim, é importante notificá-lo, juntamente com a administradora, a fim de que regularizem a situação.

Não sendo possível a regularização, o condomínio, representado pelo novo síndico eleito, poderá ingressar em juízo com o fim de que o síndico destituído cumpra decisão assemblear, entregue os documentos pertinentes e ainda se abstenha de tomar qualquer medida cujo intuito seja o de impedir a continuidade da vida no condomínio.

---

[39] AGRAVO INTERNO NOS EMBARGOS DE DECLARAÇÃO NO AGRAVO EM RECURSO ESPECIAL. JURISPRUDÊNCIA DOMINANTE. JULGAMENTO MONOCRÁTICO. SÚMULA 568/STJ. SÚMULA 83/STJ. ART. 105, III, A E/OU C, DA CONSTITUIÇÃO FEDERAL. DESTITUIÇÃO DO SÍNDICO DE CONDOMÍNIO. QUÓRUM. ART. 1.349 DO CÓDIGO CIVIL. MAIORIA DOS MEMBROS PRESENTES NA ASSEMBLEIA. PRECEDENTES. AGRAVO NÃO PROVIDO. 1. Nos termos da Súmula 568 do STJ, "relator, monocraticamente e no Superior Tribunal de Justiça, poderá dar ou negar provimento ao recurso quando houver entendimento dominante acerca do tema". 2. Tendo o acórdão recorrido decidido em consonância com a jurisprudência do Superior Tribunal de Justiça, incide, na hipótese, a Súmula 83/STJ, que abrange os recursos especiais interpostos com fundamento nas alíneas *a* e/ou *c* do inciso III do art. 105 da Constituição Federal. 3. Conforme art. 1.349 do Código Civil, o quórum exigido para a destituição do cargo de síndico do condomínio é a maioria absoluta dos condôminos presentes na assembleia geral extraordinária. 4. Agravo interno a que se nega provimento.
(STJ – AgInt nos EDcl no AREsp: 1519125 RJ 2019/0164032-7, Relator: Ministra MARIA ISABEL GALLOTTI, Data de Julgamento: 20-4-2020, T4 – 4ª Turma, Data de Publicação: *DJe* 24-4-2020)

3.4 ASSEMBLEIA GERAL EXTRAORDINÁRIA (AGE)

121 O que é assembleia geral extraordinária?

A AGE é uma assembleia cuja utilidade é tratar de assuntos que não podem esperar até a próxima assembleia geral ordinária (AGO).

As AGEs poderão ser convocadas pelo síndico ou por ¼ dos condôminos, conforme disposto no art. 1.355 do Código Civil.

122 Se eleito, revisarei todos os contratos firmados, reduzirei custos e o elevado valor da taxa ordinária. Para apresentar conclusões dessa análise, é necessário convocar assembleia extraordinária ou bastará nota informativa aos condôminos?

Os contratos em vigência, não alterando o escopo, podem sim ser renegociados, porém, para quaisquer mudanças no orçamento, sejam para mais ou para menos, a aprovação em assembleia é essencial.

Por mais que você entenda como necessária a redução de custos, se esta ocasionar a redução de serviços, deve ser submetida a assembleia. Nem sempre todas as reduções são bem-vindas, pois a assembleia poderia entender, por exemplo, que o melhor não seria reduzir a taxa e sim guardar o dinheiro no fundo de reserva, ou manter um certo serviço por comodidade.

3.5 AÇÕES JUDICIAIS

123 Os administradores adulteraram totalmente a ata do condomínio, inserindo nela interesses não discutidos em assembleia. A prova da adulteração é a gravação da assembleia. Cabe registrar Boletim de Ocorrência por falsificação ou basta alegar fraude?

O crime relatado não é falsificação, uma vez que para tanto o documento deveria estar impresso com um conteúdo e ter sido alterado fraudulentamente – o que não é o caso. A questão se encaixa no crime de falsidade ideológica.

Falsidade ideológica é quando um documento é formalmente perfeito e nele não há falsificação, mas alteração do conteúdo que ele deveria conter, seja por omissão ou inserção de informações de forma dolosa, que é quando o agente tem como intuito prejudicar direito, criar obrigação ou alterar a verdade sobre fato juridicamente relevante. Vejamos o artigo:

"Art. 299. Omitir, em documento público ou particular, declaração que dele devia constar, ou nele inserir ou fazer inserir declaração falsa ou diversa da que devia ser escrita, com o fim de prejudicar direito, criar obrigação ou alterar a verdade sobre fato juridicamente relevante:

Pena – reclusão, de um a cinco anos, e multa, se o documento é público, e reclusão de um a três anos, e multa, se o documento é particular."

Não obstante os desdobramentos criminais, no âmbito cível pode-se ingressar com medida judicial para anular a ata fraudulenta, no todo ou em parte, se for o caso.

Segue o acordão:

"Apelação cível. Condomínio em edifício. Ação declaratória. Anulação de ata de assembleia geral extraordinária. Irregularidade formal e material no documento. (TJ-SP, Relator: Mauro Conti Machado, Data de Julgamento: 30-6-2015, 13ª Câmara Extraordinária de Direito Privado.)"

124 Em uma assembleia, de que forma devem ser apresentadas as ações judiciais que desfavorecem determinado condômino? É permitido citarmos o nome e unidade do devedor em assembleias extraordinárias?

Inicialmente, ressalto que as ações judiciais respeitam o princípio da publicidade (art. 93, IX, da Carta Federal).

"Art. 93. Lei complementar, de iniciativa do Supremo Tribunal Federal, disporá sobre o Estatuto da Magistratura, observados os seguintes princípios:
(...)
IX – todos os julgamentos dos órgãos do Poder Judiciário serão públicos e fundamentadas todas as decisões, sob a pena de nulidade, podendo a lei limitar a presença, em determinados atos, às próprias partes e a seus advogados, ou somente a estes, em casos nos quais a preservação do direito à intimidade do interessado no sigilo não prejudique o interesse público à informação;".

Ressalva aos casos que estiverem em segredo de justiça (art. 5º, LX, da Carta Federal).

"*Verbis*: LX – a lei só poderá restringir a publicidade dos atos processuais quando a defesa da intimidade ou o interesse social o exigirem".

Assim, os processos podem ser mencionados em reuniões e assembleias com o cunho informativo, sem levar os interessados, presentes ou não, a situações vexatórias ou submetê-los a qualquer tipo de ofensa.

Porém, se as informações passadas forem seguidas de opiniões pessoais, ultrapassando os limites de mera informação, ou imputarem ofensas, os danos poderão ser reclamados pelo ofendido na esfera cível e criminal.

Sendo que é obrigação funcional do síndico dar conhecimento a assembleia sobre processos judiciais e administrativos. (art. III, 1,348 do CC)

125 Há 14 anos, uma assembleia alterou a cobrança de fração ideal para unidade, e não tinham 2/3 de presenças no dia da reunião. Depois desses anos todos, há possibilidade de pedirmos anulação da assembleia?

O prazo para a anulação da assembleia de condomínio é de 2 anos a partir do dia da realização da assembleia, com base no capítulo da invalidade no negócio jurídico do Código Civil, conforme descrito a seguir:

"Art.179. Quando a lei dispuser que determinado ato é anulável, sem estabelecer prazo para pleitear-se a anulação, será este de dois anos, a contar da data da conclusão do ato".

Entendimento dos Tribunais, no mesmo sentido:

"CIVIL E PROCESSO CIVIL. AÇÃO DE ANULAÇÃO. ASSEMBLEIA. CONDOMÍNIO. PRAZO DECADENCIAL. DOIS ANOS. PRAZO GERAL. SENTENÇA MANTIDA 1. O Código Civil estabelece cláusula geral de decadência para as ações anulatórias sem prazo. 2. O prazo para o exercício da pretensão anulatória referente à assembleia condominial é de dois anos, a contar da data de realização do ato. 3. Apelação conhecida e desprovida. (TJ-DF – APC: 20140810020855 DF 0002032-94.2014.8.07.0008, Relator: HECTOR VALVERDE SANTANNA, Data de Julgamento: 17-12-2014, 6ª Turma Cível, Data de Publicação: Publicado no *DJe* 27-1-2015. p. 530.)"

"DECISÃO: ACORDAM os integrantes da 8ª Câmara Civil, do egrégio Tribunal de Justiça do Estado do Paraná, sob a Presidência do Desembargador FAGUNDES CUNHA – Relator, Desembargador NÓBREGA ROLANSKI e Desembargadora LILIAN ROMERO – Vogais, por unanimidade de Votos, em CONHECER o recurso de TRIBUNAL DE JUSTIÇA DO ESTADO DO PARANÁ, 8ª Câmara Cível J.S. FAGUNDES CUNHA. EMENTA: J.S. FAGUNDES CUNHA, Estado do Paraná. APELAÇÃO CIVIL N. 1.217.229-1 Origem: 12ª VARA CIVIL DO FORO CENTRAL DA COMARCA DA REGIÃO METROPOLITANA DE CURITIBA Apelante: RICARDO DEBONI Apelado: EDIFÍCIO MARQUÊS DE VALENÇA Relator: DES. FAGUNDES CUNHA. APELAÇÃO CIVIL CONDOMÍNIO. PRETENSÃO ANULATÓRIA DO ART. 7º, 'O' DA CONVENÇÃO CONDOMINIAL E DA DECISÃO ASSEMBLEAR DO DIA 9-10-2008, QUE ESTIPULARAM O RATEIO DAS TAXAS CONDOMINIAIS PELA PROPORCIONALIDADE DAS FRAÇÕES IDEAIS. IMPOSSIBILIDADE. INOBSERVÂNCIA DO ART. 1.351 DO CC PARA ANULAÇÃO DA NORMA DISPOSTA NA CONVENÇÃO. INCIDÊNCIA DO ART. 267, INCISO IV DO CPC. DECADÊNCIA DO DIREITO PARA ANULAÇÃO DA ASSEMBLEIA CONDOMINIAL. INCIDÊNCIA DA REGRA GERAL DO ART. 179 DO CC. DECISÃO *ULTRA PETITA*. INOCORRÊNCIA. SENTENÇA CONFIRMADA, EMBORA COM OU- TROS FUNDAMENTOS.APELAÇÃO CIVIL CONHECIDA E, NO MÉRITO, NÃO PROVIDA. (TJPR – 8ª C.Cível – AC – 1217229-1 – Foro Central da Comarca da Região Metropolitana de Curitiba – Rel.: José Sebastião Fagundes Cunha – Unânime – J. 04.09.2014.) (TJ-PR – APL: 12172291 PR 1217229-1 (Acórdão), Relator: José Sebastião Fagundes Cunha, Data de Julgamento: 4-9-2014, 8ª Câmara Cível, Data de Publicação: *DJ* 1.444 30-10-2014.)"

Sendo que a questão em contento não é tão simples, pois envolve direito de propriedade, enriquecimento ilícito e a forma rateio.

Diferente do sugerido pela consulente que pretende anular a assembleia, o caso poderá ser contestado judicialmente no que concerne a ilegalidade no rateio, pois o mesmo se perpetua todo mês, porém o decurso do tempo poderá consolidar a nova realidade (supressio), sendo vedado no direito comportamento contraditório. No caso concreto deverá ser analisado a proporcionalidade do rateio implementado, boa-fé, decurso do tempo, aprovação regular e enriquecimento ilícito[40].

---

[40] (STJ – AREsp: 829370 RJ 2015/0318180-0, Relator: Ministro LÁZARO GUIMARÃES (DESEMBARGADOR CONVOCADO DO TRF 5ª REGIÃO), Data de Publicação: *DJ* 24-10-2017)

126 Como presidente de uma assembleia, fiz inserções na ata, as quais não constavam mais quando a recebi para assinar. O síndico não autorizou as minhas solicitações e convocou uma nova assembleia para alguém assinar no meu lugar. Isso está certo?

No caso de divergências na confecção da ata o síndico poderá convocar uma assembleia para ratificar os atos da assembleia anterior, e assim um novo presidente eleito assinará a ata ratificada[41].

De qualquer forma não poderá ocorrer a inclusão de elementos falsos na ata. Se isso ocorrer, o síndico/condomínio pode ser processado.

---

[41] CONDOMÍNIO EDILÍCIO. AÇÃO DECLARATÓRIA DE NULIDADE DE ASSEMBLEIA. Pretensão de declaração de nulidade de assembleia geral extraordinária. Sentença de extinção por perda superveniente do objeto. Apelo da autora. Ratificação posterior por assembleia cuja regularidade não foi impugnada especificamente. Questões debatidas na reunião que se pretende anular foram ratificadas por nova deliberação da massa condominial, sobressaindo a perda superveniente do objeto da ação sendo de rigor a extinção do feito sem julgamento do mérito. Majoração dos honorários advocatícios. RECURSO NÃO PROVIDO.
(TJ-SP – AC: 10517075420188260100 SP 1051707-54.2018.8.26.0100, Relator: Alfredo Attié, Data de Julgamento: 29-8-2020, 27ª Câmara de Direito Privado, Data de Publicação: 29-8-2020)

3.6 REUNIÕES

127 Todas as reuniões de condomínio são presididas pela mesma pessoa autoritária. Como evitar que ela presida as próximas?

O presidente de mesa deverá ser eleito nos termos da convenção, a qual poderá exigir que o presidente seja condômino, além de outras exigências, tais como impedir que o síndico conduza os trabalhos.

No caso relatado, se o presidente habitual não estiver conduzindo a assembleia de forma prudente, os presentes poderão eleger outro candidato, bastando que, na abertura dos trabalhos, um novo interessado se manifeste. Se existir mais de um interessado em presidir os trabalhos, o presidente deverá ser eleito pelos presentes, por meio de voto aberto.

128 Em nossas assembleias, sempre que vamos aumentar ou estipular cota extra para obras, há um condômino que grita, gesticula e não deixa ninguém falar. O que podemos fazer para impedir isso, já que somos 10 condôminos e só 7 vão às reuniões?

Infelizmente, muitas vezes temos nos deparado com pessoas em assembleias que, em vez de exporem suas opiniões, procuram impô-las. Esquecem-se de que as decisões no condomínio são sempre por meio do voto da maioria.

Para evitar esse tipo de situação, é importante um bom presidente de mesa para conduzir os trabalhos e tentar colocar ordem. Se a perturbação estiver atrapalhando toda a assembleia, a tendência é que essa se vire contra o tumultuador e ele se sinta acuado.

Mas, se mesmo assim, o tumultuador não cessar as manifestações contraproducentes e prejudiciais à paz no recinto, temos orientado que se faça a gravação sonora da assembleia.

Existe, ainda, a possibilidade de ingressar com uma ação de obrigação de não fazer, para que o tumultuador contumaz seja impedido de tumultuar ou participar da assembleia, sob a pena de pagar multa diária – podendo-se falar, ainda, em condômino antissocial.

Se o condômino estiver proferindo palavras ofensivas, estará ainda cometendo os crimes de calúnia, injúria ou difamação, previstos no Código Penal.

"CIVIL. DANO MORAL. OFENSAS PESSOAIS. SÍNDICO E CONDÔMINOS. ASSEMBLEIA CONDOMINIAL. DEGRAVAÇÕES. NULIDADE. INEXISTÊNCIA. INCONFORMISMO COM A GESTÃO DO CONDOMÍNIO. UTILIZAÇÃO DE ADJETIVOS OFENSIVOS E ESTIGMATIZANTES. IMPRECAÇÕES OFENSIVAS À SÍNDICA. MATERIALIZAÇÃO EM CARTAS ENVIADAS AOS OUTROS CONDÔMINOS E EM ASSEMBLEIA GERAL. OFENSA MORAL. CARACTERIZAÇÃO. COMPENSAÇÃO PECUNIÁRIA. EXPRESSÃO PECUNIÁRIA. REDUÇÃO. ADEQUAÇÃO AOS PRINCÍPIOS DA PROPORCIONALIDADE E DA RAZOABILIDADE. AGRAVOS RETIDOS. INTERPOSIÇÃO DE FORMA ORAL. REITERAÇÃO. INOCORRÊNCIA. NÃO CONHECIMENTO. HONORÁRIOS. ADEQUAÇÃO. REDUÇÃO. IMPOSSIBILIDADE. 1. O conhecimento do agravo retido interposto no trânsito processual é condicionado a expressa solicitação manifestada pela parte por ocasião da formulação de apelo ou do aviamento de contrarrazões, implicando a omissão quanto à solicitação de exame a impossibilidade de conhecimento do recurso retido nos autos (CPC, art. 523, § 1º). 2. Conquanto tenham caráter restrito, as assembleias condominiais tem por finalidade tratar questões afetas à coletividade compreendida pelos condôminos e à administração da coisa comum, defluindo desta constatação de que as gravações de reuniões assembleares, ainda que sem prévia autorização do condomínio, não encerram nulidade ou violação às garantias legalmente protegidas, notadamente em se considerando que as manifestações nelas explicitadas, naturalmente registradas em ata e disponibilizadas a todos os moradores, são aptas a fazerem prova sobre o havido durante as reuniões registradas. 3. Caracterizam-se como graves ofensas aos predicados pessoais e direitos da personalidade a qualificação da ocupante do cargo de síndica de prédio residencial a suscitação de dúvida, durante reunião assemblear, sobre a higidez e lisura da gestão que empreendia mediante o alinhamento de assertivas de que estaria 'passando sabão' nas contas condominiais e teria se beneficiado da administração em proveito próprio e se locupletado de valores. 4. Agregado ao fato de que as imprecações ofensivas impregnaram dúvida sobre a retidão moral e ética da afetada, traduzem seriíssima agressão aos direitos da sua personalidade, e, afetando sua dignidade, honorabilidade e intimidade e impingindo-lhe sofrimentos de natureza íntima, atingem sua autoestima, expõe o que lhe é íntimo e desqualificam sua respeitabilidade, ensejando-lhe abatimento moral e psicológico, caracterizando-se como fatos geradores do dano moral. 5. O dano moral, afetando os atributos da personalidade do ofendido e atingindo-o no que lhe é mais caro, se aperfeiçoa com a simples ocorrência do ato ilícito e aferição de que é apto a impregnar reflexos em sua personalidade, prescindindo sua qualificação da germinação de efeitos materiais imediatos, inclusive porque se destina a sancionar o autor do ilícito e assegurar ao lesado compensação pecuniária volvida a atenuar as consequências que lhe advieram da ação lesiva que o atingira mediante a fruição do que é possível de ser oferecido pela pecúnia. 6. A mensuração da compensação pecuniária devida ao atingido por ofensas de natureza moral, conquanto permeada por critérios de caráter eminentemente subjetivo ante o fato de que os direitos da personalidade não são tarifados, deve ser efetivada de forma parcimoniosa e em ponderação com os princípios da proporcionalidade, atentando-se para a gravidade dos danos havidos e para o comportamento do ofensor, e da razoabilidade, que recomenda que o importe fixado não seja tão excessivo a ponto de ensejar uma alteração na situação financeira dos envolvidos nem tão inexpressivo que redunde em uma nova ofensa à vítima, devendo ser privilegiado, também, seu caráter pedagógico e profilático. 7. Os honorários advocatícios devidos aos patronos da parte exitosa como contrapartida pelos serviços que realizaram, ponderados os trabalhos efetivamente executados, o zelo com que se portaram, o local e tempo de execução dos serviços e a natureza e importância da causa, devem necessariamente ser mensurados em percentual incidente sobre o valor da condenação em se tratando de ação condenatória, ensejando que sejam mantidos quando fixados no patamar médio de 15% (quinze por cento), mormente se aferido que o importe se coaduna com a regulação legal (CPC, art. 20, §§ 3º e 4º). 8. Apelação conhecida e parcialmente provida. Preliminar rejeitada. Unânime. (TJ-DF – APC: 20130710002586, Relator: TEÓFILO CAETANO, Data de Julgamento: 19-8-2015, 1ª Turma Cível, Data de Publicação: Publicado no DJe 28-8-2015, p. 124.)"

E, por fim, o pouco conhecido artigo da Lei de Contravenções Penais, que atribui o tumulto em reuniões como crime:

"Art. 42. Perturbar alguém o trabalho ou o sossego alheio:

I – Com gritaria ou algazarra;

Pena: prisão simples, de quinze dias a três meses, ou multa, de duzentos mil réis a dois contos de réis."

3.7 ACESSIBILIDADE

129 Menores podem andar desacompanhados nos elevadores?

A norma da ABNT de 1998 proíbe o transporte de menores de 12 anos desacompanhados em elevadores. Já no Estado de São Paulo, por exemplo, a Lei n. 12.751/98 determina que a idade mínima para andar desacompanhado em elevadores é de 10 anos.

Acidentes fatais[42] com crianças têm ocorrido em elevadores. Além da importância da responsabilidade para com as crianças, devemos nos atentar para situações que trazem responsabilidades para o condomínio[43] e síndico. Manter as máquinas em dia com manutenções, cumprimentos de normas ABNT e placas indicativas exime a responsabilidades do condomínio[44] e síndicos.

---

[42] Disponível em: https://www.i7news.ig.com.br/noticia/59521/cidades/menina-de-7-anos-sofre-acidente-fatal-com-corda-em-elevador-caso-acende-alerta-aos-pais-08082022. Acesso em: 30-7-2023 às 11:35

[43] Disponível em: https://www.tjdft.jus.br/institucional/imprensa/noticias/2014/junho/familia-sera-indenizada-por-amputacao-de-dedo-de-crianca-em-porta-de-elevador. Acesso em: 30-7-2023 às 11:35

[44] APELAÇÃO CÍVEL. DIREITO CIVIL. AÇÃO INDENIZATÓRIA. ACIDENTE NO ELEVADOR. DEFEITO NO SENSOR DE PRESENÇA. CONDÔMINO. RESPONSABILIDADE OBJETIVA DO CONDOMÍNIO NA FORMA DO ART. 927, § ÚNICO, DO CÓDIGO CIVIL. DEVER DE MANUTENÇÃO PERIÓDICA E PREVENTIVA NO EQUIPAMENTO. DANO MORAL IN RE IPSA. REFORMA PARCIAL DA SENTENÇA. – Pretensão do autor à reforma da sentença, no sentido da procedência do pedido, sob o argumento de que comprovou que o elevador estava com defeito, conforme relato no livro de ocorrências do condomínio, bem como o dano sofrido, destacando a conduta omissiva do réu em relação à manutenção dos elevadores – Responsabilidade objetiva do condomínio, à luz do art. 927, § único, do Código Civil – O fato narrado na exordial restou minimamente comprovado pelo autor, haja vista a notícia no livro de reclamações do condomínio acerca de defeito no sensor de presença do elevador de serviço, no dia do acidente, sobre o qual o preposto do réu disse que estava ciente – Condomínio que falhou, de forma comissiva, em seu dever de solicitar o reparo do equipamento ou, no mínimo, de modo omissivo, quanto ao ônus de fiscalizar o serviço prestado pela empresa de manutenção dos elevadores, já que a testemunha arrolada pelo próprio réu (mecânico responsável pela manutenção dos elevadores no condomínio) disse em Juízo que não foi cientificado acerca de qualquer defeito – Autor que demonstrou o nexo causal entre o fato narrado e uma lesão leve no braço. Inexiste, contudo, demonstração de liame causal entre o acidente e a "rutura músculo tendínea em face lateral de cotovelo direito", eis que

130 **O que síndicos e administradores precisam fazer para garantir acessibilidade aos portadores de necessidades especiais ou com restrições de mobilidade? O não cumprimento da lei pode gerar algum tipo de prejuízo ou multa aos moradores?**

Sempre que realizar reformas, é importante adequá-las às exigências da ABNT 9050:2020, nos moldes do artigo:

"Art. 18. A construção de edificações de uso privado multifamiliar e a construção, ampliação ou reforma de edificações de uso coletivo devem atender aos preceitos da acessibilidade na interligação de todas as partes de uso comum ou abertas ao público, conforme os padrões das normas técnicas de acessibilidade da ABNT.

Parágrafo único. Também estão sujeitos ao disposto no *caput* os acessos, piscinas, andares de recreação, salão de festas e reuniões, saunas e banheiros, quadras esportivas, portarias, estacionamentos e garagens, entre outras partes das áreas internas ou externas de uso comum das edificações de uso privado multifamiliar e das de uso coletivo."

Como são exigências construtivas, a própria prefeitura irá fiscalizar a adequação do projeto antes de aprovar a construção ou reforma e fiscalização, no caso de não cumprimento. As sanções são administrativas e vão desde multas, com base no código de obras, até paralização das obras e interdição.

131 **Quem arca com o pagamento de possíveis adaptações e reformas dos espaços para adequação da acessibilidade?**

Se edificados após 2004, os condomínios deverão seguir as normas de acessibilidade e o custo será repartido entre todos levando-se em conta o critério de rateio do condomínio; caso contrário, a realização das respectivas obras de adaptação dependerão de aprovação em assembleia

"Art. 18 A construção de edificações de uso privado multifamiliar e a construção, ampliação ou reforma de edificações de uso coletivo devem atender aos precei-

---

o apelante procurou atendimento médico 6 (seis) dias após o trauma, conduta incompatível com a alegada gravidade da lesão – Autor que deixou de requerer a produção de prova pericial médica, imprescindível à comprovação do alegado dano estético e do nexo causal para ocorrência da lesão que ensejou o procedimento cirúrgico – Elementos adunados aos autos que são capazes de demonstrar o nexo de causalidade entre o acidente narrado na exordial e uma lesão leve no braço do autor, afigurando-se suficiente o valor de R$ 2.000,00 (dois mil reais), para reparação do dano extrapatrimonial, à luz dos princípios da razoabilidade e proporcionalidade. PROVIMENTO PARCIAL DO RECURSO.
(TJ-RJ – APL: 00289480920178190209, Relator: Des(a). MARIA HELENA PINTO MACHADO, Data de Julgamento: 13-11-2019, 4ª CÂMARA CÍVEL)

tos da acessibilidade na interligação de todas as partes de uso comum ou abertas ao público, conforme os padrões das normas técnicas de acessibilidade da ABNT.

(...)

VIII – Edificações de uso privado: aquelas destinadas à habitação, que podem ser classificadas como unifamiliar ou multifamiliar."

132 **Quando foi regulamentada a promoção da acessibilidade em prédios residenciais? Quem faz cumprir a lei?**

A regulamentação é federal e está no Decreto n. 5.296, de 2 de dezembro de 2004, o qual menciona a necessidade de adequação às normas contidas em ABNT NBR 9050:2004 (hoje a versão mais recente, de 2020).

A fiscalização fica atribuída à vigilância sanitária ambiental e, quando regulamentada nas esferas estaduais ou municipais, deve-se observar o código de obras ou qualquer outra lei complementar ao decreto.

133 **Quais são as vantagens que as adaptações de acessibilidade para moradores e visitantes podem trazer aos condomínios que as fizerem? De onde virão os recursos para a realização dessas mudanças? Os moradores participam do rateio ou o valor total da obra deverá ser retirado do fundo de obras?**

As vantagens resumem-se a três situações:

1 – Se o condomínio tiver sido construído após o ano de 2004, as obras de acessibilidade deverão fazer parte do projeto para cumprir o que determina a lei.

2 – Se a construção for anterior a 2004 e nela executarem-se reformas, as normas da ABNT deverão ser seguidas.

3 – Se a construção for anterior a 2004 e nelas não houver reformas, as adaptações para acessibilidade dependerão do ensejo de atender às necessidades de seus moradores, desde que aprovadas em assembleia.

Lembrando que a assembleia definirá a forma de custeio ou utilização dos recursos destinados às obras (rateio ou utilização de algum fundo de reserva ou similar).

3.8 AUDITORIA

134 Quando é necessário realizar auditorias em condomínios? Quem realiza esse serviço? Quem arca com os custos?

Auditorias podem ser realizadas de forma preventiva, ou no caso de haver necessidade de verificar as contas de uma gestão específica ou de uma obra de forma investigativa. Trata-se de um serviço realizado por contadores e auditores – portanto, por empresas especializadas no mercado. Sua realização requer aprovação em assembleia, sendo que os custos serão suportados pelos condôminos, na proporção das suas frações ideais.

135 Se um morador desconfiar das contas, poderá solicitar auditoria?

Sim, poderá solicitá-la, mas a sua contratação depende de autorização do síndico ou de uma assembleia, pois existem custos relacionados a aprovação. No caso de urgência, contrata-se a auditoria e posteriormente ratifica-se essa contratação em assembleia.

136 Que contas podem ser auditadas? Todo o balanço de caixa? Anos anteriores podem ser questionados também?

A auditoria normalmente é contratada para verificar mês a mês todas as contas do prédio e emitir parecer mensal de forma preventiva. No fim de cada exercício anual, emite-se um relatório final que norteará a aprovação de contas pelos condôminos.

Nada impede que sejam auditadas contas pretéritas, mesmo que aprovadas em assembleia, pois têm presunção relativa, porém antes se deve avaliar a finalidade da solicitação e qual o objetivo prático da medida.

Ou seja, todas as contas podem ser auditadas, mesmo as já aprovadas, pois elas possuem presunção relativa. Quem requer a auditoria é o síndico, ou pode ser definido em assembleia.

137 O síndico está há quase uma década no poder e entendo que temos alguns problemas nas contas. É importante fazermos auditoria no nosso condomínio?

A importância da auditoria está no fato de ela oferecer segurança aos condôminos, no sentido de ter um "olho a mais" no seu dia a dia. Não sei se é o caso no seu condomínio, mas geralmente os condomínios que buscam esse caminho são aqueles que já tiveram algum problema no passado, relacionado às contas condominiais.

O serviço de auditoria não é um serviço barato; mas, caso alguns condôminos estejam com dúvidas em relação à idoneidade das contas, essa é uma saída importante e que pode resolver conflitos dessa ordem em relação à gestão. Lembrando que seria necessária a definição de contratar por parte do síndico ou definição em assembleia.

138 Ao assumir a gestão condominial, detectamos uma série de problemas nas contas da gestão anterior e decidimos contratar uma auditoria, para entender tudo em que estamos envolvidos. Qual tipo de auditoria devemos contratar nesse caso?

Há dois tipos de auditorias: a investigativa e a preventiva.

Esse é um caso típico de auditoria investigativa, pois vocês estão buscando entender as contas e erros da gestão anterior. Nesse sentido, contratar uma auditoria com esse intuito é o melhor caminho, pois ela é feita baseada nas pastas do condomínio do período a ser auditado, tendo como objetivo a busca de um melhor entendimento das contas desse período.

139 Sou síndico e os condôminos querem que tenhamos uma auditoria no condomínio. Quais são as formas de auditoria existentes?

Em teoria, há dois tipos de auditorias: a auditoria preventiva e a auditoria investigativa.

A auditoria preventiva oferecerá ao condomínio um acompanhamento das suas contas, prestando o serviço ao longo dos meses. Todos os meses, as contas condominiais serão analisadas, de forma a assegurar que as contas estejam sendo pagas em dia; que todos os impostos (diretos ou indiretos) estejam quites; que os serviços pagos tenham sido entregues etc.

No caso da auditoria investigativa, ela normalmente entrará em ação quando os condôminos ou a gestão tiverem dúvidas em relação à idoneidade da gestão atual ou anterior. Isso porque esse tipo de auditoria busca investigar as contas (pastas) do condomínio referentes ao período a ser auditado. Esse tipo de auditoria, por exemplo, poderá acontecer quando as contas não tiverem sido aprovadas pelo conselho ou moradores.

140 Estou me candidatando a síndico do prédio, pois o atual abandonou o cargo, bem como todos os que faziam parte do conselho. Posso pedir auditoria das contas?

É possível solicitar auditoria em assembleia; porém, caberá à assembleia deliberar e aprovar pela maioria dos presentes, caso entenda necessária sua contratação.

Se houver necessidade de rateio, imprescindível aprovar a despesa em assembleia com item específico ou dentro da previsão orçamentária.

3.9 TAXAS EXTRAS

141 Pela segunda vez, o síndico criou taxas extras no boleto do condomínio: seis parcelas para despesas com tubulações de esgoto e calhas de chuva, além da cobrança de custos de cartório, referentes ao protesto de empresa prestadora de serviços. Taxas extras não devem ser pré-aprovadas em assembleia extraordinária?

O síndico não tem autonomia para criar taxas extras sem a aprovação dos condôminos, pois sua atuação está vinculada à lei, à convenção, ao regimento interno e a deliberações em assembleias.

A previsão orçamentária para o próximo exercício do condomínio é aprovada anualmente (conforme prevê o art. 1.350 do Código Civil), quando então o síndico submeterá aos presentes a aprovação da previsão orçamentária.

Caso a receita não seja suficiente e necessite de ajustes, o síndico deverá convocar uma assembleia extraordinária e aprovar nova proposta de orçamento, o mesmo ocorrendo em caso de despesas extras. Nos casos de urgência, os síndicos utilizam os valores disponíveis no fundo de reservas, depois ratificam sua utilização e aprovam a arrecadação para repor o fundo, se necessário. Porém, o mais seguro, quando viável, é convocar assembleia previamente para aprovar a utilização do fundo de reserva, se for o caso.

Quanto à despesa extra, não é cabível em hipótese alguma a emissão e posterior ratificação, uma vez que se trata de arrecadação e, para que isso ocorra, é necessário haver prévia deliberação da assembleia – diferentemente do fundo de reserva, em que o dinheiro já estaria arrecadado, conforme convenção do condomínio ou deliberação prévia.

Assim, a emissão de cota extra[45] sem pré-aprovação denota má-gestão, o que é

---

[45] EMENTA: APELAÇÃO CÍVEL – AÇÃO ORDINÁRIA – PRELIMINAR DE CERCEAMENTO DE DEFESA – REJEITADA – INSTITUIÇÃO DE TAXA EXTRA PARA REFORMA – AUSÊNCIA DE QUORUM PARA APROVAÇÃO EM ASSEMBLEIA – PEDIDO RECONVENCIONAL – NULIDADE DA TAXA – INOBSERVÂNCIA DA CONVENÇÃO DE CONDOMÍNIO – IMPOSSIBILIDADE DE COBRANÇA – AUSÊNCIA DO PAGAMENTO DO CONDOMÍNIO – DECOTE DA TAXA EXTRA – COBRANÇA – CABIMENTO. O magistrado deve analisar, tendo em vista a existência de outros elementos de con-

passível de destituição do síndico e justifica, por parte dos condôminos, o não pagamento da monta em desacordo com o aprovado em assembleia.

142 **Em assembleia, decidimos cobrar uma taxa extra durante um ano para reparação e pintura do prédio, bastante deteriorado. Somos em vinte condôminos, sendo sete presentes na reunião. Essa assembleia pode ser anulada pelos que não estavam presentes na reunião? O regimento interno não é soberano quando diz que o voto da maioria é válido e que os ausentes têm que se submeter à decisão da assembleia?**

Uma assembleia regularmente convocada somente poderá ter suas decisões anuladas se for realizada uma nova assembleia com o objetivo de modificar tal decisão.

Quanto ao voto da maioria, é importante destacar que algumas decisões somente podem ser tomadas quando da existência de quórum qualificado, como no caso da alteração da convenção. Se não estiverem presentes nem representados por 2/3 dos condôminos, a decisão é nula (art. 1.351 do Código Civil).

Porém, as decisões que não prescindirem de quórum especial poderão ser tomadas por maioria simples (art. 1.353 do Código Civil). Dessa forma, se estiverem presentes apenas duas pessoas e estas acordarem com algo, a decisão delas é válida e obrigará aos ausentes. O que não pode ocorrer é a ausência de convocação de todos os condôminos (art. 1.354 do Código Civil). Desta forma, se a taxa extra não for referente a obras que necessitem de quórum qualificado (art. 1.341 do Código Civil), pode ser aprovada com maioria simples.

143 **O rateio extra para a cobertura deve ser por unidade ou por fração ideia?**

Esta é uma questão que tem vindo à tona no nosso universo condominial de forma cada vez mais constante. Os proprietários de coberturas têm contestado as cobranças a maior principalmente quando se refere a aquisições pontuais, por exemplo de equipamento para a sala de ginástica, e prestação de serviços, tais como assessoria esportiva, a qual se justificaria por um serviço *pay per use*.

---

vicção nos autos, se as provas requeridas pelas partes se mostram imprescindíveis para o deslinde da controvérsia. Somente é válida a cobrança de taxa extra aprovada em assembleia, com observância do quórum necessário exigido na lei e na Convenção condominial. Não tendo a parte comprovado que efetuou o pagamento da taxa do condomínio em valor normal e ajustado, com o decote da taxa extra instituída, no período discutido, uma vez que é dever do condômino contribuir com as despesas do condomínio, na proporção de sua fração ideal, deve o réu ser condenado ao pagamento da taxa de condomínio no período inadimplido.
(TJ-MG – AC: 10024110383262001 Belo Horizonte, Relator: Marco Aurelio Ferenzini, Data de Julgamento: 31-8-2017, Câmaras Cíveis / 14ª CÂMARA CÍVEL, Data de Publicação: 11-9-2017)

A cobrança de rateio deve seguir sempre o que preconizar a convenção, via de regra, independentemente da natureza do rateio, a cobertura deverá arcar com a sua cota-parte correspondente por fração ideal. Nesse sentido TJ-MS – AC: 0806411-86.2018.8.12.0001

"AUTOR PROPRIETÁRIO DE COBERTURA DUPLEX – FRAÇÃO MAIOR QUE DOS DEMAIS CONDÔMINOS – ART. 1.336, I, DO CC – ART. 12, § 1º, DA LEI N. 4.591/64 – AUSÊNCIA DE ILEGALIDADE E ENRIQUECIMENTO ILÍCITO – TAXA EXTRA SOBRE FUNDO ESPECÍFICO – CRITÉRIO DA FRAÇÃO IDEAL – SENTENÇA MANTIDA – RECURSO DESPROVIDO"[46].

144 Nas gestões anteriores, recolhia-se uma taxa em separado como "fundo para cobertura de inadimplência". Como síndica, mantive essa cobrança, mas tenho dúvidas sobre a forma correta de rateio. O valor para cobertura de inadimplência deve compor a taxa de condomínio, na qual o inquilino é responsável pelo pagamento, ou deve haver realmente um fundo específico, cuja responsabilidade seria do proprietário?

A forma correta de ratear a inadimplência é dentro da previsão orçamentária das despesas ordinárias. O valor deve ser previsto com base no histórico de inadimplência do condomínio. E assim, como o valor da inadimplência irá compor a cota mensal e passará a cobrir despesas ordinárias do condomínio, o inquilino estará obrigado a pagar.

---

[46] APELAÇÃO CÍVEL – AÇÃO REVISIONAL DE TAXA CONDOMINIAL C/C RESTITUIÇÃO DE VALORES – PRELIMINAR DE NULIDADE DA SENTENÇA POR AUSÊNCIA DE FUNDAMENTAÇÃO – AFASTADA – COBRANÇA DA TAXA CONDOMINIAL DE ACORDO COM A FRAÇÃO IDEAL – PREVISÃO CONTIDA NA CONVENÇÃO DE CONDOMÍNIO – AUTOR PROPRIETÁRIO DE COBERTURA DUPLEX – FRAÇÃO MAIOR QUE DOS DEMAIS CONDÔMINOS – ART. 1.336, I, DO CC – ART. 12, § 1º, DA LEI N. 4.591/64 – AUSÊNCIA DE ILEGALIDADE E ENRIQUECIMENTO ILÍCITO – TAXA EXTRA SOBRE FUNDO ESPECÍFICO – CRITÉRIO DA FRAÇÃO IDEAL – SENTENÇA MANTIDA – RECURSO DESPROVIDO. 1. Não há se falar em nulidade da sentença quando devidamente fundamentada na legislação vigente. 2. A divisão do valor da taxa condominial se dá com base na fração ideal da unidade imobiliária, ou seja, as unidades imobiliárias com fração ideal maior pagarão taxa condominial em valor superior às demais unidades com frações menores, salvo previsão contrária na convenção. 3. Não há ilegalidade no pagamento a maior de taxa condominial por apartamentos em cobertura decorrente da fração ideal do imóvel, uma vez que a convenção de condomínio adotou o rateio nos termos dos arts. 1.336, I, do CC e art. 12, § 1º, da Lei n. 4.591/64. 4. A taxa extra sobre Fundo Específico foi aprovada em Assembleia Geral Extraordinária, devendo seu rateio se dar da mesma forma que a taxa de condomínio.
(TJ-MS – AC: 08064118620188120001 MS 0806411-86.2018.8.12.0001, Relator: Des. Fernando Mauro Moreira Marinho, Data de Julgamento: 24-11-2021, 2ª Câmara Cível, Data de Publicação: 29-11-2021)

Entendo que recolher a inadimplência em boleto apartado é desnecessário, só incitará a indignação dos que ali coabitam e não resolverá a situação. Concomitantemente ao rateio, é importante que o condomínio tome as medidas necessárias para recuperar os valores em aberto. Mesmo que a cota seja cobrada em apartado, o inquilino estará obrigado a pagar, pois o que importa não é a forma da cobrança (rateio extra, no caso) e sim a natureza da despesa (de custeio/ordinária).

145 **A convocação de assembleia geral ordinária foi feita com antecedência de 15 dias, entregue e assinada por cada condômino e sua data, exposta em quadro de avisos. Em pauta, estava o rateio do reboque de um salão de festas em construção. Realizamos a assembleia e aguardamos em segunda chamada, tudo conforme o recomendado. Acertamos o valor do rateio e redigimos a ata, encaminhando-a aos condôminos. Mas, ao entregar-lhes os boletos, alguns alegaram que não pagarão. Como devo agir com esses condôminos?**

Conforme relato, todos os atos convocatórios foram praticados de acordo com o prescrito em lei, como segue:

1 – Votação nos moldes do parágrafo único do art. 1.352 do Código Civil, o qual aduz que os votos devem seguir o critério de fração ideal, salvo disposto em contrário na convenção.

2 – Deliberação em segunda convocação, caso em que a assembleia poderá deliberar por maioria dos votos dos presentes, salvo quando exigido quórum especial (art. 1.353 do Código Civil).

3 – Natureza da obra, reparos, quórum simples.

E, ainda, todos os condôminos foram convocados para a assembleia, nos termos do art. 1.354 do Código Civil. As demais exigências relatadas, como o prazo para distribuição da ata, bem como o ato de afixar-se a convocação no quadro de avisos, são determinações da convenção. Dessa forma, se não houver qualquer outra irregularidade não mencionada, tanto a votação quanto o rateio são legais e obrigam os ausentes a pagá-lo, sob a pena de serem cobrados judicialmente com os persecutórios legais.

Nesse sentido:

"JUIZADOS ESPECIAIS. CONDOMÍNIO. Taxas Extras Aprovadas em Assembleia. Alegação de Obra Desnecessária. 1. A Decisão tomada em assembleia regular obriga a todos os condôminos, estejam ou não presentes ou em desacordo com o decidido. E, até que a assembleia venha anulada em ação própria, subsistem as obrigações que dela decorrem. 'A Declaração Judicial de Ineficácia do Ato Negocial opera *ex-nunc*, de modo que o negócio produz efeitos até esse momento, respeitando-se as consequências geradas anteriormente' (cf. Maria Helena Diniz C/Civil Anotado, E. Saraiva, 1995, p.147). 2. *Não vinga a pretensão condômino de ver declarada a sua desobrigação de pagamento de taxas aprovadas em assembleia, enquanto não demandar a sua anulação em processo próprio para esse fim. 3. Recurso provido.* (TJ-DF – ACJ: 20000110087845 DF, Relator: ANTONINHO LOPES, Data de Julgamento: 10-2-2004, Primeira Turma Recursal dos Juizados Especiais Cíveis e Criminais do D.F., Data de Publicação: *DJU* 11-5-2004, p. 69)" (grifei).

146 O síndico emitiu uma cota extra sobre os pagamentos de décimo terceiro dos funcionários, dividindo o valor apenas entre condôminos adimplentes (o total de inadimplentes não é divulgado). Uma vez que essa taxa extra nem sequer deveria ser rateada entre condôminos (adimplentes ou inadimplentes), está certo realizar cobranças dessa forma?

Qualquer rateio que ocorra dentro do condomínio deve ser dividido por todas as unidades, na proporção de suas frações ideais ou conforme disposto em convenção. Qualquer medida fora disso é ilegal e infringe o direito de propriedade de cada condômino.

O direito de pagar sobre o proporcional de sua propriedade, conforme estabelecido no ato constitutivo do condomínio, é um direito garantido e somente poderia ser modificado com a alteração da forma de rateio, com o voto de 2/3 dos condôminos.

Alguns prédios colocam dentro do rateio um percentual correspondente à inadimplência. A título exemplificativo, se a necessidade é arrecadar R$ 10 mil e o percentual de inadimplência é de 10%, aprova-se um rateio de R$ 11 mil e à medida que os devedores forem pagando, a receita será revertida para a conta especificada ou para outra finalidade, mediante aprovação da assembleia. O que é totalmente diferente de efetuar o rateio somente entre adimplentes, pois isso implicaria falta de cobrança pela forma estabelecida na convenção e enriquecimento ilícito dos devedores.

Quanto à inadimplência, é importante observar que é direito dos condôminos saberem quem está e quem não está quite com o condomínio. Dessa forma, pode-se solicitar a relação de devedores, bem como esclarecimentos das medidas que estão sendo tomadas em face de cada devedor. O que não podem ser feitos são exposições vexatórias dos devedores em quadros de avisos e outros atos de constrangimento, sejam em assembleia ou fora dela:

"AÇÃO DE INDENIZAÇÃO POR DANOS MORAIS. *Condomínio. Divulgação de lista de inadimplentes. Sentença de improcedência.* Apelam os autores arguindo cerceamento de defesa pelo julgamento antecipado; que as listas foram colocadas em todas as áreas comuns do edifício; que mesmo após acordo judicial e pagamento de parcela, constou sua unidade como devedora; *sustentam ainda que os débitos somente poderiam ser conhecidos pelos demais condôminos e não por terceiros que frequentam o prédio. Descabimento.* Temática de natureza eminentemente de direito. Falta de especificação de prova faltante que fosse imprescindível para o julgamento. Ausência de identificação do nome dos devedores, indicação apenas das unidades respectivas. Fotos juntadas com a inicial demonstram *que a divulgação se deu tão-somente nos quadros de aviso. A informação sobre fato verdadeiro de interesse do condomínio representa exercício regular de direito. Inexistência de abuso.* Eventual inscrição incorreta referente a um dos meses poderia ser corrigida por meio de singelo pedido ao síndico. Apelante não inovou o que já havia sido exposto nos autos e rebatido na sentença. Motivação da sentença adotada como fundamentação do julgamento em segundo grau. Adoção do art. 252 do RITJ. Recurso improvido. (TJ-SP – APL: 9121166752002826 SP 9121166-75.2002.8.26.0000, Relator: James Siano, Data de Julgamento: 17-8-2011, 5ª Câmara de Direito Privado, Data de Publicação: 24-8-2011)" (grifei).

"CONDOMÍNIO. DESPESAS. COBRANÇA. Ação julgada procedente. Inépcia da inicial. Não ocorrência. Suficiência dos elementos apresentados. Planilha apresentada com a inicial hígida e correta. Dever do condômino de contribuir proporcionalmente com as despesas. *Alegação de constrangimento pela divulgação de relação de condôminos inadimplentes no boleto emitido aos outros condôminos. Ausência de conduta irregular. Rejeição das preliminares e improvimento do recurso.* Os documentos exibidos, no âmbito da ação de cobrança de despesas condominiais, mostram-se suficientes para o ajuizamento da demanda. A obrigação de pagar as despesas ordinárias e extraordinárias decorre da existência jurídica do condomínio e eventual irregularidade deve ser enfrentada em ação distinta. Não constitui constrangimento ou situação vexatória a simples inclusão do nome do condômino no rol dos devedores emitido nos boletos aos outros condôminos. (TJ-SP – APL: 2070048620098260100 SP 0207004-86.2009.8.26.0100, Relator: Kioitsi Chicuta, Data de Julgamento: 30-6-2011, 32ª Câmara de Direito Privado, Data de Publicação: 30-6-2011)" (grifei).

147 Consegui fazer uma reserva para a manutenção de um parquinho, mas o ex-síndico cobrou na justiça um valor maior do que aquele que o morador devia, e este entrou com uma ação de dano moral e devolução em dobro. Agora, vamos ter de pagar R$ 20 mil reais. Mesmo tendo dinheiro em conta, posso cobrar uma taxa extra para pagar a indenização e evitar mexer no saldo em conta atual?

A verba não é ordinária. É preciso fazer uma assembleia e definir o rateio para fazer frente à despesa extraordinária ou à utilização de outro valor disponível, desde que aprovado.

148 Podem ser cobrados juros, multas sobre taxa extra e atualização monetária do condômino inadimplente?

A taxa de condomínio é composta por despesas ordinárias, as quais compõem gastos usuais do condomínio, tais como despesas com pessoal, água, luz, manutenções, elevadores, entre outros.

Vale lembrar que, às vezes, as previsões orçamentárias têm previsão para despesas extras. Neste caso, constará na própria previsão certo valor para o caso de ocorrer alguma situação fora das questões ordinárias – como, por exemplo, furos nos canos, quebra de elevadores, dispensa de funcionários, entre outros.

Porém, se as despesas extras não estiverem dentro da previsão orçamentária, o condomínio deverá chamar uma assembleia para o fim de arrecadar monta específica com o objetivo de complementar o orçamento. Esta cobrança extra, assim como a cobrança ordinária, sofrerão os mesmos acréscimos no caso de inadimplemento – quais sejam: 2% de multa por atraso; juros de 1% ao mês, conforme previsão do Código Civil; e correção monetária, conforme previsto em convenção.

"Art. 1.336. (...)

§1º O condômino que não pagar a sua contribuição ficará sujeito aos juros moratórios convencionados ou, não sendo previstos, os de um por cento ao mês e multa de até dois por cento sobre o débito."

Para a correção monetária, o índice preceituado em convenção ou INPC, conforme entendimento do STJ.

"DIREITO CIVIL. RECURSO ESPECIAL. DÉBITOS CONDOMINIAIS. CONDENAÇÃO JUDICIAL. CORREÇÃO MONETÁRIA. ÍNDICE APLICÁVEL. INPC. 1. Discussão relativa ao índice de correção monetária a ser adotado para atualização de débitos de condomínio, objeto de condenação. 2. Esta Corte decidiu que não há ilegalidade ou abusividade na adoção do IGP-M para atualização monetária de débitos, quando esse índice foi eleito pelas partes. 3. *Na hipótese, a convenção de condomínio não prevê qual índice deverá ser adotado para atualização de débitos. 4. A correção pelo INPC é adequada à hipótese, além de estar em consonância com a jurisprudência do STJ*, no sentido da utilização do referido índice para correção monetária dos débitos judiciais. Precedentes. 5. Recurso especial desprovido. (STJ, Relator: Ministra NANCY ANDRIGHI, Data de Julgamento: 6-8-2013, T3 – 3ª Turma)" (grifei).

149 É possível criar uma taxa extra para a aquisição de material elétrico, com o objetivo de melhorar a iluminação da rua? Aqui, ela é escassa e não oferece segurança.

Sim, desde que devidamente aprovada por assembleia.

Seja para segurança ou para efeito estético, trata-se de uma despesa extraordinária que visa a valorização do condomínio. Portanto, quem deverá arcar com essa despesa sempre será o condômino. Lembrando apenas que a iluminação deverá ficar dentro do condomínio.

3.10 ELEIÇÃO

150 Nosso síndico foi eleito por 12 meses, mas continuou exercendo seu mandato por mais 2 anos (o que, conforme previsto na convenção, caracteriza erro). Se ocorrer audiência em prazo que inviabilize a realização de assembleia, o síndico poderá pleitear poder de representação? Em caso afirmativo (e sendo isso do interesse da maioria), haveria algum entendimento jurídico do qual possamos nos valer para evitar que isso aconteça?

De forma prática, se for algum caso trabalhista há risco de que,, no ato da audiência, quando os documentos forem conferidos e, assim, será observado que a ata que elegeu o síndico foi por 12 meses em vez de 24. Imagine a situação! Seria caso de revelia. Não obstante exista entendimento de que na ausência de nova assembleia, o mandato do síndico estaria prorrogado de forma tácita[47], o que não deixa de representar um risco. Por exemplo, o banco não aceita esta justificativa e as contas bancá-

---

[47] APELAÇÃO CÍVEL. DIREITO CIVIL. DESPESAS CONDOMINIAIS. CONTRATO DE PROMESSA DE COMPRA E VENDA. PRELIMINARES. CERCEAMENTO DE DEFESA. INOCORRÊNCIA. OMISSÃO DO JUIZ A QUO. INEXISTÊNCIA. DENUNCIAÇÃO À LIDE. DESCABIMENTO. AUSÊNCIA DOS REQUISITOS LEGAIS. IRREGULARIDADE DA REPRESENTAÇÃO LEGAL DO CONDOMÍNIO. INEXISTÊNCIA. MANDATO DO SÍNDICO. PRORROGAÇÃO TÁCITA. TAXA CONDOMINIAL. PAGAMENTO. CONDÔMINO PROPRIETÁRIO OU POSSUIDOR. LEGITIMIDADE PASSIVA AD CAUSAM. OBRIGAÇÃO *PROPTER REM*. APELAÇÃO CONHECIDA E DESPROVIDA. SENTENÇA MANTIDA. 1. Inexiste cerceamento de defesa, se o pedido de denunciação da lide foi de alguma forma apreciado pelo juiz a quo e somente não surtiu efeito pela ausência de cumprimento dos requisitos necessários à sua admissibilidade, em observância ao art. 125 do Código de Processo Civil. Preliminar rejeitada. 2. Na ausência de assembléia para eleição de novo representante do condomínio, há prorrogação tácita do mandato do síndico, até que outro seja eleito para o cargo, porquanto o condomínio não pode ficar acéfalo. 3. O adquirente do imóvel responde pelas taxas de condomínio devidas pelo alienante, em razão de sua natureza *propter rem, ex vi* art. 1.345 do Código Civil. 4. Seja na condição de possuidor ou de proprietário do imóvel, ao Apelante remanesce a obrigação pelo pagamento das obrigações decorrentes da relação condominial (art. 1.336, I, Código Civil), sem prejuízo da ação de regresso. 5. APELAÇÃO CONHECIDA E DESPROVIDA.
(TJ-DF 20150710225533 DF 0022063-07.2015.8.07.0007, Relator: LUÍS GUSTAVO B. DE OLIVEIRA, Data de Julgamento: 6-9-2017, 4ª Turma Cível, Data de Publicação: Publicado no DJe 18-9-2017. p. 188/202)

rias em nome do condomínio não poderão sem movimentas por síndico com mandato vencido, assim como não haverá possibilidade de se renovar os certificados digitais do condomínio.

A previsão de eleição no Código Civil por até 2 anos deixa claro que há possibilidade de que o síndico seja eleito por menor período. Porém, se a convenção diz que o mandato será de 2 anos, eleger por prazo menor certamente logra-se errôneo. De qualquer forma, a eleição em 12 meses somente poderá ser corrigida com a convocação de nova assembleia. A conveniência no condomínio não valida a manutenção do síndico com mandato vencido.

A eleição com prazo menor que 2 anos não é questionável; porém, uma vez dentro do prazo de vigência dessa eleição menor, não há o que terceiros possam contestar quanto à validade do mandato. O que pode ser discutido é se o período deveria ser por 1 ou 2 anos, mas não há dúvidas de que o mandato vence quando termina o prazo descrito em ata.

Seria aconselhável convocar uma assembleia e manter o síndico no cargo por mais 1 mês, do que arriscar que ele represente o prédio com o mandato vencido. Manter a situação relatada não garante representatividade do condomínio, muito menos em juízo..

151 É necessário eleger uma comissão eleitoral para gerir a eleição para síndico? Além disso, existe um número determinado para compor essa comissão ou podem ser apenas 2 componentes?

A lei não estipula a necessidade de eleger uma comissão eleitoral. Porém, ela poderá existir, se previsto na convenção ou se a assembleia definir desta forma. Importante que as regras para esta eleição, caso não sejam suficientes as da convenção ou do regimento interno, sejam aprovadas em assembleia e não contrariem esses instrumentos.

Assim, o número de componentes será definido por esses instrumentos ou pela assembleia.

Lembrando que a comissão eleitoral não é condição para a votação de síndico. Por isso, sua não existência ou existência precária não poderão prejudicar a eleição de síndico – esta, sim, definida em lei (art. 1.347 do Código Civil).

152 A síndica se mudou, entregou o cargo em assembleia geral e deixou um subsíndico em seu lugar. Ele poderá administrar até nova eleição no ano que vem?

O síndico não determina como será a sucessão. A partir do momento em que entregou o cargo em assembleia, o procedimento de sucessão deverá ser observado na convenção – que por sua vez poderá transferir o cargo interinamente ao subsíndico, mas também poderá transmitir o cargo ao presidente do conselho. A sucessão somente poderá ser verificada com a leitura da convenção do seu condomínio. Ademais, as convenções costumam apossar o subsíndico de forma interina, até que seja chamada outra assembleia.

O prazo vai variar de acordo com o que estiver disposto em cada convenção. Normalmente, as convenções estabelecem 30 dias para que o síndico interino (subsíndico ou presidente do conselho) convoque nova eleição, com o objetivo de nomear o sucessor do síndico deposto para mandato complementar ou novo mandato.

153 **Já que a assembleia aqui acaba sempre chegando às vias de fato, é possível obrigar os condôminos a votarem por meio de urna com cédula?**

A forma de votação deverá ser definida pela convenção do condomínio e, na ausência desta, pela assembleia – desde que o voto não seja secreto, possibilitando assim conferência e transparência na votação.

154 **O contrato do síndico profissional foi cancelado, pois seus honorários eram muito altos. Em assembleia extraordinária de prestação de contas, o síndico colocou em votação a continuidade de seu trabalho, mas um grupo de moradores indicou um morador para ocupar o cargo. É possível eleger síndicos mediante assembleia extraordinária? É válida essa eleição?**

O Código Civil traz a exigência da realização anual de assembleia, cujos fins sejam aprovar orçamentos para o exercício futuro e contas, conforme a convenção, além de eleger o síndico (art. 1.350 do Código Civil). Essa assembleia é denominada assembleia ordinária.

Não obstante, esses mesmos assuntos podem ser tratados em uma assembleia extraordinária. Por exemplo: a complementação de um orçamento, ou a eleição de novo síndico diante da renúncia do síndico anterior, bem como o exercício.

Particularmente, não vislumbro prejuízos nem infração à legislação vigente na deliberação relatada em assembleia extraordinária.

Assembleias extraordinárias aparecem uma única vez no Código Civil, no art. 1.355. Este artigo informa apenas que a assembleia deverá ser convocada pelo síndico ou por ¼ dos condôminos, sem menção de assuntos que devam ser tratados ali. Assim, desde que prevista na ordem do dia, a assembleia extraordinária pode trazer quaisquer assuntos à discussão da massa condominial.

O que se deve observar é que todos os condomínios precisam ser convocados e que as deliberações sigam a ordem do dia, bem como que os quóruns sejam respeitados.

Segundo os autores Nisske Gondo e J. Nascimento Franco, em seu livro *Condomínio em edifícios*, desde que conste da ordem do dia, qualquer matéria poderá ser discutida e deliberada em assembleia geral ordinária. Na obra, eles fazem a seguinte referência:

"João Eunápio Borges, tratando das sociedades anônimas, diz que é perfeitamente possível a realização de uma Assembleia única – Ordinária e Extraordinária –, uma vez preenchido o quórum para ambas. Fala-se, nesses dispositivos legais, em Assembleia Extraordinária, na presunção de que a matéria, por ser urgente, não pode aguardar a reunião ordinária dos condôminos. Contudo, se houver quórum legal ou o previsto na Convenção, pode a Assembleia Geral Ordinária discutir e votar toda e qualquer matéria, desde que constante da ordem do dia e do edital convocatório". (Fonte: *site* Secovi PR.)

155 **Haverá assembleia para eleições. Os condôminos inadimplentes insistem em se candidatarem a síndico e subsíndico e o conselho fiscal quer votar, estando inadimplente. O que fazer para evitar tumulto?**

O art. 1.335, III, preceitua dentre os direitos dos condôminos o de votarem nas deliberações da assembleia e delas participarem, estando quites. Ou seja, é condição para participar de assembleia e nela votar[48] o estar-se quite.

Desta forma, entendo que se é condição votar, a interpretação lógica caminha para a restrição em ser votado, também.

Pelo visto, tal impedimento não é claro no seu condomínio. Assim, sugiro que a convocação traga expressa a necessidade de que os presentes estejam quites com as contribuições condominiais para que possam votar. Ademais, sugiro que antes de

---

[48] APELAÇÃO CÍVEL. AÇÃO ANULATÓRIA DE ASSEMBLEIA CONDOMINIAL C/C INDENIZAÇÃO POR DANOS MORAIS. REPRESENTAÇÃO DE CONDÔMINOS EM ASSEMBLEIA PELOS MEMBROS DO CONSELHO DELIBERATIVO. VEDAÇÃO. CONVENÇÃO DO CONDOMÍNIO. PROIBIÇÃO DE VOTAR E SER VOTADO AO CONDÔMINO INADIMPLENTE. DANO MORAL. NÃO VERIFICAÇÃO. SENTENÇA MANTIDA. 1. Se a convenção do condomínio veda aos membros do Conselho Deliberativo representar os condôminos em Assembleia Geral, bem como estabelece o número definido para os membros, titulares e suplentes da Comissão Eleitoral, mas se as regras não foram observadas, isso, por si, já é suficiente para se declarar a nulidade da assembleia, mesmo que os prazos para a eleição tenham sido cumpridos de acordo com a Convenção. 2. Havendo regra na Convenção de Condomínio no sentido de proibir que condômino inadimplente participe do processo eleitoral (votar e ser votado), e estando o autor inadimplente, correta a sentença que condicionou sua participação no processo eleitoral à quitação do débito. 3. A caracterização do dano moral depende, em cada caso concreto, da violação dos direitos da personalidade da vítima, tais como violação à honra, à imagem, à intimidade. Se não há, porém, qualquer comprovação de tais situações, não se configura o dano moral. 4. Apelos não providos.
(TJ-DF 20150110511163 DF 0014624-60.2015.8.07.0001, Relator: ARNOLDO CAMANHO, Data de Julgamento: 16-11-2016, 4ª Turma Cível, Data de Publicação: Publicado no DJE 28-11-2016 . p. 209/218)

abrirem a assembleia, na hora da coleta das assinaturas na lista de presença, o condômino inadimplente, sem que seja exposto à situação vexatória, seja informado de que não poderá votar nem receber a cédula para votação, se for o caso.

156 A eleição para síndico e representantes poderá ser secreta?

Não obstante entendo que a eleição deva ser aberta, caso a convenção traga essa possibilidade ela será considerada válida.

Porém, é imperioso que exista critério de verificação e confirmação da votação, o sistema de voto secreto[49] dificulta isso e pode abrir margem para fraudes.

157 O síndico mudou-se do prédio sem avisar. Não prestou esclarecimentos nem deixou documentos, apenas uma dívida em torno de R$ 180 mil. Como agir nesse caso? E como fica a contabilidade?

Se o síndico está com o mandato em vigência, ele continua síndico, mesmo que tenha praticado qualquer irregularidade. Porém, algumas convenções determinam que, nas ausências do síndico, o subsíndico assume interinamente até que seja sanada a ausência – ou, no caso de renúncia/ausência permanentes, até que se convoque nova eleição. Assim, é importante analisar a convenção.

De qualquer forma, a convocação por parte do subsíndico de assembleia para eleição de novo síndico somente deve ocorrer se ele tiver certeza de que o síndico atual abandonou a sindicância. Se possível, o melhor é procurar o síndico e solicitar uma carta de renúncia, o que tornaria a situação mais segura.

A convocação de nova eleição, quando existir um síndico ainda com mandato válido, poderá representar um problema caso ele reapareça, tornando ineficaz a nova eleição. Não existindo carta de renúncia nem certeza de abandono permanente, o mais seguro será reunir ¼ dos condôminos (art. 1.355 do Código Civil) e convocar uma assembleia de forma emergencial, para destituir o síndico e eleger novo representante. Ou, ainda, se ¼ não assinar o instrumento convocatório, sugiro o ingresso imediato para que o juiz determine judicialmente a realização de nova assembleia, com base no art. 1.350, § 2º (o qual prevê a convocação somente após o vencimento do mandato; porém, pode ser utilizado por analogia). Dessa forma, estaria resolvida a situação da representatividade do síndico.

---

[49] Condomínio edilício. Ação de anulação de assembleia para eleição de síndico. Reunião irregular porque não observada a votação secreta para o cargo, nos termos do art. 34, parágrafo único, alínea *a*, da Convenção Condominial. Ação procedente. Recurso da Autora provido e desprovido o dos Réus.
(TJ-SP – AC: 10106704120188260005 SP 1010670-41.2018.8.26.0005, Relator: Pedro Baccarat, Data de Julgamento: 10-2-2021, 36ª Câmara de Direito Privado, Data de Publicação: 10-2-2021)

Para a situação da dívida, é importante verificar incialmente se é caso de má-gestão ou mais propriamente de estelionato, apropriação indébita ou outro crime previsto no Código Penal.

Existindo indícios de fraude, o condomínio, representado por seu subsíndico ou por qualquer outro condômino, deverá comparecer à delegacia de polícia com o fim de que seja lavrado um Boletim de Ocorrência para verificar a existência de crime. Ainda, sugiro notificar à empresa de contabilidade, para que forneça os balancetes e explique o valor do déficit mencionado.

Com os balancetes em mãos, procure uma empresa de auditoria para confirmar os números e emitir parecer técnico. Após, busque um advogado para ingresso de ação, objetivando responsabilizar o síndico pessoalmente pela gestão que deixou o condomínio em déficit. Ou, se for o caso de apropriação de valores, para que estes sejam recuperados por meio de uma ação cível.

158 De acordo com nossa convenção e regimento interno, o mandato do síndico é de 1 ano com reeleição permitida por mais 1 único período. O síndico poderia concorrer ao 3º mandato com base no Código Civil sem ferir ou ir contra essas regras?

Não obstante o Código Civil, no art. 1.347, permita a reeleição do síndico, a convenção de condomínios pode limitar a partir do segundo mandato.

Quanto a vedação da reeleição do síndico, TJDF:

"DIREITO CIVIL E PROCESSUAL CIVIL. APELAÇÃO. AÇÃO DE ANULAÇÃO C/C OBRIGAÇÃO DE FAZER. ELEIÇÃO. SÍNDICO. CONSELHOS. CONDOMÍNIO. INOBSERVÂNCIA. DISPOSIÇÃO. CONVENÇÃO DE CONDOMÍNIO. VEDAÇÃO. REELEIÇÃO. SÍNDICO. INDETERMINADAS. VEZES. INOCORRÊNCIA. OFENSA. CÓDIGO CIVIL. SENTENÇA MANTIDA. 1. Trata-se de ação de anulação c/c obrigação de fazer ajuizada por condômino, em razão da ilegitimidade do síndico para figurar como candidato para novel mandato, pois já fora reeleito anteriormente, o que seria situação vedada pela convenção condominial vigente. 2. 'A natureza estatutária da convenção de condomínio autoriza a imediata aplicação do regime jurídico previsto no novo Código Civil (REsp n. 722.904/RS, Rel. Ministro CARLOS ALBERTO MENEZES DIREITO, Terceira Turma, *DJ* 1º-7-2005)', razão pela qual não merece prosperar a alegação recursal que esta só é válida se forem apostas assinaturas de 2/3 dos proprietários (ou procuradores) de frações ideais e registrada no respectivo cartório, motivo pelo qual tem-se por hígida cláusula que prevê a proibição de 3 (três) mandatos seguidos do mesmo síndico. 3. No caso, a melhor exegese para o dispositivo da convenção condominial que limita a reeleição do síndico e demais integrantes dos conselhos é a do

§ 5º do art. 14 da CRFB/88, mormente na construção: '(...) poderão ser reeleitos para um único período subsequente (...)'. 4. Recurso não provido.
(TJ-DF 07028329220208070001 DF 0702832-92.2020.8.07.0001, Relator: LEILA ARLANCH, Data de Julgamento: 7-10-2020, 7ª Turma Cível, Data de Publicação: Publicado no *DJe* 26-10-2020 . p.: Sem Página Cadastrada.)"

3.11 FUNCIONÁRIOS

159 Trabalho em um condomínio comercial onde quase nunca conseguimos achar o porteiro e o zelador, pois geralmente estão fazendo pequenos serviços para outras unidades empresariais. Isso está correto?

Não obstante seja um hábito nos condomínios utilizar-se de funcionários em folga ou até mesmo no horário de serviço, tais práticas oferecem riscos e desvio da função do colaborador. Assim, os condôminos e seus colaboradores não devem utilizar os serviços da portaria, mesmo que não perturbem a ordem, pois desvia a função dos empregados a realização de serviços em suas unidades autônomas. Quanto ao zelador, este pode verificar situações dentro de unidades, como parte do seu trabalho, pois vazamentos em colunas e ramais podem prejudicar o prédio como um todo, mas o ideal é que após verificação um profissional seja indicado para sanar o problema. Serviços particulares devem ser evitados por parte deste profissional também[50].

160 Quais são as diferenças entre as funções de zelador e porteiro?

Conforme descrito na convenção coletiva da categoria Sindifícios São Paulo-SP:

"O Zelador é o empregado a quem compete, salvo disposição em contrário no contrato individual de trabalho, as seguintes tarefas:

a) ter contato direto com a administração do edifício e agir como preposto do síndico ou da administradora credenciada;

b) transmitir as ordens emanadas dos seus superiores hierárquicos e fiscalizar o seu cumprimento;

c) fiscalizar as áreas de uso comum dos condôminos ou inquilinos, verificar o funcionamento das instalações elétricas e hidráulicas do edifício, assim como os aparelhos de uso comum, além de zelar pelo sossego e pela observância da disciplina no edifício, de acordo com o seu regimento interno ou com as normas afixadas na portaria e nos corredores.

---

[50] STJ – RECURSO ESPECIAL: REsp 1787026 RJ 2017/0153836-9.

Ao Porteiro ou Vigia (diurno e noturno) é o empregado que executa os serviços de portaria, tais como:
a) receber e distribuir a correspondência destinada aos condôminos ou inquilinos;
b) transmitir e cumprir as ordens do zelador;
c) fiscalizar a entrada e saída de pessoas;
d) zelar pela ordem e respeito entre os usuários e ocupantes de unidades autônomas;
e) dar conhecimento ao zelador de todas as reclamações que ocorrerem durante a sua jornada.".

161 Que ações podem ser tomadas para que os trabalhos do porteiro e do zelador sejam harmônicos e possam ser complementares no dia a dia? Quem decide pela escolha de cada um?

Fiscalização e acompanhamento das funções no dia a dia, escala de trabalho bem feita, funções bem-definidas, atuação do síndico com o fim de resolver os conflitos e não os intensificar, treinamentos, organização no espaço de trabalho, melhorias e adequações ao espaço de trabalho, escuta passiva sobre os procedimentos, conflitos e melhorias, entre outros.

Ao zelador caberá também conforme ordens do síndico, implementar uma sistemática de trabalho saudável e colaborativa entre os funcionários.

162 É necessário que um prédio tenha porteiro e zelador ou é possível optar somente por um dos cargos?

Para que se tenha uma portaria funcionando 24 horas em um condomínio, são necessários 4 porteiros, um para cada turno de 8 horas, e 1 folguista.

Já o zelador tem a função de fiscalizar e normalmente não fica preso à portaria: ele auxilia e fiscaliza o dia a dia.

Nada impede que o zelador possa acumular a função de porteiro, o que seria em detrimento do exercício de funções de fiscalização e mediante pagamento de acúmulo de função.

Alguns prédios funcionam sem zeladoria e outros sem portaria. Assim, deve ser avaliada a necessidade de cada coletividade.

Dessa forma, me parece clara a distinção de funções, cabendo ao prédio definir o formato que melhor lhe atender. E se a concepção do prédio, conforme poderá ser verificada em convenção, prever uma portaria ou uma zeladoria, a mudança somente poderia ocorrer mediante aprovação em assembleia e, em alguns casos, com quórum específico.

3.12 REAJUSTES

163 Gastamos demais, mas não consigo aprovar em assembleia um reajuste. O que posso fazer?

Dentre as funções sob a responsabilidade do síndico, está a de anualmente aprovar a previsão orçamentária, prevista no art. 1.350 do Código Civil. Essa previsão é uma estimativa de gastos para fazer frente às despesas do condomínio no exercício de um ano. Este cálculo deve ser realizado levando-se em conta o histórico de gastos dos exercícios anteriores e o anseio do condomínio para o próximo exercício.

O orçamento deve prever os aumentos das concessionárias de serviço público (Enel, Sabesp, Comgás), dos prestadores de serviços com base nos contratos existentes, da inflação e do dissídio dos funcionários. Porém, como muitas vezes os valores não estão disponíveis no momento da apresentação do orçamento, deve-se trabalhar com uma previsão.

É salutar que exista, dentro do orçamento ordinário, uma previsão de condôminos inadimplentes e de despesas diversas (para pequenos reparos não previstos, por exemplo). E, mesmo assim, se o orçamento não suprir o planejado, seja por aumento na inadimplência acima do previsto, pelo dissídio maior que o esperado ou por qualquer outro motivo, o condomínio deve se reunir em assembleia extraordinária e procurar realizar a adequação necessária para corrigir o déficit.

Vale ressaltar que o orçamento é elaborado pelo síndico gestor; porém, a aprovação do orçamento compete aos condôminos em assembleia. Assim, ao visualizarem distorções nos valores, os presentes poderão se opor à aprovação e complementar o orçamento. Para os casos de má-gestão, um quarto dos condôminos poderá convocar assembleia com objetivo de readequar os valores ou, em casos extremos, até propor a destituição do síndico.

Isto posto, o melhor caminho para o convencimento da necessidade de reajuste é compilar os dados e mostrar de forma clara a necessidade do aumento; a apresentação em "PowerPoint", a discussão prévia com o conselho e com a administradora são aliados do síndico nesta missão.

3.13 QUÓRUM

164 Dos 336 apartamentos, somente 38 moradores foram à assembleia para aprovação do orçamento de uma obra de R$ 600 mil. É possível que 38 condôminos votem pelos outros 298?

A lei estabelece quóruns especiais como, por exemplo, o *quórum de 2/3* para alteração da convenção; *50% mais 1 do todo* para as obras úteis e, até mesmo, a *votação de 3/4 dos condôminos restantes* para a aplicação da multa do art.1.337 do Código Civil. Porém, quando não existir quórum especial requisitado pela lei ou pela convenção, a assembleia poderá decidir em primeira chamada por *50% mais 1 dos condôminos presentes em assembleia.*

"Art. 1.352. Salvo quando exigido quórum especial, as deliberações da assembleia serão tomadas, em primeira convocação, por maioria de votos dos condôminos presentes que representem pelo menos metade das frações ideais."

Já em segunda chamada, pela maioria dos presentes, ou seja, por maioria simples.

"Art. 1.353. Em segunda convocação, a assembleia poderá deliberar por maioria dos votos dos presentes, salvo quando exigido quórum especial."

Assim, a assembleia poderá ser instalada em segunda chamada com qualquer número de presentes, que decidirão pelos ausentes e estes estarão obrigados a cumprir com o definido, uma vez que todos foram convocados para a reunião, mas alguns optaram por não comparecer, o que deixou a decisão à mercê dos presentes.

165 A conta é simples, mas gera muitas polêmicas por parte dos condôminos contrários. Qual o quórum para a aprovação de obras?

No caso de obras, devem obedecer ao Código de Obras e Edificações (COE) do município em que se situam. Porém, caso estejamos falando de um condomínio edilício, a realização de obras segue o critério estabelecido no art. 1.341 do Código Civil, ou seja:

"I – Se voluptuárias, de voto de dois terços dos condôminos.

II – Se úteis, de voto da maioria dos condôminos.

(...)

§ 2º Se as obras ou reparos necessários forem urgentes e importarem em despesas excessivas, determinada sua realização, o síndico ou o condômino que tomou a iniciativa delas dará ciência à assembleia, que deverá ser convocada imediatamente."

E apenas para que fique claro o conceito de obras úteis, necessárias e voluptuárias, segue definição do Código Civil:

"Art. 96. As benfeitorias podem ser voluptuárias, úteis ou necessárias.

§ 1º São voluptuárias as de mero deleite ou recreio, que não aumentam o uso habitual do bem, ainda que o tornem mais agradável ou sejam de elevado valor.

§ 2º São úteis as que aumentam ou facilitam o uso do bem.

§ 3º São necessárias as que têm por fim conservar o bem ou evitar que se deteriore".

166 Por lei, qual o quórum que permite modificar uma decisão de assembleia anterior? Se determinada administradora foi retirada por decisão de 71% dos proprietários, como é possível ao síndico recontratá-la?

Uma decisão assemblear revoga a outra. Assim, por mais que não seja moral recontratar uma administradora que foi retirada por maioria de condôminos, não existe ilegalidade na recontratação. Porém, no Código Civil, a lei preceitua:

"Art. 1.348. Compete ao síndico:

(...)

§ 2º O síndico pode transferir a outrem, total ou parcialmente, os poderes de representação ou as funções administrativas, mediante aprovação da assembleia, salvo disposição em contrário da convenção."

A contratação da administradora deve ser aprovada ou ratificada em assembleia. O síndico precisa entender que é gestor de bem comum e deve atender aos anseios da sua coletividade. Parece-me que o problema está na gestão do síndico e não na escolha da administradora.

Lembrando que 1/4 dos condôminos poderão, a qualquer tempo, convocar uma assembleia para destituir o síndico (art. 1.355 do Código Civil):

"Art. 1.355. Assembleias extraordinárias poderão ser convocadas pelo síndico ou por um quarto dos condôminos."

E por meio do voto de maioria qualificada dos presentes em assembleia extraordinária, o síndico poderá ser destituído, conforme artigo do Código Civil:

"Art. 1.349. A assembleia, especialmente convocada para o fim estabelecido no § 2º do artigo antecedente, poderá, pelo voto da maioria absoluta de seus membros, destituir o síndico que praticar irregularidades, não prestar contas, ou não administrar convenientemente o condomínio."

167 Nosso regimento interno está ultrapassado, com regras que não fazem mais sentido. Qual o quórum para que possamos fazer essa alteração?

Nesse caso, é necessária maioria simples, ou seja, 50% dos presentes na assembleia, salvo disposição em contrário na convenção do condomínio.

168 Já tentamos diversas vezes colocar em assembleia uma alteração da fachada, que valorizará nosso imóvel. Embora a maioria dos presentes vote a favor, o síndico sempre alega que essa finalidade requer outro tipo de quórum. Isso é verdade?

Uma coisa que é de extrema importância, e que também ajuda muito na hora de se fazer uma assembleia, é o síndico, logo no início, informar aos condôminos presentes quais são os quóruns necessários para cada item a ser debatido. Isso porque, se algo que requeira um quórum específico para ser aprovado acabar não sendo, a deliberação será nula, acarretando uma enxurrada de ações judiciais para a anulação.

Nesse caso específico, salvo se tiver disposto o contrário em convenção, será de fato necessária a unanimidade de condôminos para poder alterar a fachada de um condomínio. Se for caso de necessidade de pintura e reparos, a maioria simples poderá aprovar.

169 Na última assembleia geral extraordinária, foi aprovado o início da obra de modernização dos elevadores, que atualmente não apresentam riscos. Um advogado presente disse que precisaríamos de 2/3 para aprovação da obra, mas a administradora disse que não. Fiquei na dúvida. Qual deles está correto?

Caso a máquina ofereça riscos aos usuários ou suas peças necessitem de troca ou reparos, então a modernização do elevador será necessária, conforme instrui o art.96, § 3º, do Código Civil. Nesse caso, a obra poderá ocorrer por aprovação de maioria simples em assembleia (art. 1.341, §§ 1º ao 4º, do Código Civil).

Porém, se a obra de modernização for meramente estética, sem necessidade imediata e de valor elevado, será uma obra voluptuária (art. 96, § 3º, do Código Civil) e, nesse caso, necessitará do quórum qualificado de 2/3 dos condôminos (art. 1.341, I, do Código Civil). Vejamos:

"Art. 96. As benfeitorias podem ser voluptuárias, úteis ou necessárias.

(...)

§ 3º São necessárias as que têm por fim conservar o bem ou evitar que se deteriore".

E ainda:

"Art. 1.341. A realização de obras no condomínio depende:

I – se voluptuárias, de voto de dois terços dos condôminos;

II – se úteis, de voto da maioria dos condôminos.

§ 1º As obras ou reparações necessárias podem ser realizadas, independentemente de autorização, pelo síndico, ou, em caso de omissão ou impedimento deste, por qualquer condômino.

§ 2º Se as obras ou reparos necessários forem urgentes e importarem em despesas excessivas, determinada sua realização, o síndico ou o condômino que tomou a iniciativa delas dará ciência à assembleia, que deverá ser convocada imediatamente.

§ 3º Não sendo urgentes, as obras ou reparos necessários, que importarem em despesas excessivas, somente poderão ser efetuadas após autorização da assembleia, especialmente convocada pelo síndico, ou, em caso de omissão ou impedimento deste, por qualquer dos condôminos.

§ 4º O condômino que realizar obras ou reparos necessários será reembolsado das despesas que efetuar, não tendo direito à restituição das que fizer com obras ou reparos de outra natureza, embora de interesse comum."

170 Precisamos pintar o prédio e trocar os portões do condomínio para evitar ainda mais sua desvalorização, mas temos baixa adesão nas assembleias. Precisamos da maioria absoluta para fazer essas alterações?

Em relação à pintura, desde que mantendo as cores originais, precisa-se apenas de maioria simples. Caso necessite de uma mudança de cor, é essencial unanimidade.

Isso vale para os portões: para trocar o portão do condomínio, apenas modernizando-se, mantendo os traços arquitetônicos, é preciso apenas da maioria simples. Para a troca de cor e concepção, por exemplo, é imprescindível unanimidade.

171 Enviamos ao síndico uma carta, justificando nossa oposição a um projeto de instalação de antena de comunicação para telefonia. Mesmo assim, a instalação foi aprovada em reunião. Por lei, não seria necessário aprovação unânime?

Embora entenda ser possível a utilização de área comum (art. 1.331 do Código Civil), alguns juristas entendem que a inserção altera a fachada. Sendo assim, torna-se necessário quórum unânime (art. 1.336, III).

Da mesma forma, há quem, como eu, entenda que na locação ocorre mudança de destinação (art. 1.351 do Código Civil), o que também torna a instalação possível somente com quórum de 2/3 dos condôminos.

Porém, por gerar receita, os condomínios flexibilizam a situação e aprovam projetos com quóruns inferiores, o que poderá ser contestado por qualquer condômino que se sinta prejudicado.

172 Vamos reformar a área de churrasqueira. Depois, usaremos o espaço inútil de aproximadamente 15 m² atrás dela para ampliar o espaço, transformando-o em mezanino. O quórum para esse tipo de projeto requer a aprovação de 2/3 dos condôminos ou basta a aprovação da maioria presente em assembleia? Fui instruído a buscar os 2/3 dos votos.

O acréscimo de partes comuns já existentes, a fim de facilitar ou aumentar sua utilização, deverá respeitar o quórum de 2/3 da massa condominial, conforme aduz o art. 1.342 do Código Civil.

Lembrando que ainda será preciso que se verifique, por meio de um arquiteto ou engenheiro, se já foi utilizado todo o potencial construtivo na edificação do prédio, o que impediria a legalização de qualquer construção adicional.

"Art. 1.342. A realização de obras em partes comuns, em acréscimo às já existentes, a fim de lhes facilitar ou aumentar a utilização, depende da aprovação de dois terços dos votos dos condôminos, não sendo permitidas construções, nas partes comuns, suscetíveis de prejudicar a utilização, por qualquer dos condôminos, das partes próprias, ou comuns."

173 Fizeram alterações na entrada de um dos blocos do prédio, fechando a entrada que consta na planta (onde agora há um jardim) e abrindo outra (onde seria a lateral do prédio). A síndica quer construir uma cozinha para os funcionários em parte desse jardim, mas os condôminos são contra. Como proceder, caso ela insista?

A realização de obras nas áreas comuns precisa respeitar o quórum previsto no Código Civil (art. 1.341 do Código Civil), sendo que:

a – Para obras úteis, que são aquelas que aumentam ou facilitam o uso do bem, o quórum necessário é de 50% mais 1 dos condôminos. Exemplo: iluminação da quadra esportiva.

b – Para obras necessárias, que têm o fim de conservar o bem ou evitar que se deteriore, o quórum necessário é o da maioria simples. Mas, se forem urgentes, podem ser realizadas e depois ratificadas em assembleia. Exemplo: reparo do piso quebrado nas áreas sociais.

c – Para obras voluptuárias, que são aquelas de mero deleite ou recreio e que não aumentam o uso habitual do bem, ainda que o tornem mais agradável ou sejam de elevado valor, o quórum necessário é o de 2/3 dos condôminos. Exemplo: ampliação da churrasqueira.

d – Para a alteração da fachada (art. 1.335, II, do Código Civil) é necessário quórum da unanimidade da massa condominial. Já na mudança de destinação, o quórum é de 2/3 (Lei n. 14.405/2022)

Lembrando que as obras precisam passar previamente por aprovação em assembleia, respeitando o quórum legal. A não aprovação em assembleia, ou a aprovação com quórum inferior ao previsto em lei, é um risco que poderá fulminar na paralisação da obra e até mesmo no cancelamento da assembleia, inclusive com a responsabilização pessoal do síndico por descumprimento de suas obrigações legais, dispostas no art. 1.348 do Código Civil.

Dessa forma, sugiro a convocação imediata de uma assembleia, a fim de deliberar sobre o tema e definir o interesse do condomínio. Caso a síndica não faça a convocação de ¼ dos condôminos, poderá fazê-lo (art. 1.355 do Código Civil).

Após isso, aprovada a obra de forma legal no condomínio, para dar prosseguimento às alterações, será necessário, perante a prefeitura, procedimento específico trazido no Código de Obras e um engenheiro responsável que assine o projeto modificativo e pela obra.

174 **Queremos aprovação em assembleia de uma chamada de capital para realização de benfeitorias nos ares-condicionados do prédio. Vamos propor um modelo de fechamento das sacadas, cujos custos serão assumidos pelos moradores que desejarem fechá-las. A convenção exige maioria por 2/3 dos condôminos para benfeitorias úteis e inovações, além de unanimidade para modificações estruturais, arquitetônicas e melhorias voluptuárias. Em qual item da convenção esses assuntos se enquadram? Com o novo Código Civil, ainda existe a questão da unanimidade?**

A realização de benfeitorias, conforme aduzido no novo Código Civil, está descrita no art. 1.341, sendo que o quórum para as benfeitorias úteis é de maioria dos condôminos (maioria qualificada, 50% mais 1 do todo) e não de 2/3, conforme aduzido em sua convenção.

Caso seja necessário alterar a fachada e modificar a estrutura ou o aspecto arquitetônico do prédio, será preciso obter a unanimidade dos moradores (art. 1.336, III).

Se a modificação não alterar a fachada e sim adequá-la às necessidades atuais, mantendo a harmonia arquitetônica do prédio, poderá ser realizada por maioria simples dos moradores, pois será caso de padronização. Isso se aplica ao fechamento de fachada e instalação do ar-condicionado[51].

---

[51] RECURSO INOMINADO. AÇÃO DECLARATÓRIA C/C INDENIZAÇÃO POR DANOS MATERIAIS E MORAIS. CONDOMÍNIO EDILÍCIO. RESTRIÇÃO DE INSTALAÇÃO DE AR CONDICIONADO NA FACHADA. PADRONIZAÇÃO DECIDIDA EM ASSEMBLEIA. LEGALIDADE. SITUAÇÃO QUE NÃO EXIGE QUÓRUM QUALIFICADO. AUSÊNCIA DE MODIFICAÇÃO DA DESTINAÇÃO DO EDIFÍCIO, MODIFICAÇÃO DE CONVENÇÃO OU PROJETO ARQUITETÔNICO. PREVISÃO DE REGIME DE TRANSIÇÃO. POSSIBILIDADE. AUSÊNCIA DE OFENSA À ISONOMIA. IGUALDADE QUE RESTA PRESERVADA COM A ADEQUAÇÃO DA RECENTE INSTALAÇÃO FEITA PELA AUTORA ÀS REGRAS ESTABELECIDAS HÁ MAIS DE 10 ANOS. SENTENÇA DE IMPROCEDÊNCIA MANTIDA. Recurso conhecido e não provido. (TJPR – 3ª Turma Recursal – 0007589-29.2021.8.16.0182 – Curitiba – Rel.: JUÍZA DE DIREITO DA TURMA RECURSAL DOS JUÍZAADOS ESPECIAIS DENISE HAMMERSCHMIDT – Rel.Desig. p/ o Acï¿½rdï¿½o: JUÍZA DE DIREITO DA TURMA RECURSAL DOS JUÍZAADOS ESPECIAIS ADRIANA DE LOURDES SIMETTE – J. 25.04.2023)

No caso da sacada, importante a verificação junto com a construtora ou engenheiro calculista se a instalação dos vidros na hora do fechamento não compromete a estrutura.

No caso do ar-condicionado, importante verificar se a convenção não impede a instalação, se sim, somente 2/3 dos condôminos poderão propor a instalação. Após ajuste da convenção será necessário engenheiro eletricista para verificar se o projeto do prédio suporta a sobrecarga de ares para todos os apartamentos ou se será necessária reforma elétrica. Após elaborara-se um projeto para a instalação dos ares.

175 **É possível fazer rateio de obras pequenas sem aprovação em assembleia? A síndica diz que foi autorizada pelo corpo deliberativo. Há certo valor no fundo de obras para emergências; esse valor não poderia ser usado?**

Salvo para os reparos necessários e no caso de obras urgentes, que podem ser realizadas e posteriormente ratificadas em assembleia, a realização de obras no condomínio dependerá da aprovação de assembleia, juntamente com a aprovação do custeio dessas obras, respeitando-se o quórum determinado pelo art. 1.341 do Código Civil, conforme segue:

– Obras voluptuárias (de mero deleite ou recreio, que não aumentam o uso habitual do bem, ainda que o tornem mais agradável ou sejam de elevado valor): devem ter aprovação de 2/3 dos condôminos.

– Obras úteis (aumentam ou facilitam o uso do bem): devem ter o voto da maioria dos condôminos.

– Obras necessárias (as que têm por fim conservar o bem ou evitar que se deteriore): maioria simples.

Porém, caso seja necessário o rateio extra de despesas, a única forma de se emitir um boleto extra é quando previstas no orçamento anual, como no caso de décimo terceiro salário dos funcionários e rateio de obras, entre outros. Caso não estejam previstas, nem o conselho, nem o síndico têm autonomia para a emissão de boletos extras sem a prévia aprovação de uma assembleia.

No caso de emergências, com base em uma decisão conjunta com o conselho, o prédio poderia utilizar o dinheiro em caixa, que seria destinado a outra finalidade, e prontamente chamar uma assembleia com o fim de repor o valor – mas não emitir um rateio extra sem aprovação de uma assembleia.

(TJ-PR – RI: 00075892920218160182 Curitiba 0007589-29.2021.8.16.0182 (Acórdão), Relator: Adriana de Lourdes Simette, Data de Julgamento: 25-4-2023, 3ª Turma Recursal, Data de Publicação: 3-5-2023)

176 **Sou síndico de um condomínio comercial que perdeu muitos inquilinos durante a pandemia e que hoje é praticamente um "prédio fantasma". Podemos alterar a destinação desse imóvel, tornando-o residencial?**

Em julho de 2022, entrou em vigor a Lei n. 14.405/2022. Essa lei autoriza a mudança da destinação dos edifícios, unidades imobiliárias, áreas comuns etc., por meio do voto de 2/3 dos condôminos.

A alteração da destinação do imóvel era permitida anteriormente; porém, o Código Civil exigia a aprovação unânime (totalidade) dos condôminos para esse tipo de modificação.

Sendo assim, o síndico pode convocar uma assembleia, tendo como ponto nevrálgico colocar a questão da alteração da destinação do imóvel em votação. Se 2/3 dos condôminos estiverem de acordo, então sua destinação será alterada, passando, dessa forma, a constar na convenção condominial como condomínio residencial.

O CAPÍTULO EM 11 DICAS
Pense nisso...

1 – Uma assembleia poderá ser presencial ou virtual. Portanto, o primeiro passo é decidir e escolher qual desses formatos suprirá as necessidades do condomínio.

2 – Se sua escolha foi realizar assembleias virtuais em seu condomínio residencial (e se a convenção assim lhe permitir), é só cadastrar *login* e senha para todos os moradores e convocá-los a votarem na página do condomínio.

3 – Não se esqueça de que é importante trabalhar com um sistema de certificação digital para tornar a votação *online* mais segura e comprovar a identidade dos votantes.

4 – Agora, faça uma pesquisa digital prévia sobre os assuntos a serem debatidos na assembleia. Elabore a pauta destacando os mais atraentes para o morador. Vaga de garagem, por exemplo, costuma ser o tema campeão dos interesses dos condôminos.

5 – Uma gestão democrática de sucesso pede reuniões periódicas, reuniões extraordinárias e comunicação eficiente. Seja assertivo e exija a participação do seu conselho.

6 – Convencer os moradores a serem participativos é um grande desafio. O baixo comparecimento do público e as discussões calorosas tornam insatisfatório o aproveitamento de assembleias ordinárias (onde são discutidos a eleição do síndico e o orçamento do condomínio) ou extraordinárias (geralmente convocadas para a aprovação de obras). Com perspicácia e criatividade, cabe ao síndico amenizar ou mudar essa perspectiva.

7 – Evite que a minoria decida por todos. Se necessário, apele para o boca a boca para convencer o morador a participar das reuniões decisivas. Coloque um comunicado nos elevadores e em áreas de uso comum com antecedência, e depois converse bastante com as pessoas, explicando que a assembleia será para uma boa discussão.

8 – Na busca por algo a mais, realizar as famosas degustações com café, sucos e lanches nas assembleias presenciais também é um recurso válido, que costuma atrair os participantes. O importante é que uma assembleia seja agradável.

9 – Hora de submeter as questões importantes ao crivo dos moradores. Lembre-se de ater-se ao que estiver no edital de convocação. As pautas são divulgadas previamente nos editais e o prazo para a distribuição da ata, após a realização da assembleia, será de 8 (oito) dias (conforme previsto no art. 24, § 2º, da Lei n. 4591/64). Assuntos que estiverem fora da pauta poderão ser abordados no item Assuntos Gerais, quando previsto no edital; porém, não poderá haver deliberação.

10 – Segundo a Associação dos Notários e Registradores (Anoreg) do Estado de São Paulo, não há impedimentos para o registro das atas das assembleias virtuais.

11 – Como falamos, a falta de quórum nas assembleias é um problema comum e a tecnologia pode ser uma aliada na resolução desse problema. Essa questão é até compreensível de certa forma, pois, num mundo cada vez mais corrido, as pessoas acabam ficando com pouco tempo para conseguir participar das reuniões. Porém, quem sofre com isso é o próprio condomínio e sua gestão, pois muitos dos principais assuntos do dia a dia precisam de quórum qualificado e, com a falta de pessoas, essa é uma questão de difícil solução. As assembleias virtuais acabam chegando para ocupar esse espaço, dando praticidade para que o condômino possa participar e expor sua opinião. A aprovação da Lei n. 14.309/2022 resolveu essa insegurança jurídica ao estabelecer que é permitindo a realização de reuniões e deliberações virtuais pelas organizações da sociedade civil, assim como pelos condomínios edilícios, além de possibilitar a sessão permanente das assembleias condominiais. Fique ligado!

Capítulo 4
COBRANÇA

A inadimplência, ou calote, é um dos 5 maiores problemas condominiais. Síndicos e gestores precisam estar bem alinhados com os mecanismos de cobrança, pois mesmo com uma equipe qualificada, experiência em gestão e organização financeira, fatores como a instabilidade econômica reforçam os obstáculos do dia a dia. Por lei, o síndico é obrigado a prestar contas sempre que exigido, apresentando receitas, despesas e uma relação de inadimplentes; mas está proibido de cometer excessos e de expor o devedor a situações vexatórias, sob a pena de pagar-lhe indenização por danos morais (art. 1.348, VIII, do Código Civil).

4.1 RATEIO

177 Das 24 unidades do condomínio, 8 têm 3 quartos e 16 só têm 2, mas o valor da cota é igual para todos. Qual é o caminho para passar a cobrar o condomínio por fração ideal?

Quem determina a forma de cobrança é a convenção no ato de instituição do condomínio, conforme o Código Civil:

"Art. 1.336. (...)

§ 1º Contribuir para as despesas do condomínio na proporção das suas frações ideais, salvo disposição em contrário na convenção." (Redação dada pela Lei n. 10.931/2004.)

Dessa forma, é salutar verificar inicialmente como está disposto na convenção do seu prédio e saber se o rateio é realizado por outro critério.

Caso a cobrança por unidade seja decorrente de erro na emissão dos boletos, sugiro adequar a cobrança, passando o caso por uma assembleia. Caso a ideia seja alterar a forma de rateio, o processo deverá ser realizado por meio de uma assembleia e exigir quórum qualificado, com 2/3 dos condôminos.

178 Sou síndica de um condomínio muito pequeno e de poucos proprietários. Qual é a forma correta de calcular o valor do condomínio?

A forma de rateio deve ser aquela prevista na convenção, a qual geralmente utiliza a fração ideal específica atribuída a cada unidade. Nada impede que seja modificada, sendo antes necessário modificar a convenção por meio do voto de 2/3 dos condôminos.

"DIREITO CIVIL. COBRANÇA. TAXAS DE CONDOMÍNIO. ALTERAÇÃO DE CONVENÇÃO CONDOMINIAL. EXTENSÃO A IMÓVEIS QUE NÃO POSSUÍAM OBRIGAÇÃO DE PAGAMENTO. REQUISITO FORMAL DE ALTERAÇÃO. QUÓRUM. ART. 1.351 CC. NÃO SATISFEITO. ALTERAÇÃO NULA. 1. É VÁLIDA A NORMA DE CONVENÇÃO CONDOMINIAL QUE EXPRESSAMENTE ISENTA UNIDADES IMOBILIÁRIAS DO PAGAMENTO DO RATEIO DE DESPESAS CONDOMINIAIS. ART. 1.336 DO CÓDIGO CIVIL. 2. A ALTERAÇÃO DE NORMA EM CONVENÇÃO CONDOMINIAL DEPENDE DE APROVAÇÃO POR QUÓRUM QUALIFICADO DE 2/3,

CONFORME DITAME LEGAL AO ART. 1.351 DO CÓDIGO CIVIL. 3. O NÃO ATINGIMENTO DO QUÓRUM QUALIFICADO EM ASSEMBLEIA GERAL EXTRAORDINÁRIA QUE DELIBEROU, ENTRE OUTROS, PELA ALTERAÇÃO DE NORMAS DE CONVENÇÃO CONDOMINIAL, DETERMINA A NULIDADE DAS NOVAS REGRAS CONVENCIONAIS, DEVENDO O JUDICIÁRIO RESPEITO À HIGIDEZ DAS NORMAS ANTERIORMENTE VEICULADAS PELA CONVENÇÃO DE CONDOMÍNIO. 4. APELO PROVIDO. SENTENÇA REFORMADA. (TJ-DF – APC: 20120310108602 DF 0010546-22. 2012.8.07.0003, Relator: FLAVIO ROSTIROLA, Data de Julgamento: 19-2-2014, 1ª Turma Cível, Data de Publicação: Publicado no *DJe* 25-2-2014. p. 83.)"

Lembrando que a alteração da forma do rateio não pode ser confundida com a alteração das frações ideais, a qual requer unanimidade dos condôminos e procedimentos específicos perante o Registro Imobiliário.

"AÇÃO DE REPETIÇÃO DE INDÉBITO. Pretende o autor que o valor das cotas condominiais seja proporcional à fração ideal de cada unidade, de modo que, havendo aumento na metragem de um dos apartamentos, deveria haver revisão do valor da cota. Convenção de condomínio que é clara ao determinar qual a fração ideal atribuída a cada unidade, não fazendo qualquer menção à metragem como fator para cálculo da fração ideal ou da cota condominial. A alteração da convenção de condomínio, no que toca à fração ideal de cada unidade autônoma, depende do voto da unanimidade dos condôminos. Sentença que se mantém. (APELAÇÃO 0010460-60.2004.8.19.0209 – DES. MARIA AUGUSTA VAZ – Julgamento: 3-6-2008 – 1ª CÂMARA CÍVEL.)"

Dessa forma, a cobrança do rateio deverá ocorrer em função da fração ideal atribuída a cada unidade no ato constitutivo do empreendimento, salvo se o rateio for determinado de forma diversa na convenção.

Assim, em assembleia, com base nas despesas do condomínio e em uma previsão orçamentária, define-se um valor total que deverá ser rateado; depois, aplica-se a fração que cada um tem no todo. Por exemplo:

Vamos supor que existam 10 unidades iguais, cada qual com uma fração de 0,07 cada, e 15 vagas com uma fração de 0,02 cada. A soma da fração ideal sempre terá de ser igual a 1 ou 100%. No nosso exemplo, as frações serão relativas a 10 unidades tipo iguais com fração de 0,07 cada (ou seja, 10 = 0,7) e 15 unidades do tipo vaga autônomas com fração igual a 0,02 cada (15 = 0,2). Sendo que a soma 0,7 (das 10 unidades tipo) + 0,2 (das 15 unidades garagem) = 1.

Exemplificativamente:

Se o rateio, conforme previsão orçamentária, for de R$ 10 mil e uma pessoa tiver 1 unidade sem vaga, pagará de rateio R$ 700,00. Se tiver 1 vaga, pagará R$ 900,00 (ou seja, R$ 700,00 + R$ 200,00). Se tiver 2 vagas, pagará R$ 1.100,00 (ou seja, R$ 700,00 + R$ 200,00 + R$ 200,00).

179 Moro em um condomínio pequeno, com um prédio e um sobrado nos fundos. Como fica a divisão em relação à taxa condominial e às despesas extras?

A forma de rateio estará disposta na convenção do condomínio, assim como nas deliberações das assembleias, já que é possível a alteração da convenção.

Por isso, no caso de cota condominial, assim como taxas extras (definidas em assembleia), é preciso que você verifique a convenção do condomínio, pois lá estarão dispostas a forma de rateio (fração ideal) e a cobrança.

180 Vamos pintar todo o prédio e o valor será igual para todos. Não aplicaremos a fração ideal, conforme decisão registrada em ata, mas um morador entende que o rateio deve ser maior para os condôminos que têm cobertura e área privativa. Como proceder?

A alteração da forma de rateio não pode ser deliberada em assembleia por maioria simples, contrariando a convenção do condomínio. Se a convenção determinar que a forma de rateio deva ocorrer por fração ideal, assim deverá ser feito.

É importante lembrar que o critério de rateio poderá ser modificado, conforme o permissivo do artigo:

"Art. 1.336. São deveres do condômino:

I – contribuir para as despesas do condomínio na proporção das suas frações ideais, salvo disposição em contrário na convenção". (Redação dada pela Lei n. 10.931/2004.)

Mas, até que o critério seja modificado, é necessário obedecer ao definido no ato constitutivo do condomínio. Ou proceder à alteração da forma de rateio mediante modificação da convenção, que deverá ocorrer com o quórum previsto no art. 1.351 do Código Civil, que é de 2/3 dos condôminos.

181 Tínhamos segurança simples com monitoramento, rateada por fração ideal entre as unidades. Agora que contratamos segurança virtual, como deverá ser o rateio: entre unidades ou proporcional à área? Na convenção não há nada a respeito. É possível mudar isso sem consultar a assembleia?

No silêncio da convenção em estabelecer forma específica de rateio, a lei estabelece o critério de fração ideal:

"Art. 1.336. São deveres do condômino:

I – contribuir para as despesas do condomínio na proporção das suas frações ideais, salvo disposição em contrário na convenção." (Redação dada pela Lei n. 10.931/2004.)

Esse critério, para ser calculado, considera a parte indivisível e indeterminável das áreas comuns e do terreno correspondente a cada unidade autônoma, e também a área privativa de cada unidade. Portanto, pelo informado fica claro que o critério de rateio no seu condomínio será com base na fração ideal.

Quanto à troca de monitoramento para portaria virtual, trata-se de inovação significativa que irá impactar inclusive em custos adicionais. Dessa forma, o novo formato, bem como o respectivo rateio, precisa impreterivelmente passar pela aprovação assemblear, com um quórum de maioria simples.

182 **Houve manutenção geral na fachada e marquise do edifício em que há uma loja no andar térreo. Contatamos seu proprietário para incluí-la no rateio, mas este afirmou categoricamente que sua loja é independente do condomínio e que a ele cabe apenas o rateio da fachada da loja. Como proceder? Faço o rateio de acordo com a fração ideal, mando o boleto e executo, se ele não pagar?**

O primeiro passo é ler a convenção e entender a forma com que a loja foi enquadrada. As convenções mais antigas deixam as lojas de fora dos rateios ordinários, outras fora do rateio ordinário e extraordinário. Na prática é uma situação complicada, uma vez que também não é certo que as lojas contribuam para rateios, como, por exemplo, de manutenção ou reforma dos elevadores, sejam eles ordinários ou extraordinários, quando não se utilizam das máquinas. Da mesma forma que não é certa nenhuma contribuição quando se utilizam da estrutura do condomínio como um todo.

Acredito que a forma de rateio mais salutar é a que determina que as lojas, neste tipo de condomínio, contribuam apenas para as despesas pelas quais concorrerem, ou seja, para aquelas que envolvam suas áreas; por exemplo: reforma hidráulica na prumada que atinge as lojas, reforma da fachada, entre outros.

Não é razoável os proprietários das lojas entenderem que não fazem parte do todo, pois a própria concepção do condomínio atribui fração ideal a elas. Isso prova que elas são parte integrante do condomínio, independentemente de rateio. E por estarem em condomínio, possuem coisas em comum, como a prumada de água, parte da fachada, quadro de entrada de luz, entre outros – situação que facilmente poderá ser comprovada pela convenção ou até mesmo pela matrícula do bem.

Entendo não ser possível realizar uma obra e efetuar o rateio pelo percentual da fração ideal atribuído às lojas, se a convenção estabelecer que estas não contribuam com o rateio das despesas, seja ordinário ou extraordinário.

Porém, no caso de vazamentos, manutenção em áreas exclusiva das lojas, aquisição de itens de segurança que as agreguem também ou outros similares, as lojas serão obrigadas a fazer o devido reparo ou a arcar com sua cota-parte do reparo ou aquisição, sob a pena de enriquecimento ilícito.

No caso de restauração da fachada, o ideal é tentar chegar a um consenso, a fim de que as lojas arquem com determinado valor, se a pintura de alguma forma as beneficiar.

Vejamos o que diz João Nascimento Franco, especialista em direito imobiliário:

Princípio do proveito efetivo – Critério de utilidade

"O rateio proporcional à participação ideal no terreno só deve ser adotado se a todas as unidades autônomas se possibilitar igual utilização das coisas e serviços comuns."

Uma vez que no condomínio em edifícios conjugam-se três elementos, ou seja: propriedade comum, uso ou gozo e encargos.

Acórdão da 6ª Câm. do TJGB, na ApCiv 49.085 (DJU de 05.03.1959) acórdão da 1ª T. do STF, no RE 20.597. A obrigação de contribuir para as despesas gerais, por parte das lojas do pavimento térreo, só existe se for imposta por cláusula expressa na Convenção; obrigação de contribuir com redução 50%.

Não se pode atribuir os ônus de tais despesas a comunheiros que nada têm, direta ou indiretamente, com serviços que nenhuma utilidade lhes presta. Está neste caso o proprietário da loja no rés-do-chão, e com saída livre, quanto às despesas de manutenção dos elevadores. Está neste caso aquele que é proprietário de apartamentos sem direito à garagem, quanto às despesas com o garagista. Mas é evidente que prevalece e obriga a disposição em contrário inserta na Convenção de Condomínio. (A isenção só existe se a Convenção nada dispuser a respeito. (RT 653/138.)

183 Síndicos podem conceder descontos no recebimento das cotas em atraso? E mediante aprovação em assembleia?

Todos os condôminos têm o dever de concorrer para o pagamento das despesas de condomínio conforme a sua cota-parte, como previsto no art. 1.336, I, do Código Civil.

"Art. 1.336. São deveres do condômino:

I – Contribuir para as despesas do condomínio na proporção das suas frações ideais, salvo disposição em contrário na convenção."

Conforme aduz o art. 1.350 do Código Civil, as despesas de condomínio devem ser previamente apresentadas em assembleia, ter seu rateio aprovado e posteriormente aprovadas as suas contas.

Conceder descontos para aqueles que atrasam suas cotas condominiais poderá representar um incentivo a que outros deixem de pagá-las, para depois negociarem-nas em melhores condições.

Ademais, pode configurar enriquecimento ilícito, uma vez que o ato constitutivo do condomínio determina a forma de rateio por fração ideal. Deixar de cobrar desta forma representaria uma benesse ao inadimplente em detrimento ao adimplente, representando claro descumprimento de cláusula convencional, que prevê a forma de rateio e os encargos no caso de não pagamento.

Nesse sentido, segue o entendimento do Secovi:

"II – É facultado ao síndico perdoar débitos de quotas, juros, multas ou conceder descontos substanciais? E os descontos àqueles que efetuarem os pagamentos em dia?

Não. Os valores cobrados dos condôminos são resultantes do rateio da soma das despesas comuns ordinárias (água, luz, telefone, salários, encargos, etc.), de despesas extraordinárias derivadas da implementação de alguma obra, manutenção etc. ou encargos financeiros ou penalidades impostas a condôminos que estejam em falta com suas obrigações. Assim sendo, o síndico não tem poder para perdoar dívida ou para conceder descontos, sem a autorização da assembleia geral. Mesmo nos casos em que a dívida esteja sendo cobrada judicialmente, o síndico necessitará de autorização para realizar acordo, ainda que essa autorização lhe tenha sido dada, de forma geral, pela assembleia que o elegeu ou por outra assembleia em que a matéria tenha sido tratada. Da mesma forma, pagar as quotas em dia é obrigação do condômino e o síndico, sem autorização da assembleia, não pode conceder desconto para quem cumpre essa obrigação. O que vemos, comumente, é a aprovação, pela assembleia que aprova a previsão orçamentária, é o estabelecimento de um vencimento para o pagamento da cota condominial e uma autorização para dispensa de juros e multas, aos pagamentos efetuados até 'X' dias do vencimento". (Disponível em: http://www.secovice.com.br/index.php/duvidas.html. Acesso em: março, 2023.)

Assim, é claro que o síndico não pode conceder qualquer desconto ou redução dos acréscimos legais decorrentes da inadimplência, sob a pena de responder civilmente pelos prejuízos que der causa perante os demais condôminos, que tiveram que arcar com a cota do inadimplente por meio de rateios.

Qualquer condômino que se sinta lesado, independentemente de aprovação em assembleia, poderá, em defesa de seus interesses pessoais, ingressar em juízo pela busca de ressarcimento dos danos sofridos.

Por outro lado, mediante aprovação em assembleia, o condomínio tem a prerrogativa de contratar qualquer empresa relacionada com sua atividade, bem como de remunerá-la por seus serviços.

Também seria razoável a contratação de um advogado para efetuar a cobrança das cotas em atraso, além dos valores sucumbenciais, seria plausível ajustar um percentual do resultado entre 10% e 20% a título de remuneração – embora em detrimento dos demais condôminos, que arcaram com suas cotas em dia.

Temos visto aparecerem no mercado cada vez mais empresas que vêm trabalhando no formato de "aquisições" da inadimplência dos condomínios em troca de um deságio, sub-rogando-se na cobrança dos créditos futuros. Também alguns advogados e investidores têm "comprado" dívidas dos condomínios de unidades especificas, seja por já terem examinado a situação jurídica e terem a certeza de um ganho futuro, ou por terem interesse em adquirir a unidade em leilão.

Sejam quais forem as razões, a forma de cessão dos direitos creditórios não é uma operação que se encaixa de forma fácil na simples sistemática condominial; porém, em casos extremos poderá ser aplicada, desde que o síndico siga um critério rígido que vai desde a aprovação do conceito e da operação em assembleia até a elaboração do termo, por intermédio de um escritório de advocacia.

184 Há um condômino proprietário que se recusa a pagar o condomínio quando seu imóvel está desocupado. Como acioná-lo judicialmente, ainda que não tenha advogado para a causa?

Anualmente, o orçamento das despesas de condomínio deverá ser preparado pelo síndico (art. 1.348, VI, do Código Civil) e aprovado pela assembleia de condôminos (art. 1.350 do Código Civil).

O valor da cota mensal será determinado pelo orçamento aprovado e devido conforme fração ideal, ou outra forma de rateio estipulada em convenção (art. 1.334 do Código Civil).

O fato de o apartamento estar vago não isentará o proprietário do pagamento da cota, sendo que a recusa acarretará cobrança judicial das cotas em aberto para que o valor volte aos cofres do condomínio.

185 A pedido do síndico, a administradora acrescentou cotas extras sem realização de assembleia geral extraordinária. A administradora não deveria orientar ao síndico que essa iniciativa é ilegal?

A aprovação da previsão orçamentária deverá ocorrer anualmente para aprovar o orçamento de despesas.

"Art. 1.350. Convocará o síndico, anualmente, reunião da assembleia dos condôminos, na forma prevista na Convenção, a fim de aprovar o orçamento das despesas, as contribuições dos condôminos e a prestação de contas, e eventualmente eleger-lhe o substituto e alterar o Regimento Interno."

Sendo que a qualquer momento esse orçamento poderá ser revisto por meio de uma assembleia extraordinária, a qual poderá aprovar um novo rateio, seja ordinário ou extraordinário (art. 1.355 do Código Civil).

Assim, fica claro que o orçamento somente poderá ser revisto mediante aprovação em assembleia. Porém, as realizações de obras urgentes podem ocorrer sem assembleia, desde que ato contínuo exista a ratificação da obra em assembleia (art. 1.341, §§ 1º e 2º).

Portanto, o síndico poderá realizar obras emergenciais sem chamar uma assembleia, desde que posteriormente ratifique a obra e justifique sua necessidade; porém, não poderá efetuar qualquer rateio sem prévia autorização da assembleia.

"AÇÃO DE COBRANÇA – CONDOMÍNIO – DESPESA EXTRAORDINÁRIA – INEXISTÊNCIA DE ASSEMBLEIA REGULARMENTE CONVOCADA PARA APROVAÇÃO – SIMPLES AFIXAÇÃO DE COMUNICADO NAS DEPENDÊNCIAS DO EDIFÍCIO QUANTO À OBRIGATORIEDADE DOS CONDÔMINOS DE PAGAR O VALOR – INADMISSIBILIDADE – RECURSO IMPROVIDO. É de se reputar inexigível a cobrança 'taxa de rateio extra' quando não precedida de prévia aprovação em assembleia convocada para essa finalidade. (TJ-SP – APL: 00427681120128260554 SP 0042768-11.2012.8.26.0554, Relator: Renato Sartorelli, Data de Julgamento: 11-3-2015, 26ª Câmara de Direito Privado, Data de Publicação: 13-3-2015.)"

186 Não temos hidrômetro individual de água, por isso o gasto com água é dividido pelo número de moradores em cada unidade. Isso é correto?

A falta de individualização da água faz com que esta esteja dentro da despesa ordinária do condomínio, e assim obriga que o rateio seja feito pela fração ideal, salvo disposição diversa na convenção e não pelo número de pessoas da residência.

4.2 CONDOMÍNIO IRREGULAR

187 Fui eleita síndica recentemente. O condomínio está irregular no registro de empregados e a dívida trabalhista é alta. Desejo regularizar a situação e mudar a titularidade do CNPJ. O que pode ser feito? A ex-síndica é responsável por esses problemas?

Toda vez que um síndico é eleito, o seu CPF fica vinculado ao CNPJ do condomínio, seja em função da certificação digital, da movimentação da conta bancária ou das demais obrigações trabalhistas, tais como conectividade social e questões fiscais perante a Receita Federal. A alteração deve ocorrer no programa "receitanet" através do *site* da Receita Federal.

Caso a ex-síndica tenha cometido qualquer excesso na gestão, responderá pessoalmente, independentemente de não mais exercer a função. Em um primeiro momento, porém, quem responderá diretamente pelas irregularidades será o condomínio, que poderá, após apuradas as falhas, responsabilizar o síndico anterior.

A questão trabalhista deve passar por uma análise preventiva quanto à folha atual e por uma consultoria jurídica judicial para os casos em andamento.

O síndico atual não assume pessoalmente os problemas do prédio nem terá seu nome negativado, ainda que o condomínio tenha o dele.

CAPÍTULO 4 **COBRANÇA** | 187

4.3 BOLETOS

188 Qual é o prazo de tolerância para que taxas de condomínio vencidas sejam encaminhadas à cobrança judicial?

Não existe um prazo determinado. A partir do vencimento, a cota poderá ser encaminhada à cobrança judicial – o que na prática não ocorre, pois administradoras e síndicos aguardam o vencimento do prazo bancário, ou seja, o período no qual ainda permite-se o pagamento da cota no banco.

Após este prazo, a cota em aberto poderá ser enviada para cobrança extrajudicial; e não logrando êxito na cobrança, será encaminhada à cobrança judicial. Mas, isso não impede que seja enviada diretamente à justiça, mesmo que seja uma cota em aberto.

Após o vencimento, será devida a multa de 2%, correção monetária e juros de 1% ao mês. Caso a cobrança seja encaminhada ao jurídico, poderão ser acrescidos honorários pelo advogado, mesmo que sem cobrança judicial (arta. 389, 395 e 404 do Código Civil).

189 É correto o síndico aplicar 10% de multa após atraso de 15 dias no pagamento da cota mensal do condomínio?

O atraso do pagamento acarreta multa de 2%, juros de 1% ao mês (caso não sejam estabelecidos de forma diversa na convenção) e correção monetária.

A cobrança extra de 10% não se justifica, salvo se o caso tiver sido encaminhado a um escritório de advocacia, mas normalmente isso ocorre entre 30 e 90 dias de atraso, conforme ajuste no condomínio.

Geralmente, pagamentos ocorrem mediante boleto. Nele, consta qual o prazo bancário para que sejam quitados, sendo que esse prazo costuma ser dentro do mês. Assim, dentro deste período, sugere-se não enviar o caso aos escritórios de cobrança ou advocacia.

"Apelação Cível. Ação Sumária de Cobrança. Cotas Condominiais. Sentença de procedência. Recurso conhecido tempestividade art. 508, CPC. Art. 1.336, § 1º, Novo Código Civil multa moratória de 2% e juros legais de 1% ao mês multa moratória incidente a partir da vigência do novo Código Civil vigência da cláusula condominial inexistência de abusividade dos juros moratórios fixado na convenção. Correção monetária

devida a partir de cada vencimento mera atualização do valor do dinheiro. Verba honorária de 15% mantida art. 20, CPC devidamente aplicado. Recurso improvido. (TJ-SP – APL: 9102132122005826 SP 9102132-12.2005.8. 26.0000, Relator: Piva Rodrigues, Data de Julgamento: 1º-3-2011, 9ª Câmara de Direito Privado, Data de Publicação: 2-3-2011)" (grifei).

190 Temos uma unidade (sobreloja) que chega a acumular 6 meses de condomínio em atraso. Essa unidade paga em dia o acordo, mas comete falhas quanto ao pagamento da cota mensal. Como proceder com esse tipo de cobrança?

O fato de a unidade pagar o acordo em dia não impede o ingresso de medida judicial para cobrar o débito que vence mensalmente.

Para se protegerem, devem firmar o acordo somente mediante assinatura de um termo de confissão de dívida, do qual deve constar expressamente que, mesmo no caso de pagamento do acordo, o devedor deverá continuar pagando as demais parcelas, sob a pena de quebra de acordo; e que no caso de qualquer inadimplência, seja quanto ao acordo ou à cota do mês, todas as parcelas ficarão automaticamente vencidas. Se existir ação judicial, o acordo deverá ser firmado em juízo. Caso não exista ação e o devedor quebre o acordo, o termo poderá ser executado judicialmente com as parcelas mensais vencidas.

O ideal é que as cotas sejam cobradas por meio de boleto bancário e com baixa automática, procedimento comum entre as administradoras de condomínios. Isso evita dúvidas quanto a verificar se o pagamento foi realizado ou não. De qualquer forma, se o devedor pagar por outro meio sem autorização e for cobrado por meio de carta simples para apresentar o comprovante, mas não o fizer, não há que se falar em dano moral.

"EMBARGOS DE DECLARAÇÃO. OMISSÃO NO JULGAMENTO DO RECURSO INOMINADO. CONSUMIDOR. REPARAÇÃO DE DANOS MATERIAIS E MORAIS. CONTRATAÇÃO DE CONSÓRCIO. PARCELAS DEBITADAS EM CONTA CORRENTE. RECONHECIDA A COBRANÇA EM DUPLICIDADE EM RELAÇÃO ÀS PARCELAS PAGAS POR MEIO DE BOLETO BANCÁRIO. SIMPLES COBRANÇA. DEVOLUÇÃO SIMPLES. DANOS MORAIS INOCORRENTES. DEMAIS DANOS MATERIAS NÃO ESPECIFICADOS. VEDADAÇÃO DE SENTENÇA ILÍQUIDA. EMBARGOS DE DECLARAÇÃO CONHECIDOS EM PARTE, MAS IMPROVIDOS. (Embargos de Declaração N. 71005346952, Primeira Turma Recursal Cível, Turmas Recursais, Relator: Fabiana Zilles, Julgado em 24-2-2015). (TJ-RS – ED: 71005346952 RS, Relator: Fabiana Zilles, Data de Julgamento: 24-2-2015, 1ª Turma Recursal Cível, Data de Publicação: Diário da Justiça do dia 26-2-2015.)"

4.4 OUTRAS FORMAS DE COBRANÇA

191 Quero efetuar pagamento em juízo, em vez de depositá-lo em nossa conta corrente. Como faço?

O pagamento em juízo pode prejudicar o andamento do prédio. Sugiro, antes da medida, conversar com o síndico e o corpo diretivo para tentar equalizar a situação de forma extrajudicial.

De qualquer forma, caso julgue pertinente em função de discrepância de valores ou não aprovação de contas, saiba que o depósito em juízo é uma ação judicial e será necessária a contratação de um advogado, bem como explicar os motivos que levaram a tal ato, para que a parte contrária (o condomínio), representada pelo seu síndico, possa se defender.

192 Em virtude de problemas financeiros, fomos procurados por empresa interessada em comprar a dívida de uma unidade. É possível? Mencionaram o termo "cessão de direitos creditórios oriundos de dívida de condomínio". O que é isso?

A cessão de direitos creditórios está prevista no art. 286 e seguintes do Código Civil, tendo como definição:

"A cessão de crédito é o negócio jurídico, em geral de caráter oneroso, através do qual o sujeito ativo de uma obrigação a transfere a terceiro, estranho ao negócio original, independentemente da anuência do devedor. O alienante toma o nome de cedente, o adquirente o de cessionário e o devedor, sujeito passivo da obrigação, o de cedido." (Rodrigues, Silvio. *Direito Civil*. 27. ed. ver. Atual. São Paulo: Saraiva 1999. p. 291.)

Substancia-se na aquisição pelo adquirente e na perda pelo cedente, ao mesmo tempo, dos direitos oriundos ao crédito original.

A cessão é válida independentemente da causa principal que levou à cessão dos créditos – no caso, as ações de cobrança de condomínio em questão.

O crédito passa a ser um bem patrimonial, sendo a cessão uma forma de alienação. Como o condomínio não tem personalidade jurídica, não conseguirá efetivar tal transação por instrumento público – o que não representa um problema, uma vez que poderá seguir a forma particular (art. 288 do Código Civil).

A cessão tem caráter duplo, pois existe a perda e a aquisição de um direito, no que toca ao titular.

O negócio subjacente à cessão deve existir, ser válido e eficaz para que a cessão possa gozar desses atributos.

"O negócio que lhe serve de base, pode ser qualquer um, desde que seja apto a produzir o efeito translativo desejado – por exemplo, uma compra e venda, uma doação, uma dação em cumprimento etc. – e o termo 'cessão de crédito' designa apenas o efeito translativo da posição creditória que esse mesmo negócio produz." (Monteiro & Cunha. *Sobre o contrato de cessão financeira ou de* factoring, p. 550.)

A possibilidade da cessão é a regra; a impossibilidade, exceção – como no caso dos bens fora de comércio, intransmissíveis (crédito de alimento) e impenhoráveis.

"Art. 286. O credor pode ceder o seu crédito, se a isso não se opuser a natureza da obrigação, a lei, ou a convenção com o devedor; a cláusula proibitiva da cessão não poderá ser oposta ao cessionário de boa-fé, se não constar do instrumento da obrigação."

Em sendo possível a alienação do objeto litigioso, isso não representará alteração da relação jurídica no processo.

Quanto à representatividade no processo, continua em nome do condomínio que, quando receber o crédito, deverá transferir ao adquirente dos direitos creditórios.

Código de Processo Civil (Lei n. 13.105/2015):

"Art. 18. Ninguém poderá pleitear direito alheio em nome próprio, salvo quando autorizado por lei."

"Art. 109. A alienação da coisa ou do direito litigioso, por ato entre vivos, a título particular, não altera a legitimidade das partes."

Dessa forma, não se encaixam na exceção de direitos inegociáveis as dívidas de condomínio, as quais em tese podem ser negociadas.

A cessão de crédito em geral deve ser realizada por meio de um instrumento público ou instrumento particular. Conforme já explicado acima, para o caso específico de dívida condominial, recomenda-se a utilização de instrumento particular.

O instrumento particular deve seguir o descrito no art. 654, § 1º, do Código Civil, sendo que a falta da formalidade exigida não inviabilizará a cessão, apenas a tornará ineficaz contra terceiros.

"Art. 654. (...)

§ 1º O instrumento particular deve conter a indicação do lugar onde foi passado, a qualificação do outorgante e do outorgado, a data e o objetivo da outorga com a designação e a extensão dos poderes conferidos."

A cessão não terá eficácia contra o devedor, caso este não tenha sido devidamente notificado:

"Art. 290. A cessão do crédito não tem eficácia em relação ao devedor, senão quando a este notificada; mas por notificado se tem o devedor que, em escrito público ou particular, se declarou ciente da cessão feita."

O artigo a seguir não se aplicam ao condomínio quanto à dívida que ele mesmo penhorou; porém, se terceiros tiverem levado o bem à penhora, a cessão não poderá ser realizada:

"Art. 298. O crédito, uma vez penhorado, não pode mais ser transferido pelo credor que tiver conhecimento da penhora; mas o devedor que o pagar, não tendo notificação dela, fica exonerado, subsistindo somente contra o credor os direitos de terceiro."

Na mesma esteira, esclarece a obra de Caio Mário da Silva Pereira:

"Sendo o credor, como efetivamente é, livre de dispor de seu crédito, não necessita da anuência do devedor para transferi-lo a terceiro, porque o vínculo essencial da obrigação sujeita-o a uma prestação; e não existe modificação na sua substância se, em vez de pagar ao primitivo sujeito ativo, tiver de prestar a um terceiro em que se sub-rogam as respectivas qualidades, sem agravamento da situação do devedor." (*Instituições de Direito Civil*, v. II. Rio de Janeiro: Forense, 2009, p.371.)

Quanto à possibilidade da cessão:

"COBRANÇA DE CONDOMÍNIO. FASE DE CUMPRIMENTO DE SENTENÇA. CESSÃO DE CRÉDITO DO CONDOMÍNIO A TERCEIRO, SEM NECESSIDADE DE ANUÊNCIA DO DEVEDOR. ADMISSIBILIDADE. Em havendo regra específica aplicável ao processo de execução (art. 567, II, CPC), que prevê expressamente a possibilidade de prosseguimento da execução pelo cessionário, não há falar em incidência, na execução, de regra que se aplica somente ao processo de conhecimento no sentido da anuência do adversário para o ingresso do cessionário no processo (arts. 41 e 42 do CPC); Resp. n. 1.091.443-SP, representativo de controvérsia repetitiva, na forma do art. 543-C do CPC. Agravo provido para integrar o cessionário no polo ativo da execução. Agravo de Instrumento n. 2056364-70.2014.8.26.0000 RELATOR Soares Levada 34ª Câmara de Direito Privado TJ-SP, 30 de junho de 2014."

Dessa forma, conclui-se clara a possibilidade de cessão dos créditos oriundos da dívida condominial.

Nesse sentido, ainda:

"(...) 3. O condomínio, mesmo mantendo contrato de prestação de serviços para cobrança das cotas condominiais com empresa especializada, com recebimento dos valores adiantados, mantém sua legitimidade para agir contra os condôminos inadimplentes. 4. Contrato de prestação de serviços que não incute em cessão ou sub-rogação do direito de crédito à empresa contratada (...)." (TJPR, AC 289405-9 15ª C.C, Rel. Ruy Francisco Thomaz. *DJ* 27-5-2005). E ainda, AGRAVO DE INSTRUMENTO N. 1.263.762 – PR (2009/0250126-9).

193 O proprietário de um apartamento herdado está inadimplente, pois não tem como pagar inventário. Como proceder judicialmente, já que o imóvel não está em seu nome?

A cobrança das cotas de condomínio em atraso, seja em juízo ou fora dele, pode muitas vezes parecer algo rotineiro e sem complicações; porém, em situações peculiares, como no caso relatado, será necessária uma solução singular.

Para que esse caso possa ser resolvido, o condomínio deverá solicitar a abertura do inventário e se habilitar como credor (art. 616, VI, do Código de Processo Civil):

"Art. 616. Tem, contudo, legitimidade concorrente:

(...)

VI – o credor do herdeiro, do legatário ou do autor da herança".

Nesse sentido:

"Agravo de Instrumento. Despesas de Condomínio. Cobrança. Abertura de inventário. Legitimidade concorrente. 1. Conforme preceitua o art. 988, VI, do Código de Processo Civil, tem legitimidade concorrente o credor para requerer a abertura de inventário e providenciar a habilitação do seu crédito. 2. Recurso improvido. (TJ-SP – AI: 3095401920118260000 SP 0309540-19.2011.8.26.0000, Relator: Vanderci Álvares, Data de Julgamento: 30-1-2012, 25ª Câmara de Direito Privado, Data de Publicação: 2-2-2012.)"

Conforme aduz o Desembargador Relator Dr. Vanderci Álvares, em seu voto na decisão acima:

"Esse regramento impede seja promovida a ação de cobrança diretamente contra os herdeiros do devedor...".

Assim, cobrar dos filhos seria o primeiro impulso do condomínio; entretanto, tal situação com certeza lhe traria prejuízos, pois seria inviável juridicamente. Assim, o condomínio deve abrir o inventário antes de proceder com a cobrança.

194 Minha irmã comprou um apartamento há 3 meses. Em reunião, o zelador cobrou-lhe uma dívida preexistente, que poderá ir para a justiça. Como nova proprietária, ela é obrigada a pagar?

A aquisição do bem obrigará a sua irmã a arcar com as despesas do condomínio daqui para a frente, mesmo que as despesas sejam anteriores à aquisição, pois as obrigações perante o imóvel são *propter rem* (ou seja, em função da coisa) e acompanharão o bem.

O fato de ser *propter rem* difere das obrigações comuns em função das características de transmissão. Dessa forma, todas as vezes em que o direito de que se origina for transmitido, suas obrigações o seguirão – como, por exemplo, a obrigação imposta ao condômino de não alterar a fachada do prédio (art. 1.336, III), bem como a obrigação de arcar com as despesas de condomínio oriundas do bem.

Vejamos:
"DIREITO CIVIL. CONDOMÍNIO. COBRANÇA. LEGITIMAÇÃO. TAXA CONDOMINIAL. OBRIGAÇÃO PROPTER REM. PROPRIETÁRIO DO IMÓVEL. 1. As obrigações condominiais têm natureza 'propter rem' e, portanto, aderem à coisa, e não à pessoa, bastando a demonstração de que o devedor é proprietário ou possuidor da unidade integrante do condomínio para o reconhecimento de seu dever de pagar a quota condominial. (APC 20140111008923. DJe 23-10-2015, TJDF, 2ª Turma Cível.)"

Assim, quem detém o bem herda as despesas que eventualmente o bem possuía, como condomínios em aberto, IPTU etc., ficando claro o dever de arcar com o valor do condomínio, mesmo que seja inerente a rateio de período anterior ao do morador no local. Normalmente, a obrigação do pagamento das despesas condominiais advém com a posse, mas isso pode ser ajustado no contrato particular entre as partes.

195 O condomínio pode impedir que uma unidade seja ocupada antes de os débitos serem quitados?

O condomínio não tem como impedir qualquer venda nem exigir a quitação em função da transferência da posse do bem. Porém, como as despesas de condomínio são em função do bem, a venda não exime a responsabilidade do adquirente em quitar as cotas em aberto.

Assim, a unidade responderá pelos débitos anteriores à aquisição e poderá, em último caso, ser levada a hasta pública para que seja leiloada e o valor auferido, utilizado para quitar os débitos.

"COTAS CONDOMINIAIS – AÇÃO DE COBRANÇA – TRANSFERÊNCIA DO IMÓVEL A TERCEIRO – CIÊNCIA INEQUÍVOCA PELO CONDOMÍNIO – AUSÊNCIA DE PROVA – RESPONSABILIDADE DO PROPRIETÁRIO DO IMÓVEL PELA DÍVIDA – Na hipótese de existir instrumento de promessa de compra e venda, a responsabilidade pelas despesas de condomínio pode recair tanto sobre o promitente comprador quanto sobre o promissário vendedor, dependendo das circunstâncias de cada caso concreto. Na hipótese, é legitimado o proprietário do bem, eis que ausente comprovação da ciência inequívoca do condomínio acerca do negócio jurídico em tela – Apelo improvido. (TJ-SP – APL: 00162239320128260006 SP 0016223-93.2012.8.26.0006, Relator: José Malerbi, Data de Julgamento: 24-2-2014, 35ª Câmara de Direito Privado, Data de Publicação: 24-2-2014.)"

O CAPÍTULO EM 11 DICAS
Pense nisso...

1 – A dívida de condomínio virou um título executivo extrajudicial, o que permite maior rapidez na execução da dívida do que ocorreria em uma cobrança na justiça. Com essa mudança na legislação de execução, aumenta a procura pelos acordos – que tendem a ficarem mais fáceis, uma vez que os devedores podem perder o imóvel de forma mais rápida.

2 – Fique atento: o condômino deixará de ser devedor a partir da assinatura do termo, quando se dará o instituto da novação da dívida (art. 360 do Código Civil).

3 – Dê preferência a sistemas de integrações com administradoras, para que a relação de cotas em aberto esteja sempre acessível aos síndicos. A falta de aprovação de contas impede o ingresso com a ação de execução de título extrajudicial.

4 – O não pagamento da taxa de condomínio por parte de qualquer dos condôminos afetará diretamente aos demais, que irão se cotizar para cobrir os valores atrasados ou utilizar dos recursos disponíveis na conta do fundo de reserva, com o fim de fazer frente às despesas do condomínio.

5 – Divulgar a lista de inadimplentes aos demais compossuidores é dever do síndico e da administradora. Assim, é totalmente legal divulgar as unidades dos inadimplentes nos boletos, balancetes e nas assembleias de condomínios.

6 – É vetado ao condomínio divulgar as unidades dos inadimplentes em quadros de avisos, jornais internos ou qualquer outro meio que exponha o devedor de qualquer forma à situação vexatória ou com o objetivo de constrangê-lo. O síndico responde civil e criminalmente por excesso ou negligência na sua gestão.

7 – De acordo com o Código Civil (art. 1.350), as despesas do condomínio devem ser apresentadas em assembleia, seguidas de aprovação do rateio e das contas. Quando descontos são concedidos a algum morador, o custo das contas do condomínio aumenta. Assim, com o rateio, o valor que o inadimplente deixou de pagar sobrará para o adimplente, enquanto o endividado fica com as melhores condições de pagamento. Consequentemente, lucrando ilicitamente.

8 – Após a aprovação em assembleia, o condomínio tem a prerrogativa de contratar qualquer empresa de cobrança e remunerá-la pelo serviço. Porém, isso também pode trazer uma perda aos condôminos em dia com as contas. Seria razoável, por exemplo, a contratação de um advogado para efetuar a cobrança das cotas em atraso, além dos valores sucumbenciais. Esse profissional ajustará um percentual do resultado entre 10% e 20% como sua remuneração, uma forma plausível, embora ainda assim possa impor gastos àqueles que arcaram com suas cotas em dia.

9 – A cessão de crédito é um recurso pelo qual uma empresa jurídica (garantidora de crédito) compra a inadimplência do condomínio, liquidando-a. Tenha o cuidado de reservar esse recurso apenas para situações extremas, pois ele incluirá mais uma pessoa jurídica na negociação e isso implicará um custo. Existem boas garantidoras, mas também existem aquelas que vão trazer problemas para o condomínio, cobrando taxas de juros e correção monetária acima daquilo que a convenção do condomínio determina. É preciso cuidadosamente fazer os cálculos para verificar se a medida compensa.

10 – A falta de qualquer recolhimento, seja ele em detrimento dos funcionários ou referente aos prestadores de serviços, poderá levar o condomínio a uma grande dívida. Invista em medidas que possam reduzir a inadimplência no condomínio.

11 – Algumas medidas saudáveis, que permitem transparência na gestão, são o envio da prestação de contas sintética no boleto de pagamento da cota do mês, disponibilizar o balancete no *site* da administradora para acesso aos condôminos, realizar assembleias periódicas, auditoria mensal nas contas, reuniões de conselho com a presença da administradora, revisão periódica da escala e folha de pagamento de funcionários, não contratar prestadores de serviços que não emitam notas fiscais, elaborar laudo de vistoria estrutural periódica, não realizar obras sem o consentimento de uma assembleia, entre outros.

Capítulo 5
CONVENÇÃO

A convenção é o instrumento que prevê os direitos e obrigações dos condôminos, a destinação das unidades, as normas de convivência e as penalidades, entre tantos outros itens necessários a uma convivência harmoniosa. Na maioria das vezes, as convenções seguem padrões preestabelecidos, sugeridos pelas próprias construtoras.
Nunca alegue desconhecer esses instrumentos: conheça a convenção e o regimento interno do seu condomínio.

5.1 ASPECTOS DA CONVENÇÃO

196 O que é exatamente a convenção?

A convenção de condomínio e o regimento interno são fundamentais para reger a convivência no edifício.

A convenção é um documento que determinará, dentre outros assuntos, a fração ideal, o fim a que as unidades se destinam, a discriminação e individualização das unidades de propriedade exclusiva.

O regimento interno, por sua vez, pode ser parte integrante da convenção e visa a determinar assuntos ligados às regras diárias de convivência no condomínio, bem como ao funcionamento de áreas comuns.

A convenção é ato essencial para a instituição do condomínio edilício (art. 1.333 do Código Civil). Nos casos em que tenha havido prévio registro da incorporação imobiliária, a convenção será apresentada como minuta, integrando o rol de documentos exigidos para que o incorporador possa realizar as vendas e obras no local (art. 32, alínea j, da Lei n. 4.591/64), sendo elemento indispensável para o registro no cartório competente.

Com a emissão do "habite-se" e o cumprimento das demais exigências legais, o incorporador, mediante cartório, apresenta os documentos para a instituição do condomínio, ratifica (confirma) os termos da minuta da convenção já arquivada naquele primeiro momento e requer a abertura das matrículas individualizadas de cada unidade.

Também pode ocorrer de o proprietário/construtor optar por não negociar as unidades na planta e entregar as obras já concluídas para proceder às vendas. Nesse caso, ele vai solicitar ao cartório a instituição de condomínio direta, apresentando obrigatoriamente a convenção de condomínio também.

Em ambos os casos (havendo instituição e especificação das unidades com prévia incorporação ou não), a partir deste momento o condomínio está apto para ser instalado e passar a ser representado por um síndico. Ou seja, com a instituição do condomínio há o registro da convenção de condomínio no livro 3 do Registro de Imóveis, não sendo a ratificação (confirmação) da convenção em assembleia ato necessário.

Conforme aduz o art. 1.333, parágrafo único, a convenção que constitui o condomínio deverá ser registrada no Cartório de Registro de Imóveis. Lembrando que a ata das assembleias deve ser registrada no Cartório de Títulos e Documentos.

Legalmente, o quórum para se alterar a convenção é de 2/3 dos condôminos, com base no art. 1.351 do Código Civil. Já o regimento interno poderá ser alterado com maioria simples, seguindo a regra geral do art. 1.352 do Código Civil (salvo quando se tratar de questões que envolvam quórum específico e desde que a convenção não defina quórum maior).

197 Como proceder para modificar a convenção do prédio?

A alteração da convenção começa com a constatação de que ela se encontra obsoleta e, portanto, com necessidade de renovação. Isso pode ocorrer por meio de assembleia, reunião de conselho, análise do administrador ou por qualquer outra forma.

Uma vez constatada a necessidade de renovação, o caso deve ser levado à discussão em assembleia, para que se defina como deverá ocorrer a alteração. O mais comum é que o conselho fique com a responsabilidade de sugerir as cláusulas que devem ser modificadas.

É de bom tom que se abra a possibilidade de envio de sugestões para o conselho e, em alguns casos, criar um grupo de trabalho para a análise das modificações necessárias, bem como acompanhamento dos textos sugeridos.

A redação deve ficar a cargo de um escritório de advocacia e a prévia das alterações poderá ser enviada a todos os condôminos, a fim de que possam sugerir e tomar ciência do teor daquilo que se pretende modificar, antes que seja aprovada a nova redação em assembleia.

Após essa etapa, uma assembleia deverá ser convocada, destacando-se os itens específicos e os números das cláusulas em que serão propostas as modificações.

Depois da aprovação, será necessário levar a nova redação ao Registro de Imóveis, a fim de registrá-la para completar a alteração.

O Registro de Imóveis faz diversas exigências, então é importante que se faça uma pré-análise do que será solicitado. Em alguns cartórios, solicitam-se firmas reconhecidas e matrículas atualizadas de todas as unidades que fizerem parte do quórum de alteração de 2/3 dos condôminos.

198 Depois de receber o "habite-se", o construtor do condomínio fez uma rerratificação da convenção e registrou em cartório o subsolo, que já existia desde o início da obra, com uma área de 273 m². Essa área foi aprovada na prefeitura como área de lazer, mas na nova ratificação da convenção constava apenas como subsolo, na condição de área privativa e com índice cadastral do IPTU separado dos apartamentos. Na verdade, o tamanho do subsolo é de 600 m², ou seja, há uma área irregular. **Como se deve proceder para regularizá-la? É preciso unanimidade? Posso entrar com uma ação de nulidade dessa rerratificação, mesmo depois de 15 anos?**

Essa questão precisa ser mais bem analisada, pois somente após a verificação de todos os documentos arquivados no Registro de Imóveis é que será possível ter o conhecimento adequado do caso.

De qualquer forma, se as unidades estavam vendidas, não é possível qualquer alteração de convenção, salvo se realizada assembleia com aprovação de 2/3 dos condôminos. Porém, ao que parece, não se trata de alteração de convenção e muito menos de situação que possa ser ratificada após o habite-se. Assim, é importante verificar o que consta das plantas arquivadas e no cálculo de área, pois se a irregularidade estiver na convenção, basta alterá-la com 2/3 dos votos dos condôminos (art. 1.351 do Código Civil).

Entretanto, no caso de constar da especificação uma coisa e na prática existir outra, a questão será mais complexa e, inicialmente, é preciso passar pela análise de um advogado e de um engenheiro, levando em conta se a área acrescida não ultrapassa o potencial construtivo do terreno.

Após verificar e sendo possível a regularização, será necessário alterar a fração ideal de todas as unidades, elaborar nova planta e requerer ratificação das matrículas, o que somente poderá ocorrer com a concordância unânime dos condomínios.

199 **A nova convenção do condomínio ainda não foi registrada. Na antiga, o mandato do síndico era de 1 ano e na atual, de 2 anos. A administradora diz que o que vale é o Código Civil. Qual é a convenção válida e como devemos proceder?**

É importante que a convenção seja registrada para que todos possam tomar conhecimento e sejam obrigados a cumpri-la; porém, a falta do registro não exime sua aplicação aos condôminos, conforme aduz a súmula do STJ.

Súmula 260 do STJ:

"A convenção de condomínio aprovada, ainda que sem registro, é eficaz para regular as relações entre os condôminos".

Dessa forma, se existe uma nova convenção aprovada, mesmo que sem registro, essa tem valor e é a convenção em vigência, não obstante deva ser regularizada no Registro de Imóveis.

200 **Minha convenção é de 1974 e atualizá-la demandaria tempo dos condôminos (que quase não aparecem nas assembleias) e custos com re-**

gistro em cartório. Como síndico, posso adotar regras (tais como horário de obra, mudança etc.) para a garagem e áreas comuns sem contrariar ao novo Código Civil?

A alteração da convenção somente deverá ocorrer mediante aprovação de 2/3 dos condôminos, por isso a dificuldade de alterar as regras.

Porém, ao partir do advento do Código Civil de 2002, o regimento interno poderá ser alterado com maioria simples – salvo se sua convenção de 1974 previr que seja necessário um quórum diferente para alterá-lo. Caso esse quórum específico não esteja previsto na sua convenção, e desde que as mudanças não contrariem as regras nela contidas, faça as alterações no próprio regimento interno (que é o documento oportuno para regular a convivência nos condomínios), sem necessidade de alterar a convenção.

Do contrário, em não havendo quórum para alterar o regimento interno, sugiro que aprove as regras em assembleia, desde que não contrariem o regimento interno, a convenção e o Código Civil. Não obstante o caminho recomendável seria a alteração da convenção.

5.2 CONSTRUTORA

201 Quando o imóvel é comprado na planta, a construtora pode entregar as chaves aos proprietários sem que ele esteja finalizado? E os proprietários poderão ser impedidos de se mudarem em virtude de questões administrativas do condomínio ou da construtora?

As chaves somente podem ser entregues após o "habite-se", a conclusão das áreas comuns e a assembleia de instalação.

Em alguns casos, mesmo com reparos a serem feitos nas áreas comuns, os construtores instalam o condomínio e entregam as chaves e, geralmente, não cobram o valor do condomínio nesse período, isso depende de construtora para construtora. Porém, é certo que o momento para a mudança pode ocorrer somente após habite-se e instalação do condomínio

Após a entrega das chaves[52-53], os proprietários não poderão ser impedidos de se mudar. E neste momento nasce a obrigação do pagamento das cotas condominiais.

---

[52] COMPROMISSO DE VENDA E COMPRA DE IMÓVEL. COBRANÇA DE DESPESAS DE CONDOMÍNIO ANTES DA ENTREGA DAS CHAVES. IMPOSSIBILIDADE. 1- Pretende o autor ser ressarcido das despesas de condomínio pagas antes da efetiva entrega das chaves. E, de fato, o adquirente do imóvel somente responde pelas despesas de condomínio a partir de quando adquire a posse do bem, com a entrega das chaves. 2- Precedentes do STJ: REsp 660.229/SP, Rel. Ministro CESAR ASFOR ROCHA, 4ª Turma, julgado em 21-10-2004, DJ 14-3-2005, p. 378. 3- Legitimidade passiva da promitente vendedora que decorre não do fato de receber as importâncias pagas – o que evidentemente não ocorreu – mas de ser ela obrigada a arcar com tais despesas até a entrega das chaves. 4- Recurso não provido. Sentença mantida por seus próprios fundamentos.(TJ-SP – RI: 00100447120168260114 SP 0010044-71.2016.8.26.0114, Relator: Fábio Henrique Prado de Toledo, Data de Julgamento: 13-9-2016, 2ª Turma Cível, Data de Publicação: 3-10-2016)

[53] Recurso inominado. Repetição de indébito. Responsabilidade pelo pagamento do condomínio. Recorrente que esteve na posse do imóvel até a entrega das chaves ao autor. Taxas condominiais devidas pela recorrente pelo tempo que se manteve na posse do imóvel. Devolução integral dos valores pagos pelo promitente comprador antes da imissão na posse. Obrigação de pagamento que somente se transfere com a efetiva entrega do imóvel. Cláusula contratual de transferência de responsabilidade. Abusividade da cláusula contratual que prevê a obrigação do promissário comprador pelo pagamento das despesas condominiais em data anterior à entrega das chaves. Ciência do condomínio da existência de contrato de compromisso de compra e venda sem alteração da posse. Restituição na forma simples. Sentença que não me-

202 Quando adquiri uma unidade no prédio, o apartamento decorado tinha ar-condicionado e sacada fechada com churrasqueira portátil. Mas, na entrega das chaves, a construtora apresentou proposta diferente da exposta, obrigando o proprietário a escolher apenas uma das opções. Isso é possível? Como proceder para fazer cumprir a proposta do decorado, visto que não há especificação em documento?

Os equipamentos, tais como mesa, cadeiras, churrasqueira compõem a decoração e não fazem parte da unidade, isso costuma estar claro no compromisso de compra e venda, e deve ser verificado no memorial do que será entregue. Porém, se na disposição, existir diferença de metragem, e constar de forma clara no contrato, a situação é passível de indenização. Nesse caso, os prejudicados individualmente ingressarão em juízo, buscando indenização por perdas e danos[54].

---

rece reparo, portanto, mantida nos moldes do art. 46 de Lei n. 9.099/95. Recurso improvido. (TJ-SP – RI: 10040004020198260655 SP 1004000-40.2019.8.26.0655, Relator: Alexandre Pereira da Silva, Data de Julgamento: 26-4-2021, 3ª Turma Cível e Criminal, Data de Publicação: 26-4-2021)

[54] PROCESSUAL CIVIL, CIVIL E DIREITO DO CONSUMIDOR. RECURSO ESPECIAL. AÇÃO DE RESTITUIÇÃO DE VALOR PAGO POR ÁREA EXCEDENTE. IMÓVEL ENTREGUE EM METRAGEM A MENOR. DISSÍDIO JURISPRUDENCIAL. COMPROVAÇÃO DA DIVERGÊNCIA. DECISÃO UNIPESSOAL. IMPOSSIBILIDADE. VÍCIO APARENTE. PRETENSÃO DE ABATIMENTO PROPORCIONAL DO PREÇO. VENDA AD MENSURAM. PREJUDICIAL DE DECADÊNCIA MANTIDA. 1. Ação de restituição de valor pago por área excedente, em virtude da entrega de imóvel em metragem menor do que a contratada. 2. Ação ajuizada em 2-7-2018. Recurso especial concluso ao gabinete em 19-10-2020. Julgamento: CPC/2015. 3. O propósito recursal é o afastamento da prejudicial de decadência em relação ao pedido do recorrente de restituição de valor pago por área excedente, decorrente da aquisição de imóvel entregue em metragem menor do que a contratada. 4. A comprovação da divergência jurisprudencial exige o confronto entre acórdãos, motivo pelo qual é inadmissível o uso de decisão unipessoal para essa finalidade. 5. A entrega de bem imóvel em metragem diversa da contratada não pode ser considerada vício oculto, mas sim aparente, dada a possibilidade de ser verificada com a mera medição das dimensões do imóvel – o que, por precaução, o adquirente, inclusive, deve providenciar tão logo receba a unidade imobiliária. 6. É de 90 (noventa) dias o prazo para o consumidor reclamar por vícios aparentes ou de fácil constatação no imóvel por si adquirido, contado a partir da efetiva entrega do bem (art. 26, II e § 1º, do CDC). 7. O prazo decadencial previsto no art. 26 do CDC relaciona-se ao período de que dispõe o consumidor para exigir em juízo alguma das alternativas que lhe são conferidas pelos arts. 18, § 1º, e 20, caput, do mesmo diploma legal (a saber, a substituição do produto, a restituição da quantia paga, o abatimento proporcional do preço e a reexecução do serviço), não se confundindo com o prazo prescricional a que se sujeita o consumidor para pleitear indenização decorrente da má-execução do contrato. 8. Para as situações em que as dimensões do imóvel adquirido não correspondem às noticiadas pelo vendedor, cujo preço da venda foi estipulado por medida de extensão ou com determinação da respectiva área (venda ad mensuram), aplica-se o disposto no art. 501 do CC/02, que prevê o prazo decadencial de 1 (um) ano para a propositura das ações previstas no antecedente artigo (exigir o complemento da área, reclamar a resolução do contrato ou o

203 O prédio é novo e ainda não possui convenção definida. Até que ponto a construtora poderá impor regras ao condomínio e seus condôminos?

A convenção é documento essencial no ato de instituição do condomínio; ou seja, desde o início existem regras que devem ser seguidas. A obrigatoriedade da Convenção está prevista na Lei n. 4.591/64:

"Art. 32. O incorporador somente poderá alienar ou onerar as frações ideais de terrenos e acessões que corresponderão às futuras unidades autônomas após o registro, no registro de imóveis competente, do memorial de incorporação composto pelos seguintes documentos: (Redação dada pela Lei n. 14.382, de 2022)

j) minuta de convenção de condomínio que disciplinará o uso das futuras unidades e partes comuns do conjunto imobiliário; (Redação dada pela Lei n. 14.382, de 2022)".

Após a entrega do empreendimento, o condomínio passará a ser gerido pelo síndico e pelo conselho sem qualquer interferência da construtora na gestão.

204 A construtora entrega as chaves, mas não entrega o condomínio e não permite a mudança aos moradores. Isso é legal? Qual providência tomar?

A partir da instalação do condomínio (áreas comuns) e entrega das chaves (unidades), a gestão não é mais da construtora. Portanto, esta não poderá mais interferir. Não é viável a entrega das chaves sem habite-se[55] e instalação do condomínio.

---

abatimento proporcional do preço). 9. Na espécie, o TJ/SP deixou expressamente consignada a natureza da ação ajuizada pelo recorrido, isto é, de abatimento proporcional do preço, afastando-se, por não se tratar de pretensão indenizatória, o prazo prescricional geral de 10 (dez) anos previsto no art. 205 do CC/02. 10. Ao mesmo tempo em que reconhecida, pela instância de origem, que a venda do imóvel deu-se na modalidade ad mensuram, não se descura que a relação havida entre as partes é, inegavelmente, de consumo, o que torna prudente a aplicação da teoria do diálogo das fontes para que se possa definir a legislação aplicável, com vistas a aplicar o prazo mais favorável ao consumidor. 11. De qualquer forma, ainda que se adote o prazo decadencial de 1 (um) ano previsto no CC/02, contado da data de registro do título – por ser ele maior que o de 90 (noventa) dias previsto no CDC – impossível afastar o reconhecimento da implementação da decadência na espécie, vez que o registro do título deu-se em 18-7-2016 e a ação somente foi ajuizada em 2-7-2018. 12. Recurso especial parcialmente conhecido e, nessa extensão, não provido.
(STJ – REsp: 1890327 SP 2020/0209277-0, Relator: Ministra NANCY ANDRIGHI, Data de Julgamento: 20-4-2021, T3 – 3ª Turma, Data de Publicação: *DJe* 26-4-2021)

[55] APELAÇÃO CÍVEL. CONSUMIDOR. PROMESSA DE COMPRA E VENDA DE IMÓVEL. ENTREGA DA UNIDADE SEM ATESTADO DE CONCLUSÃO DA OBRA. ATRASO NA EXPEDIÇÃO DA CARTA DE HABITE-SE. FORTUITO INTERNO. MULTA CONTRATUAL. APLICAÇÃO. SENTENÇA REFORMADA. 1. A carta de habite-se revela o ato administrativo da autoridade competente que atesta a construção do empreendimento

205 Comprei um apartamento com a construtora e aguardo a entrega das chaves. Nosso grupo de moradores no WhatsApp decidiu indicar um síndico de nossa confiança, mas a construtora diz que são eles quem indicam o síndico para nós. Não podemos mesmo indicar um síndico de nossa confiança?

A lei é clara: o síndico será eleito, ou seja, escolhido pelos presentes, que devem escolher o seu representante legal, podendo concorrer a pessoa indicada pela construtora ou qualquer condômino em igualdade de condições. O critério para a escolha será a votação, vencendo quem tiver a maioria dos votos.

Segue artigo da Lei n. 10.406, de 10 de janeiro de 2002 (Código Civil), que traz o que vocês precisam:

"Art. 1.347. A assembleia escolherá um síndico, que poderá não ser condômino, para administrar o condomínio, por prazo não superior a dois anos, o qual poderá renovar-se."

Importante, ainda, salientar que, caso tal previsão de indicação esteja prevista em convenção, contrariando o preceito legal do Código Civil, a cláusula da convenção é nula, conforme os princípios do direito privado.

206 No caso de unidades ainda não comercializadas, a construtora é vista como condômino? Se afirmativo, teria de pagar a taxa de condomínio integralmente?

Antes, é importante ter em mente o conceito de condômino:

"Art. 1.334, § 2º, do novo Código Civil – São condôminos os proprietários ou todos aqueles que, apesar de tecnicamente não serem proprietários, forem titulares

---

segundo as exigências legais, para autorizar o início da utilização efetiva da edificação destinada à habitação. 2. Não é possível concluir que, antes da expedição do habite-se, havia condições de habitabilidade do imóvel, quando é justamente esse o documento que comprova a conclusão da obra e sua regularidade. E procedendo à entrega do imóvel sem a necessária carta de habite-se, a parte apelada acabou por afastar uma garantia de segurança ao consumidor, que é o atestado formal de que o imóvel estava pronto. 3. Incontroverso o inadimplemento contratual dos promitentes vendedores, consubstanciado no atraso injustificado na conclusão da obra com entrega do imóvel e da respectiva carta de habite-se expedida. 4. Ocorrência relacionada a clima, mão-de-obra, insumo para construção, crise econômica, dificuldade na expedição do ?habite-se?, ou outro fato previsível e inserido no risco da atividade, deve ser considerada ao anunciar o empreendimento. 5. Trata-se a hipótese de aplicação de cláusula penal conforme previsão contratual, em termos claros elaborados pelas próprias rés-apeladas, condicionada à ocorrência de atraso na conclusão das obras por sua culpa exclusiva. 6. Apelação conhecida e provida.
(TJ-DF 07102909720198070001 DF 0710290-97.2019.8.07.0001, Relator: FÁBIO EDUARDO MARQUES, Data de Julgamento: 26-8-2020, 7ª Turma Cível, Data de Publicação: Publicado no DJe 18-9-2020 . p.: Sem Página Cadastrada.)

de direito de aquisição sobre a propriedade imobiliária (promitentes compradores, cessionários, promitentes cessionários)".

Dessa forma, quando a construtora mantiver unidades em seu nome, será proprietária condômina e, nesse caso, deverá responder pelo rateio de condomínio, conforme determinado em convenção – sendo que, enquanto as unidades não estiverem vendidas, ficam nulas de pleno direito quaisquer cláusulas na convenção ou no contrato de compra e venda que visem isentar a construtora do pagamento de condomínio, pois isso afronta o princípio da isonomia.

Segue entendimento nesse sentido:

"APELAÇÃO CÍVEL. AÇÃO DE COBRANÇA. Condomínio edilício. Pretensão de condenação da construtora ao pagamento das despesas condominiais de unidade de sua propriedade. Sentença de procedência. Apelo da ré. *Alegação de que cláusula prevista em convenção de condomínio limita a quantia a ser paga pela construtora a 30% do valor da taxa condominial paga pelos demais condôminos. Abusividade da disposição, que institui verdadeiro privilégio em favor da construtora*, em prejuízo dos adquirentes das unidades. Violação ao princípio da isonomia que não pode prevalecer. Reconhecimento de obrigação de pagamento do valor integral da taxa condominial. Precedente deste Tribunal. Inexistência de notícia de venda do imóvel ou de entrega das chaves a adquirente. Responsabilidade tão somente da construtora pelo pagamento das despesas condominiais. Sentença mantida. Negado provimento ao recurso." (v. 20.033). (TJ-SP, Relator: Viviani Nicolau, Data de Julgamento: 2-7-2015, 3ª Câmara e Direito Privado.)" (grifei).

207 Comprei 1 lote em um condomínio onde, diferentemente dos outros lotes, o meu tem uma série de problemas de esgoto, calçamento etc. Devido a essas pendências, não estou pagando a cota condominial. Porém, fui notificado de forma extrajudicial em relação à cobrança das taxas. Isso está certo?

Essa é uma discussão complexa, por se tratar de duas questões diversas. Uma é relacionada com a construtora de quem você comprou o lote; a outra diz respeito ao condomínio.

O condomínio não pode ser penalizado pelas pendências deixadas no seu lote, assim como, da mesma forma, a construtora deve solucionar as pendências.

O melhor caminho é notificar a construtora no sentido de solucionar esses problemas e, se for o caso, arcar com as despesas condominiais até a solução das pendências. Se não tiver sucesso com essa notificação amigável, a opção é por via judicial, dessa forma dando ciência ao condomínio.

208 Moro em um condomínio entregue há apenas 7 meses, cuja incorporadora não está pagando a taxa condominial das unidades que são dela e que ainda não foram vendidas. A gestão do condomínio propõe alterar a convenção e estabelecer que as unidades condominiais ainda de posse da construtora deverão pagar apenas uma fração da taxa condominial, em torno de 40% a menos. Isso é legal?

Isso é ilegal. A construtora deve arcar com 100%[56] da cota condominial de cada unidade de sua posse, assim como todos os outros condôminos, pois ao pagar um valor inferior, a construtora prejudicará aos demais condôminos e, consequentemente, ao condomínio. Isso porque as despesas acabarão recaindo sobre os outros proprietários, o que, além de não ser justo, poderá levar a um aumento da inadimplência, fazendo com que o condomínio não consiga arcar com seus compromissos.

Nesse sentido, seguindo decisões judiciais, a justiça sempre dá ganho ao condomínio e obriga as construtoras/incorporadoras a pagarem as taxas em atraso, assim como aquelas que irão vencer, enquanto as unidades forem de posse delas. Por isso, o condomínio poderá entrar na justiça para cobrar esse pagamento.

209 O construtor do residencial não entregou as 2 churrasqueiras previstas em planta durante as vendas; então, alguns moradores querem mudar o projeto, retirando 1 das churrasqueiras para criar um parquinho no local, pois o construtor usou a área do parque para fazer a área do gás. Como deve agir quem é contrário à modificação?

Como as churrasqueiras não foram entregues conforme o projeto, o condomínio pode pleitear judicialmente com a construtora para que sejam construídas ou para que o construtor responda por perdas e danos. Mas, tudo isso tem que ser feito dentro de 5 anos, que é o prazo para reclamar estes vícios (art. 618 do Código Civil).

De qualquer forma, o fato de o construtor não ter realizado a obra não permite

---

[56] RECURSO ESPECIAL. CONDOMÍNIO. ART. 1.022 DO CPC/2015. VIOLAÇÃO. INEXISTÊNCIA. CONVENÇÃO. OUTORGA. CONSTRUTORA. TAXA CONDOMINIAL. REDUÇÃO. IMPOSSIBILIDADE. 1. Recurso especial interposto contra acórdão publicado na vigência do Código de Processo Civil de 2015 (Enunciados Administrativos ns. 2 e 3/STJ). 2. Cinge-se a controvérsia a discutir se a convenção de condomínio pode estabelecer, apenas para unidades imobiliárias ainda não comercializadas, o correspondente a 30% (trinta por cento) do valor integral da taxa condominial devida. 3. A convenção outorgada pela construtora/incorporadora não pode estabelecer benefício de caráter subjetivo a seu favor com a finalidade de reduzir ou isentar do pagamento da taxa condominial. 4. A taxa condominial é fixada de acordo com a previsão orçamentária de receitas e de despesas, bem como para constituir o fundo de reserva com a finalidade de cobrir eventuais gastos de emergência. 5. A redução ou isenção da cota condominial a favor de um ou vários condôminos implica oneração dos demais, com evidente violação da regra da proporcionalidade prevista no inciso I do art. 1.334 do CC/2002 6. Recurso especial provido.
(STJ – REsp: 1816039 MG 2019/0147151-4, Relator: Ministro RICARDO VILLAS BÔAS CUEVA, Data de Julgamento: 4-2-2020, T3 – 3ª Turma, Data de Publicação: *DJe* 6-2-2020)

que o condomínio faça coisa diversa no local, sob a pena de mudança de destinação. Assim, fica vedada a construção do parquinho, salvo se aprovado com quórum de 2/3, por se tratar de mudança de destinação de área (Lei n. 14.405/2022).

210 A construtora não paga o condomínio dos seus imóveis há vários meses e agora vendeu algumas unidades. Ela pode realizar essa venda sem quitar dívidas com o condomínio?

O fato de a construtora ter vendido as unidades não exime a responsabilidade pelo pagamento dos condomínios, uma vez que o débito acompanha o bem, assim o adquirente terá que arcar com o custo e poderá ingressar com ação regressiva contra a construtora.

O condomínio deve, de forma imediata, ingressar com ação de cobrança, em face dessas unidades.

"APELAÇÃO. DESPESAS DE CONDOMÍNIO. COBRANÇA. RESPONSABILIDADE PELO PAGAMENTO DAS COTAS CONDOMINIAIS. EXISTÊNCIA DE COMPROMISSO DE COMPRA E VENDA NÃO AVERBADO NA MATRÍCULA DO IMÓVEL. AUSÊNCIA DE PROVA DE QUE O CONDOMÍNIO TINHA CIÊNCIA DA TRANSFERÊNCIA DA PROPRIEDADE. LEGITIMIDADE DA CONSTRUTORA PARA FIGURAR NO POLO PASSIVO DA AÇÃO. RECURSO IMPROVIDO. A responsabilidade pelo pagamento das cotas condominiais é daquele que tem a posse do imóvel e se beneficia dos serviços prestados pelo condomínio. No caso analisado, não há prova nos autos de que o condomínio tomou conhecimento da negociação da unidade. Deste modo, aquele que consta na matrícula do imóvel como proprietário da unidade é parte legítima para figurar no polo passivo da demanda. (TJ-SP – APL: 10902422820138260100 SP 1090242-28.2013.8.26.0100, Relator: Adilson de Araujo, Data de Julgamento: 15-12-2015, 31ª Câmara de Direito Privado, Data de Publicação: 16-12-2015.)"

"APELAÇÃO CÍVEL – PRELIMINAR – VIOLAÇÃO PRINCÍPIO DA IDENTIDADE FÍSICA DO JUIZ – AFASTAMENTO – COBRANÇA – TAXAS CONDOMINIAIS – CONSTRUTORA – ENTREGA DE OBRA – DISCREPÂNCIA ENTRE O PROJETO ORIGINAL – CONDOMÍNIO – RATEIO DAS DESPESAS ENTRE OS CONDÔMINOS REFERENTES ÀS OBRAS NECESSÁRIAS A SEREM REALIZADAS NAS ÁREAS COMUNS – POSSIBILIDADE – ALEGAÇÃO DE QUE O CONDOMÍNIO AGIU COMO INCORPORADOR – PRETENSÃO DE ISENÇÃO DO PAGAMENTO DAS DESPESAS – IMPOSSIBILIDADE – DEVER DE CADA CONDÔMINO ARCAR COM O RATEIO DAS DESPESAS. Recurso conhecido e desprovido. 1. A partir do momento em que o condomínio foi devidamente instituído, subsiste o dever dos condôminos manterem a coisa comum, competindo a todos, sem exceção, cumprir com o ônus financeiro que lhe compete, sob a pena de implicar o enriquecimento sem causa do condômino inadimplente em detrimento daqueles que cumprem com suas obrigações. 2. O condômino tem a obrigação de pagar as cotas condominiais instituídas para a manutenção da própria coisa, ao passo que também possui a obrigação de arcar com os valores para o término da obra nas áreas comuns, pois advém de comum acordo das partes envolvidas e interessadas e possuem o escopo de minimizar os prejuízos ocasionados pelo inadimplemento da construtora. (TJ-PR) Relator: Manassés de Albuquerque, data de Julgamento: 7-12-2005, 17ª Câmara Cível.)"

211 Quando se inicia a responsabilidade do comprador de imóvel na planta pelo pagamento da despesa do condomínio?

O comprador do imóvel só passará a ter que arcar com os custos inerentes ao condomínio (como taxa condominial, luz, água, gás etc.) a partir do momento em que as chaves forem entregues e o empreendimento, liberado para habitação.

Assim, enquanto o comprador não tiver a posse do imóvel, as despesas ficarão a cargo da construtora[57].

---

[57] APELAÇÃO CÍVEL. AÇÃO INDENIZATÓRIA POR DANOS MATERIAIS E MORAIS. PROMESSA DE COMPRA E VENDA DE IMÓVEL NA PLANTA. ATRASO NA ENTREGA DO IMÓVEL. COBRANÇA DE COTAS CONDOMINIAIS ANTES DA ENTREGA DAS CHAVES. CONDUTA ABUSIVA. TAXAS DE CONDOMÍNIO QUE SÃO DEVIDAS SOMENTE A PARTIR DA IMISSÃO NA POSSE DO IMÓVEL. PRECEDENTES DO STJ. DANO MORAL NÃO CONFIGURADO. A cláusula que estipula prazo de tolerância de 120 dias, em regra, não é abusiva, sobretudo porquanto é normal nessa espécie de contrato envolvendo a construção de empreendimentos imobiliários com inúmeras unidades autônomas. No caso concreto, cumprida a sua parte do contrato com a conclusão das obras, expedição do habite-se e individualização das matrículas dentro do prazo contratual previsto, conclui-se que os autores deram causa ao atraso na entrega das chaves, motivo pelo qual não há falar em multa ou indenização conforme pretendido na petição inicial. Destarte, o e. Superior Tribunal de Justiça tem entendimento pacificado no sentido de que o simples atraso na entrega de unidade imobiliária, por si só, não gera dano moral, devendo haver, para tanto, consequências fáticas que repercutam na esfera de dignidade do promitente comprador. De acordo com entendimento do E.STJ (REsp. 1345331/RS), sob o rito dos recursos repetitivos, e da jurisprudência majoritária, a responsabilidade das taxas condominiais é da construtora até a data da imissão de posse por parte do promitente-comprador. Ainda que o contrato firmado entre as partes estabelecesse a possibilidade de tal cobrança, trata-se de contrato de adesão, sendo abusiva a cláusula que impõe obrigação que coloca o consumidor em excessiva desvantagem, como no caso em tela, permitindo o reconhecimento de sua nulidade. Portanto, verifica-se a abusividade na cobrança em exame, diante da ausência de justificativa para responsabilização da parte autora a pagar por taxa de condomínio que sequer podia ocupar, pois a cobrança somente passou a ser legítima com a entrega das chaves aos proprietários, razão pela qual vai reformada a sentença no ponto com a devolução dos valores pagos indevidamente. PARCIAL PROVIMENTO DO RECURSO.
(TJ-RJ – APL: 00312550420158190209, Relator: Des(a). ANTONIO ILOIZIO BARROS BASTOS, Data de Julgamento: 17-6-2020, QUARTA CÂMARA CÍVEL, Data de Publicação: 25-6-2020)

212 Para evitar surpresas, quais cuidados os proprietários devem ter no momento da compra do imóvel, bem como na entrega das chaves?

É importante verificar:

1 – A regularidade da construção – Confira no Cartório de Registro de Imóveis se a incorporação foi devidamente registrada; certifique-se de que plantas, áreas e metragem do imóvel estão de acordo com a aprovação da prefeitura; cheque se o terreno objeto da construção possui ônus.

2 – O contrato – Veja se ele menciona características do imóvel, tais como qualificação das partes, metragem, preço, forma de pagamento e juros, até entrega do empreendimento e após. Observe se o Memorial Descritivo (documento que descreve material e equipamentos de toda edificação) é parte integrante do contrato, assim como a planta da unidade. Confira também o prazo de entrega da obra, bem como a multa por atraso.

3 – A desistência – No caso de rescisão ou atraso muito longo, o Código de Defesa do Consumidor (art. 53 da Lei n. 8.078/90) proíbe a perda de todos os valores pagos. Por culpa do adquirente a Lei n. 13.786, de 27 de dezembro de 2018. limita o desconto dos valores pagos em 25% "II, Art. 67-A. e quando submetida ao patrimônio de afetação em 50% § 5º "Art. 67-A.

Por culpa do incorporador (art. 43-A, § 1º), se a entrega do imóvel ultrapassar o prazo de atraso de 180 dias e desde que o adquirente não tenha dado causa ao atraso, poderá ser promovida por este a resolução do contrato, sem prejuízo da devolução da integralidade de todos os valores pagos e da multa estabelecida, em até 60 (sessenta) dias corridos contados da resolução, corrigidos nos termos do § 8º do art. 67-A desta Lei.

4 – O início da cobrança do condomínio – A cobrança do condomínio não pode ser vinculada ao habite-se. O adquirente só pode ser cobrado a partir da entrega das chaves, a não ser que o atraso esteja relacionado a um problema de documentação do consumidor para assinatura do financiamento.

5 – Não aceitar a cobrança de Taxa de Assistência Jurídica nem de Taxa de Interveniência (financiamento por banco diverso do indicado pela construtora) – Tais taxas não podem ser cobradas. A Taxa de Interveniência é venda casada e vedada pelo Código de Defesa do Consumidor (art. 39, I). Em relação à Taxa de Assistência Jurídica, só pode ser cobrada se solicitada pelo consumidor.

6 – Atraso na entrega do imóvel – o mesmo não pode ultrapassar de 180 dias

213 Eu e minha irmã decidimos morar em um condomínio de casas. Nosso arquiteto projetou-nos uma casa geminada, com divisões que as tornarão duas casas independentes na mesma área comum. No entanto, o estatuto do condomínio restringe construções residenciais para apenas uma família e uma casa por terreno. Embora sejamos duas famílias, nossa casa será uma só, com divisões internas e área de lazer conjunta nos fundos. O condomínio pode proibir minha construção?

Quanto às questões arquitetônicas, as restrições são possíveis, desde que presentes no compromisso de compra e venda e nos estatutos sociais.

"DIREITO DE VIZINHANÇA – AÇÃO DE NUNCIAÇÃO DE OBRA NOVA C.C. DEMOLITÓRIA – LOTEAMENTO – NORMA CONVENCIONAL PROIBITIVA DE EDIFICAÇÃO DE IMÓVEIS RESIDENCIAIS COM MAIS DE DOIS PAVIMENTOS – CONSTRUÇÃO EM DESACORDO COM A RESTRIÇÃO – SENTENÇA DE PROCEDÊNCIA MANTIDA – APELAÇÃO IMPROVIDA 1. As restrições convencionais de vizinhança, regularmente impostas no loteamento, obrigam os adquirentes aderentes. 2. Proibida a edificação de imóveis com mais de dois pavimentos, de ser mantida a determinação judicial para a demolição da parte excedente. (TJ-SP – APL: 994030738669 SP, Relator: Norival Oliva, Data de Julgamento: 14-9-2010, 26ª Câmara de Direito Privado, Data de Publicação: 17-9-2010.)"

5.3 SEGURO

214 **Quais são os tipos de seguros obrigatórios para condomínios? Quem decide quais coberturas o condomínio contratará? Quais as vantagens de uma cobertura completa?**

O seguro obrigatório é aquele destinado à reconstrução do prédio em caso de destruição total ou parcial – não obstante seja sugerida a realização de coberturas adicionais ou acessórias, tais como responsabilidade civil do síndico, danos elétricos, entre outros.

Código Civil:
"Art. 1.346. É obrigatório o seguro de toda a edificação contra o risco de incêndio ou destruição, total ou parcial."

Assim, a cobertura básica em atendimento à legislação é aquela que contempla incêndio/queda de raio/explosão/queda de aeronaves.

A cobertura básica emana da lei; assim, indiscutível. Quanto às demais coberturas, a assembleia deve aprovar a contratação, o que pode ocorrer juntamente com a previsão orçamentária anual na assembleia ordinária.

Já a cobertura ampla contempla os riscos que quaisquer eventos que possam causar danos materiais ao condomínio segurado, exceto os expressamente excluídos.

A maior vantagem da cobertura ampla é evitar surpresas com rateios extras. Assim como é importante realizar as coberturas complementares conforme necessidade do condomínio. Não realizar um bom seguro é deixar o condomínio suscetível a indenizações, que variam desde problemas com atos de seus colaboradores (como, por exemplo, um portão que danifica um automóvel) até situações geradas por atos da natureza (como, por exemplo, um vendaval que quebre os vidros do térreo).

215 **O seguro obrigatório cobre o condomínio de forma geral ou é específico para cada apartamento?**

O seguro é sempre para as áreas comuns; no caso de reconstrução do prédio por incêndio ou ruína, a unidade será indenizada pela estrutura, pelo valor da reconstrução conforme fração ideal de cada unidade.

Os danos pessoais ou de objetos internos não são cobertos pelo seguro do prédio, nem no caso do seguro obrigatório, nem no caso da apólice ampla, salvo se o dano interno tenha sido causado em decorrência de sinistro do condomínio.

O condomínio não deve fazer o seguro para cada unidade em relação aos bens internos e danos oriundos da utilização da unidade, pois essa é uma responsabilidade de seus moradores/proprietários.

216 **A contratação de um seguro individual para um apartamento específico interfere no seguro geral do condomínio?**

Não existe qualquer interferência, exceto no caso de sinistros ocorridos dentro da unidade por responsabilidade do condomínio. Caso o morador tenha um seguro para sua residência, poderá optar por acionar um dos dois.

217 **Como saber se a atual seguradora do condomínio é a que possui melhor custo-benefício? O prédio tem 18 unidades autônomas, sendo 16 apartamentos e 2 coberturas. Qual a melhor forma de rever o contrato em vigor?**

Inicialmente, você precisa se ater ao fato de que o seguro obrigatório é apenas para a reconstrução do prédio em caso de destruição total ou parcial – não obstante seja sugerida a realização de coberturas adicionais ou acessórias, tais como responsabilidade civil do síndico, danos elétricos, entre outros. Vejamos o artigo do Código Civil:

"Art. 1.346. É obrigatório o seguro de toda a edificação contra o risco de incêndio ou destruição, total ou parcial."

Lembrando que o valor da reconstrução do prédio não leva em conta o valor da unidade para venda no mercado, pois nesta estão incluídas a localização e o terreno e, no caso de reconstrução, somente será considerado o valor do metro quadrado para reconstrução. Porém, muitos seguros são realizados com valores discrepantes, de forma desnecessária.

Como o seguro é renovado anualmente, sugiro que aguarde o próximo vencimento e, antes da renovação, procure 3 empresas corretoras e solicite uma vistoria antes da proposta. Assim, poderá ter o seguro adequado à necessidade do seu condomínio.

5.4 PREVISÃO ORÇAMENTÁRIA

218 Antes de deixar a administração, o ex-síndico apresentou e aprovou em assembleia um orçamento fechado, ou seja, valor mensal estimado de acordo com dados do ano anterior. Como saber o que está incluso nesse orçamento? Esse tipo de apresentação é válido e legal?

Anualmente, o síndico deverá aprovar o orçamento de despesas, conforme previsto no art. 1.350 do Código Civil. A previsão orçamentária deve ser apresentada em assembleia, submetida à aprovação dos presentes e posteriormente fazer parte da ata, para que os presentes possam verificar o que ficou aprovado.

Não é razoável que a apresentação de orçamento seja fechada, pois assim os condôminos não conseguem participar e entender o orçamento, ademais o que foi apresentado no ano anterior pode não ser suficiente para fazer frente às despesas do exercício seguinte.

Lembrando que, se necessário, a qualquer momento o síndico eleito poderá chamar uma assembleia, a fim de readequar o orçamento.

219 Temos comissão orçamentária criada pelos moradores, cujo critério é sempre fazer um mínimo de 3 orçamentos. Mas, o síndico efetuou serviços de troca de estofados sem passar pela comissão ou pelos conselhos. O que fazer?

Não obstante a realização de despesas seja prerrogativa do síndico, considerando-se os limites impostos por cada convenção e decisões de assembleia, existe a possibilidade de que moradores e conselheiros aprovem de preferência no regimento interno, ou em alguns casos em sistemática de aprovação de compras somente mediante aprovação da comissão e com 3 orçamentos, ficando o síndico obrigado ao seu cumprimento. As regras devem ser factíveis e não podem engessar a gestão. Imagina um síndico que para realizar um reparo de emergência precise fazer três orçamentos em um item de pequena monta

Assim, a primeira medida é chamá-lo ao conselho e conversar, a fim de sanar a questão.

5.5 ADVERTÊNCIA

220 Apliquei advertência a um morador que descumpre as regras de uso dos cartões de acesso ao condomínio, pois facilita a passagem no "vácuo" de outros moradores que não se identificam, o que coloca a segurança local em risco. Em resposta, recebi um manifesto extrajudicial em que ele alega que tem direito de ir e vir e que, se eu insistir na advertência, serei processado. Isso procede?

Os procedimentos do condomínio devem sempre ser embasados nas determinações da convenção e do regimento interno, bem como nas deliberações de assembleias e no bom senso. Se existe um procedimento para o ingresso no condomínio, como a entrada somente após identificação, o fato de os condôminos estarem passando no "vácuo" infringe o regramento imposto.

Entendo que o caminho inicial seja reforçar a determinação em assembleia e verificar qual cláusula do regimento interno está sendo descumprida. Normalmente, é alguma atrelada ao cumprimento de regras para entrada no prédio, ou no que se refere à segurança dos moradores.

Caso não exista nada específico, sugiro inserir no regramento do regimento interno os procedimentos para ingresso no prédio, bem como a proibição de que entrem no "vácuo" de outro morador.

De qualquer forma o procedimento validado e não cumprido coloca em risco os demais condôminos e a edificação (art. 1.336, IV, do Código Civil), o que por si só embasa a notificação e posterior multa caso o descumprimento se perpetue.

O CAPÍTULO EM 9 DICAS

Pense nisso...

1 – Procure ler a convenção aos poucos, ressaltando os pontos que não entender com o objetivo de esclarecê-los. A convenção é ato essencial para a instituição do condomínio edilício (art. 1.333 do Código Civil).

2 – Observe se é necessário modernizar as cláusulas da convenção e do regimento interno, pois fatores como a mudança dos tempos, ou mesmo regras mal elaboradas anteriormente pelas construtoras/incorporadoras, impedem que esses instrumentos atendam satisfatoriamente aos anseios da coletividade.

3 – Antes de alterar uma convenção, faça uma visita formal ao Cartório de Registro de Imóveis para verificar quais são os procedimentos administrativos necessários para modificá-la.

4 – Alterar a convenção e o Regulamento Interno requer que se realize um trabalho prévio de obtenção de procurações. Se necessário, deve-se criar também uma comissão que auxilie nessas atividades.

5 – Enquetes são excelentes ferramentas para medir a gestão e nortear os trabalhos dos síndicos. Elas não podem ser consideradas votos, mas podem ser apresentadas em assembleia e constarem em ata, para conhecimento geral. Crie enquetes e acompanhe também o nível de satisfação dos condôminos com a segurança, limpeza e outros.

6 – O quórum para alterar a convenção é de 2/3 dos condôminos (art. 1.351 do Código Civil).

7 – O quórum para alterar o regimento interno é a maioria simples (art. 1.352 do Código Civil), salvo quando se tratar de questões que envolvam quórum específico e desde que a convenção não defina quórum maior.

8 – As questões não reguladas na convenção ou no regimento interno poderão ser implantadas às regras do regimento interno na forma de complementação, desde que: a) não contrariem o regimento interno; b) a convenção não estipule nenhuma previsão de quórum especial para alteração do regimento interno; c) as questões não tratem de assuntos para os quais a lei estabeleça quórum especial, podendo ser modificadas por meio de assembleias com quóruns de maioria simples.

9 – Mesmo sem registro, a convenção aprovada tem valor (Súmula 260 do STF). Mas para que ela surta efeitos contra terceiros – e tenha tanto sua representação como sua força garantidas perante instituições financeiras ou outros órgãos para os quais se faça necessário apresentar esse instrumento –, o melhor caminho é proceder à averbação no Livro 3 do Registro de Imóveis.

Capítulo 6
REGIMENTO INTERNO

A administração de um condomínio é, por muitas vezes, um fardo pesado na vida do síndico ou do administrador. A convenção do condomínio e o regimento interno são documentos fundamentais para regrar muitas das questões que regem o dia a dia de um condomínio. Entende-se por regimento interno o conjunto de normas que regulam e disciplinam a conduta interna dos condôminos, seus locatários, usuários, serventes ou aqueles que, de uma forma ou de outra, usam o condomínio.

6.1 DEFINIÇÃO

221 O que é o regimento interno?

O regimento interno (RI) é um instrumento que traz questões menores (porém, essenciais) para a vida em condomínio, tais como horários de funcionamento das áreas comuns, possibilidade de levar visitantes à piscina, regras para utilização do salão de festas, entre outras.

É certo que o regimento pode estar inserido na convenção, mas o mais saudável é que seja feito em instrumento apartado.

O regimento interno ou regulamento interno é um complemento da convenção do condomínio. Sua finalidade é meramente interna, trazendo normas minuciosas sobre o uso das coisas comuns.

Nas palavras de Arnaldo Rizzardo:

"**Constitui-se o regimento ou regulamento interno de um conjunto de normas de procedimento mais particularizado eu rege o condomínio, sobretudo a conduta dos condôminos, suplementando e regulamentando as regras da convenção**, devendo, portanto, estar em perfeita sintonia com as mesmas. Considera-se mais propriamente um regulamento da convenção, um **instrumento complementar, revelando um caráter mais dinâmico, explicitativo e detalhado, e expondo como se realizam as regras gerais da convenção**. Está ele para a convenção como o regulamento administrativo está para a lei. Deve concluir a convenção, regulamentá-la, sem com ela conflitar. Ocorrendo divergência, deve predominar convenção, pois é ele um instrumento complementar." (Rizzardo, Arnaldo, Condomínio Edilício e Incorporação Imobiliária, 2. ed., Editora Forense).

Assim, se a convenção assegura o direito de uso das áreas comuns, destacando as áreas comuns, o regimento interno irá pormenorizar a forma de utilização dos espaços descritos na convenção, o horário de uso, penalidades na hipótese de colocação de objetos de condôminos em áreas comuns, entre outros.

A alteração do regimento interno poderá ocorrer com quórum de maioria simples, salvo disposto de forma diversa na convenção. O regimento também poderá ser parte integrante da convenção, nesse caso a sua alterar requer o quórum de 2/3 para alteração.

6.2 USO DA PISCINA

222 É obrigatório apresentar atestado médico para o ingresso na piscina do prédio? Qual é o procedimento?

Embora a solicitação de exame médico para utilização das piscinas nos condomínios encontre amparo na lei e sua normatização esteja em vigor, na prática não se é exigido.

Primeiro: porque a norma é antiga e não foi complementada, não existindo sanção pela falta de seu cumprimento

Segundo: porque, uma vez que a maioria das piscinas aceita visitantes, o condomínio terá de se questionar como viria a ser possível exigir-lhes um atestado; portanto, seria necessário manter um médico de plantão, assim a norma carece de adequação a situações atuais.

O procedimento a ser adotado, antes de solicitar os exames, seria o envio de comunicado a todos os condôminos, informando-lhes que o condomínio passará a cumprir a legislação e que, a partir de determinada data, os frequentadores somente utilizarão as piscinas do condomínio mediante a apresentação do atestado médico.

A legislação dispõe sobre o assunto na forma de dois decretos no Estado de São Paulo: o Decreto n. 12.342/78 e o Decreto n. 13.166/79[58].

Note que o Decreto n. 13.166/79, mais adiante, regulamenta a norma técnica especial, reiterando a classificação das piscinas condominiais como sendo de uso coletivo restrito. E estabelece, ainda, a periodicidade da realização da avaliação médica (conforme consta dos seus arts. 51 e seguintes).

Segue a legislação:

Decreto n. 12.342, de 27 de setembro de 1978
"Art. 116. (...)
II – piscinas de uso coletivo restrito – as utilizáveis por grupos restritos, tais como, condomínios, escolas, entidades, associações, hotéis, motéis e congêneres;

---

[58] Disponível em: https://www.al.sp.gov.br/repositorio/legislacao/decreto/1979/decreto-13166-23.01.1979.html. Acesso em: 01/07 às 15:32

(...)

Art. 118. É obrigatório o controle médico sanitário dos banhistas que utilizem as piscinas de uso público e de uso coletivo restrito.

Parágrafo único. As medidas de controle médico sanitário serão ajustadas ao tipo de estabelecimento ou de local em que se encontra a piscina, segundo o que for disposto em Norma Técnica Especial."

Decreto n. 13.166 de 23 de janeiro de 1979
"Art. 5º. (...)

II – piscinas de uso coletivo restrito – as utilizáveis por grupos restritos, tais como clubes, condomínios, escolas, entidades, associações, hotéis, motéis e congêneres.

(...)

Art. 51. Os usuários deverão, obrigatoriamente, submeter-se a exame médico prévio e apresentar a respectiva ficha médica de aprovação, assinada por profissional legalmente habilitado.

§ 1º No exame médico, que será atualizado pelo menos a cada seis meses, procurar-se-á evitar o uso repetido de processos de diagnóstico com o emprego de radiações.

§ 2º As disposições deste artigo poderão sofrer alterações, a critério da autoridade sanitária, a fim de atender às peculiaridades do tipo de piscina, sua localização e os riscos à saúde.

Art. 52. Será proibida a entrada na piscina de pessoas portadoras de doenças transmissíveis por contágio ou veiculadas pela água, bem como com ferimentos abertos ou com curativos de qualquer natureza.

Parágrafo único. Aos portadores das doenças citadas neste artigo poderá ser vedado também o uso das demais dependências, a critério da autoridade sanitária.

Art. 53. Na entrada da área do tanque deverá existir um fiscal para inspeção sumária dos usuários, verificação dos banhos obrigatórios e do cumprimento do Regulamento de uso da piscina.

Art. 54. Em todas as piscinas, os usuários deverão ser esclarecidos, por cartazes ou outros meios de comunicação, sobre o Regulamento da Piscina e outras instruções a serem observadas."

223 Como lidar com condôminos que não usam o espaço das piscinas corretamente? Como essas regras de utilização são definidas?

Os condôminos que não se adequarem à utilização saudável do espaço, infringindo as normas do regimento interno, deverão ser punidos nos termos da convenção e do próprio regimento. Por meio destes instrumentos, será possível imputar-lhes desde uma simples notificação até multas pecuniárias, sendo que essas multas poderão variar conforme o regimento.

Importante ressaltar no uso e manutenção das piscinas o cumprimento das Normas de segurança da Abnt, NBR 11.238 Segurança e higiene em piscinas, NBR 10.339 Projeto e execução de piscina-Sistema de recirculação e tratamento, vide cartilha [59] da Associação Nacional das Empresas e Profissionais de Piscinas (ANNAP).

A fiscalização e a distribuição das normas específicas ajudam a evitar transtornos.

224 Moro em um prédio com piscina e área de churrasqueira. Alguns moradores insistem em levar a churrasqueira para a beira da piscina. Gostaria de propor a proibição desse procedimento na pauta para a próxima reunião. Posso recorrer a quais argumentos, baseado na lei?

Não ficou claro se a churrasqueira é móvel e está apenas sendo transportada para a beira da piscina ou se o prédio pretende realizar uma obra física e colocar a churrasqueira na área da piscina. Então, vamos abranger as duas hipóteses.

Não existe nenhuma objeção legal, embora em casos concretos essa prática tenha sido o foco de muitas discórdias nos prédios. O transporte físico da churrasqueira móvel para a beira da piscina é possível, se o regimento interno assim permitir.

Se o instrumento for omisso, nada impede que seja alterado por maioria simples dos votos dos condôminos presentes em assembleia, salvo disposição em contrário na convenção. Caso exista outra regra no regimento interno que proíba essa prática, como, por exemplo, a proibição de que as pessoas se alimentem na piscina, a cláusula também deve ser modificada, pois o transporte da churrasqueira consequentemente presume a alimentação no local.

Quanto à construção da churrasqueira na área da piscina, o Código Civil diz que a obra dependerá do voto de 2/3 dos condôminos, se apenas forem necessárias adequação ou ampliação da churrasqueira, caso a churrasqueira já esteja próxima ao local. Entretanto, não serão permitidas construções que prejudiquem as áreas privativas de quaisquer condôminos:

"Art. 1.342. A realização de obras, em partes comuns, em acréscimo às já existentes, a fim de lhes facilitar ou aumentar a utilização, depende da aprovação de dois terços dos votos dos condôminos, não sendo permitidas construções, nas partes comuns, suscetíveis de prejudicar a utilização, por qualquer dos condôminos, das partes próprias, ou comuns."

Caso seja apenas uma obra de mero deleite ou recreio no local da piscina, na mesma linha do art. 1.342, necessitará do voto de 2/3 dos condôminos, conforme artigo do Código Civil.

---

[59] Disponível em: https://anapp.org.br/wp-content/uploads/2018/11/Apresenta%C3%A7%-C3%A3o_ANAPP.pdf. Acesso em: 1º-8-2023 às 15:40

"Art. 1.341. A realização de obras no condomínio depende:
I – se voluptuárias, de voto de dois terços dos condôminos;
II – se úteis, de voto da maioria dos condôminos."

225 Sou proprietária de 1 unidade e tenho 2 filhos do meu primeiro casamento. Eles vêm somente nos fins de semana e, por isso, são vetados a acessarem as áreas comuns do prédio. Porém, no regulamento consta: "Piscina – Art. 93. A piscina destina-se ao uso dos condôminos, residentes e visitantes esporádicos, desde que estejam acompanhados por um morador". Como posso agir nesse caso?

De acordo com o seu regimento interno, o uso da piscina destina-se aos condôminos, ou seja, aos proprietários das unidades e aos moradores da unidade. Assim, se seus filhos do primeiro casamento com certa frequência dormem na sua residência, eles são moradores.

A outra possibilidade destacada pelo seu regimento é a utilização por visitantes esporádicos, desde que acompanhados por um morador. Neste caso, sempre que você receber visitas, desde que sejam esporádicas, elas poderão utilizar as piscinas, mas teriam de estar acompanhadas de um morador.

Não vejo qualquer irregularidade na forma atribuída pelo regimento e, de qualquer forma, por se tratar de seus filhos, é razoável que sejam cadastrados como condôminos ou moradores[60], ainda mais se fazem visitas constantes à sua residência. Assim, entendo que eles poderão utilizar a piscina sem a necessidade de que alguém os acompanhe.

Sugiro registrar a situação no livro de ocorrências e pedir para que o assunto possa ser abordado em assembleia, objetivando a solução do caso.

226 Há sempre relatos de acidentes em piscinas, tais como quedas, afogamentos ou pessoas presas por sucção pelos cabelos. Qual a melhor forma de evitar esses problemas?

---

[60] CONDOMÍNIO. INTERDITO PROIBITÓRIO. Proibição no regimento interno do condomínio quanto à utilização da piscina por visitantes e estranhos, ainda que acompanhados de condôminos. Entendimento entre os condôminos de que nem mesmo parentes dos moradores podem utilizar a piscina. Restrição que não pode ser oposta aos netos da autora, que permanecem sob seus cuidados cinco dias na semana, durante todo o dia, inclusive com pernoite duas vezes por semana. Crianças que devem ser consideradas moradoras do condomínio, pois ali residem na maior parte do tempo em dias úteis. Pretensão julgada procedente. Recurso provido.
(TJ-SP – AC: 10440637220198260602 SP 1044063-72.2019.8.26.0602, Relator: Milton Carvalho, Data de Julgamento: 16-12-2020, 36ª Câmara de Direito Privado, Data de Publicação: 16-12-2020)

Importante observar a existência de legislação em cada estado e município, bem como as normas da ABNT.

No caso, podemos tomar por base a norma NBR 10.339:18 da Associação Brasileira de Normas Técnicas (ABNT), que, entre outros requisitos, estabelece como sendo obrigatória a indicação da profundidade da piscina, em local visível a todos os usuários.

Os sistemas de sucção devem ser executados de forma a proporcionarem segurança ao usuário. Para tanto, devem ser executados para atenderem a um dos seguintes requisitos:

a – montar o sistema de sucção com no mínimo 2 drenos de fundo, equipados com grelha antiaprisionamento e interligados entre si, distantes no mínimo de 1,5 m de centro a centro, e equilibrados hidraulicamente;

b – dimensionar a capacitação de água pela superfície por meio de coadeira (*skimmer*) ou canaletas, com vazão adequada para a sucção da bomba instalada. Em tanque onde a sucção for feita somente pela coadeira, dimensionar no mínimo 2 coadeiras, para que não ocorra risco de aprisionamento nele;

c – montar o sistema de sucção com 1 dreno de fundo equipado com grelha antiaprisionamento, instalada com tanque intermediário de sucção indireta;

d – montar o sistema de sucção com 1 dreno de fundo, contanto que seja com grelha antiaprisionamento não bloqueável;

e – o sistema de sucção para as piscinas já existentes deverão ter o sistema de sucção do ralo de fundo com tampa antiaprisionamento, interligado ao *skimmer*.

A norma ainda traz obrigatoriedades quanto ao piso antiderrapante, à escada com corrimão e aos equipamentos de segurança, que devem ficar disponíveis no local, tais como: caixa de primeiros socorros, boia e prancha de salvamento, entre outros.

6.3 REGULAMENTO

227 É permitido ao síndico distribuir cópias da convenção e do regimento interno aos novos moradores?

O síndico não tem a obrigatoriedade de distribuir o regimento interno nem a convenção. Inclusive, muitos condomínios disponibilizam estes instrumentos no site da administradora, bastando que o condômino se cadastre para acessar as informações.

As atuais facilidades do mundo digital possibilitam que o síndico, caso julgue oportuno, mande por *e-mail* a convenção e o regimento interno gratuitamente a quem solicitá-los, uma vez que tais documentos são essenciais para que o condomínio possa ser administrado de forma legal.

Alguns condomínios disponibilizam em quadros de avisos as normas de utilização de cada área.

228 Os funcionários estão sendo treinados pelo conselho para lidarem com o regimento interno recém-instituído. Nesse treinamento, recebem ameaças de demissão por parte do conselho e de alguns moradores, caso não cumpram o regramento. A quem cabe a fiscalização do regimento: à administração, aos funcionários ou aos condôminos?

Os condôminos podem participar da gestão, desde que tenham sido designados para isso e contanto que não causem quaisquer transtornos ou prejuízos ao condomínio.

O que precisa ficar claro é que os representantes legais foram eleitos em assembleia justamente para assumirem as responsabilidades diretas pela gestão, sendo que a função do conselho está descrita na convenção. De qualquer forma, o treinamento dos funcionários não é função do conselho, salvo definido em assembleia ou previsto em convenção.

A sugestão é que os condôminos interessados participem dos treinamentos, mas não interfiram na gestão, salvo por intermédio de seus representantes eleitos (quando previsto na função) ou no caso da criação de alguma comissão formada com esta finalidade.

Com exceção da delegação de algumas funções específicas em assembleia, a responsabilidade direta será sempre do síndico – inclusive, a ameaça constante de demissão poderá acarretar assédio moral.

"RECURSO DE REVISTA – DANO MORAL – RESPONSABILIDADE CIVIL DO CONDOMÍNIO EQUIPARADO A EMPREGADOR – AGRESSÃO PRATICADA POR CONDÔMINO. O condomínio equipara-se a empregador, conforme art. 2º da CLT, de maneira que responde pela higidez física e moral de seus empregados, enquanto estiverem no ambiente de trabalho. Assim, se o empregado do condomínio sofrer danos físico e moral durante a jornada de trabalho, quando estava, pois, sob a tutela de seu empregador, deve o condomínio responder pelo dano causado. Cumpre ressaltar que cada condômino, ao tratar pessoalmente com os empregados do condomínio, está na posição de empregador, pois os condôminos são proprietários e, sendo a coisa de uso comum, cada um possui sua parte ideal do bem, o que lhe garante exercer determinados direitos sobre a parte que lhe cabe. Desta forma, ao agredir física ou verbalmente o empregado, o condômino abusa verdadeiramente da subordinação jurídica decorrente da relação de emprego, o que enseja a responsabilidade de indenização por dano moral, inclusive em face do disposto no art. 7º, XXVIII, da CF. Recurso conhecido e provido. (TST – RR: 14642720105200002 1464-27.2010.5.20.0002, Relator: Sebastião Geraldo de Oliveira, Data de Julgamento: 7-12-2011, 8ª Turma, Data de Publicação: *DEJT* 12-12-2011.)"

Nesse sentido, salutar conversar com esse grupo de condôminos para que participem do treinamento, desde que autorizados pelo síndico, mas que não interfiram na gestão.

229 **Como notificar aos responsáveis pelos adolescentes rebeldes, que desrespeitam o vigilante quando este age no cumprimento das ordens do regimento interno?**

As notificações para menores devem ocorrer no mesmo formato das demais notificações a outros condôminos; porém, deverão ser endereçadas diretamente aos pais ou representantes legais deles.

Os pais assumem a responsabilidade pelos atos dos filhos, por força do artigo do Código Civil:

"Art. 932. São também responsáveis pela reparação civil:

I – os pais, pelos filhos menores que estiverem sob sua autoridade e em sua companhia.

6.4 INADIMPLÊNCIA

230 Que medidas podem ser tomadas contra condôminos inadimplentes?

Assim que o condômino ficar inadimplente, já devem começar os procedimentos de cobrança, que vão desde ligações ao devedor – de preferência, pela empresa contratada para a cobrança e de forma a não constranger o condômino, o que poderia levar inclusive a danos morais – até o envio de *e-mails*, informando que o boleto não foi pago. Muitas vezes, pode se tratar de esquecimento.

Após 30 dias, já fora do prazo bancário, o condomínio deverá enviar novamente uma carta de cobrança, que poderá acompanhar novo boleto.

Após 60/90 dias, dependendo do condomínio, o prédio deverá enviar o caso ao departamento jurídico para ingresso da ação. Lembrando que não existe prazo para o ingresso da ação; mas, geralmente, os condomínios ingressam em juízo com 90 dias de cotas vencidas.

O envio das cotas a um escritório especializado contratado, seja de cobrança ou advocacia, surte efeito positivo no controle da inadimplência.

231 Como a gestão do condomínio deve fazer a execução de débitos condominiais em atraso?

O condomínio e seus gestores precisam adotar alguns cuidados para a viabilidade da ação de execução de débitos condominiais, conforme dispõe o art. 784, X, da Lei n. 13.105, de 16 de março de 2015:

"Art. 784. São títulos executivos extrajudiciais:

(...)

X – o crédito referente às contribuições ordinárias ou extraordinárias de condomínio edilício, *previstas na respectiva convenção ou aprovadas em assembleia geral, desde que documentalmente comprovadas;*" (grifei).

É de suma importância que as cotas condominiais estejam expressamente previstas na ata de assembleia de previsão orçamentária e que as contas do período cobrado estejam regularmente aprovadas, sob a pena de ineficácia do título executivo.

Caso o condomínio não possua essa previsão orçamentária de forma expressa em ata, a recomendação é seguir com a ação de cobrança pelo procedimento comum.

232 Inadimplentes podem usar áreas comuns de lazer, como piscinas e salões de festas?

Para o condômino inadimplente, a sanção é pecuniária e engloba juros legais (1% ao mês), correção monetária e multa moratória (2%).

Caso a convenção ou o regimento interno estipulem sanção lateral, preterindo o devedor de utilizar as áreas comuns, o preceito é nulo, porque contraria o direito de uso de partes comuns, conforme sua destinação e o próprio direito de propriedade. É o que prevê o artigo do Código Civil:

"Art. 1.335. São direitos do condômino:

(...)

II – Usar das partes comuns, conforme a sua destinação, e contanto que não exclua a utilização dos demais compossuidores".

O meio legal de cobrar o devedor não é impedi-lo do uso de áreas comuns, mas o ingresso de medida judicial de cobrança para a correta aplicação das sanções, nos termos da lei.

Quanto ao uso do salão de festas pelo condômino inadimplente, o condomínio poderá exigir que o devedor lhe pague a importância de forma antecipada, quando for o caso. Mas, para que esse procedimento seja aplicado aos condôminos em geral, será necessária aprovação em assembleia, contanto que esteja em consonância com a convenção e o regimento interno.

Vejamos o entendimento do Desembargador Francisco Loureiro sobre o tema:

"Não há previsão legal e nem se admite como sanção lateral ao inadimplemento das despesas condominiais a vedação ou restrição ao uso do imóvel ou das partes ou serviços comuns da edificação, ainda que previstas na convenção ou regulamento Interno, ou aprovadas por assembleia, que não podem afastar norma de ordem pública".

O art. 1.336, § 1º, do Código Civil disciplina as sanções aplicáveis ao condômino inadimplente no pagamento das despesas condominiais. É um dos preceitos mais polêmicos do Código Civil, introduzindo profundas alterações em relação ao que determinava o art. 12, § 3º, da Lei n. 4.591/64. Traça as regras sobre a cobrança dos juros moratórios e da multa moratória. As sanções ao condômino inadimplente no pagamento da contribuição condominial são as previstas em lei, de natureza estritamente pecuniária.

Diversamente do que constou na sentença recorrida, fere os direitos fundamentais dos condôminos a aplicação de sanções diversas, ainda que previstas na convenção ou em assembleia, especialmente aquelas que vedam a utilização do imóvel e de áreas e equipamentos comuns. Isso porque os direitos fundamentais do condômino, garantidos no art. 1.335 do Código Civil, são de ordem pública e incidência imediata, derrubando preceitos em contrário de convenções e regimentos internos (Apelação Cível n. 410.758.4/8).

233 O condomínio tem poder para divulgar a lista de inadimplentes, especificando qual a unidade devedora e qual o valor devido?

Divulgar a lista de inadimplentes aos demais compossuidores é dever do síndico e da administradora. E os condôminos têm o direito de serem informados, uma vez que o não pagamento da taxa de condomínio por parte de qualquer dos condôminos afeta diretamente aos demais, que irão se cotizar para cobrir os valores atrasados ou utilizar dos recursos disponíveis na conta do fundo de reserva, com o fim de fazer frente às despesas do condomínio.

Dentre as obrigações do síndico, está a de prestar contas sempre que exigido, conforme o art. 1348, VIII, da Lei n. 10.406/2002 (Código Civil):

"Art. 1.348. Compete ao síndico:

(...)

VIII – prestar contas à assembleia anualmente e quando exigidas;"

E prestar contas significa apresentar as receitas e despesas, o que inclui a relação de inadimplentes.

Proibidos são os excessos e a exposição do devedor a situações vexatórias – ocasião que lhe dará direito à indenização por danos morais.

Assim, é totalmente legal divulgar as unidades dos inadimplentes nos boletos, nos balancetes e nas assembleias de condomínios, sendo que este último merece atenção especial, pois deverá ocorrer com cautela, sem expor o devedor a situação constrangedora.

É vetada a divulgação de informações dessa natureza em quadros de avisos e em jornais internos, bem como expô-las em assembleias de forma vexatória, ou por qualquer outro meio que exponha o devedor a situações vexatórias ou com o objetivo de constrangê-lo.

O Tribunal de Justiça de São Paulo, em decisão proferida pela 1ª Câmara de Direito Privado, nos Autos da Apelação Cível de n. 289.102.4/0, entendeu que divulgar a relação de inadimplência é procedimento meramente administrativo:

"INDENIZAÇÃO – Dano moral – Veiculação do número do apartamento do autor em circular que apontava devedores das cotas condominiais – Ausência de conduta que justificasse a fixação de indenização por danos morais – Não comprovação, aliás, de qualquer situação vexatória ou humilhante experimentada pelo apelante – Inexistência de ofensa na veiculação – Ação improcedente – Recurso desprovido".

234 O que fazer quando condôminos, cujas taxas estão em atraso, têm seus nomes e suas unidades expostos no quadro de avisos do condomínio? Isso pode ser considerado dano moral?

É obrigação do condômino contribuir com as despesas condominiais.

Em contrapartida, o condomínio não poderá expô-lo de forma vexatória[61] e constrangedora, pois isso se enquadraria em dano moral, podendo inclusive gerar um processo criminal por exposição a um ato vexatório.

235 Há um condômino que deve quase 3 anos de cotas condominiais e não poderá arcar com a dívida. A unidade dele pode ser penhorada?

Considerando o novo Código de Processo Civil, o juiz determinará a citação do executado (devedor) para pagar os débitos em 3 dias, sob pena de, não o fazendo, ter seus bens penhorados.

Obviamente que esse procedimento é extremamente mais célere, pois suprime a discussão que havia pela fase de conhecimento de processo. Significa dizer que, uma vez ajuizada a ação de execução, e caso o devedor não pague seus débitos no prazo de 3 dias, este poderá ter seus bens penhorados, inclusive a própria unidade geradora dos débitos condominiais.

236 Qual é o processo de cobrança e penhora de uma unidade condominial com débitos em atraso?

Seguindo-se o processo de execução, o condomínio poderá requerer ao juiz a penhora dos bens necessários, caso o devedor não pague sua dívida nos 3 dias de sua citação nem nomeie bens à penhora.

Inicialmente, o credor (no caso, o condomínio) postulará o bloqueio e penhora das contas bancárias do executado-devedor. Não havendo saldo em conta, já será possível requerer ao juiz a penhora do imóvel gerador das despesas condominiais, onde recaem os débitos. A partir desse momento, estes serão os próximos passos:

1 – Deferida a penhora do imóvel, o juiz determinará a intimação de todos os seus proprietários, bem como de eventuais credores hipotecários e fiduciários, para que tomem ciência da penhora.

---

[61] APELAÇÃO CÍVEL – DANOS MORAIS – CONDOMÍNIO – APRESENTAÇÃO E AFIXAÇÃO DE LISTA COM NOME DOS INADIMPLENTES EM QUADRO DE AVISOS DO EDIFÍCIO – ABUSO DE DIREITO – EXPOSIÇÃO DESNECESSÁRIA. No exercício do direito de exigir o pagamento, cabe ao credor escolher as vias adequadas, tendo a cautela de não expor o devedor ao ridículo ou a situações vexatórias, sendo que os meios utilizados devem ser razoáveis, cumprindo-se evitar providências que excedam o necessário para a satisfação do crédito. A afixação na entrada de prédio em condomínio de lista contendo o nome de condôminos inadimplentes, sem qualquer intuito de prestar contas ou de cientificar os devedores, caracteriza ato ilícito em razão do abuso do direito de cobrança. Os danos experimentados pelos apelantes, consistente em saber que tiveram seus nomes expostos, são passíveis de ser indenizado por configurar ofensa à esfera íntima e à honra da pessoa.
(TJ-MG – AC: 10720020066729001 Visconde do Rio Branco, Relator: Elias Camilo, Data de Julgamento:8-3-2007, Câmaras Cíveis Isoladas / 14ª CÂMARA CÍVEL, Data de Publicação: 30-3-2007)

2 – Registra-se a penhora no álbum imobiliário da unidade condominial diretamente no cartório de registro de imóveis, para conhecimento de terceiros.

3 – Após o registro da penhora, será necessário avaliar o imóvel para auferir um valor de mercado e determinar o valor que dará início ao leilão.

4 – O juiz nomeará um perito avaliador, que providenciará um laudo técnico, fixando o valor final do imóvel.

Alguns juízes, em vez de nomearem um perito avaliador, determinam que o próprio credor comprove a cotação do bem no mercado, trazendo aos autos a declaração de, pelo menos, 3 corretores imobiliários (além de outros anúncios publicitários), servindo a média como referência. Seja como for, tanto o laudo elaborado pelo perito como as declarações de corretores e imobiliárias serão passíveis de impugnação, caso o valor apontado seja muito diferente do valor de mercado do imóvel.

5 – Ao determinar o valor do imóvel, o juiz determinará também o leilão em 2 praças, sendo a primeira praça pelo valor de avaliação do imóvel. Caso não sejam oferecidos lances em primeira praça, inicia-se então a segunda praça – situação em que poderão ser aceitos lances de até 50% do valor de avaliação.

237 **Devido à a crise financeira muitos condôminos estão com suas cotas em atraso. Qual seria o número mínimo de cotas atrasadas por unidade para que o síndico possa entrar com a cobrança judicial?**

Geralmente, as convenções dos condomínios não dispõem sobre o número de cotas pendentes que poderão ser cobradas judicialmente, por isso a importância de se estabelecer bons procedimentos.

É importante que o síndico trabalhe de forma responsável neste aspecto, mantendo uma régua de cobrança, definida de forma isonômica, para todos os condôminos inadimplentes.

Uma vez definida e adotada, essa régua de cobrança deverá ser divulgada a todos os condôminos, preferencialmente em assembleia geral. A seguir, deverá ficar consignado em ata que, a partir de certo período em atraso, as cotas poderão ser cobradas pelas vias judiciais.

A partir de 30 dias de atraso da cota condominial, é recomendável que o gestor notifique extrajudicialmente a unidade inadimplente, seja por intermédio da própria administradora ou do departamento jurídico, caso o condomínio possua algum.

Persistindo a inadimplência (e dependendo daquele número de cotas inadimplidas estipulado pela régua de cobrança), o síndico tem o dever de fazer a cobrança judicialmente, conforme prevê o art. 1.348 do Código Civil.

Não há um limite no número de cotas a serem cobradas judicialmente. A rigor, a partir de 30 dias do vencimento, já é possível ingressar em juízo para a cobrança do débito condominial pendente.

238 Temos um condômino inadimplente há 8 meses. Podemos cortar a água e o gás dele?

Isso não pode ser feito, pois água e gás são itens essenciais para se viver. Esse tipo de atitude viola o princípio constitucional da dignidade da pessoa humana, que está expresso no art. 1º, III, da Constituição Federal.

A inadimplência deve ser combatida de outra forma, por meios legais e constantes do nosso Código Civil. Nesse sentido, o condomínio deverá entrar com ação contra o condômino inadimplente, a fim de cobrar-lhe as cotas em atraso.

239 Como síndicos e administradores podem trabalhar para diminuir as taxas de inadimplência?

A melhor forma de combater a inadimplência é ter controle do que está ocorrendo e tomar as providências de ingresso com as medidas, sejam elas extrajudiciais (como telefonemas, envio de correspondências, negativações) ou judiciais (como o ingresso da ação de forma rápida).

240 Sou do conselho fiscal e consultivo. Para baixar a alta taxa de inadimplência (em torno de 43%, dos quais 13% são condôminos que sempre atrasam um mês), sugeri à síndica e à administradora colocarem os boletos em débito automático, serviço que a administradora alega ser oneroso. A informação está certa? Quais são os procedimentos para ofertar débito automático aos condôminos que assim desejarem?

Um índice de inadimplência de 43% é estarrecedor e, com certeza, contribui para a desvalorização das unidades imobiliárias, uma vez que o prédio deve estar com um condomínio altíssimo a fim de suportar a inadimplência, além de manutenções e melhorias a fazer.

Temos dois grandes grupos de inadimplentes dentro de um condomínio:

1 – Aqueles que atrasam por curto período, mas pagam, e aqueles que não estão pagando por longo período.

2 – Aqueles que pagam sempre em atraso ainda dentro do mês, ou que às vezes pulam um mês, acertam no outro, e vão assim constantemente, interferindo diretamente no dia a dia do condomínio, que muitas vezes não tem fluxo de caixa para aguentar esses desencaixes.

Nesse caso, o caminho não é o débito automático, pois o condomínio precisaria disponibilizar o sistema para que o condômino cadastrasse o débito, e aqueles que não costumam pagar em dia certamente não optarão pelo cadastro. Assim, o caminho deverá ser uma cobrança insistente por meio de correspondências, *e-mails*, negativação de cotas, além do envio dos casos ao jurídico para cobranças extrajudiciais, com a incidência de honorários.

Já para o devedor que não paga há um longo período, a única forma do recebimento do débito será por meio de uma cobrança extrajudicial efetiva e, posteriormente, do ingresso de ação judicial.

241 Meu condomínio está uma bagunça. Inadimplência: 70%. Conta de água: 80 mil devedores. Não temos administradora. O que devo fazer?

O primeiro caminho é contratar uma empresa administradora para gerir o condomínio, o que deverá ser feito por meio da seleção de algumas empresas e posterior aprovação da empresa em assembleia. A condução do processo de escolha e a convocação da assembleia deverão ser realizadas pelo síndico.

Depois, o condomínio deverá efetuar imediatamente a contratação de um escritório de advocacia, a fim de cobrar as cotas em aberto. Inicialmente, o procedimento deverá ser o extrajudicial e, caso não dê resultados, os devedores deverão ser cobrados judicialmente.

6.5 ELABORAÇÃO DE REGIMENTO INTERNO

242 O regimento interno está em fase de elaboração, mas sua visualização é liberada apenas para um grupo de moradores. Todos deveriam ter acesso ao instrumento para opinarem antes de uma decisão e não somente aprová-lo depois de pronto. O que fazer?

Normalmente, a modificação do regimento interno é inicialmente idealizada por um pequeno grupo e, posteriormente, submetida aos demais condôminos para sugestões. A aprovação ocorre mediante quórum exigido na convenção ou, no silêncio desta, por maioria simples.

Apesar de ser de bom tom que o regimento interno passe por todos, não existe obrigatoriedade de tal prática. Porém, não o fazer dificultará a aprovação em assembleia, pois lá haverá condôminos que terão contato com o documento pela primeira vez. Dessa forma, é salutar que o corpo diretivo e a administradora sejam informados de tal prática e orientados a submeter o instrumento aos demais moradores.

6.6 ÁREAS COMUNS

243 O regimento interno proíbe fumar nas áreas comuns e na garagem. Pela Nova Lei Federal Antifumo, não sei se a garagem se enquadra e um morador fumante alega que não. O que faço? Em caso de denúncia, o prédio poderá ser multado? Moro em Curitiba/PR.

A Lei n. 12.546, de 14 de dezembro de 2011, regulamentada pela Lei Ordinária n. 13.043, de 13 de novembro de 2014, no seu art. 49, trouxe a redação que você precisa:

"Art. 49. Os arts. 2º e 3º, da Lei n. 9.294, de 15 de julho de 1996, passam a vigorar com a seguinte redação:

> *Art. 2º É proibido o uso de cigarros, cigarrilhas, charutos, cachimbos ou qualquer outro produto fumígero, derivado ou não do tabaco, em recinto coletivo fechado, privado ou público.*

§ 3º Considera-se recinto coletivo o local fechado, de acesso público, destinado à permanente utilização simultânea por várias pessoas".

Dessa forma, nas áreas comuns do condomínio, às quais se incluem as garagens, é vetado fumar. Porém, lembrando que dentro da sua unidade o morador condômino poderá fumar, inclusive dentro da sua varanda[62].

Em Curitiba, as denúncias podem ser feitas pelo telefone 156 ou pelo telefone 0800 644 00 41. Também é possível denunciar pessoalmente por escrito, diretamente nas sedes dos distritos sanitários e da Secretaria Municipal de Saúde, utilizando-se o Modelo de Relato da Infração, conforme preconiza a Lei Municipal n. 13.254/2009.

As sanções impõem multas que aumentam com a reincidência, sendo imputadas ao condomínio e não ao infrator.

---

[62] AGRAVO DE INSTRUMENTO – Prática de tabagismo. Tutela indeferida para que vizinho cesse com o fumo na sacada do apartamento. Interposição de agravo rogando pela concessão da liminar. Recurso não provido.
(TJ-SP – AI: 01000414820228269008 SP 0100041-48.2022.8.26.9008, Relator: Maria Claudia Moutinho Ribeiro, Data de Julgamento: 31-8-2022, Terceira Turma Cível e Criminal, Data de Publicação: 31-8-2022)

244 Há alguma legislação ou jurisprudência sobre a questão dos moradores que fumam nas sacadas e afetam outros vizinhos não fumantes, que por isso acabam tendo que fechar suas janelas para que a fumaça não invada suas casas?

A Lei n. 13.541/2009, de 7 de maio de 2009 (Lei Antifumo do Estado de São Paulo), proíbe o consumo de cigarros, cigarrilhas, charutos ou de qualquer outro produto fumígeno, derivado ou não do tabaco, em ambientes de uso coletivo, sejam públicos ou privados.

Porém, tal lei não tem o condão de regular o uso no interior da residência das pessoas, por ser local de uso privativo amparado pelo direito de propriedade (art. 5º, XXII, da Constituição Federal).

Entretanto, o direito de propriedade encontra limitação no direito de vizinhança. Assim, por mais que esteja no conforto do seu lar, se o morador perturbar o direito alheio, poderá ser repreendido, conforme claramente especificado no Código Civil:

"Art. 1.336. São deveres do condômino:

(...)

IV – dar às suas partes a mesma destinação que tem a edificação, e não as utilizar de maneira prejudicial ao sossego, salubridade e segurança dos possuidores, ou aos bons costumes."

Assim, ocorrendo tal incômodo, deve-se tentar inicialmente resolver de forma amigável entre os moradores, a fim de buscar uma solução que não perturbe o vizinho e mantenha o fumante no exercício de seu direito de propriedade, que é o de fumar na sua sacada, desde que não perturbe o vizinho.

245 Condôminos podem fumar em suas sacadas de área aberta?

A Lei Federal n. 9.294, de 15 de julho de 1996 (a qual foi alterada pela redação dada pela Lei n. 12.546/2011 e regulamentada em 2014), fez com que seja proibido fumar nos condomínios em áreas comuns, como segue:

"Art. 2º É proibido o uso de cigarros, cigarrilhas, charutos, cachimbos ou qualquer outro produto fumígero, derivado ou não do tabaco, em recinto coletivo fechado, privado ou público."

Antes da regulamentação em 2014, oito estados brasileiros já contavam com leis próprias sobre o tema: São Paulo, Rio de Janeiro, Rondônia, Roraima, Amazonas, Mato Grosso, Paraíba e Paraná. Entretanto, a lei não alcança o interior de unidades, as áreas privativas, uma vez que são propriedades particulares e a Constituição Federal garante o direito à propriedade e ao seu uso pacífico.

"Constituição da República Federativa do Brasil

Título II – Dos direitos e Garantias Fundamentais

Capítulo I – Dos Direitos e Deveres Individuais e Coletivos

Art. 5º Todos são iguais perante a lei, sem distinção de qualquer natureza, garantindo-se aos brasileiros e aos estrangeiros residentes no País a inviolabilidade do direito à vida, à liberdade, à igualdade, à segurança e à propriedade, nos termos seguintes:

(...)

XXII – é garantido o direito de propriedade."

No mesmo sentido, o Código Civil:

"Art. 1.228. O proprietário tem a faculdade de usar, gozar e dispor da coisa, e o direito de reavê-la do poder de quem quer que injustamente a possua ou detenha."

Não obstante a lei não alcance a proibição de que o morador fume no interior de sua unidade, o que inclui a sacada (art. 1.335, I, do Código Civil), o condômino prejudicado deverá conversar com o morador fumante e tentar solucionar a questão. Muitas vezes, bom senso poderá resolver o problema, pois existe a possibilidade de o condômino fumar em outros locais, tais como a área de serviço, ou em outra janela.

Caso o problema não seja resolvido, muitas vezes os casos vão parar nas mãos dos síndicos, que somente poderão interferir se estiver ocorrendo uso nocivo da propriedade como, por exemplo, se o morador estiver jogando bitucas pela janela.

"Art. 1.335. São direitos do condômino:

I – Usar, fruir e livremente dispor das suas unidades."

Nesse sentido o voto da Relatora Maria Claudia Moutinho Ribeiro TJ-SP – AI: 01000414820228269008 SP:

"ACORDAM, em sessão permanente e virtual da Terceira Turma Civel e Criminal do Tribunal de Justiça de São Paulo, proferir a seguinte decisão:Negaram provimento ao recurso, por V. U., de conformidade com o voto do relator, que integra este acórdão.

O julgamento teve a participação dos Juízes ALEXANDRE PEREIRA DA SILVA (Presidente) E RICHARD FRANCISCO CHEQUINI.

São Paulo, 31 de agosto de 2022

Maria Claudia Moutinho Ribeiro

Relator

0100041-48.2022.8.26.9008 - Fórum de Jundiaí

AgravanteBeatriz Lavorente Itida

Agravado, CONDOMÍNIO xxxxxxx RESIDENCE CLUB, Condômino (a) do Apartamento xxxxxx

Voto n.*

AGRAVO DE INSTRUMENTO – Prática de tabagismo. Tutela indeferida para que vizinho cesse com o fumo na sacada do apartamento. Interposição de agravo rogando pela concessão da liminar. Recurso não provido.

Vistos.

Trata-se de agravo interposto por xxxxxxxx contra a r. decisão que indeferiu a tutela antecipada para que a agravado cessasse a prática tabagista na sacada do apartamento contíguo.

Em suma, aventa a agravante que está grávida e possui crianças pequenas, e que a exposição intensa ao tabagismo passivo pode acarretar má formação e desenvolvimento do feto gestado. Alega que o agravado está violando os direitos de vizinhança. Rogou pela concessão do efeito suspensivo ao agravo.

Indeferiu-se o pedido de efeito suspensivo às fls. 61/63.

É o breve relatório.

Passo a votar.

O recurso não comporta provimento.

Em juízo típico de cognição sumária, não há, pela parte agravada, prática de ato de revele abuso de direito de propriedade, na medida em que o tabagismo é atividade lícita e regulamentada por lei.

Assim, na medida em que o agravado fuma no interior de sua unidade habitacional (área de uso exclusivo), como bem analisado pelo juízo *a quo*, não há plausibilidade no direito invocado, pelo que não estão preenchidos os requisitos indispensáveis à tutela de urgência.

Ante o exposto, pelo meu voto, NEGO PROVIMENTO ao recurso.

Maria Claudia Moutinho Ribeiro

Relatora"

246 **Qual é o limite para o síndico pleitear acesso às áreas comuns e privativas do condomínio?**

O síndico tem acesso às áreas comuns de forma ilimitada e cumpre a ele a guarda delas, com base no artigo do Código Civil:

"Art. 1.348. (...)

§ 5º Compete ao síndico:

(...)

V – Diligenciar a conservação e a guarda das partes comuns."

Quanto às áreas privativas do condomínio, são de uso exclusivo e entendo que o ingresso no interior de qualquer unidade somente é permitido por meio da autorização do condômino ou por ordem judicial, sob a pena de interferir no direito de propriedade.

Se a situação for emergencial, como um vazamento de água que necessite do fechamento imediato do registro, por exemplo, entendo que o síndico, na qualidade de gestor de negócios, poderia agir amparado pelos arts. 861 e seguintes do Código Civil:

"Art. 861. Aquele que, sem autorização do interessado, intervém na gestão de negócio alheio, dirigi-lo-á segundo o interesse e a vontade presumível do seu dono."

Se a gestão foi iniciada contra a vontade manifesta ou presumível do interessado e se a medida tomada gerar qualquer prejuízo, o síndico será responsável pelos danos causados, podendo inclusive o condômino exigir que o gestor restitua a coisa ao seu estado anterior.

Para os demais casos, mesmo que graves – como, por exemplo, a realização de uma obra no interior de uma unidade sem o devido alvará (o que coloca em risco os que ali coabitam) –, o caminho é o ingresso imediato de uma medida judicial com pedido liminar, a fim de impedir o prosseguimento da obra. Ou, se for caso de cessar uma situação, deve-se ingressar com uma medida com o objetivo de obrigar o morador a fazer ou deixar de fazer algum ato prejudicial e permitir o acesso do síndico ao interior da unidade.

Desta forma, entendo que o síndico não pode ingressar[63] no interior de uma unidade somente em caso extremo, para os demais casos se necessário, e sendo impedido do ingresso, deverá ingressar com medida judicial.

247 **Mais de 20 anos depois de modificadas as portas de entrada dos conjuntos comerciais, uma ordem de mudança determina que a fachada interna volte ao modelo original. Somos obrigados ou cabe recurso?**

A questão da modificação de áreas internas do condomínio, tais como portas de entrada, traz muita controvérsia, desde a discussão sobre se as portas das unidades compõem fachada interna ou não, até os direitos dos moradores sobre elas.

De qualquer forma, é certo que as portas das unidades e o corredor, que compõem a harmonia da edificação, estão em parte na área comum, sendo que sua modificação deverá ser precedida de análise da convenção e do regimento interno do condomínio.

No silêncio destes instrumentos quanto à permissibilidade de qualquer alteração, a assembleia terá poderes para padronizar ou autorizar pequenas modificações que não comprometam de forma significativa a concepção arquitetônica da edificação.

---

[63] Responsabilidade Civil – Dano moral – Ingresso do síndico e de pedreiros no apartamento da autora, sem sua autorização – Infiltrações nas paredes do edifício que não configuram urgência ou risco iminente que autorize a violação do domicílio – Garantia constitucional que deve prevalecer – Danos morais configurados – Indenização adequada – Recurso improvido. (TJ-SP – AC: 00733087220108260114 SP 0073308-72.2010.8.26.0114, Relator: Eduardo Sá Pinto Sandeville, Data de Julgamento: 3-3-2016, 6ª Câmara de Direito Privado, Data de Publicação: 3-3-2016)

Lembramos que, quando se trata de alteração de fachada, o art. 1.336, I, do Código Civil veda qualquer alteração, salvo pelo voto da unanimidade dos condôminos. No caso em questão, temos duas questões que devem ser debatidas:

1. Pequenas alterações

Os tribunais têm sido condescendentes com pequenas alterações, desde que elas não comprometam de forma estética a fachada nem exista vedação na convenção e no regimento interno. Além disso, dependendo da modificação, exige-se aprovação em assembleia.

"CONDOMÍNIO. Obrigação de fazer. Demolitória. Alteração de fachada. Substituição de porta de entrada da unidade TRIBUNAL DE JUSTIÇA PODER JUDICIÁRIO São Paulo APELAÇÃO N. 1000988-79.2014.8.26.0562 SANTOS VOTO N. 11829 F/K/E/I/C/G 5/5 autônoma, voltada para o corredor Interno do andar. Insubsistência. Porta de entrada da unidade não é fachada. Ausência de prejuízo para a estética do edifício. Inocorrência de depreciação do condomínio. Ensinamentos doutrinários e precedentes jurisprudenciais, inclusive da Câmara. Sentença mantida. Apelo a que se nega provimento (Ap. n. 0200276-92.2010.8.26.0100 – 6ª Câmara de Direito Privado – Rel. Des. PERCIVAL NOGUEIRA – j. 13-9-2012)."

Encontramos, ainda, em um acórdão da 5ª Câmara de Direito Privado do Tribunal de Justiça de São Paulo o voto do Desembargador Relator Dr. Edson Luiz de Queiroz, no seguinte sentido: "Todavia, no caso concreto, nem de longe se enquadram os réus em alguma dessas possibilidades ou afins, pois a alteração foi discreta, preservou a aparência externa, o material, a cor e o padrão da porta, apenas alargando-a em cerca de trinta centímetros. (VOTO N. 11829, APELAÇÃO N. 1000988-79.2014.8.26.0562, São Paulo, 10 de dezembro de 2014.)"

No mesmo sentido:

"OBRIGAÇÃO DE FAZER. CONDÔMINOS. Alteração de porta de entrada de unidade autônoma (consultório). Alegação de violação da Convenção de Condomínio. Sentença de improcedência. Motivação da r. sentença adotada como fundamentação do julgamento em segundo grau. Aplicação do art. 252 do RITJSP. Mera substituição da porta social de entrada do consultório não significa mudança de fachada interna, o que reclamaria a incidência das limitações previstas no Código Civil e na Lei n. 4.591/64. Pequenos ajustes não afetam o equilíbrio panorâmico, não violando a harmonia arquitetônica interna. Honorários advocatícios. Manutenção. Adequação à situação dos autos e em consonância com os parâmetros do art. 20, § 3º, do Código de Processo Civil. Recurso não provido. (TJ-SP – APL: 10009887920148260562 SP 1000988-79.2014.8.26.0562, Relator: Edson Luiz de Queiroz, Data de Julgamento: 10-12-2014, 5ª Câmara de Direito Privado, Data de Publicação: 12-12-2014.)"

2. Quanto ao decurso de tempo

Não obstante o decurso do tempo possa ser favorável àqueles que realizaram tais alterações, conforme aduz o ilustre doutrinador Athos Gusmão Carneiro, "exercem-se os direitos ao longo do tempo: consolidando situações fáticas, o decurso do tempo dá azo ao surgimento e à modificação de direitos, ao perecimento de pretensões".

O decurso do tempo deverá ser analisado diante do caso concreto, inexistentes proibições expressas na convenção e no regimento interno e independentemente de aprovação em assembleia. A permissibilidade ao longo do tempo cria uma nova realidade e, de forma tácita, permitiu as alterações, sendo que voltar ao estado original 20 (vinte) anos depois é que pode representar uma afronta à situação atual.

Parte de um acordão no TJ-PR aduziu que:

"Em que pese inexistir qualquer previsão na Convenção de Condomínio acerca da possibilidade de nomeação de representantes, verifica-se que tal prática foi adotada usualmente por todos os condôminos na época e consolidada pelo decurso de tempo, posto que as demais atas de Assembleias realizadas, mesmo as mais atuais, trazem o acompanhamento e votação apenas dos representantes dos blocos. (TJ-PR, Relator: Themis Furquim Cortes, Data de Julgamento: 29-11-2012, 10ª Câmara Cível.)"

Porém, se existir vedação da convenção e do regimento interno ou afrontar à legislação, o decurso do tempo não será favorável aos condôminos e o síndico poderá tomar as medidas corretivas necessárias – sendo que as faltas de ações corretivas nas gestões anteriores consolidaram uma situação tal que, se essas trouxerem prejuízos ou custos com o desfazimento da obra e sua regularização, as despesas poderão ser consideradas causadas em função de omissão, levando o condomínio a eventualmente ser condenado a arcar com os prejuízos, bem como com o respectivo reparo.

248 **Além de ter uma porta diferenciada do padrão exigido pelo regulamento, o síndico também autorizou outros condôminos a mudarem suas portas sem consulta em assembleia. Como proceder?**

É importante verificar o que está descrito na convenção do condomínio. A menos que permitidas de forma expressa, alterações são proibidas, pois portas fazem parte da concepção arquitetônica e alteram a fachada interna do edifício – o que é defeso na lei (art. 1.336, III, do Código Civil).

Assim, quando um síndico não só deixar de realizar a devida guarda do condomínio, como também autorizar a descaracterização de uma edificação, denotando má-gestão, qualquer morador, na defesa dos seus interesses, poderá ingressar em juízo com medida de obrigação de não fazer, com o fim de impedir as alterações:

"AÇÃO DECLARATÓRIA. CONDOMÍNIO. Multa imposta pelo condomínio ante a troca de porta de entrada em *hall* social, que integra a área comum, e não a fachada do edifício – Convenção do condomínio que não dispõe sobre alterações na área comum – Ausência de cláusula proibitiva – Prejuízo não comprovado – Precedente desta C. 10ª Câmara de Direito Privado – Sentença mantida – Recurso desprovido. (TJ-SP – APL: 00056449820128260002 SP 0005644-98.2012.8.26.0002, Relator: J.B. Paula Lima, Data de Julgamento: 12-5-2015, 10ª Câmara de Direito Privado, Data de Publicação: 18-5-2015.)"

249 **Os moradores decoraram o corredor do andar com alguns vasos, mas o síndico enviou um comunicado sobre uma lei que impede o uso de plantas nos corredores e dependências comuns do prédio. Existe tal restrição? O que fazer para manter as plantas?**

Importante esclarecer que o *hall* social é área comum do condomínio e deve ser regulado pelo art. 1.331 do Código Civil.

A postura do corpo de bombeiros é no sentido de orientar que as rotas de fuga fiquem sempre desobstruídas. Por isso, devem ficar livres os corredores, escadas e saídas de emergência, sem vasos, tambores ou sacos de lixo.

Entretanto, se a questão for meramente estética e não atrapalhar a passagem das pessoas, não traz prejuízos, mesmo assim devem ser observadas as posturas do condomínio referente ao *hall* de circulação

250 **Moro no térreo e gostaria de plantar flores embaixo das minhas janelas. Por lei, tenho direito sobre essa área?**

A área do condômino é aquela descrita em sua matrícula e na convenção. Caso estejamos falando de floreiras e estas estejam em áreas comuns, dependerá da gestão do condomínio e do deliberado em assembleia quanto à manutenção delas.

Normalmente, floreiras são de responsabilidade de cada unidade. Porém, se estivermos nos referindo às áreas comuns próximas a sua unidade, que está no térreo, elas são de uso coletivo e as definições quanto ao plantio e manutenção são do condomínio.

251 **A maioria dos condôminos aprovou um projeto de reforma no qual um parquinho, que ficava em área afastada, passará a ficar sob a janela da unidade localizada no primeiro andar, desvalorizando-a. O morador pode recorrer?**

A mudança da destinação da área comum requer a aprovação com quórum de 2/3, uma vez que o local do parquinho consta do ato constitutivo do condomínio, e os moradores adquiriram seus imóveis com a área comum nesse formato e nesse local.

Assim, alterá-la sem aprovação seguindo o quórum estipulado, interfere no direito de propriedade, pois modificará a destinação da área comum, conforme preceitua a Lei n. 14.405 que alterou o Código Civil brasileiro e passou a permitir a mudança de destinação de um edifício ou unidade imobiliária pelo voto de dois terços dos condôminos.

A saída é se socorrer do Judiciário, por meio do ingresso de medida judicial com pedido de obrigação de fazer, para que o parquinho volte ao local de origem.

252 **Os funcionários das unidades, assim como os funcionários do condomínio, podem usar as áreas comuns e de lazer?**

Mediante regras gerais e impessoais não discriminatórias, é possível aos edifícios regularem tanto o acesso e a circulação dentro dos condomínios, como limitar o uso de suas áreas comuns[64-65]. É o que nos traz o art. 1º, parágrafo único, da Lei n. 11.995 de 16 de janeiro de 1996.

---

[64] A "empregada" que, por força de contrato de trabalho, "mora" com o seu empregador e/ou familiares na unidade autônoma, *não* pode ter, como tal, o direito de utilizar as áreas de lazer do condomínio, segundo o magistério do Magistrado James Siano, nos seguintes termos: "Consta no art. 5º, II, da Convenção de Condomínio ser direito dos condôminos 'usar e gozar das partes comuns do Edifício desde que não impeça idêntico direito por parte dos demais condôminos, com as mesmas restrições da alínea anterior' (f. 196). .... Quanto à sala de ginástica o Regimento Interno do condomínio dispõe no item 25.5: 'O condomínio recomenda que todos os condôminos e moradores, antes de utilizarem a sala de ginástica, se submetam à avaliação médica por profissionais habilitados, para certificar-se da ausência de quaisquer problemas de saúde que restrinjam ou impeçam a prática de exercícios físicos' (f. 226/227). O termo 'morador', apesar da sua generalidade e atecnia, não pode ser interpretado além da expressão jurídica compossuidor. Quem reside no imóvel por força de contrato de trabalho não é compossuidor, mas sim detentora da posse ou fâmula da posse, porque a presença no apartamento está subordinada à sua condição de empregado, ainda que tenha sido construída com o passar do tempo uma relação também de afeto com o empregador. Apenas o condômino ou quem ostenta vinculação possessória com o imóvel pode usufruir das áreas comuns. Não há como interpretar de forma mais abrangente, uma vez que a Convenção de Condomínio já delimita em prol do condômino esse direito. Descabe interpretar norma de regulamento interno como se fosse mais extensiva do que dispositivo presente na Convenção ou mesmo de artigo estabelecido no Código Civil. A empregada, portanto, não faz jus ao uso impositivo da sala de ginástica, ainda que tenha sido autorizada pela condômina autora" (TJSP – Apelação n. 0150648-03.2011.8.26.0100 – 5ª. Câmara de Direito Privado – rel. Desembargador James Siano – j. 2-2-2015)

[65] O fato de a autora residir e permanecer naquele local, inclusive durante suas folgas, não exclui a sua condição de empregada dos condôminos e moradores daquela unidade. Vale ressaltar que a relação preponderante entre a autora e os proprietários e moradores da referida unidade condominial é a relação empregatícia. A residência da autora foi estabelecida em decorrência do contrato de trabalho. É o que se observa do cadastro de prestadores de serviços domésticos, pelo qual sua empregadora autorizou ao condomínio a sua entrada e saída em todos os dias da semana, inclusive no período noturno (fls. 92). Portanto, perante o Condomínio, a autora está cadastrada como empregada doméstica, sendo, inclusive, vedada a sua permanência nas áreas comuns, consoante o art. 3º do Regulamento Interno que integra a Convenção Condominial (fls. 89). Consoante o art. 1º do Regulamento da Sala de Ginástica do Condomínio, "a sala de ginástica é de uso exclusivo dos condôminos e moradores devidamente cadastrados, através

Ou seja, se uma pessoa for impedida de entrar no elevador devido a sua raça, sexo, cor, esse será um ato de discriminação e, portanto, crime. Agora, se uma pessoa for direcionada ao elevador de serviço ao prestar seus serviços ou ao transportar um cachorro, por exemplo, então isso não incorrerá em crime, pois se tratará de regulação de uso.

Quanto à regulação de uso, por sua vez, cabe esclarecer que os condomínios são propriedades privadas, sujeitas às regras ali impostas mediante convenção, regimento interno e decisões assembleares, com o objetivo de atenderem a sua comunidade quanto aos seus interesses como proprietários. Estes têm o real interesse e prioridade na regulação do uso da propriedade particular, desde que não seja por meio da imposição de medidas discriminatórias. O que deverá ser verificado é o abuso a limite em impor restrições, o que ocorre quando a regulação de uso for discriminatória.

Quanto ao uso dos elevadores o Município do Rio de Janeiro regulamentou Lei[66] n. 7.957/2023, que impede o uso das denominações elevador social e elevador de serviço nos elevadores dos prédios privados no âmbito do Município, excetuando-se elevadores de carga.

A análise feita acima traz o ponto de vista jurídico sobre a utilização de áreas comuns por funcionários do condomínio e dos condôminos – sendo que questões morais e particulares podem e devem ser observadas pelos síndicos; bem como analisadas pelos corpos jurídicos dos prédios, de forma prática e humana.

253 São dois apartamentos por andar. Os que ficam sobre a garagem possuem área extra, que não consta de suas escrituras e cujo único acesso é passando pelas unidades. A construtora a considera telhado, mas o condomínio afirma ser área comum. Nela, uma destas unidades construiu um telhado e ampliou seu apartamento. Esse proprietário deverá pagar condomínio sobre a área coberta? Se sim, qual o valor? E a outra unidade que não construiu telhado, mas utiliza a área, também deverá pagar?

Com o advento do novo Código Civil em 2002, fica possível a utilização de áreas comuns de forma exclusiva.

---

do sistema implantado pelo condomínio (formulários, carteirinhas, etc.), com a taxa condominial paga, sendo vedado o seu uso por visitantes." (fls. 55) (assinalei em negrito). (...) Enquadram-se no conceito de "moradores", nos termos do Regulamento e da Convenção mencionados, as pessoas detentoras de direitos sobre a unidade condominial, como, por exemplo, os locatários, os comodatários etc. A autora, no caso, não tem nenhum direito sobre a unidade condominial, apenas reside com seus empregadores, benefício que lhe é concedido em decorrência do contrato de trabalho (TJSP – Apelação n. 0009487-78.2011.8.26.0011 – 3ª Câmara de Direito Privado – j. 6-12-2011)

[66] Disponível em: http://aplicnt.camara.rj.gov.br/APL/Legislativos/contlei.nsf/7cb7d306c2b-748cb0325796000610ad8/ab1642c67bdb9dc3032589e200482631?OpenDocument

O exemplo que se segue, trazido pelo Código Civil, diz respeito a um terraço de cobertura que é área comum; porém, pode ser utilizado de forma exclusiva pelo condômino do último andar, desde que isso não acarrete qualquer prejuízo às demais unidades e cabendo a este o custeio das despesas inerentes à conservação da área. O caso também se aplica às áreas comuns no térreo, que servem somente a algumas unidades:

"Art. 1.344. Ao proprietário do terraço de cobertura incumbem as despesas da sua conservação, de modo que não haja danos às unidades imobiliárias inferiores."

Entretanto, não é permitida a edificação nessa área, pois isso depende inicialmente de aprovação em assembleia de 2/3 dos condôminos, nos moldes do artigo do Código Civil:

"Art. 1.342. A realização de obras, em partes comuns, em acréscimo às já existentes, a fim de lhes facilitar ou aumentar a utilização, depende da aprovação de dois terços dos votos dos condôminos, não sendo permitidas construções, nas partes comuns, suscetíveis de prejudicar a utilização, por qualquer dos condôminos, das partes próprias, ou comuns".

Não obstante tal regramento, alguns condomínios autorizam a cobertura de algumas áreas com quóruns inferiores, mas sempre passando por aprovação em assembleia e com a consciência de que tais medidas poderão ser contestadas judicialmente por qualquer condômino que se sinta prejudicado.

Ademais, é salutar verificar se a legislação municipal permite tal edificação (fechamento), a fim de evitar autuação.

Não cabe a cobrança de um valor condominial para a área: a previsão é de pagamento de reembolso pela conservação e manutenção da área. Alguns prédios instituem valores simbólicos após aprovação em assembleia, o que se logra legal.

254 Em função de ter sérios problemas nos pulmões e não poder fazer esforços físicos, uma idosa, ao visitar o prédio, necessita entrar pelo portão do bloco 5 para visitar sua filha, que mora no bloco 3. Mas sua última visita não foi possível, pois a chave do portão 5 não estava no quadro, uma vez que o síndico detém essa chave. Reformaram a entrada do bloco 3 e insistem em manter o portão do bloco 5 trancado. O que fazer?

Pelo relato, as entradas dos blocos são áreas comuns e, por mais que não pertençam ao mesmo bloco, são de utilização de todos. Assim, o síndico não pode trancá-las, inclusive sob a pena de estar obstruindo rota de fuga, podendo ter problemas com a municipalidade e com o corpo de bombeiros.

Dessa forma, sugiro que faça uma notificação ao síndico, solicitando abertura de área comum, conforme projeto arquitetônico. Em caso de negativa, deverá ingressar em juízo com uma ação de obrigação de não fazer, para que o síndico seja obrigado judicialmente a não trancar a porta de acesso ao referido bloco, sob a pena de multa diária e responsabilidade pelos danos causados.

255 Colocar película em uma das janelas do salão de festas, que dá acesso à piscina, é alteração de fachada? O intuito é manter a privacidade da piscina, por isso a ideia de colocar uma película.

A simples inserção da película na janela de área comum, sem que agrida a harmonia do condomínio, não implica alteração de fachada, desde que devidamente deliberado em reunião de conselho e posteriormente aprovado em assembleia.

Trata-se de fato corriqueiro que áreas de uso comum aos condôminos necessitem de adequações e manutenções, para que sejam devidamente conservadas e atendam às necessidades dos condôminos como, por exemplo, instalar uma lixeira, trocar uma cortina ou um tapete, substituir um piso danificado etc.

Situação diversa se um morador fizer a mesma alteração nas suas janelas, pois é defeso aos condôminos alterarem a forma e a cor da fachada, das partes e esquadrias externas (art. 1.336, III, da Lei n. 10.406/2002).

256 Com a chegada do verão, espaços de lazer como piscinas, saunas e churrasqueiras acabam sendo os mais disputados. Como os síndicos devem tratar essas disputas?

As áreas comuns do condomínio devem ser sempre de utilização coletiva; e quando isso não for possível, devem atender ao maior número de moradores.

Um bom regimento interno ajudará a dirimir questões inerentes a reservas e utilização das áreas de forma exclusiva. A utilização exclusiva, por exemplo, deverá ocorrer somente com previsão do regimento ou após ter sido disciplinada pela assembleia – como é o caso do uso da sala de musculação com *personal trainer*, das aulas de tênis e do uso da piscina para aulas particulares, entre outros.

Importante ressaltar que todos os espaços de lazer são de utilização de todos os moradores, mediante reserva e respeitando-se a ordem de procura. Caracterizam áreas de lazer: brinquedoteca, churrasqueira, espaço *gourmet*, espaço *fitness*, espaço *pet*, espaço para leitura, forno para *pizza*, *home* cinema, horta comunitária, piscina, *playground*, quadras de esportes, salão de festas, sauna, salão de jogos.

Cumpre salientar que os devedores têm igual direito à reserva desses espaços. O que pode ser feito em relação aos devedores é exigir-lhes pagamento antecipado para a locação dos espaços, o que deverá ocorrer inclusive para os adimplentes, para que não se denote discriminação.

A justiça entende que os devedores já arcam com punições inerentes ao não pagamento da cota em dia por meio de multas, juros, correções e honorários advocatícios; portanto, impor-lhes a penalidade de não utilização de espaços é exagerada e considerada dupla punição, passível inclusive de indenização em favor do devedor:

"Um dos direitos básicos dos condôminos (inciso II) é o de 'usar das partes comuns, conforme a sua destinação, e contanto que não exclua a utilização dos demais compossuidores'. Disso decorre que as limitações ao exercício do direito estão contidas no próprio preceito: o desvio de finalidade e a exclusão de iguais direitos dos demais condôminos. *Não há previsão legal e nem se admite como sanção lateral ao inadimplemento das despesas condominiais a vedação ou restrição ao uso do imóvel ou das partes comuns da edificação, ainda que previstas na convenção ou regulamento interno*. Diversamente do que constou na sentença recorrida, fere os direitos fundamentais dos condôminos a aplicação de sanções diversas, ainda que previstas na convenção ou em assembleia, especialmente aquelas que vedam a utilização do imóvel e de áreas e equipamentos comuns. Isso porque os direitos fundamentais do condômino, garantidos no art. 1.335 do Código Civil, 'são de ordem pública e incidência imediata, derrubando preceitos em contrário de convenções e regimentos internos'. (Apelação n. 9067757-82.2005.8.26.0000, 4ª Câm. Dir. Privado, Tribunal de Justiça do Estado de São Paulo, rel. Des. Francisco Loureiro, j. 3-6-2009.)" (grifei).

6.7 CRIANÇAS E ADOLESCENTES

257 A administração exige que algum responsável desça à portaria para assinar autorização que permita que os visitantes menores de idade subam unicamente aos apartamentos, sem brincarem nem utilizarem a área comum. Enquanto ninguém desce, as crianças aguardam na rua. Essa regra é válida?

No caso relatado, é legal exigir que algum responsável desça e acompanhe a criança pois menores de 10 anos não devem andar desacompanhados nos elevadores conforme legislação do Município de São Paulo.

A legislação municipal de São Paulo, em sua Lei n. 12.751 de 4 de novembro de 1998, impede que menores de 10 anos andem desacompanhados nos elevadores, sob a pena de multa. Os menores de 10 anos não podem andar nos elevadores desacompanhados. A criança não tem altura nem discernimento suficientes para acionar o botão de alarme em caso de emergência.

Caso isso ocorra e venha a acontecer algum acidente com o menor, em função da não observância da lei, o síndico poderá responder diretamente, uma vez que está na função de garantidor e, por lei, poderia e deveria ter evitado o resultado, impedindo que o menor de 10 anos andasse desacompanhado nos elevadores.

Por outro lado, caso as crianças sejam maiores de 10 anos e venham a ser impedidas de transitarem nas dependências sem uma correta justificativa, esse ato configurará impedimento de que o condômino exerça o gozo pleno de receber visitas em sua propriedade, reduzindo-lhe o exercício do seu direito – situação em que o síndico deverá ser prontamente notificado, para que apresente justificativa de sua conduta.

Caso o síndico não se abstenha de praticar ato descabido, impeditivo do exercício pleno ao direito de propriedade do condômino, poderá sofrer ação para que seja obrigado judicialmente a se abster da prática de ato injustificado e desproporcional, sob a pena de multa.

Em Pernambuco a idade mínima é de 12 anos, Lei Estadual n. 17.020/2020. Rio de Janeiro, Lei n. 2982/2020. Maranhão, Lei n. 11.620/2021. Aracaju/SE, Lei n. 5.435/2021.

258 A moradora do segundo andar permite que sua filha, menor de 5 anos, desça as escadas sozinha para ir à escola. Como a criança não tem altura suficiente, pula várias vezes até conseguir liberar a porta do *hall* e o portão de entrada, para então aguardar a chegada da condução. O condomínio pode vir a ser responsabilizado se ocorrer algum acidente com a criança que se encontrar sozinha na área comum do prédio?

A preocupação é válida, mas não existe responsabilidade do condomínio quanto ao procedimento relatado. Cabe aos responsáveis legais da menor sua guarda.

O fato de crianças estarem nas áreas comuns não enseja a responsabilidade do condomínio, salvo em situações específicas em que o condomínio deva agir, como, por exemplo, no caso da proibição de que menores circulem nos elevadores, uma vez que a legislação municipal de São Paulo (Lei n. 12.751, de 4 de novembro de 1998) proíbe que menores de 10 anos andem nos elevadores desacompanhados. Se o condomínio permitir a circulação de menores de 10 anos nos elevadores, poderá ser responsabilizado por qualquer situação ocorrida ao menor, em função da sua circulação irregular, mas quanto a descer nas escadas a situação não enseja por si só responsabilidade ou providência do condomínio.

Dessa forma, por mais que não seja responsabilidade do condomínio proibir o menor de pular e abrir os portões, o síndico poderá notificar a unidade sobre a situação que entender ser de risco.

259 Qual é o procedimento necessário para formar uma comissão de adolescentes no condomínio?

A comissão de adolescentes é uma saída muita inteligente para envolver os jovens, mostrando-lhes a importância de interagirem em sociedade. Lembro-me de que, no meu condomínio, tínhamos o síndico mirim e nós o respeitávamos bastante.

É importante ressaltar que a figura da comissão de adolescentes não existe juridicamente, mas pode funcionar muito bem na prática, pois é útil no sentido de constatar situações e levá-las ao corpo diretivo – o qual, por sua vez, deverá prestar esclarecimentos e tomar as medidas solicitadas pelos adolescentes, quando as julgar oportunas, para não desestimular as crianças e adolescentes nos cuidados para com o prédio.

De qualquer forma, e para que se dê à comissão um ar de maior seriedade, sugiro que seja submetida e eleita em assembleia, mesmo que não exista a necessidade legal.

6.8 ACIDENTES

260 A janela que dá acesso aos elevadores no térreo ficou aberta durante uma chuva. Meu filho acabou escorregando no piso molhado, caiu e se machucou. De quem é a responsabilidade?

Faz parte do dia a dia deixar as janelas ficarem abertas, ou não serem fechadas diante de uma chuva, o que por si só não enseja responsabilidade do condomínio. A questão paira a partir do momento em que o piso ficou escorregadio e não existiu a verificação e limpeza, ou até mesmo o aviso de piso molhado. É nesse momento em que nasce a responsabilidade civil do condomínio, pois a falta de ação ou a omissão do zelador em tomar providência imediata diante do fator de risco e neste meio tempo o seu filho escorregou, existe uma relação direta entre a omissão do prédio e o resultado queda. Assim, ficará o condomínio obrigado a reparar os danos, em âmbito material, no que for inerente aos ferimentos do seu filho, tais como medicamentos e custos com médico.

Se o condomínio viu a situação e não fez nada, ou não sinalizou a área, pode acabar respondendo pelos danos.

261 O portão da quadra de esportes estava aberto, meu filho de 6 anos entrou, tropeçou no degrau e caiu, tendo uma fratura. De quem é a responsabilidade?

A responsabilidade é dos pais, que devem acompanhar seus filhos menores pelas áreas comuns, em razão do dever de vigilância e cuidado, previstos no Código Civil e no Estatuto da Criança e do Adolescente.

Entendo que, neste caso, o condomínio não tem relação nenhuma de responsabilidade pelo acidente, pois não vislumbro relação direta entre o ocorrido e o acidente, opinião que poderá mudar caso o degrau esteja irregular.

De qualquer forma, manter o local fechado, entregando as chaves diretamente para quem for utilizar, evitaria esse tipo de situação, pelo menos na quadra. No caso em tela o seu filho poderia ter tropeçado em outro degrau dentro do condomínio.

262 Durante uma forte chuva, o galho de uma árvore do condomínio caiu e quebrou o vidro do meu carro. Gostaria de saber se o condomínio é responsável por isso, uma vez que, para reparar esse dano, gastarei um bom dinheiro.

Se a gestão faz a poda (manutenção) constante das árvores do condomínio e uma chuva causou esse tipo de acidente, estamos diante de uma isenção de responsabilidade por força maior.

O condomínio fez o seu trabalho de guarda das áreas comuns; no entanto, um evento fora de sua responsabilidade (no caso, a chuva forte) foi o que causou a queda de parte da árvore. Situação em que o condomínio fica isento da responsabilidade de reparar o dano. Nesse sentido, TJ-PR – RI: 00047119720158160035, reproduzo para entendimento:

"...É incontroverso o fato de que o veículo restou danificado em razão da ventania, quando este estava estacionado na vaga de garagem do condomínio. No caso em tela, insta salientar a presença de excludente de responsabilidade da imprevisibilidade e inevitabilidade do evento, caracterizando, a força maior/caso fortuito, previstas no art. 393, do Código Civil. Carlos Roberto leciona 'o caso fortuito geralmente decorre de fato ou ato alheio à vontade das partes: greve, motim, guerra. Força maior é a derivada de acontecimentos naturais: raio, inundação, terremoto.' Ora, estamos diante de um acontecimento natural, qual seja, ventania, tratando-se de uma das causas de isenção de responsabilidade. Da análise dos autos não restou comprovado que a queda do galho em seu veículo foi em decorrência de qualquer negligência/desídia por parte do condomínio requerido. Pelo contrário, a prova documental comprovou que a administração do condomínio tomou providências semelhantes em relação a outra árvore, de modo que demonstra que o requerido diligência para manter e conservar a área comum dos condôminos..."

Situação que será invertida com o dever do condomínio em indenizar se houver comprovada a falta de manutenção e poda preventiva.

"APELAÇÃO – DIREITO DE VIZINHANÇA – DANOS NO VEÍCULO DO AUTOR – QUEDA DE ÁRVORE – AUSÊNCIA DE CONSERVAÇÃO E MANUTENÇÃO – RESPONSABILIDADE DO CONDOMÍNIO – Os fatos narrados indicam que o réu não se desincumbiu de seu ônus de zelar pela conservação de suas dependências, devendo ser responsabilizado; – Não é o caso de considerar caso fortuito ou força maior para excluir a responsabilidade do réu, já que ventos ou chuvas fortes apenas agravaram a situação narrada, de negligência na falta de conservação e manutenção das árvores de sua propriedade. RECURSO IMPROVIDO (TJ-SP – AC: 10044550620198260008 SP 1004455-06.2019.8.26.0008, Relator: Maria Lúcia Pizzotti, Data de Julgamento: 25-9-2019, 30ª Câmara de Direito Privado, Data de Publicação: 26-9-2019)"

263 Ventos regionais fortes provocaram o destelhamento da área da churrasqueira e a telha atingiu o veículo de um morador. De quem é a responsabilidade?

Se o condomínio executa a manutenção do telhado, estamos diante de uma isenção de responsabilidade por força maior.

Vejamos parte de uma decisão judicial sobre o tema, mas que no caso a falta de manutenção do telhado, foi o que potencializou o dano e impediu o condomínio de se isentar da responsabilidade. Apelação Cível n. 70081079980, 5ª Câmara Cível, Tribunal de Justiça do RS, Relator: Jorge André Pereira Gailhard, Julgado em 14-6-2019[67].

---

[67] AÇÃO DE INDENIZAÇÃO POR DANOS MATERIAIS E MORAIS. RESPONSABILIDADE CIVIL. DESTELHAMENTO DE CONDOMÍNIO. PREJUÍZOS NO VEÍCULO E JANELAS DO APARTAMENTO DO AUTOR. DANOS MATERIAIS CONFIGURADOS. DANOS MORAIS. INOCORRÊNCIA. DENUNCIAÇÃO À LIDE. SEGURADORA. COBERTURA. REDIMENSIONAMENTO DA SUCUMBÊNCIA NA AÇÃO PRINCIPAL. HONORÁRIOS RECURSAIS. I. A responsabilidade civil é a obrigação de reparar o dano causado a alguém. Para ser caracterizada a responsabilidade civil subjetiva, nos termos do art. 927, do Código Civil, é necessária a comprovação da ação (conduta comissiva ou omissiva), da culpa do agente, da existência do dano e do nexo de causalidade entre a ação e o dano. II. No caso, é incontroverso nos autos que, após a ocorrência de temporal no dia 14.10.2015, ocorreram inúmeros prejuízos no veículo e nas janelas do apartamento do demandante, em especial levando em consideração o destelhamento do condomínio vizinho ao seu. III. Assim, restou comprovado que o telhado do condomínio ora requerido não estava em boas condições, sem a adequada manutenção, razão pela qual as consequências do temporal foram potencializadas, ocasionando a queda de telhas sobre o veículo e nas janelas do apartamento do requerente. Logo, considerando a precariedade do telhado do réu, não há como acolher a... alegação de excludente de responsabilidade por força maior (evento da natureza). IV. Assim, o requerido deve ressarcir os valores despendidos pelo autor em razão da necessidade de conserto do veículo e das janelas, bem como com aluguel de carro e alteração da classe de bonificação do seguro, os os quais foram devidamente comprovados nos autos. V. De outro lado, a situação narrada nos autos não é suficiente para dar ensejo à reparação por danos morais, pois não foi capaz de romper com o equilíbrio psicológico ou atingir a honra e imagem do demandante, tratando-se de mero aborrecimento, ao qual todos estão sujeitos. Além disso, os valores despendidos serão devidamente ressarcidos ao autor. VI. No que concerne à lide secundária, deve ser mantida a condenação da seguradora, nos limites da apólice, uma vez que o contrato de seguro firmado pelas partes prevê a cobertura para o evento em questão. Ademais, ao contrário dos argumentos recursais, não há falar em excludente contratual da cobertura securitária por conta de força maior, justamente porque ficou reconhecida na ação principal a precariedade do telhado do segurado. VII. De acordo com o art. 85, § 11, do CPC, ao julgar recurso, o Tribunal deve majorar os honorários fixados anteriormente ao advogado vencedor, observados os... limites estabelecidos nos §§ 2º e 3º para a fase de conhecimento. VIII. Redimensionamento da sucumbência na ação principal, considerando o decaimento igual e recíproco entre as partes. APELAÇÃO DO RÉU PARCIALMENTE PROVIDA. APELAÇÃO DA DENUNCIADA À LIDE DESPROVIDO. (Apelação Cível N. 70081079980, 5ª Câmara Cível, Tribunal de Justiça do RS, Relator: Jorge André Pereira Gailhard, Julgado em 14-6-2019).

"...Assim, restou comprovado que o **telhado** do **condomínio** ora requerido não estava em boas condições, sem a adequada manutenção, razão pela qual as consequências do temporal foram potencializadas, ocasionando a **queda** de telhas sobre o veículo e nas janelas do apartamento do requerente. Logo, considerando a precariedade do **telhado** do réu, não há como acolher a... alegação de excludente de responsabilidade por força maior (evento da natureza)."

264 Morador e síndico devem produzir provas dos acidentes ocorridos no condomínio? De que maneira?

Podem ser produzidas por todos os meios admitidos em direito, como fotos, vídeos, relatos de testemunhas e laudo. Tudo isso servirá de base para um possível processo e/ou multa, por exemplo.

Conforme o Código de Processo Civil:

"Art. 369. As partes têm o direito de empregar todos os meios legais, bem como os moralmente legítimos, ainda que não especificados neste Código, para provar a verdade dos fatos em que se funda o pedido ou a defesa e influir eficazmente na convicção do juiz".

265 Quem pode mediar soluções amistosas entre as partes para evitar a judicialização dos casos de acidentes?

O próprio síndico, o conselho consultivo ou fiscal e a assessoria jurídica contratada pelo condomínio, um mediador ou conciliador profissional também poderá ser contratado para o ato.

Como em diversos casos, as soluções amigáveis, feitas por meio de conversas e acordos entre as partes, são benéficas para ambos os lados, uma vez que são mais ágeis do que o processo de judicialização.

Além disso, as soluções amigáveis são um meio muito melhor, no sentido de ser uma troca de ideias entre pessoas que coabitam um mesmo espaço (no caso, o condomínio).

266 Quem é o responsável pelos acidentes ocorridos nas áreas comuns do condomínio: o morador ou o próprio condomínio, representado pela figura do síndico?

Se o acidente ocorreu por falta de manutenção de alguma área, por exemplo, ou

---

(TJ-RS – AC: 70081079980 RS, Relator: Jorge André Pereira Gailhard, Data de Julgamento: 14-6-2019, 5ª Câmara Cível, Data de Publicação: Diário da Justiça do dia 21-6-2019)

por um piso quebrado, que culminou na queda de uma pessoa, então o condomínio responde.

Geralmente, as normas internas do condomínio preveem isenção de responsabilidade do condomínio nos casos de danos, acidentes, roubo e furto; então, essa questão deve ser verificada.

Dessa forma, o condomínio somente responderá por um acidente caso seja decorrente de falta de manutenção da área ou ausência de sinalização. Por exemplo: ao realizar a poda de uma árvore, sem ter colocado um aviso antes, e um galho cair e atingir uma pessoa.

A responsabilidade civil existirá se comprovado que a ação ou omissão do condomínio ocasionou um determinado dano. Já a responsabilidade pessoal do síndico existirá se este em dissonância com os seus deveres legais cometer um ato ilícito, ou em abuso ao exercício de um direito causar danos, responderá pessoalmente.

Cumpre destacar que o síndico é o representante legal do condomínio, agindo em atendimento dos interesses deste, assim não cabe a este ser responsabilizado pessoalmente por atos de gestão, salvo se houver excesso ou ato ilícito envolvido, que no caso deslocaria a responsabilidade do condomínio para a do síndico pessoalmente.

6.9 ADVERTÊNCIAS E MULTAS

267 Tenho dúvidas sobre valores a serem aplicados em multas de infração. Devo me basear em um percentual da taxa condominial ou aplico a multa sobre o valor da cota?

O valor da multa tem que estar definido na convenção condominial ou no regimento interno. Tais instrumentos descrevem exatamente se a multa deverá ser cobrada em função da cota integral da unidade, ou da unidade maior ou menor, ou ainda se será um percentual.

Caso a convenção e o regimento interno não definam o valor de cobrança, devem-se alterar estes instrumentos e agregar-lhes a forma de cobrança, que deverá ser definida e aprovada em assembleia e alterando os instrumentos convenção ou regimento interno.

Lembrando que a alteração da convenção pode ocorrer apenas com o quórum de 2/3 dos condôminos. E a alteração do regimento interno pode ocorrer com maioria simples, salvo disposto em contrário na convenção.

Assim, se a convenção já definiu uma forma de cobrança e esta lograr-se inoportuna, não adianta alterar o regimento interno. Será necessário alterar a convenção com o voto de 2/3 dos condôminos. Agora, se a convenção nada mencionar sobre valores de multa, o regimento interno poderá ser alterado por maioria simples dos presentes em assembleia (salvo se a convenção do condomínio determinar quórum diverso para a alteração do regimento interno e definir novo valor para a aplicação da multa[68].

---

[68] DESPESAS DE CONDOMÍNIO AÇÕES DE EXONERAÇÃO DE OBRIGAÇÃO E COBRANÇA DE DESPESAS CONDOMINIAIS JULGAMENTO CONJUNTO IMPROCEDÊNCIA DA PRIMEIRA E PROCEDÊNCIA DA SEGUNDA INFRAÇÃO A NORMA CONDOMINIAL PROCEDIMENTO PRÓPRIO FORMALIZAÇÃO DA APLICAÇÃO DA PENALIDADE INOCORRÊNCIA COTA CONDOMINIAL REGULAR MORA PARCIALMENTE CONFIGURADA VALORES CORRESPONDENTES AOS ENCARGOS DEFINIDOS EM REGULAR ASSEMBLÉIA E CONVENÇÃO LEGALIDADE SENTENÇA PARCIALMENTE REFORMADA RECURSO PROVIDO, COM OBSERVAÇÃO. Não basta haver expressa disposição regulamentar para que se possa reconhecer a legalidade da imposição de multa convencional. Em obediência ao princípio do devido processo legal, ao que os anglo americanos denominam due process of law, assim como ao princípio da ampla

Há, ainda, a possibilidade de aplicação de multa com base no Código Civil. Ao condômino que realizar obras que comprometam a segurança da edificação; alterar a forma e a cor da fachada, das partes e esquadrias externas; ou que não deram às suas partes a mesma destinação que tem a edificação, utilizando-as de maneira prejudicial ao sossego, salubridade e segurança dos possuidores ou aos bons costumes, ficará sujeito a multa prevista na convenção.

Não havendo disposição expressa na convenção, caberá à assembleia, por 2/3 dos condôminos restantes, deliberar sobre a cobrança da multa de até 5 vezes o valor de suas contribuições mensais, independentemente das perdas e danos que se apurarem (art. 1.336, §2º, do Código Civil).

Ainda, o condômino ou possuidor que não cumprir reiteradamente com os seus deveres perante o condomínio poderá, por deliberação de 3/4 dos condôminos restantes, ser constrangido a pagar multa correspondente a até o quíntuplo do valor atribuído à contribuição para as despesas condominiais, conforme a gravidade das faltas e a reiteração, independentemente das perdas e danos que se apurem (art. 1.337), chegando ao extremo de 10 vezes o valor da contribuição condominial (parágrafo único).

268 Meu inquilino vem sendo advertido pessoalmente pelo síndico por fazer muito barulho, fato várias vezes registrado no livro de ocorrências. Ele recebeu multa no valor de 1 taxa condominial, mas o barulho continuou e nova multa de 5 taxas condominiais foi-lhe aplicada. A lei sobre aplicação de multas permite que, na reincidência, elas sejam elevadas de 1 para 5 taxas? O síndico alega que foram aprovadas multas de até 10 taxas condominiais. Está correto?

Geralmente, as multas são a única forma de coibir abusos e manter a ordem entre os moradores. Por via de regra, antes de aplicar multas nos condomínios, deve-

---

defesa, constante do art. 5º, LV, da CF, se impunha que fosse instaurado um procedimento administrativo onde fosse facultada ao acusado a ampla defesa, por meio do contraditório, o que inexistiu. Por outro lado, aprovados os valores cobrados em convenção regular e dentro dos limites impostos pela Lei n. 4.591/64, é lícita a cobrança dos valores condominiais e demais encargos.CONDOMÍNIO AÇÃO DE EXONERAÇÃO DE OBRIGAÇÃO INFRAÇÃO CONDOMINIAL IMPOSIÇÃO DE MULTA PARÂMETRO ELEITO EM SALÁRIOS MÍNIMOS VEDAÇÃO LEGAL INCONSTITUCIONALIDADE RECONHECIDA. Havendo expressa vedação constitucional na utilização do salário mínimo como parâmetro para qualquer fim, nos termos do art. 7º, IV, da CF, é de se reconhecer, de ofício, a inconstitucionalidade da norma regimental que estabelece o valor da multa convencional regimental, posto fixada em salários mínimos.
(TJ-SP – APL: 1156009120088260001 SP 0115600-91.2008.8.26.0001, Relator: Paulo Ayrosa, Data de Julgamento: 22-11-2011, 31ª Câmara de Direito Privado, Data de Publicação: 22-11-2011)

-se considerar a última instância de um foco de discórdias e confusões dentro de um prédio.

É importante observar as peculiaridades que envolvem o tema, pois enquanto em alguns condomínios a convenção exige que, antes da aplicação da multa, haja uma notificação ao infrator – daí o fato de ser essencial a leitura prévia dos dispositivos –, em outros os regimentos internos e convenções não preveem formas de punição nem estipulam multas em moeda corrente, trazendo ainda mais polêmica e preocupação.

Não obstante o regramento previsto na convenção e regimento interno de cada condomínio, o Código Civil traz a possibilidade de aplicação de multa de até 5 vezes o valor da cota condominial, conforme relato do caso. Mas, para tanto, é salutar que exista a previsão na convenção do condomínio ou, na sua ausência, a aprovação em assembleia pelo voto de 2/3 dos condôminos restantes.

É importante lembrar que, para o caso de condômino antissocial, existe a possibilidade de aplicação de multa de 5 até 10 vezes a cota condominial, mediante o voto de 3/4 (três quartos) dos condôminos restantes. O que deve ocorrer também em assembleia.

"APELAÇÃO CÍVEL. CONDOMÍNIO. AÇÃO DE CONSIGNAÇÃO EM PAGAMENTO. DEPÓSITO INFERIOR AO DEVIDO, POR NÃO INCLUÍDA MULTA IMPOSTA EM CONFORMIDADE AO ART. 1.337 DO CÓDIGO CIVIL. BARULHO EXCESSIVO E CONDUTA ANTISSOCIAL DO CONDÔMINO. O condômino não pode utilizar a sua parte de maneira prejudicial ao sossego, salubridade e segurança dos outros possuidores. Exegese do art. 1.336, IV, do Código Civil. Verificado, no caso concreto, o uso anormal da propriedade, caracterizado por reiterado barulho excessivo e comportamento antissocial, demonstrando incompatibilidade de convivência, mostra-se exigível. (TJ-RS – AC: 70040658544 RS, Relator: Liege Puricelli Pires, Data de Julgamento: 8-9-2011, 17ª Câmara Cível, Data de Publicação: Diário da Justiça do dia 23-9-2011.)"

269 A síndica aplica advertências sem diálogo, persegue constantemente os moradores e instalou uma câmera direcionada à varanda de um apartamento. O que fazer?

Normalmente, a aplicação de multa deve ser a última instância de um foco de discórdias e confusões em um condomínio. Muitas vezes, é a única forma de coibir abusos e manter a ordem entre os moradores. Porém, o síndico deverá embasar a ocorrência da multa. O ideal é que sempre exista na portaria um livro de ocorrências, a fim de documentar o ocorrido.

Sendo iminente o problema, sugere-se a presença de duas testemunhas, que podem ser moradores, funcionários ou membros do corpo diretivo. Pode-se, ainda, documentar a reclamação por *e-mail*, para que estas possam verificar o ocorrido. No caso de a ocorrência ter sido constatada pelo síndico ou funcionários do condomínio, o ideal é que também seja relatada no livro de ocorrências, para que o prédio tenha um histórico.

Porém, algumas convenções exigem notificação antes da aplicação da multa, daí a importância da leitura prévia dos dispositivos. O tema se torna mais polêmico e preocupante quando a convenção e o regimento interno não preveem as formas de punição ou não estipulam multas em moeda corrente.

Inexistindo procedimento pré-estipulado na convenção ou regimento interno, a sugestão é que o condomínio leve a questão à assembleia, para aprovar o regramento ou apenas atualizá-lo.

Em qualquer caso, deve ser concedido ao condômino o direito de defesa com prazo razoável. Este procedimento e a ratificação das multas em assembleia, mesmo em convenções que não estipulem a conduta, tem sido fator determinante para casos em que o condômino não paga a multa, podendo esta ser cobrada judicialmente.

A aplicação de multas fora dessa situação pode trazer problemas ao condomínio e especialmente ao síndico – inclusive, com condenação em danos morais, se provado que se trata de uma perseguição pessoal ao condômino.

"CIVIL E PROCESSUAL CIVIL. DANO MORAL. RESPONSABILIDADE. ATOS DO SÍNDICO QUE EXTRAPOLAM SEUS DEVERES DE ADMINISTRADOR. NEXO DE CAUSALIDADE COMPROVADO. INDENIZAÇÃO DEVIDA. *QUANTUM* MAJORADO. 1. SENDO SUFICIENTE A PROVA DOCUMENTAL COLACIONADA PELO AUTOR, TEM-SE POR POSITIVADA A CONDUTA ILÍCITA DO REQUERIDA, CONSISTENTE EM PROFERIR PALAVRAS INJURIOSAS CONTRA O CONDÔMINO. SIMPLES CONDUTA DA RÉ MOSTRA-SE SUFICIENTE À CARACTERIZAÇÃO DA DOR MORAL ANUNCIADA PELO POSTULANTE, PRESCINDINDO DE PROVA O PREJUÍZO AVENTADO. 2. A EXPRESSÃO PECUNIÁRIA DA COMPENSAÇÃO CONFERIDA AO AUTOR PELOS DANOS MORAIS QUE EXPERIMENTA HÁ DE GUARDAR CONSONÂNCIA COM OS OBJETIVOS NUCLEARES DA REPARAÇÃO, QUE É CONFERIR UM LENITIVO AO OFENDIDO DE FORMA A ASSEGURAR-LHE UM REFRIGÉRIO PELAS OFENSAS QUE EXPERIMENTOU E PENALIZAR O OFENSOR PELO SEU DESPREZO PARA COM OS DIREITOS ALHEIOS E PARA COM AS PRÓPRIAS OBRIGAÇÕES. 3- RECURSO DE APELAÇÃO PROVIDO. 3. RECURSO DO AUTOR PROVIDO E RECURSO ADESIVO DESPROVIDO. (TJ-DF – APL: 6584020008070006 DF 0000658-40.2000.807.0006, Relator: ARNOLDO CAMANHO DE ASSIS, Data de Julgamento: 11-7-2007, 1ª Turma Cível, Data de Publicação: 11-9-2007, *DJU* p. 112, Seção: 3.)"

Quanto ao direcionamento de câmeras para a varanda da unidade é descabido e constrangedor, e será passível de indenização por danos morais e remoção imediata dessas câmeras.

270 Atiraram uma bola de bilhar sobre um telhado ao lado da torre, mas não sabemos quem foi. A bola acabou perfurando o telhado e atingiu um carro na garagem. O que o síndico pode fazer?

Primeiro, é importante saber que, de acordo com o art. 938 do Código Civil, na impossibilidade de se identificar o responsável pelo arremesso de qualquer objeto pela janela, a indenização caberá ao condomínio, em caso de danos.

"PROCESSO CIVIL – PRELIMINAR DE CERCEAMENTO DE DEFESA – INOCORRÊNCIA – Desnecessidade da dilação probatória para produção de prova oral – Preliminar rejeitada. CIVIL – CONDOMÍNIO – RESPONSABILIDADE POR OBJETOS CAÍDOS E ARREMESSADOS – AÇÃO DE INDENIZAÇÃO POR DANOS MATERIAIS E MORAIS – Condomínio que é responsável objetivamente pelos danos causados pela queda de objetos das unidades autônomas, desde que não identificado o agente do ato ilícito – Jurisprudência do C. Superior Tribunal de Justiça – Precedente deste E. Tribunal de Justiça – Dano moral configurado – Ferimentos pela explosão de fogos de artifício – Precedentes deste E. Tribunal de Justiça – Valor fixado em consonância com os princípios da razoabilidade e proporcionalidade – Condômina que não participa do rateio das despesas condominiais decorrentes da indenização, visto que não concorreu para os danos – Dano material não verificado – Sucumbência redimensionada – Recurso parcialmente provido.

(TJ-SP – APL: 10307565020148260562 SP 1030756-50.2014.8.26.0562, Relator: Carlos von Adamek, Data de Julgamento: 12-7-2017, 34ª Câmara de Direito Privado, Data de Publicação: 12-7-2017)"

A situação relatada é muito grave, pois poderia acarretar acidentes fatais. Lembrando que quem responde pelo dano na esfera criminal, no caso de uma lesão corporal em função do arremesso, é o próprio autor da ocorrência, não se transferindo a responsabilidade ao síndico do prédio, salvo se o síndico concorreu para o resultado ou se poderia tê-lo evitado.

De qualquer forma, a fim de evitar novos problemas como esse, seria importante instalar câmeras que possam capturar toda essa face do condomínio, de forma a inibir a repetição de tais atos e a identificar o culpado, caso isso ocorra novamente.

271 Um morador da unidade praticou furto contra um visitante do condomínio. O flagrante do delito foi registrado em um Boletim de Ocorrência (B.O.). O infrator pode ser multado pelo condomínio, também?

É um caso de polícia. De qualquer forma, a prática delituosa infringe o artigo do Código Civil, no que concerne aos bons costumes:

"Art. 1.336. (...)

IV – Dar às suas partes a mesma destinação que tem a edificação, e não as utilizar de maneira prejudicial ao sossego, salubridade e segurança dos possuidores, ou aos bons costumes."

Mas, para tanto, será necessário haver, nesse sentido, um enquadramento na convenção do condomínio, bem como em relação à aplicação de multa. A questão é controversa.

272 Da sacada do prédio, um certo morador xinga as crianças, que jogam na quadra, dos piores nomes possíveis. Como podemos lidar com essa situação?

É importante que a gestão tome a frente desta e se possível grave a situação para produzir prova, até pelo fato de não ser um caso isolado e, sim, algo que atinge diversos moradores condôminos.

Uma vez constatada a gravidade do caso pela própria gestão (tendo ele sido ou não relatado pelos moradores no livro de reclamações), o condomínio já poderá advertir o condômino infrator, assim como multá-lo. Em caso extremo e recorrente pedir judicialmente a exclusão do condômino antissocial (art. 1.337, parágrafo único, do Código Civil).

"AGRAVO DE INSTRUMENTO. AÇÃO DE EXCLUSÃO DE CONDÔMINO ANTISSOCIAL. TUTELA ANTECIPADA. DEFERIMENTO. POSSIBILIDADE. Verossimilhança dos fatos alegados, tendo em vista que o agravado comprova, de forma inequívoca, o comportamento antissocial do demandado a impedir a convencia pacífica com os demais moradores. Receio de dano irreparável ou de difícil reparação, uma vez que a permanência do réu no condomínio coloca em risco à segurança e à integridade dos demais moradores. Manutenção da decisão que deferiu a tutela antecipada de exclusão do condômino, nos termos do art. 273, I, do CPC. NEGARAM SEGUIMENTO ao recurso, por decisão monocrática. (Agravo de Instrumento N. 70065533911, Décima Oitava Câmara Cível, Tribunal de Justiça do RS, Relator: Nelson José Gonzaga, Julgado em 13-8-2015).

(TJ-RS – AI: 70065533911 RS, Relator: Nelson José Gonzaga, Data de Julgamento: 13-8-2015, Décima Oitava Câmara Cível, Data de Publicação: Diário da Justiça do dia 14-8-2015)".

Lembrando que, dado o tipo de agressão, os moradores que se sentirem lesados podem, individualmente, entrarem com ação judicial em defesa de seus interesses, seja no âmbito cível ou criminal.

273 Um dos condôminos, que costuma implicar com o zelador e com nosso modelo de gestão profissional, agora rejeita a regra sobre horários e formas de descartar o lixo nas lixeiras dos andares, e coloca o lixo na hora que ele quer. Essa regra já havia sido discutida em assembleia de maneira informal. Não quero ter de aguardar por uma nova assembleia para que ela seja cumprida. Posso multá-lo?

Infelizmente, tem sido cada vez mais comum a incidência de condôminos que perturbam a gestão condominial.

Entendo que é correto alertá-lo quanto às questões inerentes ao assédio moral. Se julgar pertinente, envie um comunicado direcionado a ele ou a todos, informando-lhes que não devem, de forma alguma, dar ordens de gestão, broncas ou solicitações inoportunas ao zelador nem aos demais funcionários do condomínio, sob a pena de causarem prejuízo ao prédio. E que, caso isso ocorra, o condomínio, de forma regressiva, irá cobrar os prejuízos de seus responsáveis. Mas, note bem: *faça isso apenas se cabível na situação relatada.*

Quanto à questão do lixo, não obstante caiba ao síndico a gestão do prédio, é de bom tom que esse tipo de mudança passe pela assembleia, em função do impacto que causa. Sugiro que faça uma reunião de conselho, firme uma ata da deliberação e a distribua a todos. De qualquer forma, até que se dê a ratificação da mudança em assembleia, eu não lhes aplicaria multas.

Não deixe de verificar se no regimento interno ou nas demais atas do prédio há alguma menção sobre o procedimento do recolhimento do lixo. Se não houver, será necessária uma nova assembleia para estabelecer essas regras.

Caso haja menção no regimento interno, a alteração deverá ser precedida por quórum definido em convenção e, no silêncio desta, por maioria simples.

274 Meu maior medo é multar ou advertir alguém, essa pessoa levar para o lado pessoal e querer me bater ou me matar. Como posso evitar conflitos e fazer isso da maneira mais profissional possível?

Sua preocupação é comum a grande parte dos síndicos, porém quando necessário as multas devem ser aplicas.

É importante que, antes da aplicação de qualquer multa, verifique-se o descumprimento do regimento interno e convenção, de forma que a multa não seja interpretada como algo de caráter pessoal. Quanto ao procedimento para aplicação da multa, mesmo que não previsto em regimento interno ou convenção, sugiro a concessão do direito de defesa ao infrator.

Alguns condomínios-clube implantam em assembleia uma comissão de julgamento, para que as infrações possam ser julgadas por um colegiado antes de serem ratificadas ou anuladas.

Tais medidas garantem isenção ao síndico e tornam a situação o menos pessoal possível.

O CAPÍTULO EM 9 DICAS

Pense nisso...

1 – Atualizar o regimento interno (RI) e a convenção de condomínio é sempre um árduo trabalho. A modificação desses instrumentos vem da necessidade de modernização das cláusulas em função do tempo, ou pela má elaboração, por parte de construtoras/incorporadoras, de regras que não atendam aos anseios da coletividade.

2 – O regimento interno pode ser alterado com maioria simples seguindo a regra geral do art. 1.352 do Código Civil, salvo quando se tratar de questões que envolvam quórum específico, e desde que a convenção não defina quórum maior.

3 – Artifícios como deixar a assembleia em sessão permanente, somente quando se tratar de quórum qualificado podem ser e devem seguir o procedimento legal (art. 1.353, § 1º, do Código Civil).

4 – Algumas convenções trazem em seu corpo o regimento interno. Nesse caso, a alteração dentro da convenção requer o quórum de 2/3. O quórum deve ser obtido com um trabalho prévio, obtenção de procurações e, se necessária, a criação de uma comissão para auxiliar nos trabalhos. Porém, algumas questões que não estejam reguladas na convenção ou no regulamento interno podem ser implantadas como complementação das regras do RI.

5 – Importante ficar atento caso exista a previsão na convenção de quórum especial para alteração do RI.

6 – No regimento interno, é terminantemente proibido em seus dispositivos conter regras que confrontem com a convenção do condomínio, bem como as leis superiores (a Constituição, a Lei n. 4.591/64, o Código Civil, entre outras).

7 – Além disso, é proibido que o regimento interno contenha normas que conflitem com o direito de propriedade dos condôminos.

8 – Muitas pessoas confundem e acabam não sabendo a diferença entre o regimento interno e a convenção do condomínio. Sendo assim, o síndico precisa estar atento às diferenças existentes entre esses documentos, a fim de não incorrer em erros.

9 – Basicamente, o regimento interno do condomínio propõe regular questões diárias e de relacionamento, regrando atividades que envolvem o relacionamento entre vizinhos e funcionários no ambiente do condomínio. Já a convenção cuida de questões maiores e administrativas, como pagamento das contribuições dos condôminos, mudanças na estrutura entre outros aspectos mais essenciais e específicos.

Capítulo 7

FACHADAS E VARANDAS

Coisas aparentemente simples, como alterar a iluminação da varanda, fazer o fechamento da sacada, pintar a parede ou trocar as esquadrias, podem ser muito mais complicadas do que você imagina.
Esse tipo de mudança deve seguir aquilo que está descrito na convenção do condomínio, e todo morador precisa estar atento a ela para evitar gastos desnecessários e, principalmente, multas. Mas no final das contas, o que é permitido e o que não é permitido fazer?

7.1 FACHADA ADEQUADA

275 Como verificar se a forma da fachada está adequada? A quem recorrer?

Estima-se que os prédios podem ter desvalorização de mais de 30% em função de prejuízos estéticos causados por más gestões. O Código Civil estabelece que, dentre os deveres do condômino, está o de não alterar a forma e a cor da fachada das partes e esquadrias externas.

No caso de necessidade de reparos, se há a intenção de aproveitar a oportunidade para modernizar o prédio, as propostas de modificações da fachada, no caso reparos necessários, maioria simples dos condôminos, o que inclui pintura, já as reformas que alteram a concepção da fachada devem contar com a unanimidade dos condôminos. Se a decisão não atingir o quórum exigido, do ponto de vista jurídico, ela é nula.

Se o condomínio pretende fazer a intervenção mesmo assim, e o quórum não for respeitado, qualquer condômino poderá ingressar em juízo para anular a assembleia que definiu reforma, ou ingressar com ação de obrigação de não fazer antes do início das obras.

Quanto ao fechamento das sacadas e trocas de esquadrias, o condomínio deverá decidir em assembleia especialmente convocada que delibere a padronização[69] de tais itens, a fim de que, quando necessária, sua troca siga um modelo preestabelecido entre moradores. Tal medida pode ser realizada pelo quórum de maioria simples.

No caso da sacada, o fechamento com vidro precisa ser precedido de autorização e padronização[70]. Os vidros devem ser transparentes e de correr, para que não

---

[69] (STJ – AREsp: 27539 RJ 2011/0165603-3, Relator: Ministro SIDNEI BENETI, Data de Publicação: *DJ* 6-9-2011)

[70] RECURSO ESPECIAL. CIVIL. CONDOMÍNIO EDILÍCIO. ALTERAÇÃO DE FACHADA. ESQUADRIAS EXTERNAS. COR DIVERSA DA ORIGINAL. ART. 1.336, III, DO CÓDIGO CIVIL. ART. 10 DA Lei n. 4.591/64. VIOLAÇÃO CARACTERIZADA. ANUÊNCIA DA INTEGRALIDADE DOS CONDÔMINOS. REQUISITO NÃO CUMPRIDO. DESFAZIMENTO DA OBRA. 1. Cuida-se de ação ajuizada contra condômino para desfazimento de obra que alterou a fachada de edifício residencial, modificando as cores originais das esquadrias (de preto para branco). 2. A instância ordinária admitiu a modificação da fachada pelo fato de ser pouco perceptível a partir da vista da rua e por não acarretar prejuízo direto no valor dos demais imóveis do condomínio. 3. Os arts. 1.336, III, do Código Civil e 10 da Lei n.

interfiram no cômputo da área pela prefeitura. É preciso, ainda, verificar se a varanda suporta o peso da estrutura que será inserida no local. A Norma Técnica da ABNT 16:280 estabelece que, se o fechamento da varanda não estiver previsto na concepção original do projeto, a inserção dos vidros deverá ter parecer da construtora ou de técnico indicado por esta.

As realizações das obras seguem critérios estabelecidos pela legislação municipal. Portanto, para a realização da reforma da fachada é necessário obtenção de alvará emitido pela prefeitura, sendo que as plantas modificativas, bem como os dados do engenheiro responsável pela obra, ficam arquivados no órgão.

O síndico é o responsável legal pela edificação. A ele cabe toda e qualquer fiscalização, a fim de preservar o local ou o entendimento da assembleia, devendo observar os quóruns legais para realizar as obras e alterações almejadas pela coletividade.

4.591/64 traçam critérios objetivos bastante claros a respeito de alterações na fachada de condomínios edilícios, os quais devem ser observados por todos os condôminos indistintamente. 4. É possível a modificação de fachada desde que autorizada pela unanimidade dos condôminos (art. 10, § 2º, da Lei n. 4.591/46). Requisito não cumprido na hipótese. 5. Fachada não é somente aquilo que pode ser visualizado do térreo, mas compreende todas as faces de um imóvel: frontal ou principal (voltada para rua), laterais e posterior. 6. Admitir que apenas as alterações visíveis do térreo possam caracterizar alteração da fachada, passível de desfazimento, poderia firmar o entendimento de que, em arranha-céus, os moradores dos andares superiores, quase que invisíveis da rua, não estariam sujeitos ao regramento em análise. 7. A mudança na cor original das esquadrias externas, fora do padrão arquitetônico do edifício e não autorizada pela unanimidade dos condôminos, caracteriza alteração de fachada, passível de desfazimento, por ofensa aos arts. 1.336, III, do Código Civil e 10 da Lei n. 4.591/64. 8. Recurso especial provido.
(STJ – REsp: 1483733 RJ 2012/0042763-0, Relator: Ministro RICARDO VILLAS BÔAS CUEVA, Data de Julgamento: 2582015, T3 – 3ª Turma, Data de Publicação: *DJe* 1º-9-2015 RB. V. 624. p. 45)

7.2 ALTERAÇÃO DA FACHADA

276 Como conselheira, levarei em pauta a instalação de grades de segurança na frente do prédio, antes da porta da entrada. Isto é alteração de fachada? Qual o quórum mínimo para a aprovação das grades?

Sim, a instalação de grades na frente de um prédio que não as tem modifica a concepção estética e, consequentemente, altera a fachada do edifício.

"Art. 1.336. São deveres do condômino:

(...)

III – não alterar a forma e a cor da fachada, das partes e esquadrias externas;"

A proibição é clara; dessa forma, a alteração poderia ocorrer somente com o voto da unanimidade dos condôminos. Porém, como no caso relatado e em muitos prédios antigos não se previa o gradil, alguns síndicos levam a questão às assembleias, submetendo-a à aprovação por maioria simples, sob a alegação de obra necessária (art. 1.341, § 3º) por envolver o aspecto segurança.

Nesse sentido:

"EMENTA: APELAÇÃO CÍVEL. AÇÃO DE EMBARGO DE OBRA. ALTERAÇÃO DA FACHADA DE CONDOMÍNIO EDILÍCIO. EXISTÊNCIA DE APROVAÇÃO DA UNANIMIDADE DOS CONDÔMINOS. INSTALAÇÃO DE VIDROS NA ÁREA EXTERNA DA COBERTURA, EM SUBSTITUIÇÃO ÀS GRADES DE FERRO. POSSIBILIDADE. MANUTENÇÃO DA SENTENÇA. – A alteração da fachada de condomínio edilício é vedada (Lei n. 4.591/64, art. 10, I; Código Civil, art. 1.336, III), salvo se houver aprovação da unanimidade dos condôminos (Lei n. 4.591/64, art. 10, § 2º)- À míngua de alteração substancial da fachada e de prejuízo aos demais condôminos, revela-se válido o envidraçamento, em substituição aos gradis de ferro, ainda que tal providência enseje pequena diferença estética entre as coberturas.

(TJ-MG – AC: 10000170671887002 MG, Relator: José Marcos Vieira, Data de Julgamento: 15-7-2020, Data de Publicação: 16-7-2020)".

277 Se um proprietário fizer pequenas obras em sua unidade, como o fechamento da área de serviço de uma cobertura, mas respeitar a cor do prédio, isso implicará mudança de fachada?

A realização de obras no interior de unidades depende previamente da verificação do Código de Obras e posturas municipais, que podem inclusive exigir alvará para a obra ou reforma.

Em atendimento à norma ABNT NBR n. 16.280, os moradores interessados em realizar reformas ou obras deverão seguir os requisitos:

1 – Elaborar plano de reforma por profissional habilitado/engenheiro ou arquiteto.

2 – Apresentar a descrição de impactos nos sistemas, subsistemas, equipamentos e afins da edificação.

3 – Encaminhar o plano ao responsável legal da edificação/síndico em comunicado formal para análise antes do início da obra de reforma, conforme previsto no item 5.1 da referida norma.

O plano de reforma, por sua vez, deverá conter:

i. Atendimento à legislação vigente.

ii. Apresentação de projetos.

iii. Escopo dos serviços a serem realizados.

iv. Cronograma da reforma.

v. Dados das empresas, profissionais e funcionários envolvidos na realização da reforma.

vi. Termo de responsabilidade técnica do projeto.

vii. Comunicação ao responsável legal da edificação antes do seu início.

Lembrando que o síndico poderá rejeitar a reforma com base em justificativa técnica ou justificativa legal:

1 – Justificativa técnica:- Assim que o síndico receber a documentação, deverá submetê-la ao engenheiro contratado pelo condomínio para verificar tecnicamente se o plano atende ao solicitado e se a obra em hipótese alguma colocará em risco a edificação.

2 – Justificativa legal:- Diz respeito ao que mencionam a convenção, o regimento interno e a legislação no que concerne à possibilidade da realização da obra, situação que levará em conta as alterações estéticas e na fachada do edifício, o que é defeso pelo artigo do Código Civil. Vejamos:

"Art. 1.336. São deveres do condômino:

(...)

III – não alterar a forma e a cor da fachada, das partes e esquadrias externas;"

"OBRIGAÇÃO DE NÃO FAZER E RECONVENÇÃO CONDOMÍNIO EDILÍCIO ALTERAÇÃO DE FACHADA. Cobertura retrátil do *deck* e elevação da vidraça da fachada. Alteração da fachada e do conjunto arquitetônico. Vedação expressa em Convenção do Condomínio. Ausência de autorização dos condôminos em assembleia. Irregularidade da obra perante a municipalidade. Sentença de improcedência da ação principal, e procedência da reconvenção. Recurso do réu-reconvinte provido, e dos autores-reconvindos, improvido. (TJ-SP – APL: 01412835620108260100 SP 0141283-56.2010.8.26.0100, Relator: Fábio Podestá, Data de Julgamento: 25-9-2013, 5ª Câmara de Direito Privado, Data de Publicação: 30-9-2013.)"

Dessa forma, entendo que a realização de obras na fachada, especialmente na cobertura, prescinde de prévia autorização da municipalidade e que não existe qualquer prejuízo estético à fachada. A aprovação das alterações em assembleia não eximirá as aprovações legais.

278 Os vizinhos do último andar fecharam seus terraços, mas cada qual fez de um jeito. De um lado do prédio, colocaram uma estrutura de vidro fumê com telha de alumínio, enquanto do outro lado usaram vidro transparente. Isso não seria alteração de fachada?

O terraço da cobertura, as sacadas e as demais áreas externas do condomínio compõem a fachada do edifício e não podem ser fechados ou alterados.

Porém, alguns condomínios têm tolerado o fechamento de algumas áreas por entenderem que inexiste prejuízo aos demais. Para tanto, levam a situação à assembleia de condôminos e, pela aprovação de maioria simples, padronizam um modelo de fechamento, autorizando os proprietários das coberturas ou varandas, se tiverem interesse, a efetuarem o fechamento nos moldes definidos.

Antes de tomar essa decisão, é importante receber um parecer de um perito calculista ou da própria construtora do condomínio, assim como obter aprovação prévia da municipalidade. Lembrando de que algumas alterações não são possíveis e se realizadas, mesmo que aprovadas em assembleia, podem causar inclusive a interdição do prédio e não somente da área irregular. Por isso é necessário antes consultar um engenheiro e obter alvará para a obra.

Nesse sentido:

"CONDOMÍNIO EDILÍCIO. OBRIGAÇÃO DE FAZER. 1. Se através da perícia judicial, realizada de forma equidistante e isenta, restou demonstrado que a obra de fechamento da sacada alterou a fachada do prédio, bem como constatada a ocupação de área comum do prédio, de rigor a procedência do pedido para que retorne ao estado anterior, condenando os réus ao desfazimento da obra de fechamento da sacada e retirada de seus objetos pessoais da laje da cobertura. 2. A sentença 'ultra petita' deve ser reformada em parte para que se alinhe aos termos requeridos na inicial. Recurso dos réus desprovido e provido o apelo do autor.

(TJ-SP – AC: 02206708620118260100 SP 0220670-86.2011.8.26.0100, Relator: Felipe Ferreira, Data de Julgamento: 11-7-2022, 26ª Câmara de Direito Privado, Data de Publicação: 11-7-2022)".

279 São dois apartamentos por andar. Um dos condôminos resolveu modificar a área comum do *hall*, trocando o piso e colocando papel de parede. Ele efetua obras sem comunicar ao outro condômino e arca com todos os custos. O que pode ser feito?

A fachada da edificação não pode ser alterada, conforme preconiza o art. 1.336, III, do Código Civil. Da mesma forma, a parte interna da edificação também precisa ser preservada sob o mesmo princípio, salvo previsão na convenção do condomínio – que, em alguns casos, permite tais alterações com a autorização dos demais condôminos do andar. Caso contrário, a realização de alterações nos *halls* sociais infringe a convenção e, por se tratar de área comum, caberá ao síndico tomar as respectivas medidas, a fim de que se reestabeleça o conceito original.

O síndico poderá enviar notificação à unidade, concedendo prazo de desfazimento da obra, multa e, em último caso, o ingresso de ação judicial, objetivando que o transgressor desfaça a obra para que o espaço volte ao seu estado anterior.

O que vem sendo tolerado nos *halls* sociais é a colocação de quadros e pequenos aparadores nos apartamentos de duas unidades por andar. Porém, a colocação de objetos, como aparadores e vasos, pode obstruir rotas de fugas e impedir a renovação do Auto de Vistoria do Corpo de Bombeiros (AVCB) no condomínio.

"ADMINISTRAÇÃO DE CONDOMÍNIO- AÇÃO DE OBRIGAÇÃO DE FAZER -Desfazimento de pintura e alteração de portas e batentes de entrada de conjuntos de propriedade da ré – Procedência – Situação que, além de irregular (vedação expressa pelo Regimento Interno do condomínio), implica em alteração de áreas comuns -Unidades da ré que, ademais, não são as únicas do andar – Anuência dos demais condóminos daquele andar – Situação que não legitima a conduta da apelante, tampouco invalida o disposto na convenção condominial – Decreto de improcedência da ação que implicaria em tratamento privilegiado à ré, em detrimento da massa condominial – Sentença mantida – Recurso improvido. (TJ-SP – APL: 1211735020078260000 SP 0121173-50.2007.8.26.0000, Relator: Salles Rossi, Data de Julgamento: 15-6-2011, 8ª Câmara de Direito Privado, Data de Publicação: 27-6-2011.)"

280 O que impede que um proprietário instale ar-condicionado na lateral de seu apartamento?

A instalação de ar-condicionado altera a fachada do edifício e somente poderá ser instalado se houver um espaço específico destinado ao ar, ou se a assembleia convocada para esse fim definir um padrão de instalação de ar-condicionado na fachada.

A padronização[71] poderá ocorrer com maioria simples. A alteração de fachada por parte de qualquer unidade é defesa[72] e não pode ocorrer.

Porém, é importante que seja verificado se o edifício comporta a sobrecarga elétrica, pois é preciso prever a possibilidade de todos instalarem. Também será preciso providenciar um laudo feito por engenheiro civil para constatar que não existe qualquer problema com sobrepeso.

Devem-se verificar, ainda, se existem restrições previstas na convenção do condomínio. Se houver, precisa alterar a convenção antes da instalação dos aparelhos quórum 2/3. Ademais, temos em vigência a ABNT n. 16.280, que impõe que para qualquer reforma é necessária a prévia autorização do síndico.

---

[71] APELAÇÃO CÍVEL. AÇÃO DE NUNCIAÇÃO DE OBRA NOVA COM DEMOLITÓRIA. SENTENÇA DE IMPROCEDÊNCIA. INCONFORMISMO DO AUTOR. 1- A obra objeto da lide não pode ser considerada irregular, eis que estava sob a orientação de engenheiro responsável, possuindo ART (anotação de responsabilidade técnica) em nome de Engenheiro Civil que assegurou ¿que não houve nenhuma retirada nas peças estruturais da edificação¿, não havendo que se falar, portanto, em risco para estrutura do edifício. 2- Verifica-se que a instalação do ar condicionado não alterou a fachada do edifício, tendo em vista que as provas produzidas nos autos, em especial as fotos e o laudo pericial, demonstram que não há padrão do edifício para instalação para instalação do ar condicionado, bem como que o projeto arquitetônico do edifício não previu local para aparelhos de ar condicionado. 4- Na Convenção do Condomínio não há nenhuma disposição específica sobre a posição e colocação dos aparelhos de ar condicionado, sendo certo que para a pretendida padronização deveria o Condomínio Apelante convocar Assembleia Geral Extraordinária para alteração da mencionada Convenção. Inteligência dos arts. 1.351 a 1.353 do Código Civil. 5- Por outro lado, a instalação de janela causou prejuízo às características arquitetônicas da fachada do condomínio, tendo em vista que das provas produzidas nos autos verifica-se a efetiva modificação da fachada vedada pelo art. 1336 do Código Civil. 6- O fato existir modificações realizadas anteriormente em outras unidades não desobriga o réu de manter a padronização do padrão construtivo, sendo certo, ainda, que a convenção de condomínio (§ 4º letra J) e o regimento interno do condomínio (item 5.2.01) vedam modificação da parte externa do edifício. 8- Sucumbência recíproca. Sentença parcialmente reformada. Recurso parcialmente provido.
(TJ-RJ – APL: 00362969620128190001 RIO DE JANEIRO CAPITAL 34 VARA CIVEL, Relator: MARCO AURÉLIO BEZERRA DE MELO, Data de Julgamento: 31-1-2017, 16ª CÂMARA CÍVEL, Data de Publicação: 3-2-2017)

[72] Condomínio. Obrigação de fazer. Instalação de aparelhos de ar condicionado na parede externa do edifício sem a anuência dos demais condôminos. Ato que resultou em violação das normas regulamentares do condomínio, além do art. 1336, III, do Código Civil e art. 10, § 2º, da Lei n. 4.591/64, com alteração da fachada do prédio. Ação julgada procedente. Sentença mantida. Recurso improvido.
(TJ-SP – AC: 10653998620198260100 SP 1065399-86.2019.8.26.0100, Relator: Ruy Coppola, Data de Julgamento: 4-5-2020, 32ª Câmara de Direito Privado, Data de Publicação: 4-5-2020)

7.3 ALTERAÇÃO DA VARANDA

281 Varandas são de responsabilidade do morador ou fazem parte da fachada do prédio?

Essa é uma pergunta interessante. As varandas fazem parte da unidade imobiliária; porém, compõem a fachada do prédio e por isso não podem ser alteradas, conforme estabelecido no artigo:

"Art. 1.336. São deveres do condômino:

(...)

III – Não alterar a forma e a cor da fachada, das partes e esquadrias externas."

Assim, qualquer alteração, por mais simples que seja, precisa ter previamente verificada sua possibilidade no condomínio.

São tolerados mobília[73], vasos, decoração, desde que não seja afixada na parede. Algumas convenções vedam a guarda de bicicletas, pendurar roupas.

282 Gostaria de saber se mudanças feitas por condômino na varanda de seu apartamento há 4 anos podem ser contestadas agora.

---

[73] Condomínio. Obrigação de fazer c.c. cobrança de multas por infração. Pedido para adequação da área da sacada e cobrança de multas. Sentença de improcedência. Cerceamento de defesa inocorrente. Prova testemunhal desnecessária. Ausência de reconhecimento do pedido. Previsão na lei e na Convenção Condominial que veda a alteração da fachada, o que não se confunde com a mobília na área interna da sacada, exclusiva do proprietário e que, no caso, é fechada. Alteração da Convenção ocorrida em assembleia geral ordinária como assuntos gerais e sem quórum qualificado. Recurso desprovido. A prova testemunhal é desnecessária ao deslinde da questão, com prova documental suficiente, principalmente fotografias, e a questão a ser dirimida de direito, bem como a retirada do mobiliário não compreende reconhecimento expresso do pedido, sendo a defesa contrária à pretensão formulada. O regramento da Convenção e o Regulamento não foram extrapolados pelo proprietário em relação à vedação de alteração da fachada, observando-se que a colocação de móveis na sacada e que é, inclusive, fechada com vidros, sendo área interna, propriedade exclusiva do proprietário. As alterações feitas em assembleia ordinária, em relação à Convenção, ocorreram como assuntos gerais e sem quórum qualificado (art. 1351 do CC).
(TJ-SP – APL: 10050851620148260565 SP 1005085-16.2014.8.26.0565, Relator: Kioitsi Chicuta, Data de Julgamento: 16-7-2015, 32ª Câmara de Direito Privado, Data de Publicação: 16-7-2015)

É proibido alterar a fachada ou realizar obras que comprometam a segurança do edifício, conforme aduz o Código Civil:

"Art. 1.336. São deveres do condômino:
(...)
II – não realizar obras que comprometam a segurança da edificação;
III – não alterar a forma e a cor da fachada, das partes e esquadrias externas."

Mesmo que as alterações tenham ocorrido há 4 anos, caso elas ainda permaneçam ou continuem ameaçando a segurança, os gestores deverão tomar providências imediatas, pois não existe direito adquirido em termos de irregularidades que contrariem a lei.

"AGRAVO REGIMENTAL. CONDOMÍNIO. Declaratória de inexigibilidade de débito – Construção no interior de apartamento Necessidade de autorização do condomínio Multa devida por construção sem autorização Confirmação da sentença que mantém a multa. *Qualquer condômino, antes de iniciar obras que alterem a estrutura interna de sua unidade, deve solicitar autorização do condomínio, para que não coloque em risco a própria estrutura do prédio; o fato de se tratar de obra interna não dispensa, por si só, a autorização, vez que mesmo obras internas podem colocar em risco a segurança de todo o prédio*, acrescendo-se ainda que o condômino está submetido ao que determina a convenção de condomínio. Recurso a que se nega seguimento, por decisão monocrática – Agravo Regimental não provido. (TJ-SP – AGR: 00022682120088260075 SP 0002268-21.2008.8.26.0075, Relator: Manoel Justino Bezerra Filho, Data de Julgamento: 5-3-2013, 28ª Câmara de Direito Privado, Data de Publicação: 9-3-2013.)" (grifei).

Por outro lado, caso a alteração seja imperceptível na fachada e não coloque em risco a edificação, o que pode ser comprovado por vistoria técnica, não há motivos para desfazimento da obra.

Para qualquer nova obra ou reforma, seja no interior das unidades ou em áreas comuns, deverão ser observados o código de obras do município e a ABNT 16.280, que trata da "Reforma em Edificações e do Sistema de Gestão de Reformas" – a qual exige, entre outros, a contratação de um engenheiro/arquiteto para assinar o termo de responsabilidade técnica (ART) pela obra, devendo o condômino submeter o projeto previamente ao síndico.

283 Fui notificada de que há 1 folha de vidro a mais na varanda que fechei há mais de 1 ano, o que a torna diferente do projeto aprovado em assembleia. O prazo para fazer a alteração é de 20 dias ou serei multada, mas a empresa contratada fez o projeto errado e agora não dá mais para alterar. Posso acionar a justiça nesse caso?

Se existe um padrão, você deve segui-lo, mesmo que, ao seu entendimento, seja imperceptível a alteração. Não compete ao condomínio fiscalizar a execução do serviço, mas sim ao contratante.

De qualquer forma, sugiro que entre em contato com a empresa que executou o serviço, explique a situação e solicite um desconto em função da execução irregular, mesmo que esteja fora do prazo de garantia.

Da mesma forma, entre em contato com o condomínio, explique a situação e peça um prazo maior para corrigir o necessário.

"AÇÃO COMINATÓRIA. Obrigação de fazer. Edifício residencial. *Substituição de janelas. Diferenças imperceptíveis. Inexistência de alteração de fachada ou projeto arquitetônico.* Portas, maçanetas e batentes do hall de entrada em dissonância. Informação superveniente dando conta da finalização de obra no local. Irregularidade afastada. Apelo improvido. (TJ-SP – APL: 02243992320118260100 SP 0224399-23.2011.8.26.0100, Relator: Luiz Ambra, Data de Julgamento: 12-6-2013, 8ª Câmara de Direito Privado, Data de Publicação: 17-6-2013.)" (grifei).

7.4 SITUAÇÕES COM FACHADA E VARANDA

284 Estou sendo notificada pela prefeitura com relação à fachada e marquise do prédio, e o valor está em torno de R$ 20 mil. Comecei a arrecadação para a obra, mas o índice de inadimplentes é alto. Se não conseguir arrecadar o suficiente, devolvo o dinheiro e espero a multa chegar ou convoco outra assembleia para novo rateio?

Não sei qual a natureza da multa em relação à fachada e marquise; de qualquer forma, inicialmente a multa aplicada precisa ser contestada de forma administrativa, caso exista embasamento para isso, claro.

Lembrando que a aplicação de multas é apenas uma das sanções administrativas possíveis pela prefeitura. Dessa forma, deve ser analisado se a multa não é apenas um primeiro passo para a interdição do prédio – o que normalmente ocorre no caso de situações que tragam risco à segurança dos que ali coabitam.

Se o índice de inadimplência for alto, a medida judicial para a recuperação das cotas é salutar e qualquer rateio deverá contemplar a taxa de inadimplência, a fim de que a arrecadação possa fazer frente às despesas com as obras necessárias, sem nova assembleia para complementar o rateio inicial.

Porém, se o rateio, da forma que foi feito, não foi suficiente para fazer frente às obras, imprescindível a convocação de nova assembleia, a fim de contemplar o restante do valor.

285 Há cartazes e bandeiras com intenção política nas telas de proteção que faceiam a fachada de algumas unidades. A convenção proíbe a afixação de propagandas na fachada. Telas de proteção são parte da fachada?

Compõem a fachada da edificação todas as suas faces, sejam externas (frente, laterais e fundos) ou internas (corredores, *halls*). Preceitua o art. 1.336, III, do Código Civil, que dentre os deveres do condômino estão o de "não alterar a forma e a cor da fachada, das partes e esquadrias externas".

Ademais, existem convenções que de forma mais específica destacam que não é permitido colocar cartazes, pendurar roupas nas janelas ou sacadas. Porém, mesmo sem a disposição expressa na convenção e com base no art. 1.336, III, do Código

Civil, é defeso que se pendurem cartazes ou placas, sejam na fachada ou na tela de proteção, que nada mais é do que uma extensão da fachada.

Tendo isso em vista, a manutenção de cartazes e bandeiras na fachada fere os princípios da razoabilidade e o interesse coletivo dos demais condôminos e moradores. Desta forma já decidiu o Tribunal de Justiça do Estado de São Paulo:

"Civil e processual. Condomínio. Ação anulatória de regulamento interno e convenção condominial cumulada com pedidos de declaração de inexigibilidade de multa condominial e indenizatórios. Sentença de improcedência. Pretensão à reforma manifestada pelos autores. Pretensão à anulação da sentença que não pode ser acolhida. O magistrado, como destinatário da prova, pode indeferir as diligências inúteis ou meramente protelatórias, como dispõe o art. 370, parágrafo único, do Código de Processo Civil. Validade da convenção condominial e do regimento interno, que não contradizem o Código Civil em seu art. 1.336, III. Instalação de bandeira e cortina de plástico que causam danos à harmonia da fachada do edifício. Instalação de placas de vidro expressamente vedada pelo regimento interno. Multa por litigância de má-fé, nos termos dos arts. 80, VII e 1.026, § 2º, ambos do Código de Processo Civil, bem aplicada. RECURSO DESPROVIDO. (TJSP; Apelação Cível 1020071-52.2019.8.26.0224; Relator (a): Mourão Neto; Órgão Julgador: 35ª Câmara de Direito Privado; Foro de Guarulhos – 1ª Vara Cível; Data do Julgamento: 31-3-2022; Data de Registro: 31-3-2022)".

Importante, o que vale nessa questão não é o que esse símbolo representa, e sim o desrespeito às normas condominiais. Mesmo se não fossem dizeres políticos, isso altera a fachada do condomínio.

Lembrando que a colocação por curto espaço de tempo, apenas como referência a algo que esteja ocorrendo, é uma questão muito comum e aceita por parte da gestão condominial pelo país afora, o que não pode é a permanência por tempo indeterminado dessa "instalação", o que por si só se configura como mudança de fachada.

Mesmo que transitório o condomínio pode repreender e tomar as medidas pertinentes para a retirada. Situações como essas podem inclusive ser decididas em assembleia objetivando o atendimento do interesse da maioria ou regradas no regimento interno.

Caso esse tipo de ação ocorra no condomínio, a gestão deve determinar a retirada da bandeira/faixa e, caso o morador e/ou condômino se recuse a fazer isso, esse poderá ser multado pelo condomínio, baseado no art. 1.336, § 2º, do Código Civil, que prevê que o condômino que não cumprir com seus deveres estará sujeito a multa de no máximo cinco vezes o valor de suas contribuições mensais.

286 Tenho um projeto para fazer um jardim vertical com temperos e outras plantas na minha sacada particular. As normas do condomínio permitem? E a Constituição brasileira? Como devo proceder?

Excelente iniciativa. O importante agora é se ajustar à convenção do condomínio, a fim de não violar nenhuma norma.

Importante esclarecer que a sacada da unidade é área privativa, mas compõe a fachada da edificação. Assim, o morador não pode ser impedido de ter o que quiser dentro da sua sacada (direito de propriedade); todavia, poderá ser impedido de alterar a fachada. Dessa forma, sugiro que encontre alguma maneira que lhe permita conservar a fachada e manter um pequeno jardim no local.

Lembrando que se estivermos falando do topo do prédio, e não apenas de uma sacada, será necessário verificar se a área é privativa ou comum. Se for comum, o condomínio poderá normatizar sua utilização. Mas, se for o caso de topo (área comum), a proibição normalmente surgirá para evitar vasos pesados que possam prejudicar a impermeabilização – ou até mesmo que algumas espécies possam enraizar e perfurar lajes.

Assim, vale verificar inicialmente em que situação o morador se encontra. E conversar com o síndico para tentar ajustar sua necessidade à situação do prédio será uma medida salutar.

O CAPÍTULO EM 9 DICAS

Pense nisso...

1 – Todas as alterações nas fachadas devem estar pautadas na convenção do condomínio. Por isso, fique atento!

2 – Após a leitura da convenção, caso tenha ficado alguma dúvida sobre o que pode ser feito, converse com o síndico a fim de esclarecer as suas dúvidas.

3 – Considera-se como fachada de um condomínio toda a área externa que compõe o visual do prédio – como por exemplo paredes externas, janelas, sacadas, esquadrias, portas e portões de entrada e saída do edifício, entre outros.

4 – Lembrando que toda parte visível externamente ao condomínio faz parte do que pode ser configurado como fachada. Claro que essa questão também depende do que está disposto na convenção.

5 – Ter um condomínio padronizado e que obedeça às normas dispostas na convenção é um fator importante quando falamos na valorização do empreendimento.

6 – Em unidades que têm varandas, é comum os moradores usarem esse espaço para empilharem móveis, colocarem roupas para secar ou guardarem suas bicicletas. É importante ficar atento, pois como essas coisas acabam influenciando esteticamente a fachada, poderão estar proibidas pela convenção.

7 – Como muitas convenções são antigas, acabam por não contemplarem muitas das questões mais contemporâneas. No caso de se querer fazer alguma alteração não prevista em convenção, é importante que o condomínio faça uma assembleia, a fim de debater esse tipo de questão e ratificar a alteração por meio de voto.

8 – Alterar a Convenção requer certas especificações; portanto, esse formato por via de assembleia não isentará o condomínio de responder por alguma ação judicial, caso alguém se sinta prejudicado.

9 – Lembrando que é necessário verificar previamente se determinados tipos de reformas que se tem em vista seguem o que está disposto na Norma ABNT n. 16.280. Ainda que elas sejam permitidas na convenção, o morador e o síndico precisam estar atentos ao cumprimento das especificidades apontadas pela norma.

Capítulo 8

HOSPEDAGEM

A ideia de hospedagem não é nova.
Os *sites* especializados em locação de imóveis por diárias
já traziam problemas aos condomínios residenciais.
Mas agora, com os atuais aplicativos de hospedagem,
a sociedade experimenta mudanças significativas
na disponibilização dos apartamentos e, assim, surge uma série de dúvidas
ligadas às regras condominiais, cujo foco é a segurança do edifício.
Se por um lado, hoje o condômino pode dispor de sua unidade
como lhe convier (art. 1.335 do Código Civil), e em função do exercício
regular do direito de propriedade descrito na Constituição Federal,
por outro lado, há limitações ao exercício desse direito.

8.1 MEIOS DE HOSPEDAGEM

287 Com base no art. 1.335 do Código Civil, proprietários fazem uso comercial explícito de suas unidades, que servem de hospedagem. Divulgam e vendem diárias pela internet, apropriam-se da marca do condomínio para uso como *flat*, enviam hóspedes sem avisar à portaria etc. Tudo isso descaracteriza o propósito residencial do prédio. Quais os limites para uso e ocupação de apartamentos residenciais?

Os apartamentos devem seguir a finalidade descrita na convenção. Sua destinação não pode ser modificada[74], salvo por 2/3 dos condôminos, conforme determina a Lei n. 14.405/2022.

Alugar o apartamento é lícito para qualquer unidade; porém, utilizar unidades para fins de hospedagem descaracteriza o uso da unidade, uma vez que a hospedagem prescinde de estabelecimento comercial e com registro na Embratur.

A convenção e o regimento do condomínio podem, inclusive, esclarecer isso a fim de impedir desvio de finalidade, uma vez que inadvertidamente o proprietário poderá entender que é permitida a destinação para hospedagem, já que para o leigo parece se tratar de locação.

---

[74] PROCESSO CIVIL. AGRAVO INTERNO. RAZÕES QUE NÃO ENFRENTAM O FUNDAMENTO DA DECISÃO AGRAVADA. DECISÃO SINGULAR QUE NEGOU PROVIMENTO A AGRAVO. OPOSIÇÃO. POSSIBILIDADE. PRINCÍPIO DA COLEGIALIDADE NÃO VIOLADO. CONDOMÍNIO EDILÍCIO. CONVENÇÃO CONDOMINIAL. DESTINAÇÃO EXCLUSIVAMENTE RESIDENCIAL. LOCAÇÃO POR CURTOS PRAZOS. FINALIDADE ECONÔMICA. DESVIRTUAMENTO DA DESTINAÇÃO. PROIBIÇÃO. POSSIBILIDADE. PRECEDENTES. 1. As razões do agravo interno não enfrentam adequadamente o fundamento da decisão agravada. 2. O relator está autorizado a decidir singularmente recurso (art. 932, do Código de Processo Civil de 2015, antigo 557). Ademais, eventual nulidade da decisão singular fica superada com a apreciação do tema pelo órgão colegiado competente, em sede de agravo interno. 3. Nos termos da jurisprudência desta Corte, existindo na Convenção de Condomínio regra impondo destinação residencial, a exploração econômica de unidades autônomas mediante locação por curto ou curtíssimo prazo, ainda que sem fracionamento, implica desvirtuamento da destinação condominial. Precedentes. 4. Agravo interno a que se nega provimento.
(STJ – AgInt nos EDcl no AREsp: 1479157 SP 2019/0091422-0, Data de Julgamento: 10-10-2022, T4 – 4ª Turma, Data de Publicação: *DJe* 17-10-2022)

O inciso I do art. 1.335 do Código Civil menciona que é direito do condômino "usar, fruir e livremente dispor das suas unidades;" situação da qual não discordamos; porém, o uso deverá ser realizado com limites e não poderá interferir no direito de vizinhança.

Note que o parágrafo único do art. 1.277, também do Código Civil, aduz que: "Art. 1.277. Proíbem-se as interferências considerando-se a natureza da utilização, a localização do prédio, atendidas as normas que distribuem as edificações em zonas, e os limites ordinários de tolerância dos moradores da vizinhança".

Assim, sugiro o envio de uma notificação para esclarecer a situação ao condômino infrator. Não cessando a interferência, existe a opção de ingresso de uma ação judicial de obrigação de não fazer, obrigando o infrator a impedir o desvio de destinação em contrariedade à convenção do condomínio.

288 No meu condomínio, muitas unidades fazem uso do aplicativo de hospedagem Airbnb, o que é um caminho sem volta. Para que as coisas fiquem mais seguras e organizadas, gostaria que a gestão minorasse problemas, como a alta rotatividade e o uso das áreas comuns etc. É possível?

Na prática, a grande maioria dos aluguéis realizados pelo sistema de aplicativos de diárias perturba a vida dos moradores dos prédios residenciais e desvia a finalidade das edificações, que são estritamente residenciais. A análise dos casos concretos cabe ao síndico e aos administradores.

É fato notório que disponibilizar apartamentos em *sites* para locações por diárias, como se fossem apart-hotéis, interfere na finalidade residencial de um condomínio; porém, utilizar o mesmo recurso para firmar locações mais longínquas pode se enquadrar no esperado pelo condomínio, que deve prontamente reunir-se a fim de regrar as condições necessárias para o seu funcionamento.

Quanto à modalidade da locação por temporada, é importante que o condomínio não a proíba nem cobre taxa extra de aluguel. O ideal é que o prédio regule a relação, estabelecendo limites de pessoas por unidades, advirta locadores que estão locando com constância a unidade em curtos espaços de tempo, procurando entender cada situação. E por fim, emita comunicados aos condôminos e regule a relação por meio de assembleia.

289 Moro em um *studio* onde pelo menos 50% das unidades estão no aplicativo de hospedagem Airbnb. Já falei com a síndica para proibirmos esse absurdo, mas ela diz que não é possível. Qual o limite para essa prática e como resolver?

Por não haver uma legislação específica, há opiniões divergentes. Porém, saliento que a lei de hospedagem não regula locações acima de 90 dias (art. 24, § 2º, Lei Federal n. 11.771/2008).

Se, por um lado, o proprietário pode dispor da sua unidade conforme melhor lhe convier (o que é um direito que lhe assiste por força do art. 1.335 do Código Civil, e em função do exercício regular do direito de propriedade, descrito na Constituição Federal), por outro, existem limitações ao exercício desse direito.

O limite é a perturbação ao sossego, saúde, segurança e aos bons costumes daqueles que compartilham a copropriedade, além das limitações impostas pelo direito de vizinhança (arts. 1.277 e 1.336, IV, do Código Civil) e pela lei que regula o funcionamento de meios de hospedagem.

A hospedagem não é regulada pela lei de locações e, sim, por leis que tratam da hospedagem, conforme acima mencionado.

"É dever de todo condômino dar às suas partes a mesma destinação que tem a edificação (art. 1.335, II, e 1.336, IV, do Código Civil)".

Locar o bem por dia é característica dos meios de hospedagem e depende de enquadramento específico. Fazê-lo desvia a finalidade de um edifício restritamente residencial, além de não cumprir os requisitos descritos na lei. Porém, o seu caso parece de um prédio com perfil *short stay*, para tanto uma consulta prévia em assembleia para saber a opinião dos proprietários seria salutar, para que após seja alterada a convenção para permitir ou não tal prática.

O CAPÍTULO EM 7 DICAS
Pense nisso...

1 – O condômino pode dispor de sua unidade conforme melhor lhe convier. Este é um direito que lhe assiste por força do art. 1.335 do Código Civil e em função do exercício regular do direito de propriedade, descrito na Constituição Federal.

2 – O limite é a perturbação ao sossego, saúde, segurança e aos bons costumes daqueles que compartilham a copropriedade, além das limitações impostas pelo direito de vizinhança (arts. 1.277 e 1.336, IV, do Código Civil). E ainda, na teoria da pluralidade dos direitos que é a limitação ao exercício do direito de propriedade em função da supremacia do interesse coletivo daqueles condôminos (em geral) diante do direito individual de cada condômino.

3 – É lícito ao proprietário emprestar a sua unidade, ocupá-la pelo número de pessoas que julgar conveniente, seja a título gratuito ou oneroso, não cabendo ao condomínio regular tal prática, salvo se esta estiver interferindo na rotina do prédio, ou seja, causando perturbação ao sossego, à saúde, à segurança e aos bons costumes, ou estiver desviando a finalidade do prédio. Dessa forma, a locação por meio de um *site* comercial por si só não infringe a lei de locações. O que desobedece a legislação e a convenção do condomínio, no caso em questão, é a mudança de finalidade da edificação.

4 – É importante destacar que é dever de todo condômino dar às suas partes a mesma destinação que tem a edificação (art. 1.336, IV, do Código Civil). Locar o bem por dia é característica dos meios de hospedagem e depende de enquadramento específico, consoante Decreto n. 84.910, de 15 de julho de 1980, e fazê-lo desvia a finalidade de um edifício estritamente residencial, além de não cumprir os requisitos descritos na lei e que disciplinam a hospedagem.

5 – A Portaria n. 100/2011 do Ministério do Turismo, o Sistema Brasileiro de Classificação de Meios de Hospedagem (SBClass) e o art. 23, *caput*, da Lei Federal 11.771/2008, dispõem sobre a Política Nacional de Turismo nos seguintes termos:

"Art. 23. Consideram-se meios de hospedagem os empreendimentos ou estabelecimentos, independentemente de sua forma de constituição, destinados a prestar serviços de alojamento temporário, ofertados em unidades de frequência individual e de uso exclusivo do hóspede, bem como outros serviços necessários aos usuários, denominados de serviços de hospedagem, mediante adoção de instrumento contratual, tácito ou expresso, e cobrança de diária."

6 – Ainda, deve ser observado o disposto no Decreto n. 84.910, de 15 julho de 1980, que dispõe:

"Art. 3º Somente poderão explorar ou administrar Meios de Hospedagem de Turismo, Restaurantes de Turismo e Acampamentos Turísticos, no País, empresas ou entidades registradas na Empresa Brasileira de Turismo – Embratur."

7 – Nesse sentido, a "locação" por diárias é exclusiva de meios de hospedagem e requer que o estabelecimento seja enquadrado como comercial – assim, em prédio residencial, não pode funcionar dessa forma por inúmeros fatores, inclusive sob a pena de autuação da Municipalidade. Salvo se aprovada alteração da convenção para regular tal prática com o voto de 2/3 dos condôminos.

Capítulo 9
INFILTRAÇÕES E VAZAMENTOS

Vazamentos são como um fantasma que sempre assombra síndicos, subsíndicos, conselheiros e moradores. O principal problema é que, diante de qualquer vazamento, os condôminos acionam o síndico, o zelador e até mesmo a administradora. Acontece que, na maioria das vezes, este problema não é de responsabilidade do condomínio.
Dessa forma, é preciso que se investigue cada caso, a fim de saber de quem é a responsabilidade: do condomínio ou do condômino.

9.1 INFILTRAÇÕES

290 Uma unidade na sobreloja apresenta infiltrações em nosso térreo, o que nos impede de fazer reparos essenciais. Também temos uma infiltração que os prejudica. Em assembleia, decidimos que cada qual fará seus próprios reparos, mas o proprietário da sobreloja se recusa por considerar que a área do jardim não faz parte de sua propriedade (diferentemente do que mostram as plantas e a matrícula). Como proceder?

Muitas vezes, unidades de sobreloja/loja representam um problema para o condomínio, especialmente quando devem arcar com o valor da cota condominial com base em sua fração ideal sem que, na maioria das vezes, possam usufruir de áreas comuns ou participar de decisões condominiais. Nestes casos, o ajuste na convenção é imprescindível para o bom funcionamento do condomínio.

Uma vez percorrido o caminho para que os ajustes sejam feitos por meio de diálogo e deliberação em assembleia, estes deverão sempre nortear a vida em condomínio. Porém, comprovando-se que a área em questão (jardim) é da sobreloja, esta deverá arcar com o valor dos reparos.

Caso estes não sejam realizados, e desde que esgotadas as tratativas extrajudiciais, o condomínio deverá ingressar com ação de obrigação de fazer em face da unidade, para que o proprietário seja obrigado a realizar os reparos por força de decisão judicial, sob a pena de multa.

291 Certa infiltração em um apartamento da cobertura prejudica o apartamento imediatamente inferior. Foram feitas comunicações verbais e por carta ao proprietário da cobertura, mas este não se manifestou. Qual o próximo passo?

O primeiro passo é identificar qual a origem do vazamento, se provém de coluna, do ramal ou, no caso da unidade de cobertura, se é oriundo da laje.

1 – COLUNA: Vazamentos dentro de unidades e oriundos de canos verticais (colunas) são de responsabilidade do condomínio. A manutenção e a troca de colunas precisam ser realizadas e programadas com a periodicidade necessária. Indício desta necessidade é quando a água começa a apresentar ferrugem, o que é sinal de corrosão no tubo galvanizado e pode inclusive apresentar riscos à saúde.

2 – RAMAIS: Os problemas mais comuns são vazamentos de ramais nos banheiros e infiltrações, de modo geral. Nesses casos, o condomínio não tem responsabilidade e não deve se envolver (salvo se o problema tomar outro vulto, no caso de começar a atingir outras unidades).

3 – LAJE: No caso de coberturas com vazamentos na laje, o ideal é verificar se a área é comum ou privativa – situação de extrema importância, pois define quem deverá efetuar o reparo. A responsabilidade será do prédio[75], se for área comum, ou do morador, se for área privativa.

4 – EXCEÇÃO: Se for área comum de utilização exclusiva da cobertura. Neste caso, o condômino que usufruir da área deverá arcar com a manutenção do espaço (art. 1.344 do Código Civil).

Para saber se a laje é área comum ou privativa, basta analisar a convenção e a matrícula da unidade da cobertura.

Como resolver?

Quando o condômino tiver algum vazamento (seja no ramal ou na área privativa da cobertura), não poderá exigir que o condomínio tome as providências. O condomínio poderá ajudar contatando, por telefone ou por escrito, o proprietário da unidade que originou o vazamento, ou fornecendo os contatos ao morador da unidade em que se origina o vazamento. Mas, ressalte-se outra vez, o problema de vazamentos entre unidades não é do condomínio.

Constatando-se quaisquer vazamentos nas unidades, a primeira providência será solicitar que um encanador ou engenheiro defina a origem do problema. Com esse parecer do profissional em mãos, pode-se definir de quem será a responsabilidade e iniciar a solução do caso.

Se o morador da unidade em que há vazamentos não realizar o reparo, o condômino penalizado poderá ingressar nos Juizados Especiais Cíveis, visando ao reparo e

---

[75] AÇÃO DE OBRIGAÇÃO DE FAZER E DE REPARAÇÃO DE DANOS AJUIZADA POR CONDÔMINA EM FACE DO CONDOMÍNIO – ATRIBUIÇÃO DE RESPONSABILIDADE POR INFILTRAÇÕES SURGIDAS NO IMÓVEL DA AUTORA – RECONHECIMENTO PELO PRÓPRIO CONDOMÍNIO DE TER ORIGEM O PROBLEMA NA PRUMADA DO EDIFÍCIO, SENDO, PORTANTO, DE SUA RESPONSABILIDADE, JÁ TENDO, INCLUSIVE, SOLUCIONADO OS VAZAMENTOS – AUTORA QUE, ENTRETANTO, JÁ RECEBEU DA SEGURADORA DO CONDOMÍNIO QUANTIA ESTIMADA COMO SUFICIENTE PARA A RECUPERAÇÃO DO SEU IMÓVEL – INEXISTÊNCIA DE PROVA IDÔNEA QUANTO À INSUFICIÊNCIA DO VALOR RECEBIDO A TÍTULO DE RESSARCIMENTO DOS DANOS – INDENIZAÇÃO INDEVIDA – DEMAIS VERBAS INDENIZATÓRIAS DE NATUREZA MATERIAL IGUALMENTE INDEVIDAS – DANO MORAL NÃO CONFIGURADO – IMPROCEDÊNCIA MANTIDA, AINDA QUE POR FUNDAMENTOS DIVERSOS APELAÇÃO DESPROVIDA (TJ-SP – AC: 10016708320188260565 SP 1001670-83.2018.8.26.0565, Relator: Andrade Neto, Data de Julgamento: 9-3-2023, 30ª Câmara de Direito Privado, Data de Publicação: 9-3-2023)

ressarcimento do prejuízo. Porém, antes do ingresso com a medida judicial, deve-se notificar à unidade, informando-lhe a situação e tentando solução amigável.

292 Moro no último andar do prédio e meu teto está todo manchado devido a infiltrações. Quem arcará com os custos do conserto, eu ou o condomínio?

O teto do prédio (telhado) é área comum, sendo responsabilidade do condomínio sua manutenção (art. 1.331, § 2º, do Código Civil). Situação diferente à do terraço da cobertura, que tanto poderá ser unidade privativa como área comum de uso exclusivo (vai depender da concepção na instituição do condomínio).

Para saber de quem é a propriedade do terraço da cobertura, será necessário examinar a convenção e a matrícula da unidade.

"Art. 1.344. Ao proprietário do terraço de cobertura incumbem as despesas da sua conservação, de modo que não haja danos às unidades imobiliárias inferiores."

As manutenções no telhado comum são obrigação do condomínio. Caso este não faça os reparos, trazendo transtornos à unidade abaixo ou ao condomínio, poderá ser obrigado a fazer, inclusive por força judicial.

"AÇÃO DE OBRIGAÇÃO DE FAZER E INDENIZAÇÃO POR DANOS MORAIS E MATERIAIS. INFILTRAÇÃO EM APARTAMENTO DE COBERTURA. CONSTATAÇÃO DE INFILTRAÇÃO POR FALHA NA MANUTENÇÃO DO CONDOMÍNIO. Condomínio obrigado a efetuar reparos no pavimento superior. Sentença de parcial procedência. 1. Cerceamento de defesa. Juiz é destinatário das provas, cabendo-lhe a decisão sobre a conveniência e necessidade de sua produção. Presença de provas suficientes para formar o convencimento. Aplicação da Teoria da Causa Madura. Incidência dos arts. 130 e 131 do Código de Processo Civil. 2. Piso do terraço. Falhas na manutenção da impermeabilização do piso do terraço. Responsabilidade do condomínio pela infiltração ocorrida no apartamento da autora. 3. Dano moral caracterizado. Indenização devida que deve atender aos princípios da razoabilidade e da proporcionalidade. Valor da indenização mantido. 4. Honorários de assistente técnico da autora, contratado para elaboração de laudo prévio. Dever de ressarcimento. Parte vencida, ademais, que deve arcar com as despesas e custas processuais. 5. Honorários advocatícios. Fixação em 15% sobre o valor da condenação. Valor que atende ao disposto no art. 20, § 3º do CPC. Recurso de apelação da ré parcialmente provido. Recurso adesivo da autora não provido. (TJ-SP – APL: 40091435420138260562 SP 4009143-54.2013.8.26.0562, Relator: Edson Luiz de Queiroz, Data de Julgamento: 24-6-2015, 5ª Câmara de Direito Privado, Data de Publicação: 26-6-2015.)"

293 Quando chove muito forte, a água infiltra pelo teto e pelas paredes, mofando partes do apartamento. O síndico diz que o problema não é do condomínio. O que posso fazer?

Na verdade, essa é uma questão complexa. Dependendo da situação, o condomínio é responsável, sim.

Por exemplo: caso essa infiltração venha da parede da face externa do condomínio, o responsável por esse reparo é o condomínio. No caso de tetos ou paredes que fazem divisão com os vizinhos, é preciso analisar o caso para saber de onde esse vazamento provém e por que isso ocorre quando chove muito forte.

O importante é você conversar com o síndico para que o condomínio contrate um especialista na área, o qual poderá analisar os vazamentos e apontar quem é o responsável por cada um deles.

9.2 VAZAMENTOS

294 É necessário "laudo da ABNT" para identificar a origem do vazamento em um apartamento?

Primeiramente, não existe "laudo da ABNT". Há a norma ABNT n. 16.280, que traça as diretrizes para a realização de reformas em unidades.

A norma estabelece que são necessários:

i. Atendimento à legislação vigente.
ii. Apresentação de projetos.
iii. Escopo dos serviços a serem realizados.
iv. Cronograma da reforma.
v. Dados das empresas, profissionais e funcionários envolvidos na realização da reforma.
vi. Termo de responsabilidade técnica do projeto.
vii. Comunicação ao responsável legal da edificação antes do seu início.

Ademais, a realização de simples reparos não necessita de autorização. No caso de se constatar um vazamento grave que necessite de uma reforma hidráulica, por exemplo, basta seguir o que preceitua a norma ABNT n. 16.280.

295 Condôminos podem responder pelo vazamento na prumada central do prédio?

O Código Civil institui no *caput* do seu art. 1.331 que:

"Pode haver, em edificações, partes que são propriedade exclusiva e partes que são propriedade comum dos condôminos".

O que isso quer dizer? Que, para definir a responsabilidade pelo conserto, faz-se necessário verificar onde está o vazamento: se na área comum ou na propriedade privada.

O art. 1.331, § 2º, do Código Civil, determina que:

"O solo, a estrutura do prédio, o telhado, a rede geral de distribuição de água, esgoto, gás e eletricidade, a calefação e refrigeração centrais e as demais partes comuns, inclusive o acesso ao logradouro público, são utilizados em comum pelos condôminos, não podendo ser alienados separadamente, ou divididos".

Dessa forma, fica claro que as prumadas, também conhecidas como colunas centrais, são áreas comuns do condomínio – que, por isso, fica responsável pela sua manutenção.

A rede de água dos condomínios pode ser horizontal ou vertical. Quando o vazamento na unidade tiver origem em canos horizontais, ou seja, nos ramais, a responsabilidade de reparo é do condômino. Já quando forem na rede vertical é de responsabilidade do condomínio.

A questão é verificar se a água está vazando na própria unidade ou no apartamento do vizinho de cima. Quando o vazamento ocorrer dentro da unidade e for oriundo de cano vertical ou colunas, a responsabilidade é do condomínio.

A manutenção e a troca de colunas precisam ser realizadas e programadas com a periodicidade necessária. Indício desta necessidade é quando a água começa a apresentar ferrugem, o que é sinal de corrosão no tubo galvanizado e pode, inclusive, representar risco à saúde.

Constatando-se qualquer vazamento nas unidades, a primeira providência é solicitar que um encanador ou engenheiro defina a origem do problema. Com esse parecer do profissional em mãos, pode-se definir de quem será a responsabilidade e iniciar a solução do caso.

A responsabilidade do condomínio é sempre pelo bem comum dos condôminos. E ele somente deve interferir quando o problema entre unidades se tornar um problema coletivo ou quando a origem do problema não for de fácil identificação.

296 Nas chuvas fortes de verão, a água entra pelas janelas fechadas de alguns apartamentos. Quem é o responsável pelo reparo?

Se o empreendimento ainda estiver na garantia (que é de 5 anos a partir da entrega da unidade), o responsável pelo reparo deverá ser a construtora. Por lei, a construtora deverá ser informada e realizar o reparo de todas as unidades que apresentarem esse tipo de problema.

Caso o empreendimento esteja fora do prazo, os condôminos terão de lidar pessoalmente com esse reparo. Sendo um problema pontual nas janelas de determinadas unidades, estes devem juntamente com o síndico buscar uma solução. Porém, se for um problema que atinge grande parte das unidades, a situação merece uma solução por parte do condomínio.

297 Moro no último andar e os vazamentos em meu telhado atingem a sala e o quarto. A secretária do condomínio diz que o vazamento não é responsabilidade do síndico, que por sua vez diz que o conserto cabe à construtora, a qual se nega a consertar. A quem cabe resolver o problema?

O teto do prédio é área comum. Já o terraço de cobertura poderá ser área comum ou privativa. De qualquer forma, mesmo sendo o terraço da cobertura uma área comum, há a possibilidade de uso privativo (se isso não trouxer prejuízo aos demais coproprietários, conforme diz o art. 1.340, do Código Civil).

De qualquer forma, o mais importante é verificar o vazamento. Se este for no telhado, a responsabilidade será do condomínio. Se for no terraço da cobertura e tratar-se de área privativa, será de responsabilidade do condômino (salvo se for detectado vazamento em tubulação da prumada ou de responsabilidade exclusiva do condomínio).

Se o vazamento ocorrer em área comum do prédio, este deverá arcar. Se ocorrer em área comum de uso exclusivo, tanto a manutenção do dia a dia, como sua conservação, será de responsabilidade do condômino que as utiliza (art. 1.340 do Código Civil). Sendo vazamento por problema estrutural, a responsabilidade será do prédio.

Não é razoável o condomínio imputar a responsabilidade de tal reparo à construtora, salvo se o prédio estiver em fase de implantação – o que também não exime a responsabilidade do condomínio de resolver o problema de forma ágil e prática, e depois, se for o caso, buscar os seus direitos perante a construtora.

298 A manta asfáltica da laje sobre a garagem provoca vazamentos e seu prazo de garantia terminou. Um inquilino mandou me avisar que se o vazamento estragar seu carro, o condomínio terá que reembolsá-lo. Não aceita alugar outra vaga até termos dinheiro para a nova manta nem fornecer o modelo do carro para comprarmos capa protetora. O que fazer?

Cabe ao síndico, por força do art. 1.348, V, do Código Civil, diligenciar a conservação e a guarda das partes comuns, bem como zelar pela prestação dos serviços que interessem aos possuidores.

Dessa forma, a necessidade de realizar a obra precisa ser levada em assembleia e a solução buscada, uma vez que o prejuízo na garagem do condomínio trará prejuízo a terceiros e, se isso ocorrer, o condomínio ficará obrigado a repará-lo. Ainda, se o inquilino desocupar a vaga em função do vazamento, poderá ser o condomínio responsabilizado por arcar com os danos causados ao proprietário por perder o valor da locação.

Ademais, o inquilino não tem a obrigação de aceitar uma capa ou trocar de vaga, cabe ao condomínio a solução, a fim de não inviabilizar o direito de propriedade do proprietário – direito este exercido, no caso, por meio da locação da vaga. O proprietário poderá, inclusive, ingressar com medida judicial para obrigar o condomínio a efetuar o reparo.

"RESPONSABILIDADE CIVIL. Condomínio edilício. Danos em imóvel causados por vazamentos. Realização de avaliação pericial para aferição da origem dos vazamentos. Constatação da responsabilidade do Condomínio. Cerceamento de defesa. Inocorrência. Laudo que revela boa técnica, com adoção dos fatores necessários e relevantes. Desnecessidade de anulação da sentença para realização de nova perícia. Normas da ABNT – Associação Brasileira de Normas Técnicas, ademais, que não são cogentes. Adoção do laudo pericial que se ratifica. Consignação de que os moradores autorizem acesso aos prestadores de serviço que deve ser determinada por cautela. Prazo para reparação dos vazamentos que se mostra exíguo, considerando que se trata de vazamento de grande proporção e em Condomínio Edilício. Majoração do prazo para 90 dias. Multa cominatória mantida. Danos morais devidos. Quantum majorado para R$ 8.000,00. Honorários advocatícios revistos. Percentual majorado para 20%. Recursos parcialmente providos. (TJ-SP – APL: 300042 75520138260562 SP 3000427-55.2013.8.26.0562, Relator: Ana Lucia Romanhole Martucci, Data de Julgamento: 27-8-2015, 6ª Câmara de Direito Privado, Data de Publicação: 27-8-2015.)"

299 Um condômino esqueceu a torneira aberta, alagando seu apartamento e o *hall*, danificando as placas do elevador. O prejuízo gerou altas despesas a todos, mas o síndico não multou o condômino, pois alega que a empresa de manutenção do elevador deixou os protetores das placas fora do lugar. Está correto?

Se o condômino deixou a torneira aberta e esta deu causa ao prejuízo, ele deverá arcar, com base nos preceitos da responsabilidade civil, com os valores comprovados dos danos causados em função do seu erro.

"Art. 186. Aquele que, por ação ou omissão voluntária, negligência ou imprudência, violar direito e causar dano a outrem, ainda que exclusivamente moral, comete ato ilícito."

"Art. 927. Aquele que, por ato ilícito (arts. 186 e 187), causar dano a outrem, fica obrigado a repará-lo."

Se a empresa de elevadores deixou o equipamento em local inadequado, deverá arcar com parte da indenização. O que precisa ser verificada é a responsabilidade proporcional de cada um no dano.

Não é correto onerar a todos os condôminos, quando é possível identificar o causador do dano.

"Condomínio. Danos materiais em parte comum do condomínio que tem origem em vazamento no interior de apartamento. Ação julgada parcialmente procedente. Cerceamento de defesa pelo julgamento antecipado da lide. Não ocorrência. Desnecessidade de produção de prova oral. Suficiência da prova documental. Vazamento em unidade condominial incontroverso. Subsídios constantes nos autos que comprovam os alegados danos materiais no elevador do condomínio. Dever de indenizar. Recurso improvido. Não há cerceamento de defesa pelo julgamento antecipado da lide, quando os elementos necessários para a convicção judicial já se encontram nos autos, mostrando-se desnecessária a dilação probatória. O rompimento de válvula e vazamento de água no interior de apartamento do réu, que também invadiu partes comuns do condomínio, restou incontroverso e os danos daí decorrentes foram demonstrados, havendo prova documental suficiente nos autos que dispensa a dilação probatória pretendida. Restando comprovado nos autos nexo causal entre o vazamento de água na unidade condominial e os danos no elevador do condomínio, não havendo outra causa adequada ou excludente de responsabilidade, deve o condômino ressarcir o autor dos prejuízos materiais sofridos, havendo documentação hábil a tanto e fornecida pela empresa que mantém o equipamento e que não foi infirmada por prova contrária. (TJ-SP – APL: 00322842820138260577 SP 0032284-28.2013.8.26.0577, Relator: Kioitsi Chicuta, Data de Julgamento: 15-10-2015, 32ª Câmara de Direito Privado, Data de Publicação: 15-10-2015)."

> **300** O vazamento na unidade de um morador atingiu 2 unidades abaixo. Após 15 dias sem providências por parte do síndico e da administradora, o morador pagou a um profissional pelo serviço de troca de coluna. Quem deverá ressarcir o morador pelas despesas com vazamento? E pelas despesas com reposição de azulejos, marcenaria e pintura?

Vazamentos em condomínio são um fantasma, que sempre assombra os síndicos, subsíndicos, conselheiros e moradores. O principal problema é que, diante de qualquer vazamento, os condôminos acionam o síndico, o zelador e até mesmo a administradora. Acontece que, na maioria das vezes, o problema não é de responsabilidade do condomínio.

A rede de água do condomínio está dividida em horizontal e vertical. Quando os vazamentos nas unidades forem oriundos de canos horizontais (ou seja, ramais), a responsabilidade de reparo será dos moradores. Quando os vazamentos forem oriundos de canos verticais (colunas), serão de responsabilidade do condomínio.

A manutenção e a troca de colunas precisam ser realizadas de forma preventiva e conforme a periodicidade necessária, conforme a Vida Útil do Produto (VUP).

É importante que, sempre que for constatado qualquer vazamento nas unidades, a primeira providência seja a de solicitar que um encanador ou engenheiro defina a origem do problema. Com esse parecer do profissional em mãos, será possível definir de quem será a responsabilidade e iniciar a solução do caso.

Uma vez identificado que o problema é da coluna do edifício, caberá ao condomínio a troca ou reparo e a devolução do apartamento do condômino nas condições anteriores. Não sendo possível a reposição na forma original, caberá ao síndico negociar a reposição com o condômino. Ao condômino caberá fornecer o acesso da empresa contratada ao local da manutenção. O impedimento poderá acarretar medida judicial, compelindo o condômino a fornecer o acesso judicialmente.

Se o morador da unidade em que há vazamentos não realizar o reparo, o condômino penalizado poderá ingressar nos Juizados Especiais Cíveis, visando ao reparo e ao ressarcimento do prejuízo. Porém, antes do ingresso com medida judicial, deve-se notificar à unidade, informando-lhe a situação.

"APELAÇÃO CÍVEL. CONDOMÍNIO. AÇÃO INDENIZATÓRIA. DANOS MATERIAIS E MORAIS. VAZAMENTO. ESGOTO CLOACAL. RESPONSABILIDADE DO CONDOMÍNIO. Comprovado nos autos que houve vazamento de esgoto cloacal no apartamento da autora. Obras realizadas voluntariamente pelo condomínio que não supriram integralmente os danos sofridos pela autora. Dever de indenizar confirmado. Abalo moral evidenciado. Sentença mantida. NEGARAM PROVIMENTO AO RECURSO. UNÂNIME. (Apelação Cível N. 70050197672, 18ª Câmara Cível, Tribunal de Justiça do RS, Relator: Nelson José Gonzaga, Julgado em 25-4-2013.) (TJ-RS – AC: 70050197672 RS, Relator: Nelson José Gonzaga, Data de Julgamento: 25-4-013, 18ª Câmara Cível, Data de Publicação: Diário da Justiça do dia 3-5-2013.)"

301 Cabe ao condomínio ressarcir danos causados por vazamento da coluna d'água dentro do apartamento?

O condomínio é o responsável pela manutenção da coluna de água, bem como por qualquer dano cujo reparo seja necessário, tais como a reposição do piso, armários e afins.

O morador tem o direito de usar a propriedade como melhor lhe convier, cabendo ao condomínio o dever da manutenção do sistema da coluna de água, bem como de sua substituição, quando necessária. Porém, deverá imperar o bom senso sempre.

O CAPÍTULO EM 10 DICAS

Pense nisso...

1 – A rede de água do condomínio está dividida em horizontal e vertical. Quando os vazamentos nas unidades forem oriundos de canos horizontais, ou seja, ramais, a responsabilidade de reparo é dos moradores. A questão é verificar se a água está vazando da própria unidade ou do apartamento do vizinho de cima.

2 – Os vazamentos dentro das unidades oriundos de canos verticais e colunas são de responsabilidade do condomínio. A manutenção e a troca de colunas precisam ser realizadas e programadas com a periodicidade necessária.

3 – Indício da necessidade de manutenção e troca é quando a água começa a apresentar ferrugem, o que é sinal de corrosão no tubo galvanizado e pode inclusive apresentar risco à saúde.

4 – Os problemas mais comuns são vazamentos de ramais nos banheiros e infiltrações de modo geral. Nesses casos, o condomínio não tem responsabilidade e não deve se envolver – salvo se o problema tomar outro vulto, no caso de começar a atingir outras unidades.

5 – Quando o condômino tem um vazamento no ramal, ele poderá exigir que o condomínio tome providências. O condomínio, por sua vez, poderá ajudar contatando, por telefone ou por escrito, o proprietário da unidade que originou o vazamento; ou fornecendo ao morador os contatos com a unidade em que há o vazamento. Mas ressalte-se outra vez que o problema de vazamento entre unidades não é do condomínio.

6 – Constatando-se qualquer vazamento nas unidades, a primeira providência é solicitar que um encanador ou engenheiro defina a origem do problema. Com esse parecer do profissional em mãos, será possível definir de quem é a responsabilidade e iniciar a solução do caso.

7 – A responsabilidade do condomínio é sempre em prol do bem-comum. E ele somente deve interferir quando o problema entre unidades tornar-se coletivo ou quando a origem do problema não for de fácil identificação.

8 – Caso seja identificado que o problema é da coluna do edifício, caberá ao condomínio sua manutenção e a devolução do apartamento do condômino nas condições anteriores. Não sendo possível a reposição na forma original, caberá ao síndico negociar a reposição com o condômino.

9 – Se o morador da unidade em que há vazamento não realizar o reparo, o condômino penalizado poderá ingressar nos Juizados Especiais Cíveis, visando o reparo e o ressarcimento do prejuízo.

10 – Antes do ingresso com a medida judicial, deve-se notificar a unidade, informando a situação.

Capítulo 10
LOCAÇÃO

O Código Civil (art. 1.335) e a Constituição Federal asseguram ao morador o direito de dispor de sua propriedade como melhor lhe convier, seja a título gratuito ou oneroso. Não cabe ao condomínio regular tal prática, salvo se ela caracterizar uso inadvertido de uma unidade ou interferência na rotina do prédio. O exercício regular do direito de propriedade exclui o desvio de sua finalidade residencial; portanto, ficam proibidas atividades que causem perturbação ao sossego, saúde, segurança e bons costumes dos demais coabitantes do edifício, bem como atividades que facilitem a alteração de pessoas sem prévia comunicação em suas dependências, a circulação indiscriminada de convidados ou o excesso de gente em um mesmo apartamento, dentre outras situações.

10.1 CASA DO ZELADOR

302 Para aumentar a receita do condomínio, alguns moradores sugeriram alugar a casa do zelador, que está vaga. Serão necessários 100% de aprovação dos condôminos?

A locação da casa do zelador é uma questão que ainda abre discussões, uma vez que encontramos entendimentos de que esta locação tanto poderia ocorrer com maioria simples em assembleia, com 2/3 dos moradores ou com a unanimidade do condomínio. Afinal, qual seria o correto?

Muitos condomínios optam por não terem zeladores residentes. Com a desocupação do imóvel, surgem algumas dúvidas quanto ao que pode ser feito com o local. Há condomínios que aproveitam o espaço para suprirem a falta de áreas comuns. Assim, no local, adequam um escritório para o síndico ou novo zelador, implantam um salão de festas, um depósito etc., ou locam a terceiros.

O objetivo, neste caso, é satisfazer à necessidade dos condôminos ou abrir uma nova fonte de receita em prol do condomínio; no entanto, é comum que nesse momento os síndicos ou administradores acabem se esquecendo de cumprirem com aspectos legais importantes.

A área ali destinada foi definida na instituição da incorporação do empreendimento; portanto, consta da planta original e faz parte do cômputo da fração da área comum dentro daquele condomínio. Assim, a mudança de destinação de determinada área, como transformar a casa do zelador em salão de festas, exige inicialmente a concordância de 2/3 dos condôminos.

Vejamos o art. 1.314, parágrafo único, do Código Civil, o qual se aplica subsidiariamente:

"Art. 1.314. Cada condômino pode usar da coisa conforme sua destinação, sobre ela exercer todos os direitos compatíveis com a indivisão, reivindicá-la de terceiro, defender a sua posse e alhear a respectiva parte ideal, ou gravá-la."

A Lei n. 14.405/2022 aduz:

"Depende da aprovação de 2/3 (dois terços) dos votos dos condôminos a alteração da convenção, bem como a mudança da destinação do edifício ou da unidade imobiliária.".

Nesse sentido, entendo que a locação do espaço exige o mesmo quórum; porém, precisa ser levado em consideração que se o condomínio auferir receita decorrente de locação de áreas comuns, cada condômino precisará declará-la no seu imposto de renda, mesmo que seja para composição de fundo de reserva (Ato Interpretativo n. 2/2007 da Receita Federal).

O entendimento do TJ-RS, por exemplo, segundo o qual o quórum para tal locação deveria ser de 2/3 dos condôminos, em decorrência da necessidade de alterar a convenção com vistas a permitir isso. (APELAÇÃO CÍVEL 17ª CÂMARA CÍVEL N. 7001383224 1 COMARCA DE PORTO ALEGRE, 24 de janeiro de 2006.)

10.2 LOCADOR

303 Como proceder quando condôminos locarem seus apartamentos na praia por temporada para grupos grandes de pessoas, impedindo que os demais moradores do prédio descansem nos fins de semana ou usufruam da piscina e da churrasqueira? Há como proibir tal abuso?

O funcionamento do prédio deve seguir o que dizem a convenção e o regimento interno do condomínio. Quando este regulamento se tornar obsoleto, deixando de atender às necessidades do condomínio, os condôminos deverão se reunir em assembleia e discutir o que pretendem, sempre levando em conta a vontade da maioria para que possam, se for o caso, alterarem os instrumentos, adequando-os à necessidade da coletividade.

O que parece que está ocorrendo no seu condomínio é a existência de dois perfis diferentes de condôminos: aqueles que utilizam o condomínio nos fins de semana para descansar e aqueles que são os locadores das unidades. A solução será discutir em assembleia um formato que atenda a ambos os grupos. Até que isso ocorra, deverão ser respeitados o regimento interno e a convenção.

De qualquer forma, o zelador não pode realizar vistoria de entrada e saída em unidades com o objetivo de atender ao interesse pessoal de alguns. A situação se agravará caso ele esteja recebendo valores adicionais para realizar essas vistorias. O valor poderá, inclusive, ser incorporado ao seu salário e futuramente representar um problema trabalhista para o prédio.

Cabe aos locadores, responsáveis legais pelas unidades, passarem as informações do funcionamento do prédio aos seus inquilinos.

Sempre que ocorrerem quaisquer infrações ao regimento interno, tais como brigas e o não cumprimento de regras, os locadores deverão ser advertidos e posteriormente multados.

304 Após ter meu imóvel sublocado, vou especificar os inquilinos no próximo contrato. Há problema?

Para ocorrer sublocação de um imóvel, é necessário anuência por escrito do locador. Não pode ocorrer sublocação de forma presumida. Sublocações realizadas sem a anuência expressa do locador causarão infração contratual e poderão, inclusive, culminar no despejo do inquilino.

De qualquer forma, a fim de que fique claro no contrato de locação, o locador poderá inserir a seguinte cláusula com o objetivo de restringir a prática:

"Não é permitida a transferência deste contrato nem a sublocação, cessão ou empréstimo, no todo ou em parte, do imóvel, salvo na hipótese de autorização por escrito do locador".

Quanto ao número de ocupantes para a unidade, o locador tem a prerrogativa de locar seu imóvel para quem melhor lhe provir, limitando o número de pessoas e, se achar necessário, escolhendo melhores garantias. Ele tem o direito de escolher o perfil que acreditar ser melhor para a preservação do seu patrimônio, desde que isso não represente qualquer forma de discriminação.

O locador também poderá inserir no contrato de aluguel uma cláusula, estabelecendo a finalidade da locação, bem como quem serão os ocupantes da unidade, sendo que o descumprimento da regra ocasionará infração contratual passível de despejo do locatório. Segue um exemplo:

"O imóvel destina-se exclusivamente a moradia do senhor fulano de tal, da senhora fulana de tal e do filho do casal, fulano de tal".

A forma estabelecida pela lei para o contrato de locações é livre, conforme disposto no art. 107 do Código Civil:

"A validade da declaração de vontade não dependerá de forma especial, senão quando a lei expressamente a exigir".

Dito de outra forma, as partes (locador e locatório) poderão pactuar o contrato como melhor lhes convier, desde que não contrariem dispositivos legais.

305 **Aluguei meu apartamento para o filho da síndica, o qual, ao deixar a unidade, devia meses de aluguel, água e luz, além de prejuízos no próprio imóvel. Tive que arcar com os prejuízos. A síndica não quis tratar comigo sobre os débitos do filho e agora me processa pelos meses que atrasei para arcar com as contas dele. Como se não bastasse, ela dificulta a instalação de meu interfone, pelo qual, em conjunto com a maioria das unidades, fui dos primeiros a pagar. O que devo fazer?**

A situação relatada é realmente chata, entendo sua indignação; mas, infelizmente, uma coisa não tem a ver com a outra.

Sua obrigação é a de pagar o condomínio em dia, mesmo que os encargos tenham sido transferidos ao inquilino contratualmente, uma vez que a responsabilidade legal pelo pagamento das cotas perante o condomínio é do proprietário. Assim, cada situação deve ser tratada de forma distinta.

Após tentativa extrajudicial, você deverá ingressar com medida judicial para recuperar o valor em aberto dos locativos e dos encargos, bem como pelos danos causados em seu bem, e procurar o condomínio para fazer o pagamento das cotas em atraso. Não existe compensação. E o caso do seu locatário ser parente da síndica juridicamente para a cobrança do atrasado é irrelevante.

Ademais, o fato de você estar devendo ao condomínio não pode estar atrelado à interrupção de qualquer serviço, como no caso de não efetuarem a troca do seu interfone em função de sua unidade estar com cotas em aberto. E ainda, a síndica não pode de forma alguma misturar as coisas e usar o poder de síndica para lhe prejudicar. Isso ensejaria reparação de danos morais e materiais. De qualquer forma, se possível, o caminho inicial é tentar o diálogo para que possam ser restabelecidas as relações básicas de convívio.

A questão do seu aluguel deve ser tratada diretamente com o inquilino, sem envolvimento do condomínio.

10.3 LOCATÁRIO

306 O locador só pagará pelo material que for usado unicamente para a troca da fiação danificada do imóvel. Está certo?

A relação entre locador e locatário está descrita na Lei de Locações n. 8.245/91:

"III – restituir o imóvel, finda a locação, no estado em que o recebeu, salvo as deteriorações decorrentes do seu uso normal:".

Já o inquilino é responsável pela conservação. Entre as obrigações do locador, está a de: "I – entregar ao locatário o imóvel alugado em estado de servir ao uso a que se destina"; e a de "II – garantir, durante o tempo da locação, o uso pacífico do imóvel locado" (art. 22 da Lei n. 8.245/91).

Por se tratar de obrigação do locador a manutenção do imóvel, os contratos de locações vedam, como regra, que o inquilino realize qualquer obra sem o consentimento do locador. Porém, quando inserido no contrato, esse artigo deve ser analisado com cautela, uma vez que o locador poderá impedir que o locatário realize reparos urgentes ou não urgentes.

Assim, se o problema no imóvel for de ordem estrutural ou por desgaste pelo uso, a responsabilidade desta manutenção será do locador, incluindo a mão de obra e o material.

Caso o proprietário não faça o reparo urgente inerente ao uso do bem, a Lei do Inquilinato aduz que o inquilino poderá fazer o reparo imediato e pedir reembolso:

Lei n. 8.245 de 18 de outubro de 1991.

Dispõe sobre as locações dos imóveis urbanos e os procedimentos a elas pertinentes.

"Art. 35. Salvo expressa disposição contratual em contrário, as benfeitorias necessárias introduzidas pelo locatário, ainda que não autorizadas pelo locador, bem como as úteis, desde que autorizadas, serão indenizáveis e permitem o exercício do direito de retenção."

Lembrando que, se as duas partes acordaram em não realizarem qualquer reparo no bem, mesmo que necessário, a situação poderá ser considerada infração contratual do locador. Essa infração é passível de multa e rescisão contratual, não obstante o ressarcimento por danos materiais e dano moral, em função do desgaste emocional com a situação.

O CAPÍTULO EM 10 DICAS

Pense nisso...

1 – O proprietário não pode utilizar as áreas comuns do prédio cujo apartamento foi locado, pois assim que ocorre a locação do imóvel o direito de uso do bem deixa de ser do proprietário e passa a ser do locatário. O proprietário pode até mesmo ser multado.

2 – É obrigatório o pagamento das multas concedidas pelo síndico do condomínio. A responsabilidade do pagamento das multas é do locatário, mas ficarão atreladas à unidade. Em casos de locações de imóveis em que o inquilino infrinja o regimento do condomínio, este poderá ser despejado pelo proprietário, o que é possível por meio de uma ação de despejo por infração contratual.

3 – O responsável pelo pagamento do IPTU e do condomínio, mediante a lei, é sempre o proprietário, salvo disposição em contrário entre as partes. Logo, o inquilino passa a ser responsável por esses pagamentos, caso isso tenha sido acordado no contrato de aluguel. Nos casos em que o proprietário tenha se esquecido de informar isso ao locatário, a responsabilidade passa a ser dele próprio. De qualquer forma a obrigação perante a prefeitura será sempre do dono do imóvel.

4 – Reformas e melhorias no prédio sempre são de responsabilidade do proprietário.. É importante que se analise qual é o tipo de obra que será realizada e se são custos do proprietário.

5 – Caso o proprietário não pague o condomínio, ainda que o valor seja devidamente repassado a ele, o locatário deverá notificar o proprietário e entrar em contato com a administradora para expor a situação. Em alguns casos poderá tentar acordar com a administradora do bem ou com o próprio locador para que o valor possa ser repassado diretamente ao prédio, embora seja muito difícil que isso aconteça.

6 – O locatário poderá rescindir o contrato por descumprimento de questões contratuais por parte do locador, caso ocorram situações que justifiquem.

7 – Antes do novo Código Civil, a Lei n. 4.591/64 permitia a presença de inquilinos em assembleias que tratassem de assuntos ordinários e sem procuração apenas na ausência do proprietário. Porém, com o advento do Código Civil, o seu art. 1.335 deixa bem claro que é prerrogativa do condômino participar e votar nas assembleias.

8 – O inquilino não é considerado condômino. A qualificação do locatário (inquilino) no contexto condominial, por força dos artigos do Código Civil que tratam do condomínio edilício (arts. 1.331 a 1.358), é a de possuidor.

9 – O inquilino poderá ser síndico do condomínio caso não exista exigência de síndico condômino na convenção.

10 – Todos os boletos devem ser emitidos no nome dos proprietários das unidades. Dessa forma, o condomínio consegue cobrar judicialmente quem realmente deve ao empreendimento, resguardando sua economia.

Capítulo 11
OBRAS

Obras e reformas estão entre as principais questões que trazem dor de cabeça aos condomínios. São sinônimos de barulho, sujeira e perturbação; mas esses são apenas os problemas mais visíveis. Para que essas transformações sejam satisfatórias, devem respeitar as regras ditadas pela convenção, pelo regulamento interno e pelas normas da ABNT: estes são os principais instrumentos a que todos devem se ater na hora de botarem a mão na massa. Por isso, o síndico, a gestão e os condôminos devem estar atentos para que qualquer modificação na estrutura do imóvel siga um roteiro de cuidados e regras específicas.

11.1 REFORMAS

307 Para toda obra, é necessária uma autorização?

Sim, exceto em casos de pequenos reparos em imóveis não tombados e desde que não sejam alteradas as condições edilícias pré-aprovadas. *Vide* ABNT n. 16.280 e Código de Obras do Município.

308 Além da Anotação de Responsabilidade Técnica (ART), também é preciso um alvará da prefeitura para reformar unidades?

Importante verificar o Código de Obras e Edificações (COE) de cada município, as exigências variam de município para município. No entanto, uma coisa são as exigências da ABNT n. 16.280, e outra é a necessidade de alvará pela Prefeitura. Uma não substitui a outra.

Na prática, o síndico verifica se o morador tem um projeto, quais as modificações, o cronograma, a Anotação de Responsabilidade Técnica (ART) do engenheiro responsável e, mesmo sem alvará, autoriza a execução da obra.

Apenas pequenos reparos não necessitam de alvará; porém, a lei não descreve tais pequenos reparos de forma exemplificativa, mas são eles trocas de azulejos, louças do banheiro etc.)

309 Vou reformar, mas o síndico recusa o RRT e quer a ART. Está correto?

Inicialmente, cumpre esclarecer que a Anotação de Responsabilidade Técnica (ART) é o termo pelo qual o profissional de engenharia registrará as atividades técnicas a que se destinará sua contratação ou obra, sendo que seu preenchimento é de responsabilidade de profissionais devidamente habilitados, com registro no Conselho Regional de Engenharia e Agronomia (CREA).

Em função da Resolução do Conselho de Arquitetura e Urbanismo do Brasil CAU/BR n. 21/2012, o Registro de Responsabilidade Técnica (RRT) é o documento que substitui a ART, devendo ser emitido por arquitetos. O RRT deverá ser efetuado antes do início das atividades de "execução" que estão listadas no art. 3º, item 2, da resolução.

Para a realização de obras no interior de unidades, devem ser observadas as posturas municipais de cada região. Em São Paulo, por exemplo, a realização de uma obra dependerá de que o requerimento seja preenchido pelo responsável técnico da obra, que poderá ser um engenheiro (ART) ou um arquiteto (RRT).

Segundo a Prefeitura de São Paulo, o requerimento por si só não habilita a obtenção do alvará e o consequente início das obras. Só é possível iniciar uma obra com o requerimento se o processo de aprovação e execução tiver sido autuado, e se no prazo de 30 dias não houver ocorrido, por parte da Prefeitura, a emissão de "Comunique-se" ou de despacho decisório favorável. Este prazo será ampliado para 120 dias quando forem necessários pareceres de outros órgãos envolvidos na aprovação e execução do projeto.

A Associação Brasileira de Normas Técnicas (ABNT), órgão de âmbito nacional, institui que, não obstante a necessidade de regularidade da obra perante as autoridades locais, o plano de reforma deverá ser elaborado por profissional habilitado, para que se apresente a descrição de impactos nos sistemas, subsistemas, equipamentos e afins da edificação, e para que o plano seja encaminhado ao responsável legal da edificação em comunicado formal, para análise antes do início da obra de reforma.

A ABNT menciona, ainda, um termo de responsabilidade técnica, que poderá ser a ART ou o RRT. Dessa forma, o síndico poderá exigir somente o cumprimento da legislação local vigente e o cumprimento da ABNT 16.280:2015, mas não poderá escolher entre RRT ou ART, pois estes diferenciam apenas a categoria do profissional responsável pela obra.

310 Quero quebrar a parede da sala do meu apartamento para criar uma cozinha tipo americana, mas o síndico diz que preciso de permissão da prefeitura para a obra. Está correto?

É dever do condômino não realizar obras que comprometam a segurança da edificação, conforme o art. 1.336, II, do Código Civil.

O síndico tem o dever de fiscalizar se a obra está ou não regular e requerer ao condômino, antes do início da obra, o alvará ou o requerimento autuado e a identificação do engenheiro ou arquiteto responsável pela obra.

Lembrando que pequenas modificações, tais como pintura e trocas de piso, não dependem de nenhuma autorização. Porém, tanto a remoção quanto a construção de novas paredes necessitam de uma Comunicação de Pequenas Reformas à prefeitura de sua cidade.

311 Minha casa no condomínio tem um quintal que é meia-parede com o do vizinho de trás, cuja casa fica dois metros abaixo do nível da minha. Coloquei na lavanderia um vitrô de 40x40 cm acima do nível deste muro, mas o síndico e o vizinho me pediram para substituí-lo por tijolos de vidro, sob a alegação de que o vitrô possibilita enxergar o vizinho tomando banho. O que fazer nesta situação?

O condomínio não comporta obras em áreas comuns por parte de seus condôminos. Quem poderia fazê-lo seria o condomínio e mediante quórum especial, conforme aduzido a seguir:

"Art. 1.342. A realização de obras, em partes comuns, em acréscimo às já existentes, a fim de lhes facilitar ou aumentar a utilização, depende da aprovação de dois terços dos votos dos condôminos, não sendo permitidas construções, nas partes comuns, suscetíveis de prejudicar a utilização, por qualquer dos condôminos, das partes próprias, ou comuns."

E ainda, se alterar a fachada, a obra precisaria da unanimidade dos condôminos para aprovação (art. 1.336, III).

Se a obra ocorrer em área privativa, desde que não altere a fachada, deverá ter um projeto modificativo, arquiteto ou engenheiro responsável, aprovação da municipalidade (alvará), além de ter que submeter a mesma à autorização do síndico, conforme prevê a ABNT n. 16.280.

Caso não esteja falando de um condomínio sob a égide do Código Civil e sim de um loteamento (o qual é regido pela Lei n. 6.766, de 19 de dezembro de 1979), a obra em questão deverá ser analisada com base no código de obras do município em questão e no estatuto da associação.

312 O condomínio pode vetar a instalação de um espaço adaptado para condôminos em atendimento domiciliar (*home care*)?

O morador pode adaptar a sua unidade para o atendimento de *home care* de um morador, não existe qualquer objeção, conforme aduz o Código Civil:

"Art. 1.335. São direitos do condômino:

I – usar, fruir e livremente dispor das suas unidades, estando limitado a não utilizar a propriedade de forma lesiva ao demais, oferecer riscos a saúde, a segurança ou ao sossego dos que ali coabitam."

Assim, dentro da unidade e limitado apenas ao seu uso regular, ele poderá realizar o *home care* sem que o condomínio possa interferir e desde que o uso da unidade não interfira no funcionamento do prédio e no sossego dos demais

313 Como o condomínio pode lidar com as adaptações necessárias aos condôminos acidentados ou que precisem de atendimento *home care*?

O Decreto n. 5.296/2004 estabelece normas para a promoção da acessibilidade das pessoas portadoras de deficiência ou com mobilidade reduzida.

Além disso, a ABNT NBR 9.050:2020 também dispõe de normas importantes a serem seguidas quanto a edificações (inclusive para áreas comuns), salões de festas, piscinas etc.

A adaptação do *home care* na unidade não compete ao condomínio, e o uso do espaço para atendimento precisa se adequar as regras do condomínio sem interferência na saúde, sossego e segurança dos que ali coabitam.

11.2 MANUTENÇÃO

314 Parte da cobertura foi vendida e seu telhado está cheio de cupins. Quem paga pelo conserto?

O fato de a cobertura ter sido vendida é irrelevante; o que deve ser considerado é de quem é a propriedade do bem.

O telhado da cobertura é do condomínio, conforme preceitua o art. 1.331 do Código Civil; isso está na especificação do condomínio e a convenção.

"Art. 1.331. Pode haver, em edificações, partes que são propriedade exclusiva, e partes que são propriedade comum dos condôminos.

(...)

§ 2º O solo, a estrutura do prédio, o telhado, a rede geral de distribuição de água, esgoto, gás e eletricidade, a calefação e refrigeração centrais, e as demais partes comuns, inclusive o acesso ao logradouro público, são utilizados em comum pelos condôminos, não podendo ser alienados separadamente, ou divididos."

315 De quem é a responsabilidade sobre a manutenção e conservação da parede da fachada frontal e do piso da varanda de uma unidade, já que fachadas são áreas comuns, e varandas e sacadas são de uso exclusivo do morador? Em relação ao acesso e ocupação das varandas para serviços de manutenção, conservação e contra vazamentos da fachada, cabe obrigação de fazer?

Existe uma confusão comum quanto à propriedade da sacada e a responsabilidade por suas manutenções, uma vez que integram as unidades e, ao mesmo tempo, compõem a fachada da edificação.

O espaço da sacada é unidade privativa, sem sombra de dúvidas – o que não deve ser confundido com o terraço da cobertura, que tanto pode ser unidade privativa como área comum de uso exclusivo (art. 1.344 do Código Civil). Vai depender da concepção na instituição do condomínio. Para saber de quem é a propriedade do terraço da cobertura, será necessário examinar a convenção e a matrícula da unidade.

"Art. 1.344. Ao proprietário do terraço de cobertura incumbem as despesas da sua conservação, de modo que não haja danos às unidades imobiliárias inferiores."

De qualquer forma, o proprietário deverá utilizar sua unidade conforme destinação, respeitando a utilização dos demais e concedendo acesso, se necessário, às manutenções do prédio (prumada), além de providenciar as manutenções que lhe couberem (ramais).

Assim, são obrigações do dono da unidade realizar manutenções em ramais, tais como o ralo da sacada ou o exaustor da churrasqueira; caso não as faça e isso estiver trazendo transtornos à unidade abaixo ou ao condomínio, o condômino poderá ser obrigado a fazê-las, inclusive por força judicial.

"AÇÃO DE OBRIGAÇÃO DE FAZER. CONDOMÍNIO. Negativa dos réus em permitir acesso à unidade condominial para realização de troca de encanamento aprovada em assembleia geral. Indevida recusa. Desnecessidade de oferecimento de cronograma de obras em razão da urgência da medida. Sentença de procedência. Apelo improvido. (TJ-SP – APL: 10411135420138260100 SP 1041113-54.2013.8.26.0100, Relator: Ruy Coppola, Data de Julgamento: 11-6-2015, 32ª Câmara de Direito Privado, Data de Publicação: 11-6-2015.)"

Lembrando que quem deve pleitear esse direito, no caso de problemas entre unidades, é o condômino prejudicado e não o condomínio.

Caso os problemas envolvam encanamentos de áreas comuns, como no caso de prumada/coluna, ou se o vazamento em uma sacada estiver prejudicando uma grande massa de moradores, então o síndico deverá tomar medidas corretivas, que muitas vezes acabam na esfera judicial.

Pelo mesmo princípio descrito no art. 1.335, II, os proprietários do último, do penúltimo, da cobertura, ou de qualquer outro andar, devem permitir o acesso para manutenções de áreas comuns dos prédios, tais como a pintura de fachada. Vejamos:

"Art. 1.335. São direitos do condômino:

(...)

II – Usar das partes comuns, conforme a sua destinação, e contanto que não exclua a utilização dos demais compossuidores."

Ao proprietário, fica proibida a alteração da fachada e modificação do piso da unidade, uma vez que, embora estejamos falando em áreas privativas, a varanda da unidade compõe a fachada da edificação (art. 1.336, III).

Quanto ao piso, se não for visível de outras unidades e de fora da edificação, poderá ser modificado mediante projeto arquitetônico, com preenchimento de termo de responsabilidade técnica e autorização da municipalidade, uma vez que o peso do piso pode prejudicar a estrutura da varanda que, muitas vezes, é construída em balanço e não comporta sobrepeso.

No caso de vazamentos em colunas ou manutenção em fachada externa, a responsabilidade é do condomínio, devendo o proprietário franquear acesso à unidade sempre que necessário.

316 Um condômino teve entupimento no esgoto da pia da lavanderia. Na ausência do síndico, em vez de consultar o subsíndico ou a administradora, ligou para uma empresa especializada e fez o desentupimento. A empresa desentupiu 30 metros e agora quer cobrar pelos 25 m que corresponderiam ao condomínio. O condomínio deve pagar?

Não obstante o procedimento seja comunicar-se inicialmente com o síndico ou com a administradora, por se tratar de reparo urgente para o qual não se poderia aguardar a chegada do síndico, é razoável e legal que o condômino tenha realizado o reparo. Inclusive, tal situação encontra respaldo na legislação (art. 1.341, § 1º, do Código Civil).

Caso tenha-se cometido excesso na solicitação ou reparos desnecessários, o condômino deverá arcar com o prejuízo, de forma a não onerar o condomínio. Porém, se os reparos foram necessários para a solução do entupimento, o condomínio deverá arcar com o valor adicional.

Não podemos aventar a possibilidade de que a empresa tenha realizado reparos desnecessários, aproveitando-se da situação. Dessa forma, sugiro entrar em contato com a empresa para entender exatamente o ocorrido e, se cabível, negociar valor e parcelamento.

317 Precisamos colocar pingadeiras nos muros, a fim de preservá-los da infiltração da água das chuvas, para depois pintarmos seus descascados. É preciso assembleia para a execução dos serviços ou eles se enquadrariam em manutenção, com necessidade da análise de pelo menos 3 orçamentos diferentes? Como agir?

A realização de obras deverá obedecer ao que estabelece o art. 1.341 do Código Civil, ou seja: para obras úteis, é necessária a maioria dos condôminos; e para obras voluptuárias, o voto de 2/3 dos condôminos.

No caso de obras ou reparos necessários, estes poderão ser realizados independentemente de autorização; porém, é salutar sua ratificação na próxima assembleia.

Quando o valor for de grande vulto, mesmo que seja possível sua posterior ratificação, o ideal será obter uma pré-aprovação, a fim de evitar quaisquer contratempos.

318 Em um condomínio de casas, a assembleia pode aprovar que as fachadas de algumas unidades sejam pintadas, seus telhados lavados e suas rachaduras restauradas?

Em um condomínio de casas, as fachadas compõem a harmonia arquitetônica da edificação e não podem ser modificadas sem o aval da unanimidade dos condôminos. Porém, sua manutenção deverá ser realizada e, como são casas, fica fácil saber qual precisará de reparos e qual não precisará.

Nesses casos, geralmente, a manutenção e a conservação ficam por conta dos proprietários das casas, diferentemente do condomínio vertical (em plano horizontal), em que o reparo da fachada é custeado por todos.

Assim, o ideal é que o reparo seja realizado diretamente por cada condômino e não pelo condomínio – embora não exista irregularidade nessa situação, caso a assembleia decida dessa forma.

"APELAÇÃO CÍVEL. OBRIGAÇÃO DE FAZER. CONDOMÍNIO. OBRA DE AMPLIAÇÃO REALIZADA EM UMA DAS CASAS. ALTERAÇÃO DO PADRÃO ARQUITETÔNICO. DEMOLIÇÃO. 1. Rejeitada preliminar de cerceamento de defesa. Inércia dos autores em requerer produção de provas. 2. No mérito, cuida-se de ação de obrigação de fazer, na qual o Condomínio autor pretende a demolição de obra realizada na casa dos réus, ao argumento de que importou em alteração da fachada e quebra de padrão arquitetônico, não tendo havido autorização para tanto. 3. A sentença julgou procedente o pedido para determinação a demolição da obra de ampliação na residência dos réus, retornando às características anteriores no prazo de trinta dias, sob a pena de multa diária de R$ 200,00, limitada ao valor de R$ 20.000,00. 4. A tese recursal é no sentido de que quando fizeram a obra em questão não havia a Convenção de Condomínio, a qual só foi registrada em 2-2-2007. Destacam os apelantes que a ampliação de seus imóveis foi autorizada verbalmente pelos demais condôminos. 5. A constituição do Condomínio apelado ocorreu em novembro de 1996, momento em que foram discriminadas as áreas comuns e privativas por meio de escritura pública, sendo certo que os apelantes adquiriam a unidade residencial em 30-12-2003. 6. Não obstante a Convenção reger a administração do condomínio e os direitos e deveres dos condôminos e, na presente hipótese, ter sido feita em data posterior a obra realizada na residência dos autores, o Código Civil também prevê normas que regulam a matéria. 7. Pela análise das fotografias acostadas aos autos, constata-se que o condomínio em tela é composto de casas similares, as quais possuem a mesma arquitetura, com construção de fachadas e cores idênticas. 8. A ampliação no imóvel dos recorrentes foi realizada na parte dos fundos, no andar superior até o muro divisório com outro condomínio, tendo sido utilizadas cores na pintura da fachada semelhantes à das demais residências. 9. Contudo, a referida construção destoa por completo das outras casas, alterando de forma significativa o conjunto arquitetônico do Condomínio recorrido. 10. Manutenção da sentença de procedência do pedido autoral. 11. Negado seguimento ao recurso. (TJ-RJ – APL: 00054020920078190068 RJ 0005402-09.2007.8.19.0068, Relator: DES. MONICA MARIA COSTA DI PIERO, Data de Julgamento: 3-6-2015, 8ª CAMARA CIVEL, Data de Publicação: 12-6-2015 12:55.)"

319 Há uma entrada de garagem que atende a 70% dos condôminos e outras 5 que atendem aos 30% restantes (a construtora entregou assim). Recentemente, o síndico informou que não mais fará manutenções dos portões que atendem à minoria, ficando para os 30% esta responsabilidade. Isso procede? Teria como recorrer da decisão?

É obrigação do síndico, com base no art. 1.348, V, do Código Civil, a conservação e manutenção das áreas comuns.

O fato de uma entrada atender a uma quantidade menor de condôminos não desobriga o síndico de realizar sua manutenção, da mesma forma que ele a realizaria na entrada principal, que atende a uma quantidade maior de pessoas. A manutenção do condomínio deve ocorrer de forma homogênea, independentemente de quantos moradores as entradas atendam ou deixem de atender, não desobrigando o síndico de seus deveres.

O síndico tem o poder e o dever de realizar as manutenções necessárias, e caso não as faça e ocorra algum acidente, poderá inclusive ser responsabilizado pessoalmente pela omissão no cumprimento de sua obrigação legal.

11.3 EMBELEZAMENTO DE PAREDE

320 Quero colocar revestimento tipo tijolinho na parede da minha sala sem alterar a estrutura do imóvel, mas o síndico diz que preciso submeter o projeto e a ART ao engenheiro prestador de serviços do condomínio. Achei bastante incoerente com o serviço de revestimento de paredes. O que a legislação diz?

As exigências constam no Código de Obras e Edificações (COE), Lei n. 11.228/92, bem como na norma ABNT 16.280.

Entendo que a colocação de revestimento em parede seria um procedimento similar ao da colocação de um papel de parede; porém, conforme o art. 13 do COE em São Paulo, a aplicação de revestimentos não requer autorização municipal nem autorização do condomínio. Situação diversa de quando se realiza uma reforma – caso em que se deve submeter o projeto ao síndico e obter a Anotação de Responsabilidade Técnica (ART) ou o Registro de Responsabilidade Técnica (RRT), conforme a norma da ABNT.

Porém, segundo seu relato, não se trata de reforma e sim de embelezamento da parede (algo comparável a um serviço de marceneiro para revestimento de parede, ou à colocação de uma cabeceira grande na parede atrás da cama), o que não seria motivo de obtenção prévia de qualquer autorização do condomínio.

Lei n. 16.642, de 9 de maio de 2017:

"Art. 13 Não estão sujeitas a licenciamento, nos termos deste Código, a execução de:

I – obra e serviço de reparo e limpeza;

II – restauro, entendido como a recuperação de imóvel sob o regime de preservação municipal, estadual ou federal, de modo a lhe restituir as características originais, a ser autorizado pelo órgão competente;

III – alteração do interior da edificação que não implique modificação na estrutura que interfira na estabilidade da construção."

O CAPÍTULO EM 8 DICAS

Pense nisso...

1 – Na hora de construir ou reformar (isso vale tanto para o condômino quanto para o síndico), o primeiro passo deve ser providenciar os documentos necessários para a realização da obra, como a Anotação de Responsabilidade Técnica (ART) e o Registro de Responsabilidade Técnica (RRT). Ambos são preenchidos por um profissional de engenharia ou arquitetura, que listam as atividades técnicas a serem realizadas na futura reforma.

2 – Além dessas questões, é importante se atentar para as regras municipais da região onde o empreendimento está localizado, pois também devem ser observadas para a realização de obras.

3 – Independentemente da norma nacional, o síndico de condomínios já é o responsável pela edificação e cabe a ele fiscalizar qualquer obra, conforme o art.1.348, do Código Civil.

4 – Antes do início de qualquer obra, o síndico deverá solicitar ao condômino a apresentação de documentos necessários para comprovar a regularidade da obra. Se ele for impedido de verificar o local acompanhado de engenheiro de sua confiança, poderá ainda solicitar sua paralisação imediata.

5 – Caso o morador inicie uma obra sem autorização, o síndico deverá notificá-lo a apresentar o pedido para a realização da obra, sob a pena de ingresso de medidas legais para resolver a questão, tais como a paralisação ou embargo da obra por falta de segurança.

6 – A execução de uma reforma dentro de uma unidade condominial precisa passar pelo proprietário ou morador, que deverá apresentar ao síndico um plano de reforma e uma ART ou o RRT. Estes deverão ser assinados, respectivamente, por um engenheiro ou arquiteto que deverá acompanhar a obra.

7 – Obras que necessitam de ART/RRT: instalação de ar-condicionado; mudança de lugar de torneiras, chuveiros ou tomadas; abertura de porta ou cozinha americana; fechamento ou envidraçamento de sacadas; buracos ou perfurações de lajes; instalação de banheira; reformas onde há necessidade de engenheiro eletricista; reparos ou alterações nas instalações de gás; trocas de revestimentos com uso de ferramentas de alto impacto (como marretas ou marteletes) para a retirada do revestimento prévio; e alterações estruturais no apartamento.

8 – Obras que NÃO necessitam de ART/RRT: pinturas; pequenos reparos elétricos ou hidráulicos em que não se utilizem ferramentas de alto impacto nem se façam alterações da estrutura do condomínio; colocação de redes de proteção; e substituição do forro de gesso, desde que o novo tenha características semelhantes ao original.

Capítulo 12

PERTURBAÇÃO DO SOSSEGO

As brigas entre vizinhos motivadas por barulhos já são recorrentes nos condomínios. Obras de construção e reformas, música alta, latidos de cachorro, ruídos de sapatos com salto alto, fogos de artifício e gritaria são alguns dos muitos motivos para reclamações. Todos nós, por natureza, fazemos barulho. Mas, até que ponto é permitido? O que diz a Lei sobre o assunto? No caso específico dos condomínios, de acordo com o art. 1.336 do Código Civil, são deveres do condômino "dar às suas partes a mesma destinação que tem a edificação, e não as utilizar de maneira prejudicial ao sossego, salubridade e segurança dos possuidores, ou aos bons costumes".

12.1 SOSSEGO, SEGURANÇA, SAÚDE E BONS COSTUMES

321 Usuários de drogas têm deixado embalagens no estacionamento e numa área destinada às crianças. O corpo diretivo registrou a irregularidade em ata de assembleia administrativa e afixou comunicados nos elevadores, mas os casos continuam ocorrendo. Que outras providências o condomínio pode tomar?

A utilização ou descarte de derivados de drogas no interior do condomínio é um caso de polícia. Assim, o primeiro passo seria lavrar um Boletim de Ocorrência relatando o crime, para que a autoridade policial possa investigar. Essa medida é plausível, uma vez que, apesar de o condomínio ser uma área privada, cabe à polícia a repressão do crime e não ao particular.

Porém, se o consumo ocorrer dentro da unidade, a situação muda de figura

São muito comuns os casos de consumo de maconha em unidades, não cabendo ao síndico inibir tal prática. Porém, se o infrator fumar a ponto de perturbar o sossego, segurança, saúde ou aos bons costumes de algum morador (conforme previsto no art. 1.336, VI, do Código Civil), o síndico deverá pedir-lhe que relate a ocorrência no livro específico ou documente por *e-mail*, para que consequentemente o infrator seja advertido de forma genérica, sem imputar o uso de entorpecentes.

E caso o fumo, seja ele de cigarro ou de maconha, incomode mais gente (como, por exemplo, o arremesso de bitucas pela janela), o prédio deverá agir, podendo, inclusive, multar o infrator.

Para inibir usuários de drogas dentro das áreas comuns dos condomínios (ou o fumo, que é proibido nas áreas comuns desde 2014 por lei federal), o circuito interno de câmeras costuma funcionar. Atrelado a isso, em alguns casos é imprescindível que o condomínio chame a polícia, quando constatar a prática de crime em áreas comuns.

322 Uma senhora reclama do cheiro de maconha que vem dos andares abaixo e acima do seu. Isso não procede, conforme diversas vistorias realizadas pela administração. Ela já foi chamada à polícia e à justiça, mas nada parece tê-la intimidado. Parece-nos um caso patológico. Como devemos proceder?

Algumas situações em condomínios, quando isoladas, não devem ser tratadas diretamente pelo síndico nem pela administração. De qualquer forma, o cheiro de maconha pode estar vindo de outro prédio ou ser trazido pelo vento – o que não seria de responsabilidade do condomínio apurar.

Erroneamente, as pessoas atribuem qualquer situação à administração, quando esta tem dever de agir nas questões comuns. Assim, sugiro que notifique à moradora, informando-lhe o limite de atuação do síndico e da administração. Se esta causar problemas, a gestão poderá, inclusive, aplicar-lhe multa, caso extrapole os limites do razoável.

323 No apartamento acima do meu, o vizinho fuma maconha na janela e, vira e mexe, sinto o cheiro no meu apartamento. O que posso fazer?

Ao síndico não caberá inibir essa prática, exceto se o infrator fizer uso da droga a ponto de perturbar o sossego, segurança e saúde, de acordo com o Código Civil:

"Art. 1.336. (...)

IV – dar às suas partes a mesma destinação que tem a edificação, e não as utilizar de maneira prejudicial ao sossego, salubridade e segurança dos possuidores, ou aos bons costumes."

Ao que parece, a situação apresentada é um caso de perturbação. Nesse sentido, o síndico, num primeiro momento, não precisa envolver-se. O próprio condômino poderá interfonar ao seu vizinho e, de forma cortês e polida, explicar-lhe a situação, pedindo que, se possível, não fume mais na janela, uma vez que o cheiro e a fumaça acabam entrando na sua unidade.

Caso a situação não se resolva, o condômino poderá registrar os fatos no livro de reclamações, para que o condomínio tome uma atitude. Mesmo assim, essa é uma situação complexa, pois, legalmente falando, o seu vizinho não está fumando em uma área comum e, sim, dentro da sua própria unidade, desfrutando, portanto, do seu direito de propriedade.

324 Em vez de área de lazer, temos salão de festas. Os adolescentes me pediram para usá-lo apenas para jogos, sem incomodar os vizinhos. Entretanto, três moradores reclamaram do uso. Como síndica, o que fazer?

Muitos prédios não têm área de lazer, o que passa a ser um problema quando existem muitas crianças no prédio. A principal preocupação ao tentar adequar uma área deve ser a de não desviar a destinação das áreas comuns.

Conforme aduziu Nascimento e Franco, nobre doutrinador:

"Tanto o edifício como as unidades privativas têm de ser utilizadas para a destinação prevista nos instrumentos de instituição e convenção do condomínio (Código Civil, art. 1.332, III. Art. 1.335, II. Art. 1.336, IV e art. 1.351). O desvio da destinação do edifício constitui uma das mais graves infrações da lei e da convenção de condomínio..." (Franco, J. Nascimento. *Condomínio*, 2005. 5. ed., p. 195. Editora Revista dos Tribunais).

Assim, a destinação da área precisa estar de acordo com o que aduz a convenção do condomínio. O salão de festas deve prestar-se à realização de festas e reuniões familiares, sendo que a alteração da destinação de um espaço descrito em convenção requer a aquiescência de 2/3 da massa condominial, sob a pena de alterar a substância, a concepção do que fora projetado.

Porém, algumas situações precisam ser analisadas com cautela, como no caso relatado. A simples utilização do salão de festas pelas crianças não altera a destinação da área, que continua prestando-se ao uso de festas.

Agregado a isso, se a utilização não representar qualquer dano ao patrimônio nem perturbação ao sossego e segurança dos que ali coabitam, não existe qualquer óbice a tal prática, desde que seja aprovada em assembleia e que sua utilização pelas crianças não ocorra quando o salão de festas estiver sendo utilizado para o fim a que se destina. A aprovação da assembleia, nesse caso, deverá ocorrer por maioria simples.

325 **O condomínio é residencial, mas um inquilino montou um restaurante usando duas unidades. A conta de água aumentou consideravelmente, a taxa não está mais suprindo as contas e ele não quer pagar a mais pela água usada. Os demais não aceitam pagar pelo aumento da água. O que fazer?**

Dentro de prédios estritamente residenciais, o uso de unidades para a realização de atividades comerciais é uma situação que foge totalmente da finalidade ora relatada. Importante verificar tal proibição, que deve estar descrita na convenção.

De qualquer forma, está expresso no Código Civil que, dentre as obrigações dos condôminos, está:

"Art. 1.336. (...)

IV – dar às suas partes a mesma destinação que tem a edificação, e não as utilizar de maneira prejudicial ao sossego, salubridade e segurança dos possuidores, ou aos bons costumes."

Assim, constatada a irregularidade, sugiro que notifique ao condômino para que cesse a atividade irregular, sob a pena de aplicação de multa e ingresso de ação judicial.

Por se tratar de uma atividade comercial que envolve alimentação, será necessário alvará para funcionamento, o qual não poderá ser obtido em um prédio residencial. Tal atividade está suscetível, ainda, à fiscalização da vigilância sanitária, órgão que poderá ser procurado para formalizar uma denúncia em nome do condomínio.

Quanto à questão do prejuízo oriundo da utilização da água, para que seja requerido um ressarcimento é importante provar o prejuízo.

Em situação análoga, certo prédio pegou a média da conta de água mensal dos últimos 12 meses e comparou-a com a conta a partir da constatação de um vazamento. No caso do exemplo, o condômino foi responsabilizado pelo valor excedente a partir da média da utilização dos 12 meses anteriores.

326 **Um morador reclama do barulho da academia, mas o regulamento interno permite sua utilização das 6h às 23h. O barulho não é constante e obras já foram feitas para melhorar a acústica, só que ele insiste em reclamar. A reclamação procede?**

Independentemente do horário permitido pela convenção, existe uma legislação que proíbe a perturbação ao sossego alheio. O que vai definir o limite desta perturbação (barulho) são os decibéis previstos em lei. No caso específico de condomínios, a perturbação ao sossego é regulada pelo seguinte artigo:

"Art. 1.336. São deveres do condômino:

(...)

IV – dar às suas partes a mesma destinação que tem a edificação, e não as utilizar de maneira prejudicial ao sossego, salubridade e segurança dos possuidores, ou aos bons costumes."

Sendo, ainda, que a perturbação ao sossego é crime previsto na Lei de Contravenções Penais:

"Art. 42. Perturbar alguém o trabalho ou o sossego alheio:

I – Com gritaria ou algazarra;

II – Exercendo profissão incômoda ou ruidosa, em desacordo com as prescrições legais;

III – Abusando de instrumentos sonoros ou sinais acústicos;

IV – Provocando ou não procurando impedir barulho produzido por animal de que tem a guarda:

Pena: prisão simples, de quinze dias a três meses, ou multa, de duzentos mil réis a dois contos de réis."

O Conselho Nacional do Meio Ambiente (Conama), responsável pelo controle da poluição ambiental, por força do art. 6, II, da Lei Federal n. 6.938/81, entende que ruídos acima dos limites estabelecidos pelo item II da Resolução Conama n. 1, de 8-3-1990, são prejudiciais à saúde e ao sossego público.

Sugiro que seja realizado um laudo de medição dos decibéis, a fim de constatar a não infração por parte dos que utilizam a área. A norma ABNT NBR 10.151:2019 trata sobre acústica e faz uma avaliação sobre ruídos em áreas habitadas, visando ao conforto da comunidade. Ela nos traz a seguinte tabela de decibéis:

TABELA 1
Nível de critério de avaliação NCA para ambientes externos em dB(A)

Tipos de Áreas	Diurno	Noturno
Áreas de sítios e fazendas	40	35
Área estritamente residencial urbana ou de hospitais ou de escolas	50	45
Área mista, predominantemente residencial	55	50
Área mista, com vocação comercial e administrativa	60	55
Área mista, com vocação recreacional	65	55
Área predominantemente industrial	70	60

12.2 BARULHOS E CONFLITOS

327 Moro no 1º andar, que fica em frente a um posto de gasolina 24h, cuja loja de conveniência vende bebida alcoólica. Os clientes bebem e fazem algazarra noite afora na calçada, diante da minha janela. O que fazer? Há como impedir que a loja fique aberta por 24h?

A poluição sonora é crime previsto no art. 54 da Lei n. 9.605 de 12 de fevereiro de 1998. Além disso, perturbar o sossego com barulho excessivo é considerado crime previsto na Lei de Contravenções Penais.

Segundo a legislação, "gritaria ou algazarra; exercer profissão incômoda ou ruidosa, em desacordo com as prescrições legais; abusar de instrumentos sonoros ou sinais acústicos; e provocar ou não impedir barulho produzido por animal de que tem a guarda" podem resultar em prisão simples, de 15 dias a 3 meses, ou multa.

Por se tratar de barulho fora do condomínio, a medida pode ser tomada de forma isolada pela pessoa que se sinta prejudicada, por meio de contato com a prefeitura de seu município e solicitando a fiscalização.

Poderá ainda recorrer à polícia, uma vez que perturbar o sossego com barulho excessivo é considerado crime previsto na Lei de Contravenções Penais:

"Art. 42. Perturbar alguém, o trabalho ou o sossego alheio".

Em última instância, quando o problema não puder ser resolvido de forma extrajudicial amigável, existe a possibilidade de se ingressar com uma medida judicial na justiça comum, para que o vizinho infrator, mediante ordem do juiz, seja forçado a cessar a situação ruidosa, sob pena de multa e fechamento do estabelecimento.

"RECURSO INOMINADO. AÇÃO INDENIZATÓRIA CUMULADA COM OBRIGAÇÃO DE FAZER. CONDOMÍNIO E VIZINHANÇA. PERTURBAÇÃO DO SOSSEGO. BARULHOS PERPETRADOS POR VIZINHO DE UNIDADE CONDOMINIAL DO MESMO PISO DA AUTORA. CONTEXTO PROBATÓRIO QUE CORROBORA A VERSÃO DA AUTORA. DANOS MORAIS OCORRENTES. 1. Verossímeis as alegações da autora acerca do incômodo causado por barulhos renitentes perpetrados pela vizinha moradora do apartamento localizado no mesmo pavimento de unidade condominial, em horários impróprios. 2. O contexto probatório acostado aos autos dá conta de que os incômodos causados à autora não foram em episódios isolados, tendo em vista os diversos avisos encaminhados pela administradora do condomínio (fls.105/109), bem como registro de ocorrência feito pela autora (fls. 64/65). Aliado a isso se tem a prova oral que atesta a ocorrência frequente dos problemas (fl. 87). A própria ré confessa que tais fatos ocorreram, tendo inclusive mencionado a presença de funcionário da administradora em seu apartamento em certa oportunidade, durante a madrugada. 3. A tese da ré, no sentido de que estaria sendo perseguida, não encontra eco na prova colhida, sendo que a ré em seu depoimento refere que nunca houve desavença entre as partes. A tentativa de infirmar o testemunho de Alessandra, por prestar serviços de manicure à autora, não se sustenta pois não há elementos sobre qualquer situação de suspeição ou impedimento da referida testemunha. 4. Incômodos que ultrapassam o âmbito dos meros dissabores cotidianos, caracterizando dano moral indenizável, cuja verba indenizatória, arbitrada pelo juízo singular em R$ 1.500,00, se mostra adequada ao caso em liça. 5. A multa por descumprimento da obrigação, fixada em R$ 100,00 (cem reais) por cada ato, igualmente se mostra adequada, não merecendo redução. 6.Sentença que resta mantida por seus próprios fundamentos. Exegese do art. 46 da Lei n. 9.099/95. RECURSO DESPROVIDO (Recurso Cível n. 71004818852, Segunda Turma Recursal Cível, Turmas Recursais, Relator: Silvia Muradas Fiori, Julgado em 11-6-2014.) (TJ-RS – Recurso Cível: 71004818852 RS, Relator: Silvia Muradas Fiori, Data de Julgamento: 11-6-2014, 2ª Turma Recursal Cível, Data de Publicação: Diário da Justiça do dia 13-6-2014.)"

328 Tenho um vizinho sobre o qual já fiz doze reclamações no livro por barulho em excesso. Isso ocorre até as 2h da madrugada. O síndico é omisso e diz para eu chamar a polícia. Isso é caso de polícia ou o síndico deveria adverti-lo e, se for o caso, multá-lo?

De acordo com o art. 1.336 do Código Civil, são deveres do condômino "dar às suas partes a mesma destinação que tem a edificação, e não as utilizar de maneira prejudicial ao sossego, salubridade e segurança dos possuidores, ou aos bons costumes".

Além do mais, perturbar o sossego alheio com barulho excessivo é considerado crime previsto na Lei de Contravenções Penais, podendo resultar em prisão simples, de 15 dias a 3 meses, ou multa:

"Art. 42. Perturbar alguém o trabalho ou o sossego alheio:

I – Com gritaria ou algazarra;

II – Exercendo profissão incômoda ou ruidosa, em desacordo com as prescrições legais;

III – Abusando de instrumentos sonoros ou sinais acústicos;

IV – Provocando ou não procurando impedir barulho produzido por animal de que tem a guarda:

Pena: prisão simples, de quinze dias a três meses, ou multa, de duzentos mil réis a dois contos de réis."

A manutenção do barulho em detrimento dos demais moradores é passível de aplicação de advertência e multa, nos termos da convenção e regimento interno de cada condomínio.

Em último caso, existe a possibilidade de se fazer cessarem os barulhos mediante a propositura de medida judicial por parte dos prejudicados, sob a pena de multa diária a ser arbitrada pela justiça.

Essas reclamações precisarão ser avaliadas, para que seja verificada de quem é a responsabilidade de tomar medidas para cessar o barulho: se do condomínio, nas figuras do síndico e da administradora, ou do condômino prejudicado.

A questão, muitas vezes, é subjetiva, sendo que ao síndico caberá, por via de regra, agir somente para manter a ordem do prédio, cuidando do coletivo. Barulhos isolados, pontuais, que prejudiquem somente uma unidade ou que não possam ser identificados de forma clara, são problemas que não devem assoberbar ainda mais a vida atribulada do síndico. Devem ser resolvidos entre os condôminos.

De qualquer forma, muitas vezes o síndico, em atenção ao solicitado e com o fim de evitar o litígio, toma medidas que poderão auxiliar na resolução do problema, tais como: conversar com as partes, enviar correspondência relatando o fato e pedindo uma solução.

O que dizem os Tribunais:

"DIREITO DE VIZINHANÇA. Conduta imprópria de proprietários de unidade condominial. Perturbação do sossego, com a propagação de ruídos, intoleráveis, sobretudo em horário de descanso. Multa aplicada com base em Regulamento Interno. Cobrança procedente. Apelo dos réus. Parcial provimento. (TJ-SP – APL: 9133856052003826 SP 9133856-05.2003.8.26.0000, Relator: Carlos Russo, Data de Julgamento: 29-6-2011, 30ª Câmara de Direito Privado, Data de Publicação: 5-7-2011.)"

329 O meu vizinho toca guitarra alto durante o fim de semana inteiro. Tentei reclamar no PSIU de São Paulo, mas não consegui. Como devo proceder?

A Prefeitura de São Paulo criou o Programa Silêncio Urbano (PSIU) com o objetivo de combater a poluição sonora na cidade; no entanto, esse serviço não se aplica aos condomínios.

Dessa forma, a lei não permite que festas em casas, apartamentos e condomínios, por exemplo, sejam vistoriadas, bem como nesse caso de música alta.

Para que as devidas sanções previstas em leis ou regimentos internos não precisem ser tomadas, o ideal é que o conflito seja resolvido por meio do diálogo. Quem está sendo perturbado deve interfonar à portaria e pedir para que o porteiro comunique o incômodo, de forma polida.

Caso não resolva dessa forma, ele poderá ligar pessoalmente para o condômino barulhento e comunicar-lhe, de forma respeitosa, sobre a interferência. O ideal é buscar, sempre que possível, a resolução do caso de forma extrajudicial. O recurso judicial deve ser a última instância.

Se o vizinho não entender que o barulho incomoda, a queixa deverá passar para o livro de ocorrências do condomínio e, depois, ser comunicada ao síndico e à administradora.

Lembre-se de que esse tipo de reclamação precisará ser avaliado para verificar o que é de responsabilidade do condomínio. A questão de barulho isolado deve ser resolvida entre as partes.

330 Certa casa de *shows* faz muito barulho todas as noites. Moro no primeiro andar e não consigo ouvir a TV. O que posso fazer?

Verifique se em sua cidade há órgãos específicos que tratem dessa questão. Muitas cidades do Brasil, principalmente as capitais, dispõem de algum tipo de serviço que possibilita ao cidadão reclamar diretamente no órgão. É o caso do Programa Silêncio Urbano (PSIU) em São Paulo/SP, por exemplo, ou da Secretaria Municipal de Ordem Pública (Semop) em Salvador/BA.

Além disso, também é possível fazer essa reclamação no próprio Departamento de Polícia do seu município.

A legislação prevê como toleráveis *as seguintes emissões máximas de* ruídos:

a) Áreas externas: 55 decibéis durante o dia e 50 decibéis durante a noite.

b) Ambientes internos: 45 decibéis durante o dia e 40 decibéis durante a noite.

Lembrando que o problema, muitas vezes, está em auferir e provar a existência do barulho, porém existem profissionais habilitados para estas medições e comprovações tecnicamente se necessário.

331 Minha vizinha de cima e sua filha, recém-mudadas, brigam, gritam, batem portas e se agridem várias vezes ao dia. Já chamamos até a polícia e nada. Há algo que a síndica ou mesmo eu, enquanto moradora, possamos fazer? Até onde vai o direito de elas interferirem na privacidade da minha casa?

Dentre outros deveres dos condôminos, destaca-se:
"Art. 1.336. (...)
IV – Dar às suas partes a mesma destinação que tem a edificação, e não as utilizar de maneira prejudicial ao sossego, salubridade e segurança dos possuidores, ou aos bons costumes."

Na convenção do condomínio e no regimento interno, bem como no Código Civil, estão previstas as medidas destinadas a inibirem o excesso de barulho. Em caso de seu descumprimento, o infrator poderá ser notificado e multado nos termos do regimento interno e da convenção de condomínios.

A legislação prevê a tolerância das seguintes emissões máximas de ruídos:
a) Áreas externas: 55 decibéis durante o dia e 50 decibéis durante a noite.
b) Ambiente internos: 45 decibéis durante o dia e 40 decibéis durante a noite.

Além das sanções previstas na convenção e no regimento interno do condomínio; bem como nos arts. 1.336, §2º, e 1.337, do Código Civil, cabe lembrar que o condômino barulhento poderá ser penalizado com medidas judiciais cíveis, que impedirão a emissão de barulhos acima dos toleráveis, sob a pena de arbitramento de multa diária, imposta pela justiça, e ainda com sansões criminais de até 3 meses de reclusão ou multa.

332 Cada bloco tem 2 bombas de pressão. Certo morador reclama do barulho, então fizemos ajustes e trocamos a bomba que fica acima do seu apartamento, mas o barulho persiste. Sem autorização, esse morador tentou sanar o barulho cobrindo a bomba, mas o cano estourou, causando vazamento em seu apartamento. Ele quer reembolso pelo prejuízo. O que fazer?

Algumas normas da Associação Brasileira de Normas Técnicas (ABNT) determinam o nível de ruído tolerável para cada situação. Ademais, mesmo que o caso não se encaixe em uma das normas da ABNT, o condomínio, na medida do possível, deve isolar a máquina, a fim de não trazer incômodo a qualquer condômino.

De qualquer forma, o acesso à casa de máquinas é restrito ao pessoal da manutenção, zelador e síndico. Seja como for, se o morador infringiu alguma cláusula do regimento interno e da convenção por ingressar em local não permitido, ficará suscetível à aplicação de multa. E, ainda, o morador que causou prejuízo a terceiros terá a responsabilidade de arcar com os custos do reparo da unidade e da bomba, caso esta tenha sido danificada (arts. 186 e 927 do Código Civil).

333 Como o isolamento acústico não é muito bom, é comum os vizinhos reclamarem sobre pessoas que arrastam cadeiras, andam de calçado dentro do apartamento, derrubam de utensílios etc. Como controlar, notificar, multar e instruir sobre o tema? E como provar que determinada unidade infringiu uma lei ou regra?

No caso específico dos condomínios, de acordo com o art. 1.336, do Código Civil, são deveres do condômino "dar às suas partes a mesma destinação que tem a edificação, e não as utilizar de maneira prejudicial ao sossego, salubridade e segurança dos possuidores, ou aos bons costumes".

Os condomínios podem tratar do tema por meio de regulamentos próprios, como convenção e regimento interno. No entanto, tais regulamentos não poderão contrariar a legislação, seja ela federal, estadual ou municipal, pois se destoarem das normas legais, esses instrumentos serão considerados nulos e não obrigarão os condôminos ao seu cumprimento.

Para que as devidas sanções, previstas em leis ou regimentos internos, não precisem ser tomadas, o ideal é que o conflito seja resolvido por meio do diálogo. O condômino que estiver sendo perturbado deverá interfonar para a portaria e pedir para que o porteiro comunique o incômodo de forma polida. Caso a situação não se resolva desta forma, poderá ligar pessoalmente para o condômino barulhento e, com respeito, comunicar o fato que, muitas vezes, pode não ter sido percebido.

O ideal é, sempre que possível, buscar a resolução do caso de forma extrajudicial. O recurso judicial deve ser a última instância porque, por mais que a parte reclamante tenha razão e ganhe a ação, o fato criará um desafeto entre condôminos, os quais terão de conviver com isso enquanto morarem próximos.

Caso o vizinho não entenda que o barulho incomoda, a queixa deverá passar para o livro de ocorrências do condomínio e ser comunicada, também, ao síndico e à administradora, pois essas reclamações precisarão ser avaliadas para que se verifique o que é de responsabilidade do condomínio. A questão de barulho isolado deve ser resolvida entre as partes.

A legislação prevê toleráveis as seguintes emissões máximas de ruídos:
a) Áreas externas: 55 decibéis durante o dia e 50 decibéis durante a noite.
b) Ambiente internos: 45 decibéis durante o dia e 40 decibéis durante a noite.

Sendo que as áreas externas são as áreas comuns abertas como, por exemplo, a churrasqueira. E os ambientes internos são as unidades proativas, como o salão de festas, por exemplo.

Os ruídos acima dos limites estabelecidos pelo item II, da Resolução n. I, de 8-3-1990, do Conselho Nacional do Meio Ambiente (Conama), são prejudiciais à saúde e ao sossego público, bem como os ruídos com níveis superiores aos considerados aceitáveis pela NBR 10.151:2019.

O problema, muitas vezes, está em auferir e provar a existência do barulho. Alguns condomínios compram um decibelímetro, mas a simples aferição não garante o direito: é preciso levar testemunhas e quando o caso vira judicial, muitas vezes a medição ocorrerá por um perito judicial.

Outra medida mais extrema é chamar a polícia, uma vez que perturbar o sossego com barulho excessivo é considerado crime, previsto na Lei de Contravenções Penais:

"Art. 42. Perturbar alguém o trabalho ou o sossego alheio".

Essa forma é eficiente para acabar com o barulho em ruas ou de festas, mas nem sempre funcionará em condomínios – uma vez que a polícia não tem o direito de invadir uma unidade para acabar com o barulho e, muitas vezes, nem sequer de adentrar o condomínio sem autorização. Os policiais poderão ter acesso às dependências, desde que convidados; e o autor da denúncia deverá estar presente no momento em que a polícia chegar e, eventualmente, poderá registrar a queixa na delegacia.

Em última instância, quando o problema não puder ser resolvido de forma amigável, o condômino incomodado terá que ingressar com uma medida judicial na justiça comum, para que o vizinho infrator, mediante ordem do juiz, seja forçado a cessar a situação ruidosa, sob a pena de multa.

Importante ressaltar ainda que existem normas técnicas desde 2013 que tratam do isolamento acústico entre unidades que as construtoras estão obrigadas para atender a norma. ABNT NBR 15575

334 Quais são os problemas mais frequentes entre os moradores dos condomínios-clube?

Pequenas cidades: assim podem ser definidos os condomínios-clube.

Como esses empreendimentos possuem um número maior de moradores, seus problemas de convivência também tendem a ser maiores. Encontrar com vizinhos o tempo todo é comum nos condomínios-clube, e o bom senso deverá prevalecer para que a política da boa vizinhança funcione.

A falta de privacidade é um dos principais problemas típicos nesta categoria de empreendimento. Como muitos vizinhos ficam amigos entre famílias, as festas nas áreas comuns ficam maiores, e as reclamações causadas por barulho aumentam.

O aluguel das churrasqueiras é outro problema, já que a demanda pelo espaço é grande e a oferta nem sempre acompanha. O uso inadequado das áreas comuns e carros estacionados fora da vaga nas garagens são outros conflitos frequentes. Para que a convivência seja a mais saudável possível, é necessário haver regras bem definidas.

Em alguns condomínios, existe até uma comissão formada por moradores para julgar se condômino deve ser multado por infrações cometidas em contrariedade ao emanado pelo regimento interno. Para manter o bom funcionamento, os condomínios-clube exigem profissionais experientes, além da participação ativa de moradores. A administração de um condomínio-clube é muito diferente da administração de um conjunto comum.

A convocação de uma assembleia, por exemplo, poderá custar até R$ 6 mil. Isso porque, além do espaço físico necessário para reunir um grande contingente (de 700 a 1.000 pessoas), é preciso haver uma estrutura com microfone, vídeo e recepcionistas, sem contar os custos com cartas registradas.

O CAPÍTULO EM 8 DICAS

Pense nisso...

1 – O primeiro passo é sempre o diálogo, é tentar educar o morador. Muitas vezes ele não sabe que está incomodando. Após a ciência da perturbação, e desde que ela não seja resolvida, o síndico e o corpo diretivo deverão aplicar advertência e multa.

2 – Em último caso, o condômino antissocial poderá ter seus direitos de propriedade do bem limitados – ou seja, não perderá o bem, e sim o direito de usá-lo de forma completa, o que pode significar a aplicação de multa judicial no caso de descumprimento de algo que seja determinado judicialmente e, em último caso, até mesmo ser impedido de usar esse bem. A assembleia geral, com voto de 3/4 dos votos dos condôminos restantes, deverá aplicar multa de até 10 vezes o valor da cota condominial (art. 1.337 do Código Civil).

3 – Para problemas pontuais entre unidades, os moradores poderão contar com a participação do síndico na solução do caso, mas não há como exigir que o síndico ingresse em juízo, por exemplo, contra o morador. Agora, se este estiver atrapalhando somente uma unidade, o síndico pode enviar-lhe uma correspondência com cópia da reclamação enviada para tentar dar ciência do problema e buscar uma solução. Em alguns casos, uma reunião com o objetivo de mediar a situação pode resolver o caso. De qualquer forma, o morador incomodado poderá ingressar em juízo em defesa de seus próprios interesses, independentemente da ação do síndico.

4 – Os limites de ruídos permitidos são baseados na Constituição Federal e em normas da Associação Brasileira de Normas Técnicas (ABNT), a qual prevê a emissão de ruído de no máximo 55 decibéis durante o dia e 50 durante a noite para áreas externas; e 45 decibéis durante o dia e 40 durante a noite para ambientes internos, considerando-se uma área mista predominantemente residencial – conforme art. 54, da Lei n. 9.605/98 do Conama; norma NBR 10151:2019 da ABNT; e norma NBR 10152:2017 da ABNT. Ademais, perturbar o sossego alheio é crime previsto na Lei de Contravenções Penal (art. 42), o que pode embasar uma solicitação de apuração e medidas necessárias pela Polícia Militar, a qual deverá ser seguida de um Boletim de Ocorrências (BO).

5 – Pessoas brigam e discutem em vários locais. Por exemplo: um casal discutindo no parque não requer a intervenção da polícia; mas se houver uma agressão, daí é um caso de polícia. Da mesma forma dentro do prédio: se houver excesso e interferir no sossego, segurança dos demais moradores, o condomínio ou o síndico deverá advertir e se for o caso multar os condôminos por perturbarem o sossego alheio (art. 1.336, IV, do Código Civil). Porém, se estiver ocorrendo um ato que a lei determina como crime, o síndico ou qualquer outra pessoa deverá chamar a polícia.

6 – No caso das brigas entre os filhos dos condôminos, a melhor forma de lidar com essa situação será sempre a mesma: quanto menos o condomínio interferir, melhor. Deve-se somente tomar partido em casos extremos, evitando-se transformar um problema ente crianças e adolescentes, que seria da alçada dos pais resolver, em um problema do condomínio ou até mesmo em caso de polícia.

7 – Muitas vezes, quando 2 condôminos estão em conflito, o carro do vizinho se transforma em um alvo. Primeiramente, por mais que os danos sejam causados dentro do condomínio, este não poderá ser responsabilizado por apurar ou reparar os danos. No máximo, o prédio poderá, mediante solicitação por escrito e justificável e após avaliação, fornecer as imagens do circuito interno. Em alguns casos, as imagens devem ser fornecidas somente mediante solicitação judicial – por exemplo, quando envolverem menores e brigas conjugais. Nesse caso, o condomínio não deve interferir na briga entre moradores e deverá, se oportuno, procurar conciliar a situação – desde que faça com muito cuidado para que o condomínio não vire parte do problema.

8 – Quando houver um problema entre algum visitante do condomínio e um morador, o condômino responderá pelo seu visitante quando ocorrer o descumprimento do regimento; porém, o condômino poderá acionar na justiça o infrator/amigo e ter o ressarcimento do valor da multa ou do prejuízo financeiro causado. E no caso de um crime ocorrido no condomínio, a responsabilidade é pessoal do visitante.

Capítulo 13
VAGAS DE GARAGEM

Quando o assunto são as vagas de garagem, muitos condôminos transformam a vida em comunidade em motivo de grande preocupação. Dentre os principais transtornos enfrentados na hora de estacionar um veículo estão: as vagas compartilhadas, estacionar em locais errados, utilização do espaço por não moradores, carros maiores do que o local disponível, furtos, danos, latarias amassadas, guarda de motos e automóveis juntos etc.

13.1 NATUREZA JURÍDICA DAS VAGAS

335 O que são vagas de garagem condominiais? Quais suas espécies e sua natureza jurídica?

É importante esclarecermos a concepção das vagas de garagem dentro de condomínios, bem como sua natureza jurídica.

Vagas de garagem são os espaços, cobertos ou não, destinados à guarda de automóveis dos moradores. As vagas podem ser acessórias ou unidades autônomas.

Quando a vaga de garagem é acessória, ela vem descrita na mesma matrícula do imóvel, podendo ser determinada ou indeterminada. Aqui, o condômino tem o direito de uso e concede o direito ao seu uso.

Já a vaga de garagem autônoma pode ser vinculada à unidade ou manter sua individualidade em outra matrícula que não a do imóvel. Nesse caso, o seu espaço é demarcado e a vaga de garagem será determinada.

A natureza jurídica das vagas é estabelecida na incorporação do empreendimento, no instrumento de instituição e especificação do condomínio.

A regulação do seu uso está prevista nas convenções e regimentos internos, sendo que cada uma é subscrita para atender um determinado empreendimento. E podem ser modificadas, desde que obedeçam a critérios estabelecidos.

336 As vagas são indeterminadas, mas 2 carros não desocupam suas vagas. Como proceder?

É salutar verificar se cada unidade possui direito a 1 vaga de uso indeterminado e rotativo, ou se a vaga em questão é demarcada (sendo propriedade autônoma ou sorteada por prazo determinado).

Se a vaga for demarcada, e desde que não cause prejuízo à saúde, segurança e salubridade dos que ali coabitam, não há medida que possa ser tomada.

Mas, se as vagas forem indeterminadas e rotativas, cada condômino tem direito ao uso e não exclusividade do espaço. Para tanto, devem-se respeitar os critérios estabelecidos em cada convenção. Nesse caso, as vagas poderão ser rotativas com o auxílio de manobristas, ou rotativas mediante ordem de chegada. E o veículo não poderá ocupar uma vaga por longo período, pois, ao fazê-lo, haverá desvio de finalidade de espaço em prejuízo dos outros moradores.

Objetivando regularizar a situação, primeiro deve ser observado se o condômino sai todos os dias e encontra a vaga desocupada no seu regresso, possibilitando que outros parem lá, o que não infringe o caráter rotativo da vaga. Porém, se for caso de desocupação ou reserva da vaga com cones ou de forma similar, o infrator deve ser advertido e multado, conforme a convenção. Caso não retire o veículo, o condômino terá de tomar medidas judiciais.

Porém, se as vagas forem indeterminadas e sorteadas para utilização por determinado período, os automóveis que estiverem parados nos limites do espaço sem causar prejuízo ao sossego, salubridade, segurança e bons costumes estarão em situação regular. Mas, se estiverem soltando partes, muito enferrujados ou com constantes vazamentos de óleo, entendo possível advertir, multar e eventualmente requerer a retirada dos veículos do recinto.

337 **As vagas têm escrituras separadas, e eu já pago IPTU e condomínio pelo apartamento. Terei de pagar mais cota condominial e IPTU pelas vagas?**

A natureza jurídica das vagas é estabelecida na incorporação do empreendimento, no instrumento de instituição e especificação do condomínio.

A cobrança de taxa condominial e do Imposto Predial e Territorial Urbano (IPTU) dependerá da forma de concepção das vagas, e seguirá o critério de rateio estabelecido pelo Código Civil em seu art. 1.336, bem como pelo art. 12 da Lei n. 4.591/64 (que trata sobre fração ideal, levando-se em conta o tamanho da área da unidade em relação ao terreno e áreas comuns).

As vagas de garagem em condomínios podem estar vinculadas à unidade e, portanto, determinadas (demarcadas) ou descritas na mesma matrícula do apartamento, o que concederá apenas o direito ao seu uso. Nesse caso, as vagas serão indeterminadas, sendo que o IPTU e o condomínio serão calculados e enviados juntamente com a cota condominial, pois pertencem à mesma matrícula. Esse procedimento passa a falsa impressão de que naquela cota não incidiu nenhum valor a mais de condomínio e IPTU.

As vagas podem ser, ainda, unidades autônomas, como no caso relatado (o que enseja a cobrança de cota condominial e IPTU em separado). Assim, se as vagas forem autônomas por força de lei, a elas será atribuído um percentual denominado fração ideal, que estabelecerá quanto elas representam no todo e determinará quanto cada unidade contribuirá do rateio geral, salvo disposição em contrário da convenção do condomínio.

Fração ideal é o critério estabelecido em lei; porém, não é o único critério possível para os condomínios. Assim, caso determinada coletividade pretenda outra forma de rateio, poderá aprovar em assembleia um novo critério de divisão (como o do rateio por unidade de forma igualitária, independentemente do tamanho ou número de vagas), bastando, para isso, ter um quórum qualificado de 2/3 dos condôminos.

13.2 SORTEIO DE VAGAS

338 Sou deficiente físico e o condomínio vai sortear vagas, pois apesar de escrituradas, não são suficientes para todos. Há legislação que me proteja?

O Decreto n. 9.451/2018 veio para dirimir a dúvida quanto à aplicabilidade das vagas acessíveis dentro de empreendimentos residenciais e confirmar a sua aplicabilidade.

"Art. 8º Serão reservados dois por cento (2%) das vagas de garagem ou estacionamento, vinculadas ao empreendimento, para uso comum, para veículos que transportem pessoa com deficiência com comprometimento de mobilidade, sem prejuízo do disposto no art. 47 da Lei n. 13.146/2015."

Já nos casos de condomínios com poucas vagas em que o percentual de 2% seja menos do que uma vaga, caberá ao condomínio disponibilizar ao menos uma vaga destinada à mobilidade nos termos da lei.

Importante, ainda, observar a ABNT NBR n. 9050/2004:

"6.2.3 – O percurso entre o estacionamento de veículos e a(s) entrada(s) principal(is) deve compor uma rota acessível.

Quando da impraticabilidade de se executar rota acessível entre o estacionamento e as entradas acessíveis, devem ser previstas vagas de estacionamento exclusivas para pessoas com deficiência, interligadas à(s) entrada(s) através de rota(s) acessível(is)."

Seja como for, mesmo no caso de estacionamentos privados o que deve imperar é o bom senso, pois o bom senso é essencial para a vida coletiva.

339 Faremos o sorteio das vagas em assembleia, mas alguns condôminos estão inadimplentes. Eles podem participar do sorteio?

Com base na legislação, é possível proibir o inadimplente de participar da assembleia onde haverá sorteio de vagas. Entretanto, condôminos inadimplentes não poderão receber a pior vaga nem ficarem para o final do sorteio. Isso porque a justiça entende que tal medida é uma sanção lateral.

Dessa forma, ou proíbe-se que o devedor esteja presente, ou realiza-se o sorteio na sua presença e em igualdade de condições[76].

340 Não participei da última assembleia, em que houve sorteio de garagens. Sortearam as melhores vagas entre os condôminos proprietários que estivessem com pagamento da cota condominial em dia. Depois, sortearam as demais vagas para o restante dos condôminos. A ata da assembleia ainda não foi entregue. Cabe anulação?

Embora alguns entendam que os devedores possam ser deixados por último no sorteio, tal situação não encontra guarida na lei.

O que poderia subsidiar tal entendimento seria a interpretação literal do seguinte artigo, segundo o qual os devedores não poderiam estar presentes em assembleia:

Código Civil:

"Art. 1.335. (...)

III – Votar nas deliberações da assembleia e delas participar, estando quite."

Assim, os presentes não poderiam optar por deixarem os ausentes para o final, sem que isso viesse a prejudicar o direito de propriedade – e ser tal fato uma sanção lateral, tornando o sorteio passível de anulação.

De qualquer forma, impedir os inadimplentes de votarem e de permanecerem no recinto pode se tornar algo difícil e acabar em confusão. Nessa esteira, o entendimento de que não se deve impedir que o inadimplente exerça seu direito de voto, por se tratar de direito de propriedade, nos parece o mais plausível, aceitável e seguro.

---

[76] CONDOMÍNIO EDILÍCIO – ANULAÇÃO DE DELIBERAÇÃO TOMADA EM ASSEMBLEIA GERAL EXTRAORDINÁRIA C.C. INDENIZAÇÃO POR DANOS MORAIS – SENTENÇA DE PARCIAL PROCEDÊNCIA – Condomínio réu que insiste na manutenção da deliberação tomada em assembleia, que estabeleceu os critérios de sorteio das vagas de garagem (estabelecendo que os condôminos inadimplentes teriam o direito de escolha após a participação total dos adimplentes) – Deliberação que, apesar de soberana, deve respeitar a legalidade, o que não foi observado no caso – Art. 1.335, III, do CC, que não respalda a deliberação da assembleia, mas apenas limita o direito de participação e direito de votação – Deliberação que, por via transversal, limita o direito de propriedade do condômino inadimplente, violando o direito à igualdade (caput do art. 5º da CF) e o direito à propriedade (art. 5º, XXII, da CF), impedindo a livre utilização e fruição das áreas comuns pelo condômino inadimplente, em violação ao art. 1.335, II, do CC – Condomínio que tem à disposição outros meios para satisfação da dívida condominial, não podendo discriminar os condôminos inadimplentes – Critério eleito para sorteio das vagas que é ilícito – Precedentes – Sentença mantida – Honorários advocatícios majorados – RECURSO DESPROVIDO.
(TJ-SP – AC: 10041228320218260008 SP 1004122-83.2021.8.26.0008, Relator: Angela Lopes, Data de Julgamento: 5-8-2022, 28ª Câmara de Direito Privado, Data de Publicação: 5-8-2022)

Assim, a assembleia que impedir o exercício do direito de propriedade por parte do devedor, no que concerne a não ter sua vaga sorteada em igualdade de condições, encontra amparo na lei para que seja anulada.

Segue acórdão nesse sentido:

"Acórdão 01125 67-33.2007.8.26.0000 – Apelação Cível. Relator (a): Francisco Loureiro. Comarca: São Paulo. Órgão julgador: 4ª Câmara de Direito Privado. Data do julgamento: 29-5-2008. Data de registro: 9-6-2008. Outros números: 005.10.100450-0".

"Em outras palavras, lícita a vedação à participação e deliberação do autor em assembleia, em razão do disposto no art. 1.335, III do Código Civil. Tal restrição, porém, nem por sombra importa e nem acarreta ser aquinhoado com a pior vaga, após escolha dos adimplentes. O critério de atribuição das vagas era mediante sorteio, e não por outros mecanismos que estabelecessem verdadeiras classes de condôminos. Cuida-se, mais uma vez, de sanção lateral não prevista em lei que, em última análise, impede o condômino inadimplente de usar as melhores vagas de garagem situadas em área comum, sorteadas aos condôminos adimplentes. (Lex TJSP 282/44, Rei. Des. Waldemar Nogueira)."

341 Queremos adotar um sistema de vagas determinadas. Como fazer?

Primeiramente, são indispensáveis as leituras da convenção e do regimento interno.

Caso a convenção não preveja o sorteio das vagas, caberá ao condomínio, em assembleia específica, propor a modificação necessária, a fim de adequá-la às suas necessidades. O quórum para alteração da convenção é de 2/3, conforme o art. 1.351 do Código Civil.

Alterar ou regular as vagas de garagem, tornando-as demarcadas mediante sorteio, pode ser uma saída para o controle da garagem; porém, nem todos os condomínios têm disponibilidade física para isso. E mesmo que a alteração seja possível, alguns condomínios encontraram dificuldades para mudar a convenção, em função do quórum necessário.

Lembrando que a convenção do condomínio poderá ser alterada apenas para permitir o sorteio de vagas de garagem quando estas forem indeterminadas, não mudando a concepção de vagas indeterminadas. Porém, de forma alguma as vagas poderão se tornar definitivas, sob a pena de interferirem no direito de propriedade (salvo em casos específicos, mediante a aprovação unânime dos condôminos e trâmite jurídico específico).

342 As vagas de carros sempre foram fixas; mas agora um morador, sentindo-se prejudicado, vai expor mudanças no uso dessas vagas na próxima assembleia. Podemos aceitar que haja alteração, visto que há mais de 15 (quinze) anos fazemos uso das mesmas vagas?

É importante verificar o que diz a convenção do condomínio, pois muitos prédios adotam equivocadamente os sorteios permanentes, quando na verdade existe periodicidade especificada na convenção – o que infringe a lei interna do condomínio. Devendo as vagas serem sorteadas conforme determinar a convenção, *vide*:

"Condomínio. Vagas de garagem indeterminadas. Sorteio que não se pode fazer de modo permanente, prejudicando alguns dos condôminos e beneficiando outros. Nulidade da deliberação assemblear que se reconhece. Afetação, inclusive, do direito proprietário, decidido sem quórum devido. Uso rotativo que deve ser deliberado, como requerido. Sentença revista. Recurso provido. (TJ-SP – APL: 109845 18320138260100 SP 1098451-83.2013.8.26.0100, Relator: Claudio Godoy, Data de Julgamento: 3-2-2015, 1ª Câmara de Direito Privado, Data de Publicação: 4-2-2015.)"

Em sentido contrário o TJ-PR, entendeu que pelo decurso do tempo as vagas deveriam ser mantidas sem sorteio, mas que em função da vontade da maioria novo sorteio poderia ser realizado a qualquer momento, abaixo:

"CONDOMÍNIO EDILÍCIO – CONTROVÉRSIA QUANTO À DISTRIBUIÇÃO DAS VAGAS DE GARAGEM ENTRE OS CONDÔMINOS – SENTENÇA DE PROCEDÊNCIA- DESCABIMENTO ALEGAÇÃO DE 'SUPPRESSIO' – CABIMENTO – DISTRIBUIÇÃO DE VAGAS DE GARAGEM CONSIDERADAS DE ÁREA COMUM – REGIMENTO INTERNO PREVÊ FORMA DE DIVISÃO DAS VAGAS DE ESTACIONAMENTO – SORTEIO A CADA BIÊNIO – AUSÊNCIA DE SORTEIO POR MAIS DE 23 (VINTE E TRÊS) ANOS – ESTABILIDADE DA VONTADE DE TODOS OS CONDOMINOS – PREVALÊNCIA DA VONTADE COLETIVA DOS CONDÔMINOS EXTERNADA NA CONSOLIDAÇÃO DO ESTADO QUE SE ENCONTRA PARTE QUE ADQUIRIU O IMÓVEL COM A SITUAÇÃO CONSOLIDADA – POSSIBILIDADE DE A QUALQUER MOMENTO SER REALIZADO O SORTEIO POR CONVOCAÇÃO DO CONDOMÍNIO – REGRAS INTERNAS. (TJ-PR – APL: 12137858 PR 1213785-8 (Acórdão), Relator: José Sebastião Fagundes Cunha, Data de Julgamento: 26-2-2015, 8ª Câmara Cível, Data de Publicação: *DJ* 1.557 5-5-2015)".

13.3 USO DAS VAGAS

343 O condomínio foi construído em 1989. A maioria das nossas vagas de garagem se enquadra na categoria dos carros médios, mas alguns condôminos têm vagas um pouco menores. Um deles quer impor um novo sorteio de vagas ou a contratação de manobrista, com base no COE do município, que é de 1992. Essa lei se aplica às edificações anteriores a sua vigência?

Por intermédio do Código de Obras e Edificações (COE), cada município deverá regular o uso das vagas de garagem. Em São Paulo, a Lei n. 11.228/92 (revogada) revogou a Lei n. 8.266/75. Portanto, se o seu condomínio não realizar obras ou reformas, não existirá a necessidade de se adequar à legislação vigente.

A Lei n. 11.228/92 regulava e especificava o tamanho e a porcentagem que as vagas de garagem devem ter nos prédios residenciais (lembrando que, independentemente do que estabelece o código de obras de cada região, cada morador deverá acomodar o seu carro dentro do limite da sua própria vaga). Assim, muitas vagas na cidade tinham tamanhos diferentes.

Assim, as vagas poderia ser P (pequenas), M (médias) ou G (grandes). Sua distribuição no condomínio deverá ser a seguinte:

a) 50% (cinquenta por cento) devem ser do tamanho P (2 m x 4,20 m);
b) 45% (quarenta e cinco por cento) devem ser do tamanho M (2,10 m x 4,7 m);
c) 5% (cinco por cento) devem ser do tamanho G (2,5 m x 5,50 m).

De acordo com o Código de Obras de São Paulo Decreto n. 57.776/17. São 2,20m de largura por 4,50m de comprimento quanto ao tamanho da vaga e 2,75m de largura por 5,00m de Comprimento quanto à faixa de acesso à vaga

As vagas indeterminadas são passíveis de sorteio e não devem ter caráter permanente. Vejamos:

"Condomínio. Vagas de garagem indeterminadas. Sorteio que não se pode fazer de modo permanente, prejudicando alguns dos condôminos e beneficiando outros. Nulidade da deliberação assemblear que se reconhece. Afetação, inclusive, do direito proprietário, decidido sem quórum devido. Uso rotativo que deve ser deliberado, como requerido. Sentença revista. Recurso provido. (TJ-SP – APL: 109845183 20138260100 SP 1098451-83.2013.8.26.0100, Relator: Claudio Godoy, Data de Julgamento: 3-2-2015, 1ª Câmara de Direito Privado, Data de Publicação: 4-2-2015.)"

Somente quando existir a concordância de unanimidade da massa condominial é que não haverá qualquer prejuízo para as partes na manutenção do sorteio, uma vez que todos consentiram com a situação ora disposta.

Porém, por via de regra, quando as vagas forem indeterminadas e existir a previsão de sorteio na convenção, a não realização do sorteio infringirá o disposto convencional e, juridicamente, o morador que se sentir prejudicado poderá ingressar em juízo, para que seja determinado o sorteio ou anular a assembleia que consentiu de forma diversa.

Dessa forma, oriento a realização do sorteio – salvo se a unanimidade do prédio consentir na manutenção, pois nesse caso não haveria prejuízo a ninguém, já que todos concordariam com a divisão anteriormente imposta. Nesse sentido:

"Condomínio. Vagas de garagem indeterminadas. Sorteio que não se pode fazer de modo permanente, prejudicando alguns dos condôminos e beneficiando outros. Nulidade da deliberação assemblear que se reconhece. Afetação, inclusive, do direito proprietário, decidido sem quórum devido. Uso rotativo que deve ser deliberado, como requerido. Sentença revista. Recurso provido. (TJ-SP – APL: 10984518320 138260100 SP 1098451-83.2013.8.26.0100, Relator: Claudio Godoy, Data de Julgamento: 3-2-2015, 1ª Câmara de Direito Privado, Data de Publicação: 4-2-2015.)"

344 Não há vagas para todos e as vagas fixas são só as das coberturas. Quando falta vaga, colocam os carros na frente das vagas cobertas. Já reclamei várias vezes, mas há ocasiões em que chego e tem carro na minha vaga. Como devo proceder?

O primeiro passo é verificar na planta do condomínio as disposições das vagas e as demarcações do espaço. A partir daí, o síndico deverá disciplinar a utilização dos carros.

Se não há vagas para todos, é porque possivelmente algumas unidades que não têm vagas devem estar utilizando-as mesmo assim. Caso seja isso, o síndico deverá verificar e ajustar.

Caso todos tenham vagas e mesmo assim faltem vagas disponíveis para todos, então o problema é maior, podendo caber até mesmo uma ação contra a construtora, na hipótese de que se constate alguma irregularidade nesse sentido.

Com o objetivo de buscar uma solução, ainda que paliativa, o síndico poderá chamar um arquiteto especializado em vagas para tentar adequá-las dentro da garagem. Outra saída é a locação de vagas extras, a fim de guardar alguns carros fora do prédio e com o custo suportado pelo condomínio.

Às vezes, o problema está no tamanho dos carros parados fora das dimensões das vagas – o que poderá diminuir, inclusive, a utilização de algumas delas.

"CONDOMÍNIO Garagem Os apelados são proprietários de unidade e vagas de garagem no condomínio apelante A demarcação das vagas não obedece à planta do imóvel, visto que o espaço físico é insuficiente a tanto Se a edificação não obedece rigorosamente à planta aprovada pela Municipalidade, é porque a construtora não a respeitou, devendo as consequências ser suportadas por todos igualmente Os apelados não podem estacionar veículos grandes, visto que ultrapassam os limites de suas vagas Comprometimento do espaço coletivo de manobra, em prejuízo dos demais condôminos Procedência do pedido, para condenar os apelados a se absterem de estacionar veículos que ultrapassem os limites das suas vagas na garagem do edifício, sob a pena de, se assim o fizerem, responderem pela multa diária de R$ 1.000,00 sem prejuízo da remoção dos veículos Art. 461 §§ 4º e 5º do CPC – Inversão do ônus da sucumbência Recurso provido. (TJ-SP – APL: 9058532962009826 SP 9058532-96.2009.8.26.0000, Relator: Paulo Eduardo Razuk, Data de Julgamento: 29-11-2011, 1ª Câmara de Direito Privado, Data de Publicação: 5-12-2011.)"

"É o estacionamento do prédio onde todos têm o direito de guardar seus veículos. Neste caso, os critérios para utilização das vagas devem ser estabelecidos pelos condôminos em assembleia ordinária ou extraordinária, com quórum na forma estabelecida na Convenção. (TJPR – 9ª C. Cível – AC – 912209-2 – Foro Central da Comarca da Região Metropolitana de Curitiba – Rel.: Sérgio Luiz Patitucci – Unânime – J. 21-2-2013.)"

345 **O condômino pode colocar 3 motos na sua vaga em vez de 1 carro?**

A regra na convenção do prédio é sempre clara no sentido de permitir parar somente 1 veículo automotor.

Todavia, é comum os condomínios tolerarem que se guardem motocicletas e bicicletas, desde que não atrapalhem aos demais nem extrapolem os limites das vagas. Segue entendimento nesse caso:

"CONDOMÍNIO – Garagem – Restrição de uso, estipulada na Convenção de Instalação do Condomínio – Permitido que seja estacionado apenas um veículo por vaga – Limitação que deve ser respeitada por todos os condôminos – Prevalência do interesse coletivo sobre o individual – Sentença reformada para julgar a ação improcedente – Recurso provido. (TJ-SP – APL: 40063715220138260002 SP 4006371-52.2013.8.26.0002, Relator: Augusto Rezende, Data de Julgamento: 26-1-2016, 1ª Câmara de Direito Privado, Data de Publicação: 26-1-2016.)"

Entretanto, não é incomum julgados que procuram flexibilizar esse entendimento, como no caso a seguir:

"IMPOSIÇÃO DE OBRIGAÇÃO DE FAZER. CONDOMÍNIO. VAGAS DE GARAGEM. Sentença que, na origem, reconhece como indevida a permissão para que determinados condôminos estacionem dois veículos em uma única vaga de garagem em condomínio, sob a premissa de suposta ofensa ao disposto no art. 29 da Convenção Condominial. Inconformismo do condomínio réu. Preliminares recursais. Cerceamento de defesa não caracterizado. Julgamento antecipado legítimo quando presentes nos autos elementos de convicção que permitem a formação do convencimento. Condições da Ação, demais disso, presentes. Mérito recursal. Convenção Condominial que não obsta expressamente o ajuste informal, pela maioria dos condôminos, no sentido de permitir que determinadas vagas maiores, sorteadas, sejam ocupadas por dois veículos. Menção feita na Convenção à utilização de uma única vaga por condômino, que não resta desrespeitada na espécie. Prática antiga e aceita pela maioria dos condôminos. Extensão territorial da vaga respeitada. Formalismo exacerbado não pode prevalecer, sob a pena de fomento ao individualismo que não deve existir no ambiente condominial. Sentença reformada, perdendo eficácia a tutela antecipada outrora concedida. Recurso do condomínio réu provido. Ônus de sucumbência carreados em desfavor da autora. (TJ-SP – APL: 0007753782 0128260554 SP 0007753-78.2012.8.26.0554, Relator: Alexandre Bucci, Data de Julgamento: 21-10-2014, 9ª Câmara de Direito Privado, Data de Publicação: 21-10-2014.)"

346 Uma vez que 2 veículos não podem estacionar na mesma vaga, estabeleceu-se que quem tiver carro e moto pagará 1 taxa extra ao condomínio para poder ocupar vaga à parte da garagem. Qual é a regra?

Se o prédio tem vagas específicas para motos na garagem e a convenção não proíbe a cobrança de valores para sua utilização, o valor poderá ser estipulado em uma assembleia.

347 Tenho 3 vagas escrituradas e registradas em meu nome. O síndico atual costuma colocar outros carros nelas sem minha autorização. Posso fazer uma queixa-crime de invasão de propriedade?

Não obstante o síndico esteja abusando do seu poder, o que por si só já geraria responsabilidade civil (arts. 186 e 927 do Código Civil).

"Art.186. Aquele que, por ação ou omissão voluntária, negligência ou imprudência, violar direito e causar dano a outrem, ainda que exclusivamente moral, comete ato ilícito."

"Art. 927. Aquele que, por ato ilícito (arts. 186 e 187), causar dano a outrem, fica obrigado a repará-lo."

Por conseguinte, entendo que o caminho que você deve seguir é o de notificar o síndico pessoalmente, para que se abstenha da prática de tais atos, sob a pena de ingresso com medida judicial, a qual poderá imputar-lhe multa pessoalmente, uma vez que está fora das atribuições do cargo autorizar o uso de espaço privativo de terceiros.

Ademais, se os transtornos forem recorrentes, o ato poderá, inclusive, gerar danos morais:

"RECURSO INOMINADO. CONDOMÍNIO. IMPEDIMENTO DE ACESSO À CAIXA DE LUZ. LEGITIMIDADE ATIVA E PASSIVA. DÉBITOS. AGIR

ABUSIVO DA SÍNDICA. DANO MORAL CARACTERIZADO. *QUANTUM* INDENIZATÓRIO REDUZIDO PARA R$3.000,00. Não há como afastar a legitimidade ativa do autor pelo fato de não ser o proprietário do imóvel. Questão posta em julgamento que diz com as ofensas perpetradas pela síndica em desfavor do autor, único legitimado, portanto, a postular em juízo os danos morais. Ilegitimidade passiva que igualmente não se reconhece, uma vez que houve excesso da síndica no exercício de suas funções, uma vez que o poder outorgado pelos demais condomínios certamente não inclui o de ofender os moradores. Tendo a síndica impedido o autor de acessar a caixa de luz para ligar o disjuntor correspondente à luz de sua unidade autônoma e perpetrado ofensas de cunho pessoal em razão do débito de cota condominial da unidade por este ocupada, resta reconhecida a ocorrência de abalo moral. Quantum indenizatório fixado (R$5.000,00) que comporta redução para R$3.000,00. Sentença parcialmente mantida. RECURSO PARCIALMENTE PROVIDO. UNÂNIME. (Recurso Cível n. 71004443693, Primeira Turma Recursal Cível, Turmas Recursais, Relator: Pedro Luiz Possa, Julgado em 28-1-2014) (TJ-RS – Recurso Cível: 71004443693 RS, Relator: Pedro Luiz Pozza, Data de Julgamento: 28-1-2014, 1ª Turma Recursal Cível, Data de Publicação: Diário da Justiça do dia 31-1-2014)"

348 Tínhamos 54 vagas para visitantes. Porém, o corpo diretivo diminuiu esse número e limitou o tempo pelo qual a visita utilizará a vaga, tudo isso sem realizar assembleia. Isso pode acontecer?

Não cabe ao corpo diretivo tomar decisões assim nem mediante assembleia, pois interferem diretamente no direito de propriedade. A exclusão de vagas interfere nesse direito de propriedade e isso somente poderia ocorrer com o voto da unanimidade dos moradores.

Porém, regular o uso é algo que poderá ser feito em assembleia, mediante alteração do regimento interno, e dependerá do quórum descrito em convenção. Ou, no silêncio desta, por maioria simples. Mas, se a definição de utilização estiver na convenção, a mudança se dará somente se a própria convenção for alterada pela presença de 2/3 dos condôminos.

Assim, sugiro notificar o síndico, e se não surtir efeito, sugiro, mediante assinatura de 1/4 dos condôminos, a convocação de uma assembleia, a fim de deliberarem e definirem a utilização das vagas.

349 Tenho um apartamento de temporada em Santos, no litoral de SP, cujas vagas de garagem (particulares e numeradas) não mais poderão ser usadas por hóspedes nem visitantes, só pelos proprietários. Não tenho carro, mas meus parentes e amigos, sim. Nunca houve ata nem assembleia a respeito. Essa ordem é legal?

Mesmo que na convenção conste que as vagas se destinam exclusivamente à guarda de carros dos condôminos, essa norma precisa ser flexibilizada, para que não interfira no direito de propriedade, sob a pena de ser anulada judicialmente (caso assim seja requerido por qualquer condômino que se sinta prejudicado no seu direito de uso da vaga).

Assim, familiares e visitantes não devem ser impedidos da utilização da vaga do proprietário, desde que a situação seja previamente informada ao condomínio, para que não interfira na destinação do edifício nem seja utilizada de forma a prejudicar o sossego e a segurança dos que ali coabitam.

Lembrando que, em condomínios comerciais, a situação pode ser diferente, uma vez que exista previsão da locação de vagas à empresa terceirizada, a fim de se auferir receita.

"Anulatória. Assembleia de condomínio que determinou que as vagas de garagem só podem ser utilizadas pelo proprietário. Condômino que pleiteia a utilização por seus familiares. Sentença de improcedência. Abuso nas regras da convenção. Proprietária não pode ser impedida de utilizar seu bem. Irrelevante o fato dela não possuir veículo ou carteira de habilitação. Necessária anulação de cláusula que exige a condução de veículos de terceiros pelos proprietários das unidades. Recurso provido. (TJ-SP – APL: 1951101620098260100 SP 0195110-16.2009.8.26.0100, Relator: Teixeira Leite, Data de Julgamento: 2-2-2012, 4ª Câmara de Direito Privado, Data de Publicação: 3-2-2012.)"

350 O condomínio tem 24 vagas externas para visitantes, mas constantemente recebemos reclamações de que veículos estranhos ao prédio permanecem estacionados no local. Há até uma placa com os dizeres: "Local exclusivo para visitantes do condomínio, sujeito a guincho e outras providências legais cabíveis". Qual o procedimento correto para que autuem os infratores: acionar o guincho ou a CET de minha cidade?

Como as vagas são parte integrante do condomínio e, portanto, propriedade particular, não cabe à prefeitura da sua cidade a remoção dos veículos estacionados de forma irregular dentro do condomínio.

Quanto ao guincho particular, também não é uma saída, pois, no âmbito jurídico, o condomínio estaria recolhendo um bem de terceiros sem autorização ou consentimento – e isso, sim, pode trazer problemas. Ademais, onde deixariam esses veículos? E como reagiriam seus proprietários?

A remoção somente poderá ocorrer por intermédio de medida judicial, o que, no caso em questão, justificaria somente se o veículo estivesse abandonado no local.

Assim, acho que o mais salutar é procurar de alguma forma inibir que estacionem lá. Medidas como a instalação de câmeras de segurança, afixação de avisos de "Não Estacionar", inclusive com a informação de que haverá remoção do veículo em casos extremos, ajudam a inibir esse tipo de situação.

Alguns condomínios, nesses casos, colocam um posto de portaria próximo às vagas, o que ajuda a inibir que estranhos parem seus veículos no local. Se viável, poderão ser instalados correntes ou portões para controlar o acesso das vagas.

"Agravo de instrumento contra decisão que, em ação de reintegração de posse de quatro veículos, deferiu a liminar em relação a dois deles. Os agravantes reconheceram que a posse das motocicletas estava em poder do agravado, tanto que afirmaram que tinham autorização verbal do mesmo para retirar os bens do estacionamento onde se encontravam. Ademais, no depoimento do administrador do estacionamento, prestado em sede de inquérito policial instaurado contra os agravantes, há notícia de que os agravantes se utilizaram de ardil para fazer a retirada dos bens do estacionamento do condomínio onde o agravado reside. Acrescente-se que as motocicletas foram retiradas do estacionamento com uso de guincho, o que é indicativo da falta de consentimento do agravado. A decisão agravada, ao que tudo indica, deferiu a reintegração de posse das motocicletas que estavam comprovadamente na posse do agravado, em razão do preenchimento dos requisitos exigidos pelo art. 927 do Código de Processo Civil. Assim, em sede de cognição sumária, e até que os AGRAVO DE INSTRUMENTO N. 990.10.210384-6 – (VOTO Nº.4.781) FP – p. 1 de 7 – AGRAVO REGIMENTAL N. 990.10.210384-6/50000 (VOTO N. 4.781.) (TJ-SP – AI: 99010 2103846 SP, Relator: Carlos Alberto Garbi, Data de Julgamento: 10-8-2010, 26ª Câmara de Direito Privado, Data de Publicação: 17-8-2010.)"

351 Meu companheiro sempre usa o estacionamento do prédio, pois sempre dorme aqui. Como o condomínio não tem vagas suficientes para todos os apartamentos, o novo síndico o proibiu de estacionar lá e exige comprovação de que somos casados. Ele tem esse direito?

A utilização das vagas privativas de garagem destina-se aos condôminos, sendo que tal direito se estende aos moradores ou aos inquilinos, no caso de locação.

Alguns julgados entendem que as vagas podem ser utilizadas até mesmo por parentes e familiares, que não são moradores nem proprietários. Nesse sentido, incabível a posição do síndico ao proibir que seu companheiro pernoite em sua residência, solicitando-lhe que apresente qualquer tipo de comprovação de vínculo.

O que deve imperar é se você tem o direito ao uso de uma vaga. A utilização desta vaga por um ocupante, que não seja visitante, fará com que ele também seja considerado morador e, portanto, terá o direito de utilização estendido.

E caso o síndico mantenha a postura de reprimir a utilização da vaga por parte do seu companheiro, sugiro o ingresso de medida judicial, a fim de fazer valer seus direitos, uma vez que o seu direito de propriedade está sendo infringido.

"Agravo Interno. Decisão monocrática. Condomínio residencial. Proibição de utilização de vaga de garagem por parentes de condômina. Violação do direito de propriedade. Presentes os requisitos para a concessão da liminar. Recurso não provido. (TJ-SP – AGR: 990102073866 SP, Relator: Adilson de Andrade, Data de Julgamento: 17-8-2010, 3ª Câmara de Direito Privado, Data de Publicação: 24-8-2010.)"

352 Foi leiloado 1 apartamento, restando 1 vaga autônoma. Embora a construtora tenha retomado a propriedade da vaga, nela há 1 carro abandonado pelo antigo proprietário. Como retirar o veículo sem ter problemas futuros?

Não obstante seja direito de qualquer proprietário fazer uso da sua propriedade e guardar seu automóvel, nesse caso algumas medidas podem ser tomadas.

Um caminho é entrar em contato com o proprietário e obter uma solicitação extrajudicial de remoção do veículo, sob a alegação de que está abandonado (o que poderá trazer riscos, como deterioração com enferrujamento do veículo, acúmulo de insetos, ratos, entre outros).

Por fim, é possível ingressar com uma medida judicial de obrigação de fazer, com o fim de obrigar o proprietário a remover o veículo por força de uma ordem judicial. Caso não o faça, o condomínio poderá requerer a remoção do veículo para um depósito.

13.4 COMERCIALIZAÇÃO DE VAGAS

353 Há moradores cujos carros chegam a sair do seu espaço na vaga, a ponto de a roda dianteira estar pra fora. Como síndico, posso obrigá-los a se adequarem e proibir esses veículos de estacionarem dentro do condomínio?

Cada morador deverá acomodar o seu carro dentro do limite da sua vaga. Se o carro ultrapassar esse limite, o morador deverá, assim que possível, trocar a vaga com algum vizinho, ou tentar conseguir uma vaga maior durante o sorteio.

Se isso não for possível, ele deverá buscar outra solução, que poderá ser locar a sua vaga e alugar uma outra cujo tamanho comporte seu veículo.

Caso não consiga uma solução, não poderá manter seu carro na vaga de forma irregular.

354 Existe alguma regra quanto ao tamanho das vagas de garagem? Comprei um apartamento e a construtora me deu 2 vagas pequenas (coisa a que somente unidades mais caras, do tipo Garden, têm direito). No entanto, se meus vizinhos da frente e do lado estiverem usando suas vagas, não consigo estacionar. Como proceder?

O Código Civil determina apenas que o condômino deve utilizar as áreas comuns de forma a não prejudicar a utilização de terceiros, não determinando tamanho de vagas, nem sua forma de utilização – situação que vem a ser regulada pelo Código de Obras e Edificações (COE) de cada município.

Independentemente do que estabelece o código de obras de cada região, cada morador deverá acomodar o seu carro dentro do limite da sua vaga. Se o carro ultrapassar esse limite, o morador poderá trocar a vaga, assim que possível, com algum vizinho ou tentar conseguir uma vaga maior durante o sorteio.

Caso isso não seja possível, ele deverá buscar outra solução, que poderá ser locar a sua vaga e alugar outra com tamanho que comporte seu veículo. Mas não deverá manter o veículo de tamanho maior em uma vaga menor, prejudicando aos demais. Se isso ocorrer, o síndico deverá coibir tal situação, aplicando advertência e multa, se for o caso.

A comercialização de vagas fora das especificações legais por parte das construtoras de imóveis ensejará à construtora o dever de indenizar o consumidor – o qual poderá, inclusive, desfazer o negócio.
"DIREITO PROCESSUAL CIVIL. AGRAVO LEGAL EM AGRAVO DE INSTRUMENTO. DECISÃO QUE, COM BASE NO ART. 557, *CAPUT*, DO CPC, QUE NEGOU PROVIMENTO AO AGRAVO DE INSTRUMENTO INTERPOSTO PELO AGRAVANTE. VAGAS DE GARAGEM EM IMÓVEL RESIDENCIAL. ACESSO E MANOBRA DIFICULTADOS. TUTELA ANTECIPADA MANTIDA. RECURSO NÃO PROVIDO. DECISÃO UNÂNIME. 1. Em conformidade com o disposto no *caput* do art. 557 do CPC, é permitido ao relator negar provimento, monocraticamente, a recurso em confronto com a jurisprudência dominante do STJ e deste TJPE. Tal sistemática visa apenas desafogar as pautas dos tribunais, possibilitando, assim, maior rapidez nos julgamentos que, de fato, necessitem de apreciação do órgão colegiado. Precedente STJ. 2. Agravo de Instrumento interposto contra decisão que concedeu a tutela antecipada pleiteada no sentido de impedir que a construtora demandada comercialize uma unidade imobiliária, com as vagas de garagem a ela referentes, até pronunciamento judicial em sentido contrário. 3. Em cotejo à promessa de contrato de compra e venda do apartamento, verifica-se a existência de previsão, na cláusula 2.2, das duas vagas de garagem para guarda de dois automóveis de passeio de tamanho médio, como alegado pelo autor/agravado. No entanto, da análise dos documentos acostados aos autos, é possível constatar a considerável dificuldade que o agravado vem encontrando para estacionar, haja vista que as vagas são, de fato, muito apertadas para os veículos de porte médio pertencentes ao autor. 4. De acordo com o art. 125, II, b, da Lei n. 16.292/97, que regula as atividades de Edificações e Instalações no Município do Recife, nas edificações de uso habitacional com o número de 51 a 100 vagas, a largura mínima das circulações e dos acessos será de 4,50m (quatro metros e cinquenta centímetros). Ocorre que, em perfunctória análise da planta baixa acostada aos autos, constata-se que a área de circulação de veículos relativa às vagas do autor/agravado (n. 69 e 70) não conta com 4,5 m, como exigido pela legislação pertinente, haja vista que a presença dos pilotis limita a área comum, reduzindo-a. Tem-se, destarte, que ao menos nesta análise superficial, resta evidenciada a prova inequívoca da verossimilhança da alegação. 5. Por sua vez, o fundado receio de dano irreparável ou de difícil reparação reside no fato dos imóveis não vendidos pela ré, e suas respectivas vagas, serem alienados, a qualquer momento, a outrem, frustrando o direito do agravado de dispor das suas duas vagas, nos termos do contrato de promessa de compra e venda, mesmo tendo adquirido o apartamento em momento anterior. 6. A não concessão da tutela pleiteada implicaria em grave prejuízo ao agravante, dado o risco de venda dos imóveis e consequente impossibilidade de resolução da lide de forma menos onerosa a ele. Note-se que, dentre os pedidos formulados na inicial, insere-se a troca das vagas de n. 69 e 70 por outras que se adequem aos requisitos contratuais. 7. O deferimento da tutela anteci-

pada requerida pelo agravado, além de evitar dano de difícil reparação, resguarda o resultado útil do processo, razão pela qual deve ser mantida. 8. Agravo Legal não provido. Decisão unânime. (TJ-PE – AGR: 3865718 PE, Relator: Jones Figueirêdo, Data de Julgamento: 23-7-2015, 4ª Câmara Cível, Data de Publicação: 31-7-2015.)"

355 **Tenho direito a 1 vaga na garagem, mas como não tenho carro, alugo para outro morador. O problema é que o novo síndico me informou que, desde maio de 2012, vigora uma lei que proíbe esse tipo de aluguel. Ela existe mesmo? O que pode acontecer se eu continuar alugando minha vaga, mesmo assim?**

A lei existe e passou a vigorar na data informada. Porém, não é bem assim.

A Lei n. 12.607, de 4 de abril de 2012, alterou um artigo do Código Civil que regula o aluguel da vaga para pessoas de fora do prédio. Antes, era permitido que um morador alugasse sua vaga para um estranho, desde que os outros moradores tivessem prioridade na negociação. Hoje em dia, quem decide é a convenção do condomínio. Entretanto, o aluguel para outros condôminos continua permitido.

É importante que fique claro que a lei não veda a locação das vagas para outros condôminos; pelo contrário, essa passa a ser a única opção do morador.

356 **O meu apartamento fica próximo a um centro comercial e muitas pessoas não conseguem estacionar seus carros. Como não tenho nenhum veículo, pensei em vender minha vaga para uma pessoa que não mora no meu condomínio, mas a síndica disse que não posso fazer isso. É verdade? Posso receber algum tipo de multa?**

Vaga é sempre um assunto que provoca discussões e polêmicas em um condomínio. Seja qual for a situação da garagem, é certo que ela é campeã de problemas.

Nesse caso, a síndica está correta, mas existe uma possibilidade. Se a ideia for partilhada por 2/3 dos condôminos, as vagas poderão ser negociadas. Sem acordo, o que você poderá fazer é locar a algum morador.

Lembrando que prédios, garagens e condomínios com garagens e com escrituras separadas são unidades autônomas e, portanto, podem ser negociadas da mesma forma que as unidades imobiliárias.

Código Civil:

"Art. 1.331. (...)

§ 1º As partes suscetíveis de utilização independente, tais como apartamentos, escritórios, salas, lojas e sobrelojas, com as respectivas frações ideais no solo e nas outras partes comuns, sujeitam-se a propriedade exclusiva, *podendo ser alienadas e gravadas livremente por seus proprietários, exceto os abrigos para veículos, que não poderão ser alienados ou alugados a pessoas estranhas ao condomínio, salvo autorização expressa na convenção de condomínio*. (Redação dada pela Lei n. 12.607, de 2012)" (grifei).

357 Por questões da incorporadora, as garagens possuem escritura própria. Sigo o modelo anterior do rateio, que exclui o espaço das garagens, pois temos 9 tamanhos distintos de garagens. Alguns condôminos venderam suas garagens. Os condôminos que têm garagens a mais devem pagar algum valor extra sobre as cotas? Ou devemos diminuir as cotas dos moradores que ficaram sem garagem?

A forma de rateio deve ser a prevista na convenção.

O fato de as vagas serem apartadas significa, apenas, que a fração ideal atribuída a elas é específica. Portanto, a cobrança do rateio deverá ocorrer em função da fração ideal atribuída a cada unidade no ato constitutivo do empreendimento (salvo se o rateio for determinado de forma diversa na convenção).

Assim, com base nas despesas do condomínio e numa previsão orçamentária, define-se em assembleia um valor total a ser rateado. Depois, aplica-se a fração que cada um tiver no todo.

13.5 DESTINAÇÃO DAS VAGAS

358 Um morador utiliza 1 vaga indeterminada na garagem para guardar seu carro e mais 1 vaga para guardar uma carreta, sendo que cada condômino tem direito a só 1 vaga de garagem. Tentou-se resolver o impasse em uma reunião, mas o proprietário não aceita desocupar a vaga. Como resolver?

Cada unidade poderá fazer uso somente das suas próprias vagas, conforme descrito em sua matrícula e previsto na convenção.

A tolerância de uma situação veementemente irregular, como a relatada, não gera direito adquirido ao condômino. Ademais, a definição de automóvel presume que o veículo seja motorizado, o que não ocorre com a carreta.

Portanto, mesmo que o condômino utilizasse a própria vaga descrita na matrícula para a guarda da carreta, ele poderia ser compelido a retirá-la.

A medida judicial que o condomínio deve adotar é o ingresso de uma ação de obrigação de fazer, para que o condômino retire a carreta do local irregular, sob a pena de pagamento de multa diária pelo descumprimento.

359 Tenho 2 vagas de garagem na cidade litorânea de Santos/SP e ambas estão demarcadas conforme a escritura do imóvel. Na parede imediatamente atrás da minha vaga, instalei um suporte para guardar pranchas, mas o síndico vem me comunicando que não posso deixar os equipamentos na vaga de minha propriedade. Posso manter as pranchas lá, uma vez que o local não é passagem comum, tampouco área comum?

Conforme descrito em sua convenção e de acordo com o novo Código Civil, as vagas de garagem se prestam apenas para a guarda de veículos e em número condizente com o descrito na convenção.

A guarda de objetos no interior destas vagas sempre foi palco de discussões. De um lado, temos síndicos que toleram a guarda de objetos, como bicicletas, móveis, material de construção, tintas, entre outros; por outro lado, alguns síndicos, em total observância à convenção, proíbem a guarda de quaisquer objetos no interior das vagas.

De toda forma, o que precisa ficar claro é que o local não se destina à guarda de objetos nem ao atendimento dos interesses particulares de cada um.

Imagine se um dos seus vizinhos decidisse guardar ali seu material de construção; outro, um sofá – e assim por diante. O que ocorre é que, ao permitir que um condômino faça uso diverso do espaço, ficará difícil conter os demais.

Porém, de acordo com o interesse dos que ali coabitam, algumas situações podem ser toleradas, desde que mensurados os riscos. É salutar que o assunto seja discutido em assembleia.

360 **A questão das vagas para veículos e automóveis consta na convenção. Em nossas vagas, há carretas, reboques e um barco, todos com registros e placas do Detran. Isso é legal?**

Em tese sim, apesar de não ser do meu agrado. Segue julgado nesse sentido: "Apelação – Ação declaratória – Condomínio edilício – Penalidade – Descabimento – Ausência de infração às normas condominiais – Embora a Convenção Condominial e seu Regimento Interno estabeleçam que as vagas de garagem se destinam exclusivamente a veículos automotores, a guarda de um reboque não implica infração a seus termos – Conquanto, com efeito, não configure propriamente um veículo automotor em razão da ausência de propulsão própria, é certo que este traduz um acessório àquele, tanto que, necessariamente, deve ser registrado, licenciado e emplacado pelo Órgão de Trânsito competente – Ausência de efetivo prejuízo ao Condomínio – Descabimento da alegação de nulidade parcial da r. sentença proferida – Ainda que silente a inicial, insta esclarecer que a condenação da parte sucumbente ao pagamento das custas e despesas processuais e de honorários advocatícios traduz ônus que decorre da norma processual (art. 20, do Código de Processo Civil), e que, portanto, dispensa seu expresso peticionamento – Recurso a que se nega provimento. (TJ-SP – APL: 00055655320108260564 SP 0005565-53.2010.8.26.0564, Relator: Mauro Conti Machado, Data de Julgamento: 27-7-2015, 13ª Câmara Extraordinária de Direito Privado, Data de Publicação: 27-7-2015.)"

13.6 COBERTURA DE GARAGEM

361 Parte da nossa garagem é de alvenaria e outra é de lonas. No contrato de compra e venda, consta que a garagem é coberta para as de alvenaria e descoberta para as de lonas. Caso sejam danificadas as lonas, como ficará a divisão dos custos? Cada um arcará com sua lona, ficando a divisão dos custos apenas entre proprietários de lonas, ou a divisão será para todos, entrando como manutenção do condomínio?

Vou considerar que as vagas tenham sido definidas em sorteio ou que sejam unidades autônomas, e que os proprietários que ficaram com a área descoberta tenham sido contemplados com a colocação das lonas.

A construtora não costuma entregar nada fora do projeto. Possivelmente, estas lonas foram negociadas com o síndico da época. Importante verificar isso.

De qualquer forma, por mais que as lonas estejam cobrindo vagas privativas ou definidas em sorteio, a responsabilidade pela manutenção é do condomínio e os gastos inerentes a sua manutenção devem entrar no rateio geral das despesas, não somente para aqueles que têm vagas cobertas ou descobertas por lonas.

As despesas de condomínio são rateadas de forma homogênea, senão ficaria difícil mensurar o que cada um utiliza. Por isso, criou-se o critério de fração ideal, que leva em conta o percentual indivisível que cada um tem nas áreas comuns e terreno, e a área que cada um tem na sua unidade privativa.

Assim, as despesas que são coletivas, inerentes às áreas comuns, são divididas por todos, levando-se em conta o critério de fração ideal atribuído a cada unidade, conforme disposto em convenção (salvo se a convenção estabelecer outro critério de rateio).

362 Como membro do conselho, quero apresentar uma proposta de cobertura das garagens. Uma vez que a garagem é de uso privativo do proprietário ou morador, é possível aprovar a cobertura total das garagens em assembleia e depois emitir taxa extra, caso o projeto venha a ser aprovado? Qual o procedimento correto? Garagens são consideradas área comum?

A pergunta é muito pertinente. Mesmo que as vagas sejam privativas, elas estão na garagem, que é de uso comum. Cabe ao condomínio deliberar sobre sua cobertura. Comparativamente, seria o mesmo que deliberar para a pintura da fachada – o que incluiria as sacadas, mesmo que sejam áreas privativas. Assim, qualquer benfeitoria precisa ser previamente analisada.

No caso em questão, parece-me que, conforme definição do art. 96, § 1º, do Código Civil, a obra seria de mero deleite ou recreio e não aumentaria o uso habitual do bem, ainda que o torne mais agradável ou elevado o seu valor – o que definiria a obra como voluptuária. A realização de obras voluptuárias depende do voto de 2/3 dos condôminos (art. 1.341, I, do Código Civil). Assim, será necessário chamar uma assembleia com o fim de aprovar a realização da obra, bem como o seu rateio, o que poderá ocorrer somente mediante aprovação de 2/3 da massa condominial.

As questões inerentes à autorização perante a municipalidade devem ser verificadas por um engenheiro.

13.7 BICICLETÁRIO

363 Ao ser proibido de guardar bicicletas na garagem, coloquei-as no meu apartamento, mas também fui impedido. O que faço?

Em 2016, o então Prefeito de São Paulo, Fernando Haddad, sancionou o Decreto n. 53.942, que obriga as novas construções e reformas de prédios, residenciais e comerciais, na capital paulista a reservarem até 10% das vagas para o estacionamento de bicicletas. Ou seja, se um edifício novo tiver 100 vagas destinadas aos automóveis, 10 deverão ser para o bicicletário. A legislação ainda regula o tamanho e a largura que os espaços devem ter.

Estão isentas da regulamentação as edificações sem estacionamento, localizadas no alinhamento de vias públicas e que não tenham área com acesso para estacionamento. Ou que estejam em ruas onde o tráfego de bicicletas é proibido pelo órgão municipal de trânsito.

Proprietários de prédios antigos também não são obrigados a cumprir o decreto municipal, a menos que realizem reformas que alterem a planta atual.

Independentemente da obrigatoriedade, o síndico deve ter bom senso e buscar uma solução, a fim de atender aos anseios dos condôminos do empreendimento.

Infelizmente, por mais que muitos condomínios tolerem as bicicletas nas garagens, o local destina-se à guarda exclusiva de automóveis. Essa restrição poderá ser observada na convenção e no regimento interno do condomínio. A bicicleta também não poderá ser alocada na sacada, porque altera a fachada do prédio, o que é proibido pelo Código Civil.

A saída para o morador acaba mesmo sendo levar a bicicleta até a sua unidade – e ele tem o direito de usar e usufruir livremente do objeto em seu apartamento. Caso o morador seja proibido desta prática, o síndico poderá ser questionado, sob a pena de cerceamento ao direito constitucional de liberdade e locomoção e de interferência no gozo ao direito pleno de propriedade, conforme prevê a Constituição Federal.

364 Por lei, qual é a porcentagem de vagas destinadas ao estacionamento das bicicletas na garagem de prédios novos? E quanto aos antigos?

Desde 2016, na cidade de São Paulo, existe uma lei específica que trata dessa questão, é o Decreto n. 53.942.

O Decreto obriga que novos empreendimentos, tanto condomínios residenciais quanto comerciais, disponham de 10% das vagas para o estacionamento de bicicletas.

Já os empreendimentos que não dispõem de estacionamento, os mesmos, por óbvio, estão isentos de proporcionar esse espaço.

Lembrando que os prédios antigos estão desobrigados de cumprir esse decreto, exceto no caso de reformas que alterem a planta da edificação.

Ainda assim, nas grandes cidades e, principalmente, em São Paulo, as ciclofaixas e bicicletas se tornaram uma realidade. Tendo isso em vista, é importante que a gestão de prédios antigos, havendo a possibilidade, traga essa questão à coletividade, com o intuito de disponibilizar vagas nesse sentido.

A utilização de trasportes de energia limpa, caso das bicicletas, não só faz bem ao meio ambiente e a saúde de quem as utiliza, como também, um condomínio que dispõe de bicicletário, acaba sendo valorizado.

365 O condômino pode guardar 10 bicicletas em sua vaga no lugar de 1 carro?

Quando falamos em vagas de garagem é preciso ter em mente que o que se pode guardar nas vagas estará disponibilizado, de praxe, na convenção condominial e/ou regulamento interno.

Importante saber que, segundo os arts. 1.335 e 1.336 do Código Civil (Lei n. 10.406/2002), o condômino deve:

"IV – dar às suas partes a mesma destinação que tem a edificação, e não as utilizar de maneira prejudicial ao sossego, salubridade e segurança dos possuidores, ou aos bons costumes".

Nesse sentido, a menos que a convenção ou o regimento interno façam alguma menção contrária, e uma vez que se trata de veículo de transporte, é possível guardar mais de uma bicicleta ou moto na vaga em questão, desde que se respeite sua delimitação.

Porém, caso o condomínio tenha um bicicletário, por exemplo, as bicicletas deverão ser acondicionadas ali e não na vaga de garagem, já que o condomínio tem um espaço específico para a guarda deste tipo de veículo.

Já em relação a utilizar a vaga para outras finalidades de armazenamento, como móveis, plantas, brinquedos etc., entendo que isso não é correto, pelo fato de que as vagas de garagem servem em sua concepção para a guarda de veículos de transporte.

O CAPÍTULO EM 10 DICAS
Pense nisso...

1 – Para tentar entender e resolver muitos destes conflitos é indispensável a leitura da convenção do condomínio. Muitas vezes, as convenções determinam que cada vaga de garagem é destinada à guarda de apenas um automóvel. Neste caso, o condômino deverá optar entre parar um carro ou uma moto. E ainda restringem a sua utilização somente aos moradores, vedando a guarda de qualquer objeto no interior das vagas. Porém, as regras para a utilização da garagem dependem de cada convenção de condomínio.

2 – Condomínios mais modernos destinam vagas adicionais para a guarda de motos nas suas áreas comuns da garagem. Mas os condomínios mais antigos não acompanharam a crescente necessidade por vagas e não possibilitam esta opção. Como alternativa, alguns condomínios têm tolerado a guarda de um automóvel e uma moto na mesma vaga de garagem, quando não existem vagas extras para motos, desde que não traga incômodo aos demais moradores.

3 – Seja qual for a opção do condomínio, é indispensável a observância da convenção. Qualquer padronização ou tolerância deverá passar pela aprovação de uma assembleia e estar em conformidade com o art. 1.336, IV, do Código Civil, que determina nos deveres dos condôminos a obrigação de utilizar as áreas do condomínio de forma a não prejudicar o sossego, salubridade e segurança dos moradores.

4 – Os condomínios não estão obrigados a oferecer vagas especiais para idosos, por exemplo. De qualquer forma, é salutar que, tendo condições, essa população seja favorecida com fácil acesso aos elevadores. No caso de sorteio de vaga de garagem, é importante que os idosos sejam beneficiados com os locais de maior espaço e entrada privilegiada.

5 – A oferta de vagas diferenciadas para deficientes também não é obrigatória. O Decreto n. 5.296/2004, que estabelece normas para a promoção da acessibilidade das pessoas portadoras de deficiência ou com mobilidade reduzida, não se aplica aos condomínios. Cada município, através do Código de Obras, deve regular o uso de vagas de garagem para essas pessoas.

6 – É proibida, desde abril de 2012, a venda ou o aluguel de vagas de garagem a não moradores. A Lei Federal n. 12.607 alterou a redação do art. 1.331, do Código Civil, que permitia a comercialização das vagas se a convenção do condomínio não determinasse o contrário.

7 – Agora, as garagens só podem ser alugadas ou vendidas quando existir previsão expressa das convenções. Caso não exista autorização expressa, a convenção po-

derá ser modificada pela aprovação em assembleia de 2/3 dos condôminos. A mudança vale para proprietários de apartamentos, escritórios, salas, lojas e sobrelojas, com exceção para os edifícios garagens.

8 – É importante que fique claro que a lei não veda a locação das vagas para outros condôminos; pelo contrário, esta passa a ser a única opção do morador que tem uma vaga a mais. Lembrando que prédios garagens e condomínios com garagens com matrículas separadas são unidades autônomas e podem ser negociadas da mesma forma que as unidades imobiliárias.

9 – O condomínio deve sempre que possível tentar administrar as situações que podem resultar em conflitos. E os condôminos devem utilizar o bom senso e respeitar as regras estabelecidas para evitar desentendimentos e possíveis ações judiciais.

10 – O síndico pode assumir o papel de mediador e agir com firmeza em atritos provocados por causa da garagem, inclusive com aplicação de advertências e multas previstas na convenção e no regimento interno.

BIBLIOGRAFIA

CÂMARA, H. Q. *Condomínio edilício*: manual prático com perguntas e respostas. 4. ed. Rio de Janeiro: Lumen Juris, 2017.

CARNEIRO, W. A. M. *Perturbações sonoras nas edificações urbanas*. 4. ed. Belo Horizonte: Del Rey, 2014.

CASCONI, F. A.; AMORIM, J. R. N. *Condomínio edilício*: aspectos relevantes, aplicação do novo Código Civil. 2. ed. São Paulo: Método, 2006.

CHALHUB, M. N. *Da incorporação imobiliária*. 3. ed. Rio de Janeiro: Renovar, 2010.

FILHO, R. C. E. *Condomínio edilício*: aspectos de Direito Material e Processual. São Paulo: Atlas, 2015.

KARPAT, G. *Condomínios*: orientação e prática. 2. ed. São Paulo: Hemus, 1997.

KOJRANSKI, N. *Condomínio edilício*: aspectos jurídicos relevantes. 2. ed. São Paulo: Malheiros Editores, 2015.

LUZ, O. T. *Evolução histórica do condomínio edilício*. São Paulo: Scortecci, 2013.

MALUF, C. A. D.; MARQUES, A. M. R. *Condomínio edilício*. 3. ed. São Paulo: Saraiva, 2010.

NERY, Nelson; NERY, Rosa M. de Andrade. *Código de Processo Civil comentado*. 17. ed. São Paulo: Revista dos Tribunais, 2018.

NERY, Nelson; NERY, Rosa M. de Andrade. *Instituições de Direito Civil*. São Paulo: Revista dos Tribunais, 2014, 2015, 2016, 2017. v. I, t. I e II, v. II a VIII.

PEREIRA, C. M. S. *Condomínio e incorporações*. 13. ed. Rio de Janeiro: Forense, 2018.

RUGGIERO, B. *Questões imobiliárias*. São Paulo: Saraiva, 1997.

VENOSA, S. S. *Código Civil comentado*: direito das coisas, posse, direitos reais, propriedade, arts. 1.196 a 1.368. São Paulo: Atlas, 2003, v. XII.

WAMBIER, T. A. A. et. al. *Primeiros comentários ao Novo Código de Processo Civil*: artigo por artigo. 2. ed. São Paulo: Revista dos Tribunais, 2016.

AGRADECIMENTOS

DEIXO AQUI MINHA GRATIDÃO A TODOS que contribuíram para a realização deste livro, pessoas que no decurso desses mais de 20 anos de profissão me procuraram, precisando de alguma ajuda, e foram prontamente atendidas pelos nossos canais. São moradores, síndicos, colegas advogados e demais profissionais da área que muitas vezes com seus conselhos e vivências me ajudaram a achar um norte, inclusive em situações que chegaram a superar o inimaginável.

Sou grato a toda a minha equipe de funcionários e colaboradores, que contribuíram para o processo de compilação das perguntas e respostas que formaram esta obra. Foi um trabalho exaustivo separarmos algumas das questões temáticas mais valiosas, atentarmos para a correta legislação e editarmos este conteúdo. Espero que o amigo leitor encontre nestas páginas a melhor experiência possível ao sanar as suas dúvidas.

Quando o assunto é o consumo dos diversos tipos de conhecimentos, como os ofertados por nossos cursos profissionalizantes, palestras, livros e outros, as mulheres também vêm marcando forte presença nesse segmento profissional dos condomínios, atingindo índices de participação da ordem de pelo menos 50%, o que merece registro. Sabemos que um bom conjunto de conhecimentos certamente fortalecerá a capacidade individual na hora de tomar iniciativas que ampliarão ainda mais seus horizontes. Deixo aqui minha gratidão à crescente participação desse público – um público cada vez mais consciente de que todo empoderamento depende de constante atualização.

Agradeço à vida pelos encontros que meu ofício nos proporciona, sejam por meio de palestras, reuniões, assembleias, cursos etc. São sempre situações proveitosas, nas quais as pessoas buscam soluções para suas perguntas. Se por um lado o produto desses encontros se transformou em material de conhecimento para esta obra, por outro, e mais importante, foi também agente determinante para o nascimento de novas amizades e parcerias, que duram até hoje. Aqui, quero apresentar meu mais elevado e sincero reconhecimento aos amigos e estimados profissionais, os doutores Sylvio Capanema de Souza (*in memoriam*), que tanto ensinou a todos nós quanto à advocacia no mundo condominial, e Fábio Hanada, por ter atendido ao meu convite, que só veio enriquecer esse lançamento por meio de seu texto de prefácio para esta obra. Minha imensa gratidão.

E se não fosse pelos *sites* Síndico Net e Universo Condomínio, dos quais sou colunista, teria sido inviável disponibilizar boa parte das questões que formam esta edição.

A vocês, aqui mencionados ou não, ofereço o meu mais profundo reconhecimento.

O Autor

SOBRE O AUTOR

RODRIGO KARPAT É PAULISTANO, casado e pai de 3 filhos. É advogado especialista em Direito Imobiliário e Administração Condominial. Presidente da Comissão Especial de Direito Condominial no Conselho Federal da OAB e Presidente da Comissão de Direito Condominial da OAB-SP. Mestre em Direito pela Pontifícia Universidade Católica (PUC-SP). Graduado em Direito Imobiliário pelas Faculdades Metropolitanas Unidas (FMU) e em Direito pela Universidade Paulista.

Tem curso complementar de Direito Imobiliário pela Fundação Getúlio Vargas (FGV) e Direito Imobiliário e Registral pela Associação dos Advogados de São Paulo (AASP). Árbitro do Núcleo Imobiliário da Câmara de mediação e Arbitragem Especializada (CAMES-RJ). Foi membro da Comissão de Ética e Julgamento do Conselho Regional de Corretores de Imóveis (CRECI-SP) por seis anos. Integrante do Conselho de Ética e Credenciamento do Programa de Autorregulamentação da Administração de Condomínios – PROAD. Também é Membro da Comissão de Condomínio (IBRADIM), palestrante pelo CRECI-SP, professor do curso de pós-graduação da Fundação Armando Alvares Penteado (FAAP), professor do Curso de Pós-Graduação em Direito Imobiliário das Faculdades Cruzeiro do Sul (EAD), professor convidado da Faculdade Legale e professor do Curso de Síndico Profissional da Gábor RH.

É colunista do *site* Síndico Net e do *Jornal Folha do Síndico*, além de apresentar os programas Vida em Condomínio da TV CRECI e Por Dentro dos Tribunais do Portal Universo Condomínio. Consultor e conteudista da ELETROMIDIA. Possui publicações em diversos periódicos.

Sua vasta experiência o consolidou como referência em direito imobiliário e questões condominiais. É frequentemente solicitado entre os meios jornalísticos e ministra palestras por todo o Brasil.

Entre suas principais aparições na mídia, destacam-se: • Rede Globo (Bom Dia Brasil) (É de Casa) (Jornal Hoje) (Portal G1) (Rádio Globo) (Jornal O Globo) (ZAP Imóveis) • SBT (Jornal 1º Impacto) • TV Cultura (Guia dos Condomínios) (Jornal da Cultura) • Rede Bandeirantes (Jornal da Band) (Café com Jornal) (Jornal da Noite) (Rádio Band News FM/programa Alta Frequência) • Rede Record (Fala Brasil) (Jornal da Record) (Jornal SP no Ar) (Balanço Geral) (Portal R7) • Rádio Jovem Pan (Morning Show) • Rádio Nacional de Brasília • Rádio Estadão • O Estado de São Paulo • Folha de São Paulo • Diário de São Paulo • Diário Popular • Valor Econômico • Brasil Econômico • Correio Braziliense • O Estado de Minas

• Jornal Correio de Salvador/BA • Jornal do Comércio de Porto Alegre/RS • Revista Exame • Revista Isto É • Revista Casa e Jardim • Revista em Condomínios • Jus Brasil • Portal do Consumidor (Governo Federal) • Portal IG • Portal UOL • Portal Terra